历史孕育了真理，它能和时间抗衡，把遗闻旧事保存下来，它是往古的迹象、当代的鉴戒、后世的教训。

——（西班牙）塞万提斯

世界通史

宛华 主编

中国华侨出版社

·北京·

图书在版编目（CIP）数据

世界通史 / 宛华主编 . —北京：中国华侨出版社，2013.6（2023.7 重印）
ISBN 978-7-5113-3662-0

Ⅰ . ①世… Ⅱ . ①宛… Ⅲ . ①世界史—通俗读物 Ⅳ . ① K109

中国版本图书馆 CIP 数据核字（2013）第 116903 号

世界通史

主　　编：宛　华
责任编辑：姜　婷
封面设计：冬　凡
文字编辑：杨　君
美术编辑：陈媛媛
经　　销：新华书店
开　　本：720mm×1020mm　　1/16 开　　印张：18　　字数：521 千字
印　　刷：德富泰（唐山）印务有限公司
版　　次：2013 年 8 月第 1 版
印　　次：2023 年 7 月第 13 次印刷
书　　号：ISBN 978-7-5113-3662-0
定　　价：78.00 元

中国华侨出版社　北京市朝阳区西坝河东里 77 号楼底商 5 号　邮编：100028
发 行 部：（010）88893001　　传　　真：（010）62707370

如果发现印装质量问题，影响阅读，请与印刷厂联系调换。

前言 PREFACE

　　法国历史学家马克·布洛赫曾说："历史以人类的活动为特定的对象，它思接万载，视通万里，千姿百态，令人销魂，因此它比其他学科更能激发人们的想象力。"历史是国家和人类的传记，而读史可以使人打开通往诸多学科的门径，它不但是过往的印记，更是当代的借鉴、后世的教训。

　　古人记述历史的范围受限于他们当时所能认识的世界，这可以说明为什么具有悠久历史的美洲直到15世纪末被欧洲人"发现"时，被称为"新大陆"。然而在科技发达的今天，世界越来越像一个大村庄，任何一个国家和地区都是世界历史体系中的一部分。对每一个读者来说，只有了解整个世界历史的进程，掌握人类社会整体发展的各个阶段，树立全球史观，才能正确看待现代人类面临的各种社会现象和社会问题。

　　然而世界历史漫长悠远，其间发生的历史事件、出现的历史人物错综复杂、头绪繁多，要从总体上把握人类历史的发展进程并不是一件容易的事情。人类从来都是分为不同的群体，在漫长的过去，他们生活在世界的不同地区，创造了有各自特色的文明，这就是人类历史多样化的特点。相应地，对于世界历史，研究者出版了各种典籍，有的写专门化、不同主题的历史，有的写不同国家和地区的历史，出现了当代历史研究中的细化和碎片化现象，使得普通读者很难找到入门之捷径。针对这种情况，有学者创建了"通史"这种体例，即在一定的历史观的指导下，通过精练的文字连贯地记叙各个时代的史实，涉及重大历史事件、杰出历史人物和多领域的文化等，内容广泛，对世界历史进行现代诠释，给人一种整体的认识。

　　为了帮助读者在较短时间内了解世界历史进程，丰富知识储备，我们精心编撰了这部《世界通史》，以时间为序，选取了世界历史上的重大事件、风云人物、辉煌成就、灿烂文化等内容，力求在真实性、趣味性和启迪性等方面达到一个新的高度，并通过科学的体例与创新的版式，全方位、新视角、多层面地阐释世界历史。全书分为世界古代史、世界近代史、世界现代史、世界当代史四大篇章，精彩扼要地勾勒出世界历史演进的基本脉络和世界各大文明的发展历程。为读者提供最想知道的、最需要知道的、最应该知道的历史知识，帮助读者从宏观上把握世界历史，进而掌握人类历史发展的内在规律。

同时，书中还设置了世界大事记、中国大事记、相关链接等多个知识板块。其中，"世界大事记"以编年形式介绍世界历史大事，便于读者系统掌握分散的历史信息；作为世界历史的重要组成部分，"中国大事记"与"世界大事记"相呼应，系统介绍世界历史背景下的中国历史大事；"相关链接"简要介绍了与文章相关的政治、经济、文化、科技等方面的知识，反映出社会发展历程。所有这些内容，或纵向深入，或横向延展，都以方便读者理解世界历史为出发点。

本书还精心选配了数百幅内容涵盖面广、表现形式丰富的图片，包括出土文物、历史遗迹、战争示意图、名人画像等，与文字内容互为补充与诠释，使读者仿佛置身于一座真实立体的历史博物馆，更加直观地了解世界历史。简洁精要的文字，配以多元化的图像，打造出一个立体直观的阅读空间，使读者获得图与文赋予的双重享受。

历史蕴含着经验与真知。在这里，我们用通俗流畅的语言来解读重大的历史事件、鲜活的历史人物、丰富的多元文化，把厚重的史实通过简洁明了的形式表达出来。阅读本书，读者可以在轻松愉悦中了解人类历史发展进程，增长知识和胆略，提高历史修养，进而用世界胸怀和历史眼光更好地把握现在，展望未来。

目录 CONTENTS

✿ 世界古代史

✺ 世界近代史

✸ 世界现代史

世界当代史

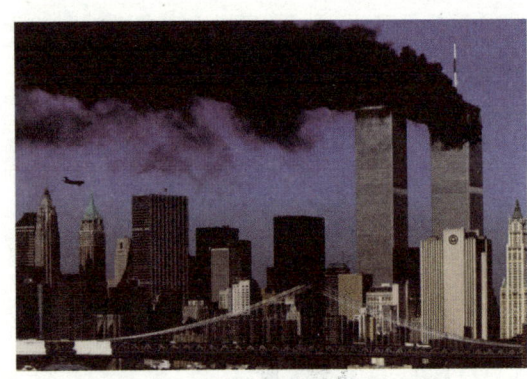

世界古代史

世界古代史从人类社会的形成开始，一直到1640年英国资产阶级革命爆发前夕，叙述了人类社会发展的最初三个阶段，即无阶级的原始社会、奴隶与奴隶主两个阶级对立斗争的奴隶社会及以农奴或农民阶级为主的被统治阶级与统治阶级不断斗争的封建社会。

人类的起源

1876年，恩格斯完成了《劳动在从猿到人转变过程中的作用》一文，指出人类是由类人猿发展而来的，经历了攀树的猿群、正在形成中的人和完全形成中的人3个阶段。

人类学家最早发现的古猿化石是原上猿，其生存年代为距今3500万～3000万年前，其次是埃及猿，生存年代为2800万年前，再稍后为生活在热带和亚热带森林地区的古猿。人类学家在欧、亚、非三洲许多地方发现了它们的化石，其生存年代大约为2300万～1000万年前。

腊玛古猿是最早的正在形成中的人，其生存年代大约为距今1400万～800万年前，已最先具备了说话的能力，首先发现于巴基斯坦北部与印度交界的西瓦立克山区，后来在肯尼亚、希腊、中国等地均有发现，主要是下颌骨和牙齿化石。其后正在形成中的人是南方古猿，生存年代为距今550万～100万年前，化石在南非和东非发现，脑容量在450毫升以上。

人与猿的区别在于能否制造工具，而此时正在形成中的人只能利用天然工具，如石块、木棒等，所以说他们还不是真正意义上的人。劳动使猿变成了真正意义上的人，也就是完全形成的人。从完全形成的人发展到现代人经历了四个阶段：早期猿人、晚期猿人、早期智人和晚期智人。

"1470号"人是目前公认的早期猿人的典型代表，其生存年代为距今380万～180万年前，是人类发展的初期阶段。晚期猿人又叫"直立人"，印度尼西亚的爪哇猿人、德国的海德堡猿人、中国的蓝田猿人、北京猿人都是古人类进化过程中比较典型的晚期猿人。尤其是北京猿人的

·陕西蓝田人·

1963年7月和1964年5月、10月，考古学家在陕西蓝田出土了中国旧石器时期早期人类化石，简称蓝田人。陕西蓝田猿人大约生活在距今100万至60万年前，化石出土地点有两处，均位于蓝田县境内。陈家窝蓝田猿人生活年代距今约65万至53万年间。公王岭蓝田猿人生活年代距今约98万至67万年间。当时蓝田人的生活地区草木茂盛，有很多种远古动物栖息，其中包括大熊猫、剑齿象、毛冠鹿、斑鹿等。蓝田猿人头骨有鲜明的原始性质：头盖骨极为低平，额骨倾斜明显而尚无额窦。眉骨十分粗壮，于眼眶上方形成一条横嵴。头骨骨壁极厚，脑容量约为780毫升。出土的石制品证明蓝田人已经能够使用多种石质打制工具。蓝田猿人所处的自然环境是秦岭北坡温暖湿润的森林草原地区，从事采集和狩猎劳动。在公王岭出土的猿人化石层中，还发现三四处灰烬和灰屑，可能是蓝田猿人用火的遗迹。

南猿　　　　能人　　　　直立人

约700万年前

世界大事记:
腊玛古猿生活在今肯尼亚、中国以及土耳其、匈牙利等地，为迄今所知最早的正在形成中的人。

现代人
尼安德特人
智人
海德堡人
能人
直立人
其他南猿
阿法南猿
（露西）
现代猩猩猿
南猿
现代大猩猩
人类、黑猩猩和大
猩猩的共同祖先

◎ **人类进化模拟图**

发现，比较明确地揭示了从猿到现代人的中间状态。北京猿人发现于 1929 年，其发现地为北京周口店的龙骨山，现已获得 40 多个不同年龄的男女个体，以及无数的石器、骨器和用火遗迹。北京猿人的身躯比现代人稍矮，男高约 1.62 米，女高约 1.52 米，四肢已具备现代人形，脑容量为 1075 毫升。这一切证明北京猿人已远离猿类而更接近现代人类，更为重要的是，他们可能已经有了自己的语言。

尼安德特人是最早发现的早期智人，简称"尼人"。早期智人的生存年代为距今 30 万 ~ 20 万年前到距今 5 万 ~ 4 万年前。中国的马坝人、长阳人和丁村人均属于尼人。尼人的平均脑容量为 1350 毫升，体质和智慧比前人皆有很大的发展。晚期智人也称"新人"，其生存年代为距今 5 万 ~ 1 万年前。因新人最早的化石是在法国的克罗马农洞窟里发现的，故又名"克罗马农人"。克罗马农人不论在形体、高度，还是在脑壳比例上都有所变化，与现代人基本相同，脑容量平均在 1400 毫升以上。新人的分布较广，不仅在亚、非、欧三洲发现其化石，而且还分布在大洋洲和美洲。据人类学家研究证明，在 5 万年前已有人类从亚洲通过白令海峡进入美洲；在 4 万年前，亚洲人从东南亚到达大洋洲。

现代人种是和晚期智人同时出现的，人类学家按照人类的外貌特征，把世界上的人分为 3 个人种：黄种（或蒙古利亚人种）、白种（或欧罗巴人种）、黑种（或尼格罗人种）。

海德堡人　　　　尼安德特人　　　　智人　　　　现代人

约18万年前　　中国大事记：
旧石器时代晚期的山顶洞人生活在中国华北地区。

早期人类文明

石器时代分为旧石器、中石器和新石器3个时代。早期人类使用加工粗糙、形状简陋的石器，被称为"旧石器时代"。中石器时代是向新石器时代的过渡阶段，时间约为距今1.5万～1万年前。新石器时代开始使用打制精细的石器，并发明了原始农业和畜牧业。

旧石器时代又分为早、中、晚3个时期。早期约在距今300万～20万年前，使用的石器由砾石打制而成，十分简陋、粗糙，与天然碎裂的石头相差无几。中期约为距今20万～5万年前，人类主要靠采集和狩猎为生。晚期的石器很是美观、适用，同时骨器与角器亦已出现，时间约在距今5万～1.5万年前。晚期最为引人注目的一点就是使用火，从使用天然火发展到人工取火。人类在实践中对火的发现与使用，开创了历史的新纪元。

中石器时代的时间为距今1.5万～1万年前。其中，弓箭的发明是这一时期社会生产力发展的主要标志。弓箭的发明促进了狩猎的发展，使狩猎成为普通的生产形式之一，也使人类可以经常获得肉类食物、皮毛、骨器等生活和生产资料。

新石器时代已经学会在砺石上加砂蘸水磨光，然后再在磨光的石器上钻孔。新石器时代的石器类型非常丰富，有生产用的石斧、石锄；有狩猎用的石球、石箭头；有生活用的石臼、石杵等。骨器种类则有骨针、骨锥、骨匕首等。

新石器时代的生产工具和生产能力得到了进一步提高，从而使人类对自然界有了新的认识，人类便从狩猎经济中发明了原始畜牧业，从采集经济中发明了原始农业。

人类社会的第一个社会组织形式是血缘家族。在血缘家族的内部，已排除了先前的杂乱的婚姻关系，开始实行按照辈分来划分的群内婚。不过，人们只能在某种程度上认清血缘关系，还不能认识到兄妹之间的婚配亦对人的体质有所破坏，直至氏族出现，人类才禁止了兄弟姐妹之间的通婚，由此产生了"普那路亚家庭"。"普那路亚"是夏威夷语，意为亲密的同伴，是同妻子的丈夫们之间的相互称谓，也是同丈夫的妻子们之间的相互称谓。

氏族制度便是从"普那路亚家庭"中直接产生的，因为在群婚制下，人只知其母而不知其父，故世系只能按母系计算，此时，最初的母系氏族便产生了。母系氏族最为明显的特点就是一个氏族的所有成员皆来自一位女祖先。

生产的发展、人口的增长使氏族组织亦不断增加，这时候两个氏族之间的群婚难以继续维持，对偶婚便应运而生。在对偶婚的形式下，成年男女在通婚的外氏族中，各自寻找一个配偶，作为自己与其经常发生婚配关系的主要对象，同时也

◎ 氏族公社时期的床铺

·母系社会·

母系社会是原始社会人类发展的一种社会形态，它存在于旧石器时代晚期到新石器时代之间。母系社会实行族外群婚，在这种情况下，人们只知其母，不知其父，因而家族世系也以母系计。这一情况也与当时低下的生产力发展相适应。当时，妇女在社会经济活动中占有重要的地位。妇女一般从事食物采集和照管家务，并且还负有养育子女的重担。而男子的主要经济活动是打猎，由于工具的落后，打猎常常得不到保障，相反，妇女的采集却能较为稳定地保障食物来源。种种因素促成妇女在当时的氏族社会中占有主导地位，因而出现了母系社会，也出现了普遍的女性崇拜。这种社会是建立在生产力水平极为低下的基础上的，一旦生产力进一步发展，这种社会就难以维持下去了，低水平的公有制便为私有制所替代，母系社会也就宣告结束。

不排除与其他异性发生偶尔的婚配关系。对偶婚实际上是现代意义上的一夫一妻制的最初萌芽。

氏族制度在全盛时期有氏族、胞族、部落等多种组织，它是原始公社发展的顶峰。当生产力已到一定程度时，人类出现了3次社会大分工，同时，一场父权制度取代母权制度的革命出现了，即父系氏族公社得到了确立。

父系氏族体现了以男子为中心的权力主义，于是一夫一妻制家庭取代了对偶家庭。个体家庭的出现削弱了氏族血缘关系，加快了不同氏族、部落之间的人员流动，出现了为了共同经济利益结成的农业公社。

私有财富的出现导致了人类愈演愈烈的财富角逐，这时候，军事民主制便出现了，同时军事民主制也是由氏族制度向阶级社会和国家过渡的一种社会组织形式。

◎撒哈拉沙漠的岩石水彩画
岩画表现的是正在放牛的早期牧人。在新石器时代晚期，从狩猎经济中产生了原始畜牧业。

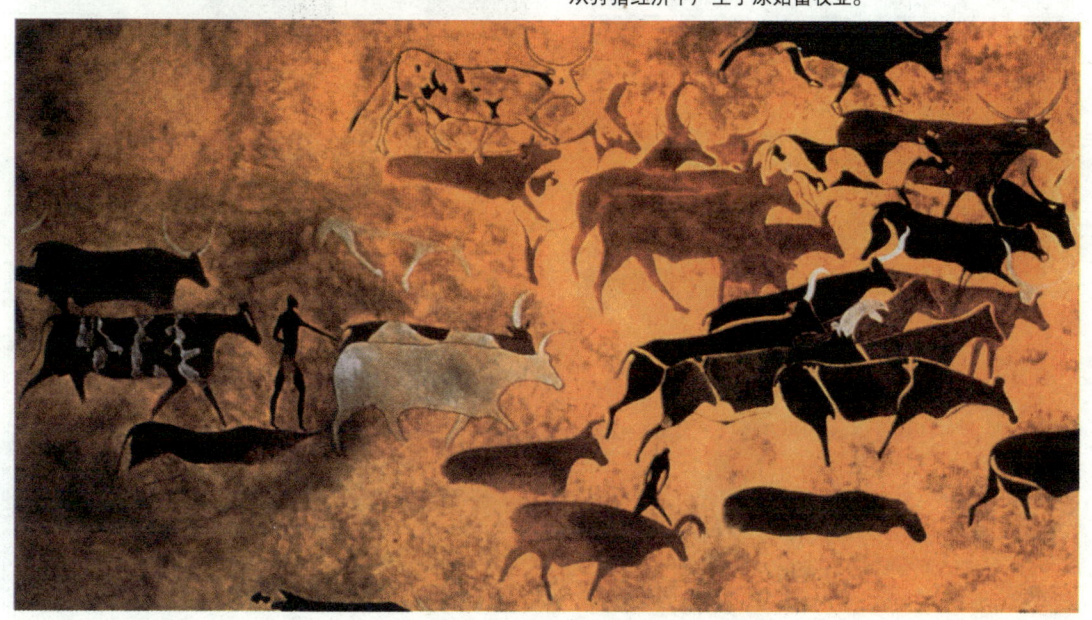

国家的产生

人类集体劳动的结果使人类产生了语言。为了帮助记忆、传递信息和进一步表达思想，文字便逐渐产生了。文字的发明对人类文化的发展和进步有着举足轻重的作用。在新石器时代，原始人便发明了图画文字，用以表达思想、记载事件。同时，原始人还根据自然界的征兆，对天气的变化进行预测，还制定出太阴历，做了季节的划分。

医药知识、绘画、雕刻、音乐、舞蹈亦在原始人中间出现。克罗马农人可以用燧石做工具进行外科手术。在旧石器时代晚期的遗址中发掘出大量的绘画和雕刻作品，证明了当时人类细致的观察能力和高超的艺术创作能力。在新石器时代的遗址中发现了带孔的小骨管，原始人已经能够用简单的歌曲来表达自己劳动的欢乐、丰收的喜

◎这尊匈牙利的陶像，塑造的是一个拥有权力的重要人物。由于当时农业的发展，他被塑成一个肩搭镰刀的农夫形象。

安纳托利亚
费特西克　特布拉克　塔培伽瓦
艾伯拉　哈巴巴　卡比拉　底格里斯河
马里　幼发拉底河　近东
犹太旷野　特拉沙万　伊朗
杰里科　示巴　基什
济萨　奥奈斯　尼普尔　苏撒
萨卡拉　乌鲁克　乌尔
美索不达米亚　厄里都
阿比道斯　底比斯
希拉坎普利斯　阿斯旺
埃及　阿拉伯半岛
印度河
蒙迪加　哈拉帕
麦拉加
卡利班根
摩汉约达罗
钱胡达罗
印度
萨庖塔德　济德

约公元前8000~前2000年

世界大事记：
人类在世界各地先后进入新石器时代。磨光加工的石器流行，出现了原始农业和畜牧业。

·父系社会·

　　随着生产力的发展，社会出现了农业与畜牧业的第一次社会大分工，社会生产的专业化，使母系社会迅速为父系社会所取代。男子在生产劳动中的地位急剧上升，而妇女的劳动则渐渐仅限于附属性的家务劳动了。男子在农业、畜牧业和手工业中成为谋取生活资料的主力军。相伴而生的是婚姻制度逐渐成为一夫一妻的婚姻形态。子女的出身与世系开始按照男子的系统来计算，其财产继承也按照父系家族划分。男子取代女子而成了家族的核心。

　　在父系社会里，父系氏族由若干家长制大家族构成。家长制大家族是父系氏族社会的基本社会经济细胞，一个家长制大家族常包括好几代男系亲属。氏族公社内部还保留着民主选举的传统。氏族大会由全体成年男子组成，它拥有最高的权力。氏族议事会由各个大家族的族长组成，而族长则经民主选举，由深孚众望的男子担任。尽管如此，在父系社会里，已经出现了某些社会的不平等，如妇女丧失了与男子平等的地位，各大家族间也出现了贫富的差距。父系社会的进一步发展，导致了阶级的产生和国家的出现，一切共有的原始社会随之解体。

○**早期的定居社会分布示意图**
这些社会形成于公元前10000~前2500年间，集中于两河流域、尼罗河谷、印度河谷、中国北部平原四个地区，由此形成了"四大文明古国"。

　　悦了。同时，原始人为了延续这种热情和欢乐，开始表演狩猎、种植或其他各种动作，舞蹈也随之产生了。

　　原始宗教产生于旧石器时期，在氏族公社时开始繁荣。原始人认为祖先是他们的保护者，因而加以崇拜，在母系氏族公社时女性祖先是他们崇拜的对象。后来因追根溯源，又产生了图腾崇拜，其特点是将某一自然现象或某一动物当成自己的亲属、祖先或保护神加以崇拜。

　　国家的出现和文字的产生一样，都是人类文明开始的重要标志。国家的产生有一个很重要的前提，那就是私有制和阶级的出现。

　　在人类追逐财富的战争中，以军事首长为首的氏族贵族集团的权力和财富日益增长，原本为选举而产生的军事首长变为世袭，人民大会也就没有任何作用了。军事首长的职位一般既非终身也不世袭，但随着时间的推移，变化也越来越明显。当军事首长的权力范围扩大到部落联盟，甚至对人民大会的决议不加理睬独断专行时，选举制也就变成世袭制。为了保护贵族地位，也为了争夺更多的财富，一个阶级压迫另一个阶级的机关就产生了，这就是包括负责政治的官员、负责武事的军队，以及负责刑事的监狱等一整套统治机构的国家。

　　国家与氏族最根本的区别是：国家是按地域来划分它的国民，而氏族却是以血缘关系来维系它的成员。

　　国家的产生致使人类历史从原始社会开始向文明社会过渡。大约从公元前3000多年开始，非洲北部的尼罗河流域以及亚洲西部的两河流域、亚洲南部的印度河流域、亚洲东部的黄河流域逐渐出现了早期的文明古国，人们将其称为"四大文明古国"。在黄河流域的夏商文明出现的同时，以希腊为中心的爱琴海地区也跨入了早期文明国家的行列。

尼罗河文明

非洲北部很早便有居民居住。当时，北非气候温和湿润，雨水充足，渔猎和采集成为居民的主要生活来源。大约在一万年前，最后一次冰河期过去，北非逐渐变为干旱地区，随着环境、气候的变迁，居民陆续迁移到尼罗河两岸。后来他们在这里创造了铜石并用文化，尼罗河文明由此发端。

埃及的铜石并用文化时代可分为3个阶段：巴达里文化、涅伽达文化一期和涅伽达文化二期。这三种前后承接的文化，一般被称为"前王朝文明"。"前王朝文明"表明了埃及从原始社会过渡到奴隶制国家的基本情况。

巴达里文化约从公元前4500年开始。当时的居民已有固定的居所，从事农业耕种，兼营畜牧和渔猎。他们种植小麦、大麦、亚麻等农作物，驯养绵羊等家畜，除使用石锄、石刀、石铲外，在这一文化晚期还使用少量

◎公元前3500年的彩纹土器

尼罗河流域是人类文明的发祥地之一，尼罗河畔的肥沃土地孕育了古埃及文明。

约公元前5000年

世界大事记：
亚洲西南部和中亚地区开始用冷锻法加工天然铜。
古代埃及已使用等臂天平秤，为已知最早的衡器。

的铜制工具，这表明埃及已开始进入铜石并用时代。在手工业方面，埃及居民已经能够烧制出一种质地良好的薄壁陶以及独具特色的黑顶陶，同时，织布、缝衣、编篮等也达到相当水平。这一时期的居民在埋葬尸体时，开始供奉食品和用具以供死者之用，可见他们已有了灵魂的观念。但墓葬的规模和殉葬物品的差别不太明显，表明当时人们过着原始公社制的生活。从遗址中发现的女性小雕像来推断，这时妇女在氏族中仍居于重要地位。

约公元前3600～前3500年是涅伽达文化一期（也称为阿姆拉文化）。这一时期除在生产技术上较巴达里文化有新的发展外，还有一个很重要的成就，即出现了城市，居住地已有城堡建筑。涅伽达附近的南城就是一个重要的遗址。这一时期的墓地在规模上有了区别，反映出贫富的分化和社会地位的高低。随着商业的发展，私有制出现了，原始公社制处于瓦解阶段，结合城堡建筑较具规模并有雉堞墙等情况来看，此时已处于军事民主制时期，文明已经萌芽了。

公元前3500～前3100年为涅伽达文化二期（也称为格尔赛文化），埃及进入阶级社会。这一时期的社会生产力进步明显，在生产技术上发明了冶金术，出现了刀、匕首、斧等冶炼铸造的铜器工具和武器。居民在尼罗河谷地挖渠筑坝，改进耕作技术，发展农业生产。在此时的陶器上经常可看到河上通行舟楫和水渠纵横、阡陌连绵的图画，说明当时人们已很重视水上交通和农业生产。此时，贸易不仅在国内进行，而且与巴勒斯坦、叙利亚等地区也有商业往来。墓葬的规模和殉葬物品与前期有了明显的差别，有些物品还标有私人印记。在希拉康玻里发现"蝎王权标头"图刻，刻有头戴象征王权的白冠的蝎王，其身后有执扇的侍者，还刻有从事劳动的奴隶和以田凫为代表的平民。这幅画深刻地反映了当时埃及的阶级关系：已有贵族与平民、奴隶主与奴隶之间的阶级差别。同时，文明的显著标志——文字，也在这一时期出现。这一切都说明氏族制度已经走到了尽头，国家已经发展起来了。

◎公元前4000年的象牙女性立像

·古埃及名城·

孟斐斯：位于尼罗河三角洲之西南岸，开罗南25千米。公元前2925年兴建，是埃及古王国时代首都。现仅有拉美西斯三世巨石像、阿庇斯圣牛庙和卜塔神庙废墟。

底比斯：位于尼罗河两岸（东岸为主）。约建于公元前2134年（古王国末期），埃及中王国和新王国时代的首都，有"百门之都"之称。卡纳克神庙遗址和图坦卡蒙法老墓所在地。

开罗：位于尼罗河三角洲入口处。公元前643年建立，埃及第一大城兼首都。吉萨金字塔和狮身人面像所在地。

亚历山大：位于尼罗河三角洲西北边缘，地中海沿岸。公元前332年建立，埃及第二大城市，托勒密王朝时期首都。是世界七大奇迹之一的法罗斯灯塔所在地。

古埃及文字和文学

大约在公元前3500年，古埃及人就发明了文字，称为"象形文字"，意为"神圣的雕刻"。后来，在公元前后的几个世纪里，希腊人、罗马人相继统治埃及，希腊语逐渐取代古埃及语。这样，在整个中世纪和近代，象形文字成了一种不再被人们应用的文字。直到公元1799年，法国的拿破仑率军侵略埃及，他的士兵在尼罗河口的罗塞塔上看到一块石碑。这块石碑是用古埃及象形文字及其草书体、希腊文3种文字对照写成的，文中歌颂了国王托勒密五世的功绩。

古埃及象形文字约有700个。一个词要用音符、意符和部首3种字符组成。古埃及语中表音符有24个，实际上是24个辅音字母。这套音符后来传入腓尼基，成为腓尼基字母的一个重要来源。

随着文字的发明和使用，古埃及人又用植物的浆液制成墨水，用削尖了的芦苇管做笔，用尼罗河口三角洲一带生产的芦草制成纸。中王国时期开始普遍使用这种纸作为书写材料。

古代埃及的文学作品大多使用这种纸草文卷。从保存下来的文卷中可以看到，古代埃及文学作品的内容十分丰富。作为最早的文学作品之一的神话，由于受埃及人思想观念变化的影响，埃及神话呈现出变异的趋势，其故事情节经常发生变化。

古王国和中王国时期是埃及文学发展史上的重要阶段。这一时期以教谕文学作品最多，大都是些"预言""箴言""训诫"之类的文献，如《对美里卡拉王的教谕》《聂菲尔列胡预言》《伊蒲味陈辞》等。这些作品都具有实用性、启发性和娱乐性，旨在规定和引导人们的道德观念，以达到巩固社会秩序的目的。

古王国时期出现大量文学作品，其中散文和诗歌很丰富。如《辛努哈特历险记》讲述大臣辛努哈特因受叛乱事件的牵连而逃到国外，后来得到法老的宽容才得以回到故乡的故事。作者刻画了辛努哈特的思乡之情和落叶归根的喜悦。又如《一个能说会道的农夫》叙述了一个农民向法老申诉凄惨境遇的故事，带有歌功颂德的意味，标榜法老伸张正义。

新王国时期，古埃及文学又得到新发展，散文的故事情节更加离奇、曲折，艺术性很强，思想深刻，已具有现实主义的韵味。

◎ 用象形文字写就的祭祀纸草——《亡灵书》中的一章
《亡灵书》是用莎草纸、皮革或亚麻布制成，并饰以各色漂亮的花边。埃及人相信，死人下葬时陪葬一本《亡灵书》，可保证死者的灵魂得以再生。在葬礼上，僧侣须诵读此书，然后随死者入墓。

经济与法老制度

人类文明的发源地之一——古代埃及，在涅伽达文化一期和二期时，已出现象征王权的红冠和白冠及象征王衔符号的荷鲁斯鹰神的形象。据记载，古代埃及国王美尼斯创建了第一王朝，此后，埃及经历了31个王朝。

通常将埃及法老几千年的统治称为中央集权的专制主义的君主政治。"法老"一词的原意为"宫殿"，最早出现于埃及古王国时期，中王国时期出现在对国王的颂词中，新王国时期正式成为国王的尊称。根据君主专制王权开始于古王国的史实，史学界把古王国以及以后的埃及国王都称为法老。法老作为古埃及的专制主义统治君主，具有法律、行政、财政、军事、宗教等一切方面的无限权力，实行以个人意志为主导的独裁统治。

在涅伽达文化二期，生产力的发展已进入铜石并用的时代，渔猎经济在生产生活中占有很重要的地位。

古王国时期，铜器的使用已比较普遍，手工业有了较细的分工，陶器的形式多种多样，而且采用彩釉绘画。

中王国时期，已经普遍使用青铜器、桔槔及装有把手的耕犁，并且出现了一个新兴的手工业部门——玻璃制造业。

新王国时期是古代埃及奴隶制经济发展的巅峰时期。首先是生产工具的改进。在青铜器广泛使用的同时，铁器也出现了。冶炼金属已使用脚踏鼓风机给氧，用皮革制成风箱，效率大为提高；出现了立式织布机，织工可同时照看两枚悬式纺锭。农业生产中已使用长柄锤、直柄犁、梯形犁，尤其是多层桔槔连续提水，可把河水输送到更高的地方，进一步扩大了耕地面积。

另外，手工业技术明显提高，能够炼出2米长的金属板并能冶炼六合金的青铜。陶器施釉新工艺已发明。埃及人从希克索斯人那里学会了马拉战车的技术，制造战车的水平也已相当高。

后埃及时期，铁器得到普遍应用，工农业生产和商业贸易繁荣，埃及的纺织品、陶器、金银工艺品畅销到地中海和西亚各地。公元前305～前30年是托勒密王朝统治时期。这一时期的社会经济发展也很迅猛，农业上出现了用畜力牵动并拴有吊斗的扬水器；传统手工业保持兴旺的势头；对外贸易的范围进一步扩大到非洲北部、小亚细亚沿岸和黑海沿岸等地。另外，还出现了铸造的金币、银币和铜币。亚历山大里亚城成为当时著名的国际贸易和文化交流的中心。

·法老·

直到埃及的新王国时期，"法老"这个名称才被用来特指国王。在此之前，它表示国王的宫殿朝廷。法老是全国的最高统治者，也是最大的奴隶主，代表整个奴隶主阶级，掌握着政治、经济、军事和司法等大权。他把自己称为神的化身、太阳的儿子，所以他的话就是法律，对其臣民拥有至高无上的权力。从图特摩斯三世开始，法老把自己视为神圣不可侵犯的。从此以后，大臣见法老时都要说一番颂词，必须匍匐前进，上胸贴地，吻着法老脚前的尘土，不能随便抬头。

约公元前5000～前3300年

约公元前5000～前3300年 | 中国大事记：
中国新石器时代的河姆渡原始居民生活在长江下游地区。

金字塔的兴建

埃及金字塔是法老们的陵墓。法老们死后，尸体被制成木乃伊，存放在金字塔里。

埃及金字塔的建筑群散布在尼罗河下游西岸的基萨和萨卡拉一带，位于开罗以南10多千米处。金字塔的底座呈四方形，每面均以三角形的形状向上砌筑，建成后则成为一个角锥体式的石塔。因为它的四面都形似汉字的"金"字，所以汉语译作"金字塔"。

金字塔的兴建，代表了古代埃及在建筑方面取得的辉煌成就。金字塔既是埃及文化的最高成就，又标志着埃及文化日臻成熟。金字塔、神庙、宫殿等雄伟的建筑物，历经数千年，至今仍闪烁着艺术的光芒。

金字塔作为法老的陵墓，是由早王国时期的马斯塔巴形陵墓发展演变而来的，它体现了王权神化的思想。著名的胡夫大金字塔，高143.5米，是法国埃菲尔铁塔建成之前世界上最高的建筑物，被称为世界古代七大奇观之一。

胡夫金字塔，也称大金字塔，位于埃及首都开罗西南约10千米的吉萨高地，它是世界上规模最为宏大，也是较为古老的金字塔，始建于埃及第四王朝第二个法老胡夫统治时期，被认为是胡夫为自己建造的陵墓。根据古埃及宗教理论，只要保护好尸体，人死之后灵魂可以继续存在，3000年以后就会在极乐世界复活并从此获得永生。这与佛教理论中的轮回转世有着异曲同工之妙。有鉴于此，古埃及的每位法老从登基之日起，便着手为自己修建陵墓，以求死后超度为神。胡夫统治时期正逢古埃及盛世，因此他的陵墓规模也空前绝后。

胡夫金字塔原高146.5米，后因顶端受到侵蚀，现在的高度为136.5米，大致相当于40层楼房那么高。在1889年法国巴黎的埃菲尔铁塔建成前，它一直是世界最高的建筑。整个塔身呈正四棱锥形，底面为正方形，占地5公顷，4个斜面分别对着东、西、南、北4个方位，误差不超过圆弧的3分。底边原长230.35米，由于年深月久的侵蚀，塔身外层石灰石存在一定

◎金字塔及狮身人面像

公元前2686～前2181年

世界大事记：
埃及古王国时期。国家统一完成，君主专制确立，大规模兴建金字塔。

国王的葬室

通风口

通风口

狭窄的斜坡

宏伟长廊

◎大金字塔内部结构示意图

程度上的脱落，目前底边缩短为227米，倾斜角度为51度52分。胡夫金字塔通身由近230万块巨石砌成，每块石头重量在5吨至160吨之间，石块的接合面经过认真打磨，表面光滑，角度异常准确，以至于石块间都不用任何粘合物，全部依靠自然拼接，在没有被风蚀、破坏的地方，石缝中连薄薄的刀片也难以插入，可以想见其工艺之精湛。

胡夫金字塔的入口在其北侧面，距地面18米，从入口通过甬道可以深入神秘的地下宫殿，该甬道与地平线呈30度夹角，与北极星相对。由此可见，北极星在古埃及人的心目中有着某种特殊的意义。沿甬道上行则能到达国王殡室，殡室长10.43米、宽5.21米、高5.82米，与地面的垂直距离为42.82米，墓室中仅存一具红色花岗岩石棺，别无他物，这也正是后来某些考古学家怀疑金字塔不是作为法老陵墓的一个重要论据。

根据古希腊历史学家希罗多德等人估计，法老胡夫至少动用了10万奴隶，耗时20～30年时间建造完成了该金字塔。但最新的权威考古学家发现：金字塔应由劳工建造而非奴隶，其主体部分为贫民和工匠，而且采用轮流工作制，工期约为3个月。因为考古人员在金字塔附近地区发现了建造者们的集体宿舍等生活设施的遗迹和墓地，以及大量用于测算、加工石料的工具（作为随葬品），而奴隶是不会享受此种待遇的。

胡夫金字塔、哈夫拉金字塔和门卡乌拉金字塔在吉萨高地一字排开，组成灰黄色的金字塔群。这些单纯、高大、厚重的巨大四棱锥体高傲地屹立在浩瀚的沙海中，向世人夸耀着古埃及人的智慧和伟大。其旁边更有气势磅礴的狮身人面像（高约20米、长约46米）相伴。狮子在古埃及人眼中是力量与神圣不可侵犯的象征，所以法老才选择它为自己守陵，它也确实忠于职守，一守就是4000多年。

集巨大、精密、和谐为一体的古埃及金字塔留给人们的不仅仅是建筑史上的奇迹，更体现了古埃及劳动人民在天文星象学、数学、力学等领域的极高造诣。

·奇妙的金字塔·

何为"金字塔能"？它是金字塔形的构造物内部产生的一种特殊的能量，人们借助这种能量可以收到意想不到的奇妙效果。

其一，金字塔具有保鲜的功能，如将一杯新鲜奶酪放进金字塔，两天以后依然鲜美如初；若将一把锈迹斑斑的钥匙放进金字塔，时隔不久，就会亮光闪烁。

其二，金字塔拥有自动制造"木乃伊"的功能，法国人安乐尼·博维于1930年前往埃及进入"国王墓室"，不经意发现误入金字塔的猫和老鼠的尸体，潮湿的墓室环境并未使这些尸体腐烂——它们已然干透，成为新的木乃伊了。

其三，金字塔的空间形态可以使该空间内的自然、化学、生物进程发生变化，捷克斯洛伐克放射专家卡尔·德鲍尔经过实验得出这一结论。一次，他将一把刮胡刀放在金字塔模型中，满以为它将变钝，结果却相反，刀片由此变得更锋利。之后他又用这把刀片刮了50次胡子。

最早的太阳历

世界上曾经流行过的几种历法，它包括：中国的授时历、欧洲古历法、希腊古历法、巴比伦古历法等。中国古历法根据月亮的圆缺和运行的周期来确定；欧洲的古历法是根据天空中星象的变化来确定的；希腊的古历法也是根据星象的变化来确定的；古巴比伦的历法是根据星象和两河河水的涨落来确定的。在这些历法中一年天数最少的是354天，最多的是384天。

古埃及的太阳历是人类历史上最早的历法，约在公元前4000年前就已出现，这跟尼罗河的定期泛滥关系密切。从某种意义上讲，甚至可以说尼罗河的定期泛滥催生了太阳历，所以在这里有必要交待一下尼罗河的情况。

尼罗河，是上源青尼罗河、白尼罗河两条尼罗河在苏丹首都喀土穆汇合后的正式称谓。它全长6700千米，堪称世界上最长的河流，它流经坦桑尼亚、卢旺达、乌干达、肯尼亚、埃塞俄比亚、苏丹和埃及等国家，最后向北注入地中海。尼罗河主宰着它流经国家的命运，离开了它的滋润，这里的文明将灰飞烟灭。但由于尼罗河水流缓慢，泥沙不断沉积使河床持续填高，致使多次泛

◎埃及太阳历

滥成灾，但河水退后，又留给当地人大片沃土。因此，古埃及人需找到其中的规律以趋利避害。

埃及人为了不违农时，发展农业生产，在长期生产实践中逐渐掌握尼罗河泛滥的规律，他们发现两次泛滥之间大约相隔365天。同时，还发现每年6月的17日或18日早晨，尼罗河开始变绿，这是尼罗河即将泛滥的预兆。

经过长期观测，古埃及人逐步发现尼罗河泛滥的规律，当它开始泛滥时，清晨的天狼星正好位于地平线上。这一点天文学上称为"偕日升"，即与太阳同时升起，于是这一天便

◎埃及金字塔俯视图

约公元前3000年

世界大事记：
古代埃及出现有桨和帆的船，古代埃及人已使用铜镜，古代印度人发明了印章文字。

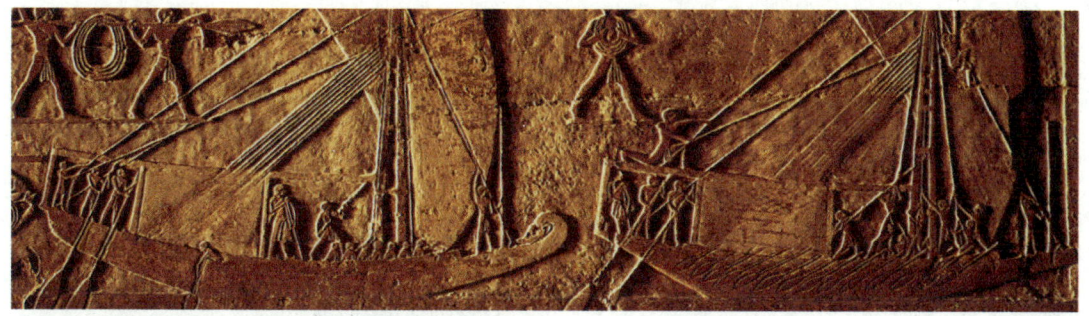

◎描绘古埃及控制洪水的泥版画
古埃及人根据天狼星的位移和尼罗河河水的涨落情况来确定季节，进而在此基础上确立了历法。这种历法后来就演变成了太阳历。

被设定为一年的第一天。不巧的是，天狼星偕日升的周期并没有很快被发现，智慧的古埃及人也没有放弃，经过几代人的不懈努力，他们终于发现：天狼星偕日升那天与其120周年后那一天恰好相差一个月，而到了第1461年，偕日升那天又重新成为一年的开始。于是古埃及人设定1460年的周期为天狗周（因为他们的神话中称天狼星为天狗）。

我们把古埃及的太阳历与当前的公历做一个简单的对比，就不难发现其科学性：一年的天数为365天，继而把一年划分为12个月，每月30天，末了还剩5天则作为宗教节日，就如同我们传统的春节一样也是5天，这比精确的一回归年（365.25天）仅少0.25天，120年后少30天，1460年后就会少365天，又接近一年，如此便形成一个完整的周期。这样精妙的历法凝结着无数古埃及先民的智慧。

在古埃及，人们运用大量的时间进行天象的观测，特别是对天狼星位置的观测更加细致入微。他们发现，在固定的时间里，天狼星从天空消失，在太阳再次出现在同一位置时，它又从东方的天空升起，这就是一个周年。同时，古埃及人把天狼星比太阳早升起的那一天定为元旦。

古埃及人创制的太阳历对尼罗河流域的农业生产有着深远的影响，这也是古埃及跻身世界四大文明古国的重要标志。正是有了这样一部较为完备的历法作指导，古埃及的先民才得以准确预测尼罗河河水涨落，合理安排农时，做到趋利避害，获得一年又一年的大丰收，从而具备了稳定的衣食之源。在这个物质基础上，古埃及才得以在宗教、建筑和医学等领域创造更加辉煌灿烂的文明成果。虽然每隔4年就误差一天，但它使用起来简单方便。后来埃及的太阳历传入欧洲，经过罗马恺撒和教皇格列高里十三世的不断改进，成为今天通用的公历。

·回归年·

回归年就是太阳绕天球的黄道一周的时间，所以又称为太阳年。回归年是比较常用的年长单位，它的准确定义为，太阳中心从春分点到下一个春分点所经历的时间间隔。这是因为地球上的观察者由于地球绕太阳的公转而产生了太阳在天球上运行的现象，在太阳两次经过春分点的间隔内，地球正好绕日1周，是为1年。1回归年平均的长度为365.24220日，折合365日5时48分46.08秒，现在使用的历法就是以回归年作为基本计量年长的单位。

另外，由于一个回归年的12等分——30.4368日近于两个朔望月时间长度之和，阳历也把一年分成12个月，但这里的"月"已与朔望没什么内在联系。

印度河流域城市文明

20世纪20年代初，经考古工作者数十年的发掘，在印度河流域陆续发现了200余处城市和村落的遗址，其中最大的城市遗址是摩亨佐·达罗（在今巴基斯坦信德省境内）和哈拉帕（在今巴基斯坦旁遮普省内）。由于哈拉帕遗址发现的时间早些，学者们便把印度河流域的古代文明称为"哈拉帕文化"。印度河流域文明的范围很广，从南到北相距约1100千米，从东至西约1550千米。一般认为印度河流域文明的创造者是达罗毗荼人。

印度河流域文明体现为城市文明，但其基础是建立在农业经济之上的。居民主要的生产活动是务农。这一时期的粮食作物有大麦、小麦，经济作物有棉花、胡麻，另外还有瓜果、椰枣等园艺作物。在畜牧业方面，已驯养的牲畜有水牛、

◎印度河流域出土的文物

·哈拉帕印章·

发掘显示，属于哈拉帕文明成熟时期的遗址，北起喜马拉雅山南麓，南至濒临阿拉伯海的坎贝尔海湾，东达印度首都新德里附近的阿拉姆吉普尔，西抵今巴基斯坦与伊朗交界，覆盖地域达50万平方千米以上，文明遗址有250多处，比同时期的美索不达米亚文明还要可观。在哈拉帕文化中发现的石制印章，迄今已有2500多枚。它们由天青石、陶土、象牙、铜等各种材质制成。这些印章文字是目前世界上已知最早的文字体系之一，阅读方法也颇为有趣：上一行由左往右读，下一行由右往左读，但是印章文字的内容至今也得不到解读。

黄牛、象、狗、鸡、骆驼、山羊、绵羊等。这些驯养的动物，既是耕耘、运输的工具，又是人们肉食的来源。在手工业方面，有粮食加工，棉、毛纺织，制陶业，冶金业和珠宝业等。这些行业都促进了商业贸易的发展，当时的商业贸易不仅在印度本土进行，而且与西亚也有贸易联系。

印度河流域文明已有了城市建筑规划和极为完善的下水道疏通导引系统。哈拉帕和摩亨佐·达罗两城相距650千米，城市建筑非常相似。它们的周长都在5千米以上，都分为卫城和下城两部分。哈拉帕的卫城是用高达15米、基底厚达12米的砖墙围成的，这里可能是统治者的居住区；下城则为普通居民区。摩亨佐·达罗的建筑规模

约公元前3000年

世界大事记：
印度河流域出现哈拉帕文化，发明了印章文字。

较哈拉帕更为宏大。卫城的四周设有防御的塔楼，西部可见一处规模宏大的谷仓；南部一组公共建筑物的中心为会议厅，面积约25米见方；东北部的建筑群中有一座很大的长厅。卫城中央有一个公共浴池，长12米、宽7米、深2.4米，南北两端的阶梯延至底部。浴池的北面又有多间小浴室，室内垒砌的高台上置放着水罐，应该是用来提供热水的。联系到普通住宅也大多备有水井及洗浴设施的情况，给人以古城居民特别爱清洁、讲卫生的突出印象。

城内的房屋大都用烧砖砌成，其规模和设施差别很大。穷家小户只有一两间简陋逼仄的小屋，与另一些广宅大厦形成鲜明对比。大户人家有中央庭院，四周环绕许多间房屋，还有大厅。有一幢巨大建筑物内甚至含多间大厅，外带一个储藏库。另有不少引人注目的二层楼房。

人们更讶异于古城的排水系统，其完善程度令人瞠目：二楼冲洗式厕所的水可经由墙壁中的土管排至下水道，有的人家还有经高楼倾倒垃圾的垃圾管道。从各家流出的污水在屋外蓄水槽内沉淀污物，再流入有如暗渠的地下水道。这两座城市，一个在印度河的上游，一个在印度河的下游，表明这两个城市是两个互不相属的国家的都城。

印度河流域文明也创造了自己的文字，这些文字主要保存在各种陶、石、象牙制的印章上。迄今所知属于印度河流域文明的字符约有500个。

从遗迹中可以看出，当时印度河流域文明已有了国家，哈拉帕、摩亨佐·达罗等大城市便是早期的奴隶制国家。

自公元前20世纪中叶起，属于印欧语系的雅利安人部落带着他们的战车、人马、畜群、食物和供奉的神龛，一批接一批地从中亚经由印度西北方的山口涌入次大陆。雅利安人最初的故乡在南俄草原，后来驮着帐篷出外漂泊，寻找新的家园。其中进入伊朗高原的一支成为后来的米底人和波斯人，向南的一支进入印度河流域。

"雅利安"意为"高贵的"。这些以"高贵者"自居的白种人，把被他们所征服的皮肤黝黑的达罗毗荼人说成没有鼻子或只有扁平鼻子的、说邪恶语言的人，称其为"达萨"或"达休"（意为敌人）。在漫长的征服过程中，雅利安诸部落同"达萨"之间展开了激烈的战斗。《梨俱吠陀》的《因陀罗（雷雨神或战神）赞歌》这样唱道：

他使万物变化无常；
他使达萨瓦尔那屈服、消灭；
他像赢得赌金的赌博者，拿走敌人的财产。
噢，人们哟！他是因陀罗。
摩亨佐·达罗最终被彻底摧毁了。

◎ **摩亨佐·达罗城遗址**
由于被弃已久，摩亨佐·达罗古城的某些部位显示出岁月侵蚀的痕迹。值得一提的是，古城具有完备的排水系统：一条阴槽以平缓的弧度转弯，以保持排水畅通。

约公元前4300~前3000年

中国大事记：
马家浜文化遗址分布很广，纺织和制陶业已相当进步，发现了罗纹织物残片。

两河流域的早期文明

西亚的底格里斯河和幼发拉底河中下游地区（今伊拉克境内及叙利亚北部一带），是人类最早的文化摇篮之一。希腊语称这块地方为"美索不达米亚"，意即两河之间。与尼罗河相似，两河也是每年定期泛滥，为经营农业提供了便利条件。美索不达米亚平原从西北向东南延伸，形似一弯新月。从公元前5000年开始的锄耕农业，至公元前3500年，这里已开垦成河渠纵横、盛产大麦和椰枣的良田沃野，因有"肥沃的新月地带"之称。在古代，两河流域北部称亚西里亚，亦称亚述；南部称巴比伦尼亚，亦称示拿。巴比伦尼亚又分两部分，南部称苏美尔，北部称阿卡德。

○苏美尔楔形字的泥板
这块插在泥封中的泥板文书记录的是一桩诉讼案：一名叫阿般的人和他的妹妹白塔提分割财产。这桩诉讼案由公元前18世纪的国王尼克美帕判决。

两河流域自古以来就是西亚的通道和走廊，各民族交会之地。早在公元前5000年，已有苏美尔人居住在两河流域南部。约公元前3000年，苏美尔开始出现城市国家。后来的阿卡德人、巴比伦人、亚述人及迦勒底人等，先后在这里建国。多个民族的纷争和占领，无不留下他们各自充满异彩的文化。各种风格互相掺杂，多种渊源汇集，使文化艺术呈现出绚丽多彩的面貌。

早在5500年前，苏美尔人已经发明了文字。他们把字铭刻在石头上；或用斜尖的木棍儿、芦苇秆、骨头等，压刻在黏土做成的软泥板上，再经晒干、烘烤，制成泥板书。这种别致的书写方法，落笔时力度大，速度缓，印痕宽而深；提笔时力量小，速度快，印痕窄而浅，因而形成一头粗一头细的笔画，好像楔子或钉子的形状，故称楔形字或钉头字。一部泥板书包括若干块刻有楔形字的泥板，按顺序放在木架上，供人使用。这种泥板书至公元1世纪才为羊皮书所取代。

楔形字在不同时代、不同地区，书写不同的语言。楔形字泥板图书默然埋藏地下1500年，直到19世纪才被释读成功。

古代两河流域的自然科学中，最发达的是天文学和数学。早在苏美尔时代，苏美尔人就发明了太阴历。他们以一昼夜为一天，以月亮的圆缺、周而复始为一月。他们还把一年分为12个月，其中6个月每月为30天，另外6个月每月为29天，共354天，并设闰月来补足。古巴比伦时代，人们已能将恒星和五大行星区分开，还观察出太阳在恒星之间所走的路径——黄道。后来他们又划分出黄道十二宫。

亚述帝国和新巴比伦时代，人们又把一个月

公元前3500～前3100年

世界大事记:
古代两河流域乌鲁克时期。出现陶轮制陶和塔庙建筑，创造了楔形字。

◎《吉尔伽美什》雕刻印章
国王吉尔伽美什将要砍下芬巴巴头的情景，在一旁帮忙的是蓄着胡子的恩奇都。

分为4周，每周7天，分别以7个星的神名作为星期日至星期六7天的名称。这就是目前通行世界的以星期分割月份的由来。

苏美尔人和巴比伦人在数学方面采用两种计算方法：一种是十进位计算法；另一种是六十进位计算法。古巴比伦时代的数学家已经掌握了四则运算，能求出平方根和立方根，能解出3个未知数的方程式。他们会把不规则形状的田地划分为长方形、三角形和梯形来计算，然后得出面积总和。他们还会计算体积，能估算出一个截顶角锥形地窖的贮藏量。

世界上已知的最早的英雄叙事诗是史诗《吉尔伽美什》。它是古代两河流域最具有代表性的文学作品。这部史诗反映了古代两河流域人民同各种暴力进行斗争的场景，歌颂了为人民建立功

勋的英雄和英雄的壮举，同时表达了人们认识自然法则和探索人生奥秘的愿望。

古代两河流域的建筑和雕刻水平也是很高的。公元前22世纪，乌尔大寺塔建成，该塔分4层，自下往上各层面积逐渐缩小。据说当年各层颜色不一样，并各有其象征意义：一层为黑色，象征地下世界；二层为红色，象征人间世界；三层为青色，象征天堂世界；四层为白色，象征日月光明。现在，上三层已化为土丘，每层的颜色已经脱落。亚述帝国时代，最著名的建筑是萨尔贡二世的王宫。该王宫有高大的台基。王宫的大门宏伟壮丽，门的两边各有一高塔，门和塔都饰有玻璃和壁画，前面还屹立着人面牛身雕像。

古代两河流域在雕刻艺术方面有很多代表作。如乌尔王陵出土的金盔、金牛头木琴和乌尔军旗上的浮雕都很有代表性。

古巴比伦王国时期的雕刻代表作是汉谟拉比法典碑上的浮雕。浮雕上的太阳神兼司法神沙马什头戴多层宝冠，威武地端坐在宝座上，神情肃穆，在他面前站立的汉谟拉比恭顺地接受权杖。

◎苏美尔的中心地带距离今天伊拉克南部的古代海岸线很近。当时苏美尔人的影响已经向北扩张到整个美索不达米亚。

约公元前3300年

中国大事记：
良渚文化开辟了饲养家蚕和生产丝织品的新领域，
其玉器制作与使用达到了一个高峰。

克里特文明

克里特文明是由地中海东部克里特岛的古代克里特人（或称米诺斯人）创造出来的文明。早在公元前3000年以前，克里特岛就出现了新石器文化。公元前3000年中期进入金石并用时代，原始社会开始分化解体。到公元前2000年左右，克里特岛进入青铜器时代，出现了早期的奴隶制国家。克里特文明分为早王宫时代和后王宫时代。

早王宫时代（约公元前2000～前1700年）是克里特文明的初级阶段。当时奴隶制城邦刚刚兴起，在岛屿中部的米诺斯、法埃斯特、马里亚等地先后出现了王宫建筑，宫殿都用石料砌成，有宽敞的大厅、宫室、仓库、作坊等。青铜器制造技术已相当先进，手工业和农业也已分离。这一时期制造的青铜双面斧、短剑、矛头、长剑以及金质和银质的碗等工艺品，都十分精美。这一时期也出现了

◎黑皂石公牛奠酒器
该器皿用来盛圣液，对米诺斯人来说，公牛有特殊的宗教意义，他们将巨大的石雕牛角放置在神庙和宫殿周围，以表明该地是神域圣地。

文字，并由图画文字发展为象形文字。

后王宫时代（约公元前1700～前1400年）是克里特文明的繁荣阶段。原来被毁的王宫又重新修建起来，而且比以前更加壮观。农业、手工业和海外贸易都很发达。农业上使用犁耕，农作物有大麦、小麦和大豆等；园艺作物有橄榄、葡萄等；手工业方面已经能够制造出一种高头低舷的远航船只。克里特岛同爱琴海诸岛、希腊半岛、小亚细亚、腓尼基、埃及以及西部地中海地区，都有密切的贸易联系。海外贸易成了克里特岛的经济命脉。另外，此时还出现了书写古代克里特语的音节文字——"线形文字甲种"（或"线文A"）。

后王宫时代，克里特岛上的城邦比以前大大增加，此时的克里特岛有"百城"之称。"百城"之中米诺斯的势力最为强大，称霸于克里特岛，并控制了爱琴海中的一些岛屿。已被完整发掘出来的米诺斯王宫，占地2公顷，一般多是三层建筑，并有供水、排水设备；宫中设有"宝殿"、寝宫、神坛、粮仓、地窖、牢房、作坊、武器库等，结构复杂，曲折通达，有"迷宫"之称。

王宫坐落在爱琴海南端的克里特岛的一座小山的缓坡上，占地面积27000平方米，是一组围绕着中央庭院的庞大而复杂的建筑群。王宫内

◎米诺斯王朝的王宫遗址壁画
湿壁画是一种绘于泥灰墙上的绘画艺术，这种创作手段是米诺斯文明的主要艺术形式。

公元前3000～前2300年

世界大事记：
爱琴海地区克里特文明出现。

大小房间约有1500间，宫内楼阁密接，楼道走廊迂回曲折多变，加之许多厅堂馆室在设计上的不对称性，外人很难知道这座错综复杂的王宫的布局。

整个王宫以中央庭院为中心，中央庭院长约60米，宽约30米，是宫内最大的庭院。中央庭院靠西边的楼房是国王办公、祭祀的场所。这里神龛神坛排列整齐，办公集会的厅堂和祭祀大厅金碧辉煌、富丽豪华。此外还有贮藏油、酒，收藏财物的陶罐、库房；中央庭院东边的楼房是国王及王后的寝宫、接待厅及学堂、作坊等生活机构和设施。那上粗下细的圆柱形结构和冬日保暖、夏天通风的折叠门扇，宽敞的浴室内精巧的陶制浴盆及冲水设备，以及从宫外10千米远的山上把泉水引入宫内的陶制管道和抛物线形的引水沟槽等，无不闪耀着古代科学技术的光辉。

在王宫的墙上，发现了许多壁画。虽然历经几千年，但是它的色泽还很鲜艳，就像艺术家刚刚完工一样。在长廊中，有庆典游行的画卷。在国王宝殿和王后寝室里，有表现国王、贵族的活动和集会以及自然景物的壁画。壁画中的男子们捧着金银器皿，妇女们则穿着镶宽边的长袍。在造型方面，人物一律都呈侧面像，个个体态轻盈，神态逼真；在用色方面，男人被饰以红色，而女人则被绘成白色。

克里特文明衰落后，爱琴文明转入以迈锡尼文明为主的阶段。

·爱琴海的传说·

远古的时候，有个名叫米诺斯的国王，他建造了迷宫一般的克诺索斯王宫。为了报复杀死他儿子的雅典人，他强迫雅典人接受每年送九对童男童女作为王宫的贡赋。那些儿童一送到米诺斯王宫，不是因为迷路后饥渴而死，就是被宫内的一头怪兽吃掉。雅典国王爱琴的儿子特修斯不忍，便主动随进贡的童男童女一起到米诺斯王宫，立志要为雅典人民除害。他临别前与父亲约定：如果事情成功了，船只返航时，将黑帆换成白帆。特修斯一行到达克里特岛之后，得到了该国公主的爱情与帮助。聪明而勇敢的特修斯最终杀死怪兽并带上公主，登上了回国的船只。特修斯沉浸在胜利与爱情的喜悦之中，竟然忘了换白帆。当国王爱琴看到驶近的船仍然挂着黑帆时，绝望之中，便跳海自杀。从此，人们就把爱琴国王投海的那片水域称为"爱琴海"。

◎米诺斯王宫遗址

迈锡尼文明

阿卡亚人（希腊人的一支）创造的迈锡尼文明（约公元前1500～前1100年），是指以迈锡尼为代表的南希腊的迈锡尼、太林斯、派罗斯等早期奴隶制城邦文明。阿卡亚人于公元前1650年前后，从巴尔干半岛北部侵入中希腊和南希腊。此时他们正处于氏族社会的解体时期，从当时的竖井式的坟墓中可以看出来，随葬品有很大区别。到了公元前1500年左右，规模宏大的圆顶墓代替了竖井墓，同时在迈锡尼、太林斯、派罗斯等地有宫殿和城堡出现。因此，圆顶墓的出现，标志着迈锡尼等地奴隶制城邦的产生和迈锡尼文明的开始。

迈锡尼文明时期，生产力迅速发展，金属冶炼和手工业品的制造技术超过了克里特文明时期的水平。迈锡尼社会是奴隶制社会，城邦的统治阶级包括国王、将军、贵族、官吏、祭司；政治机构有贵族会议和民众大会；社会的基层组织是公社，首领是长老。土地基本上分为私有和公有两种形式。奴隶多属于国王所有，但也有私人奴隶，他们从事手工业、农业等生产性或非生产性劳动。

迈锡尼文明时期出现了文字——"线形文字乙种"（或"线文B"）。迈锡尼文明时期的建筑艺术有了长足的发展。太林斯城墙厚度达20米，非常坚固。迈锡尼也有高大的城墙和塔楼，其石头城门——"狮子门"以宏伟坚固著称。

公元前12世纪初，以掠夺为目的的迈锡尼率南希腊诸国攻打小亚细亚的特洛伊城。

希腊人率领自己的联合舰队从位于尤卑亚海峡的奥里斯出发，在小亚细亚海岸登陆后，在特洛伊平原上建立了一个巩固的大本营，然后迅速包围了特洛伊城。

特洛伊城地势险要，易守难攻。阿伽门农每次攻打都遭到特洛伊盟军的反击。战争持续了9年，双方损兵折将，死伤无数。

转眼进入第十个年头，希腊联军中最

● 公元前1300年左右的迈锡尼圆形墓

公元前1900～前1600年

世界大事记：
古希腊迈锡尼文明出现线形文字，青铜器广泛使用。

·迈锡尼墓园·

迈锡尼城堡内外有两座墓园。园内有众多王族墓葬，内藏丰富的金银陪葬品，其数量之多为世所罕见（仅其中一墓穴即有870件之多）。工艺水平也很高，其中大多数为克里特产品，也有来自埃及和小亚细亚、叙利亚等地的。圆顶墓不像竖井墓那样只在地下构筑简单的竖穴墓室，而是在地面凿岩和砌石筑成圆形墓室，前有墓道，上覆高冢，室内以叠涩法砌成圆锥状屋顶，形如蜂巢，故又称蜂巢墓。构筑这类陵墓需要较高的石砌工程技术，它的形制虽源自克里特，在迈锡尼却规模益趋宏大。现存最大的一座圆顶墓内高13.2米，墓门高10米，门内过道以一块重达120吨的巨石为盖，可见其工程的艰巨。

勇敢的战将阿喀琉斯因和主帅阿伽门农因争夺女俘而退出了战斗。其好友借用他的盔甲、盾牌和武器去攻城，结果被特洛伊人的统帅、太子赫克托尔杀死。阿喀琉斯知道后怒火冲天，重返战场，要为好友报仇。赫克托尔出城应战，与阿喀琉斯杀得难分难解，最终赫克托尔因体力不支而战死沙场。

特洛伊人见统帅被杀，发起了猛烈的反攻。海伦知道阿喀琉斯的弱点在脚后跟，便帮助小王子帕里斯寻找机会，用毒箭射中了阿喀琉斯的脚后跟。阿喀琉斯中毒身亡，帕里斯也在这场战役中被希腊将士用乱箭射死，战争陷入僵局。

特洛伊城久攻不下，阿伽门农只好采取了奥德修斯的计策。

一连数日，希腊人不再攻城，战场上出现了少有的平静。特洛伊人很奇怪。更奇怪的事发生了，一天早晨，特洛伊人突然发现躁动的希腊军营空荡荡的，海面上高挂着希腊联军旗帜的战舰向远处驶去。饱受战争之苦的特洛伊将士和老百姓欢腾起来，纷纷走出城门，庆祝希腊人的撤走。

突然，人们发现希腊军营中有一个巨大的木马。特洛伊人好奇地围着木马转来转去，并不明白是什么意思。他们猜测：希腊人攻打特洛伊，激怒了天神，天神派木马降临赶跑了他们。于是，特洛伊将士和百姓纷纷跪祭木马，感谢天神的保佑。特洛伊国王还吩咐手下将这宝物拉到城里。木马太大，城门进不去。国王下令推倒一段城墙，这才把木马拉进城里。

整个特洛伊城沸腾了，为庆祝胜利，一桶桶的美酒被喝得精光，守城将士都昏醉在岗位上。

黎明时分，茫茫的海面上突然闪现灯光，一艘艘战舰向特洛伊疾驶而来。这时，木马的肚子里冲出数十位全副武装的希腊勇士。守城的特洛伊士兵还未反应过来就成了刀下鬼。希腊勇士打开城门，10万希腊大军如潮水般涌进特洛伊城。10年未被攻破的特洛伊城瞬间被希腊人占领了。

迈锡尼等希腊城邦虽然获胜，但为时10年的战争也大大地削弱了他们的力量，使他们的防御能力大减。约公元前1125年，多利亚人从希腊半岛北部趁机入侵，征服迈锡尼诸城邦，迈锡尼文明至此结束。

◎迈锡尼建筑中的狮子门，以宏伟坚固著称。

赫梯帝国的兴衰

赫梯位于小亚细亚东部的哈里斯河（今土耳其安卡拉以东的克孜勒河）中上游地区。使用赫梯语的赫梯人和公元前20世纪初迁移来的说涅西特语（属印欧语系）的涅西特人共同创造了赫梯文明。涅西特语是赫梯国家的通用语言。

在公元前19世纪中叶，赫梯境内先后出现了一些小国。这些小国之间争战不断，最后库萨尔城的统治者战胜了相邻的小国并不断向外扩张，建立了一个统一的大国——赫梯。公元前1595年，赫梯南侵，灭亡古巴比伦王国。此时的赫梯已成为西亚地区的一个强国。

❍一对恩爱的赫梯夫妇的雕塑被刻在他们自己的棺木盖上，这样便可以在未来给予他们的灵魂一个栖息之地。

公元前16世纪初期，赫梯陷入了争夺王位的血腥冲突中。到公元前16世纪后期，赫梯国王铁列平为了平息内乱，对王位继承制度进行了改革，史称"铁列平改革"。他规定："仅让王子中的长子为国王；如果没有长子，则让次子做国王。当王子中没有继承者的时候，则让长女选择的丈夫做国王。"同时他还宣布，以后国王不得残杀其兄弟姐妹；王子犯罪，罪责由其本人承担，不得株连其家属成员。由于改革确立了长子继承王位和王子一人犯罪一人受罚的原则，从而结束了王族内部的仇杀，巩固了统治阶级内部的团结，为赫梯成为西亚霸国奠定了坚实的基础。

公元前15世纪～前13世纪初是赫梯的鼎盛时期。在此期间，赫梯利用有利的外部环境，占领了米丹尼王国大部分领土，并将领土扩张到叙利亚和巴勒斯坦地区，直接威胁到埃及新王国。公元前14世纪末，赫梯与埃及在卡叠石发生了一次大规模的战争。法老拉美西斯二世即位后第五年的4月末，他亲自率领四个军团2万余人从三角洲出发，沿海岸北上，远征叙利亚。在出发的第29日进至卡叠石城附近宿营，此时法老对敌方军情尚无确切了解。

赫梯国王获悉消息后，决定利用卡叠石城地势险峻、易守难攻的天然优势，采用间谍计，诱敌深入，一举歼灭埃及军队。

埃及四大军团以梯队形式向卡叠石进军，法老拉美西斯二世进攻心切，亲自率领第一梯队冲在前面。大军距卡叠石城约8千米之遥，前面哨兵突然发现两名行踪可疑之人，慌慌张张向南跑。埃及士兵立即抓住他们。经拷问获知：赫梯国王十分害怕埃及大军，躲藏在卡叠石以北的哈尔帕。卡叠石城

公元前1900～前1400年

世界大事记：
小亚细亚赫梯古王国时期。其间与埃及签订的银板合约为世界上最早的国际条约。

·太阴历·

两河流域的气候条件很恶劣，当地的人们为了知道播种和收获的准确时间，通过对月亮圆缺变化规律的观察，制定了太阴历。一年分为12个月，每月以刚刚露出月牙来的这天为开端，以月亮最圆的一天为月中，以月亮又变成月牙的那天为一月的终结。一年12个月中有6个月，每月为30天，另6个月每月29天，全年共354天。这同地球绕行太阳一周的时间相差11天多，过两三年就要差一个月，叫"年日不足"，他们就设置闰月加以补充，就是每二年或三年加一个闰月，闰年有13个月。汉谟拉比在位时，由政府命令规定置闰，后来逐渐有了固定的周期。

内空虚，没有多少兵力，所以他们为保全性命乘机逃跑。法老未加思考，信以为真，认为这是攻克卡叠石城的大好时机。因此，命令部队加速向卡叠石城前进。四路梯队间的距离逐渐拉开。

法老率军攻至城下，才知道中计。而这时赫梯国的军队已按照计划包围了埃及法老的大军，并调集战车向法老身后的第二梯队进攻。

突如其来的进攻使埃及后进部队猝不及防，只好向后败退。赫梯军队又回转身从后面攻击法老的第一梯队。四面受敌的法老立即下令集中兵力向后突围，赫梯军队陷入混乱当中。赫梯国王处乱不惊，重新组织军队，再次向法老进攻。埃及军队左冲右突，杀出重围。但赫梯大军紧追不舍，法老只好命人放出平时养的一群战狮，才得以脱身。

赫梯将士冲入法老军营，被埃及国王携带的财物吸引，纷纷扔下武器，争抢这些财物。埃及第二梯队的残兵与第三梯队会合后又杀了过来，把只顾抢夺财宝的赫梯兵打得七零八落。

赫梯国王将剩余的战车和士兵调集

起来，对埃及军队进行了第三次进攻。埃及将士奋勇抵挡，双方死伤无数。忽然，赫梯军队的后方一片混乱，喊杀声震耳，原来是埃及的最后一支梯队赶到。埃及军队为之一振，将士们作战更加勇猛。赫梯军队腹背受敌，阵脚大乱，士兵伤亡惨重。赫梯国王无力再战，只好下令收兵，退守卡叠石。

在这次战役中，赫梯方虽然略占上风，但叙利亚的归属问题仍然没能解决，致使双方在此后的16年中战事不断。到公元前1296年，双方无力再战，不得不缔结了银板和约。银板和约是用赫梯的楔形文字雕刻的，后来又用埃及的象形文字把和约内容刻到埃及一个寺庙的墙壁上。这份和约是最早的国际条约，也是世界上最早的和平条约。

公元前13世纪后期，赫梯不断遭到亚述的侵略，国势逐渐衰败。公元前13世纪末，"海上民族"入侵浪潮席卷了东部地中海地区，赫梯遭到了致命的打击，从此四分五裂，一蹶不振。到公元前8世纪，亚述帝国消灭了残存的赫梯小国。

赫梯文明最主要的成就有两个：一是在公元前20世纪中叶左右，在世界上最早发明了冶铁术并最先使用铁犁；二是在公元前15世纪末至前14世纪初，编定了一部史称《赫梯法典》的书籍。从法典的条款可以得知，军事贵族享有特殊权力，奴隶制已经相当盛行，畜牧业、农业、手工业都很发达，并有银质的货币开始流通。

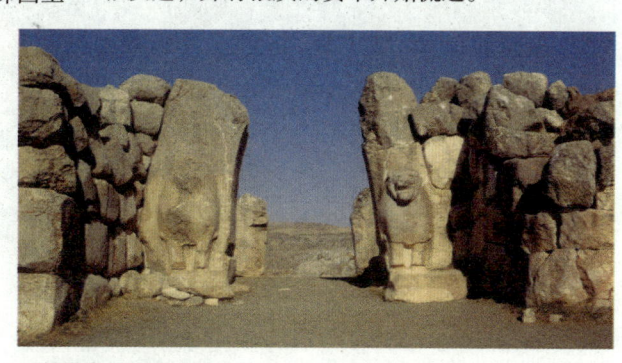
❍赫梯帝国的狮子门

约公元前**20**世纪 │ 中国大事记：
少康灭有穷氏，恢复夏朝。

印度的吠陀时代

印度的"吠陀时代"，大约是从公元前1500～前600年的这段时间。"吠陀"的原意为"知识"或"神圣的知识"。它实际上是印度世代口头流传下来的古老的宗教、文学典籍，也是婆罗门教的经典。吠陀共有4部，全称为《吠陀本集》。其中最古老、最重要并具有文学价值的是《梨俱吠陀》，它所反映的社会时代被称为"早期吠陀时代"，是指约从公元前1500～前900年的这段时间；其他3部吠陀——《沙摩吠陀》《耶柔吠陀》和《阿闼婆吠陀》以及解释这些吠陀的作品，反映的社会时代较晚，因此称之为"后期吠陀时代"，是指大约从公元前900～前600年的这段时间。

早期吠陀时代的历史主要是指印欧语系的游牧部落——雅利安人从伊朗高原逐渐入侵印度河上、中游和恒河上游的历史，也是雅利安人与当地居民进行暴力冲突和生息共处的历史。

早期吠陀时代的雅利安人尚未进入文明社会和国家阶段，他们仍过着氏族部落生活。当时，他们的社会组织有部落（噶那）、氏族（维什）和村（哥罗摩）。每个部落包括若干个村，每个村由许多家族组成。有些部落已组成部落联盟。大约在公元前1000年，少数先进的部落开始过渡到奴隶制国家，原来的部落军事首领"罗阇"转化为世袭国王。有梵书记载的神话说，当初诸

◎森严的种姓制度
印度的种姓制度沿袭了许多世代，而且越来越复杂，演变出了数以千计的亚种姓。"萨蒂制"产生于种姓制度。"萨蒂"印度语意为"寡妇自焚为丈夫殉葬"，如图所示。

公元前1500～前600年

世界大事记：
印度进入吠陀时代，为雅利安人入侵并与当地居民交融的文化时期。

神和魔鬼们发生战争，而诸神屡受挫败。经过总结分析，认识到失败的原因在于缺少一个王。于是，他们选出了王，从而打败了魔鬼。又有一说是，当国家产生以前，人民生活于自然状态中，其时弱肉强食，生命得不到保障。于是，大家选出王来保护自己的生命财产，百姓则奉献贡赋给王作报酬。"罗阇"（王）实际上是军事首领，其权力受长老会议（萨巴）和部落成员会议（萨米提）的限制。这表明，当时的雅利安人已进入军事民主制时代。

后期吠陀时代是一部分的雅利安部落进入文明和国家的时代，也是种姓制度与婆罗门教形成的时代。后期的吠陀时代，有些早先的部落或部落联盟的军事首领罗阇已变为国王了。国王加冕时须举行盛大的祭典仪式，以示王权得自神授。有实力和雄心的国王，还要举行盛大的"马祭"活动。他选定一匹骏马，让这匹马任意奔驰，后面跟随士兵，所到之处，如果当地国王敢于阻挡，就对之开战。满一年后，将此马带回，用做牺牲，向神献祭。能举行马祭的国王可以称为大王，处于霸主地位。

在后期吠陀时代，随着雅利安人国家和婆罗门教的形成，种姓正式成为一种严格的等级制度，共分为4个等级，分别是婆罗门、刹帝利、吠舍及首陀罗。

后期吠陀时代，婆罗门教有了一套比较复杂的教义。后人将其概括为"梵我一致"论和"业报轮回"说。这种说法认为梵即梵天，是世界唯一、永恒、真实的存在，是宇宙的本源和主宰，犹如蜘蛛吐丝一样，一切生命和事物皆发源于梵。并认为人死后其灵魂不灭。灵魂可以转生到另一个躯壳里。第二个躯壳死，灵魂再转生到第三个躯壳……如此轮转不已。一个人重新转生到何种躯壳里，要取决于他过去的行为——"业"（羯摩），"行善的成善，行恶的成恶"。

作为维护高级种姓和统治阶级利益工具的婆罗门教，是一种相当复杂和烦琐的宗教。后来它遭到新兴宗教（如佛教、耆那教等）的反对。大约公元8世纪以后，婆罗门教演变为印度教。

·种姓制度·

种姓一词在梵文中叫"瓦尔那"，意为"颜色、品质"，故而种姓制度又叫瓦尔那制度。这种制度起源于入侵的雅利安人实行种族隔离的企图。之所以这样做，是因为当地人在数量上和文明程度上都远远超过他们。

婆罗门种姓为祭司贵族，属于第一等级，掌握神权，传授圣书，地位最高。刹帝利种姓为军事贵族，或称武士阶级，包括国王和各级官吏，属于第二等级。刹帝利意为"权力"，把持国家的军事和行政大权。吠舍种姓为一般平民大众，包括农民、牧民、手工业者和商人等，属于第三等级。他们是没有任何特权的普通公民，必须按规定缴纳赋税。属于第四等级的首陀罗种姓，包括被征服的土著居民和雅利安人中的贫穷破产者，地位最低下。他们从事各种繁重、卑贱的劳动，其中许多人沦为雇工或奴隶。

在种姓制度下，人的社会地位是由其家庭出身决定的，职业世袭不变，种姓之间严禁通婚。不同种姓的男女结合，所生子女被排斥于种姓之外，称为"旃陀罗"，即"贱民"。他们被认为是"不可接触者"，最受鄙视，其社会地位比首陀罗还要低。

印度的种姓制度自形成后沿袭了许多世代，而且越来越复杂，在四种姓之外，又演变出了数以千计的亚种姓。

| 公元前11～前9世纪 | 世界大事记：
古希腊荷马时代，因《荷马史诗》而得名。 |

希腊的"荷马时代"

公元前11～前9世纪的希腊历史通常被称作"荷马时代"，它因《荷马史诗》而得名。

荷马时代的社会较迈锡尼时代来说，确实是一种倒退，遍及希腊的氏族部落完全淹没了迈锡尼文明。但生产力水平却有很大提高，突出表现在希腊已从青铜时代进入铁器时代。考古学家在这一时代发现了用铁制成的斧、锄、刀、剑等生产工具和武器，还发现了铁匠作坊。《伊利亚特》中提到给射鸽运动员的奖品就是铁斧。铁器的发明，极大地促进了农业生产的发展，人们学会用双牛拉犁，在平原、盆地种植大麦、豆类等作物，在山坡丘陵栽培橄榄、葡萄。农业的发展既提供了较多的生产资料，也刺激了分工的发展。手工业已脱离农业，成为独立的生产部门，出现了金属制造、纺织、皮革、造船等行业。生产的发展使商品交换应运而生。不过当时是以物易物，用于交换的主要物品是金属和牲畜，特别是牛，既是交换媒介，也是主要的财产形态。据《伊利亚特》

◎荷马与诸神 浅浮雕

介绍，此时的物物交换有两种类型：一是以牛易物，二是以牛易人（奴隶）。此外还有馈赠等其他形式。

当时的阶级分化已初露端倪，动产的私有制已显而易见，不动产（土地）的私有制似乎也已产生。氏族贵族占有较多较好的土地和大量牲畜，村社农民只能耕种小块份地，失去份地的农民有的充当雇工，有的沦为乞丐。奴隶制已经产生，奴隶主要来源于战俘和被拐卖的人。男奴多用于放牧，女奴多用于家务和纺织，直接参与农业和手工业生产的奴隶还很少见。

·《荷马史诗》·

荷马，相传是古希腊两大史诗《伊利亚特》和《奥德赛》的作者。他是公元前9～前8世纪时一位朗诵史诗的盲艺人，他根据口头流传的篇章，整理了这两部史诗。《伊利亚特》写的是由于特洛伊王子帕里斯骗走了斯巴达王后海伦，引发希腊联军讨伐特洛伊的十年战争。史诗集中描写第十年希腊英雄阿基琉斯和伊利昂城主将赫克托尔之间的决战，以赫克托尔的死告终。其中阿基琉斯是一个理想的部落英雄形象。《奥德赛》则写战争结束后，希腊主将奥德修斯返乡途中的海上冒险和机智地维护自己的财产、与妻儿团聚的故事，它的形成比《伊利亚特》稍晚，反映了奴隶制度萌芽时期的生活场景，体现了对私人财产的捍卫，并通过奥德修斯之妻佩涅洛佩的贞洁勇敢提倡新的家庭道德规范。两部史诗的结构巧妙，布局完整，塑造了众多英雄人物，被称为"英雄史诗"。史诗基本主题是热爱现实，肯定人的奋斗精神，强调对人生采取积极进取的态度。

公元前16世纪

中国大事记：
伊尹因太甲失德而将其流放，三年后复归其政。

希腊城邦制国家

在荷马时代末期，铁器得到普遍推广，希腊社会的经济也加快了发展速度，农、工、商业均有突出发展。与此同时，希腊在同东方频繁交往的过程中，大量汲取并利用了东方文明的丰硕成果，从而使希腊人站在较高的历史起点上，建构了不同于东方的国家体制。

由于社会经济的发展，两极分化进一步加剧，围绕土地、债务等问题，贵族与平民之间展开了激烈的斗争。在斗争中，原始公社制渐趋崩溃，代之而起的是阶级压迫的工具——国家。在希腊，国家的普遍形式便是城邦。希腊城邦的形成方式和途径大致分为三类：一类是在早期移民和后来大殖民运动中建立的城邦；一类是在氏族制度解体并征服其他居民的过程中建立的城邦；另一类是在自身氏族的制度解体和阶级分化的基础上通过"改革"产生的城邦。

○**古希腊奴隶**
奴隶的社会地位最为低下，低于希洛人、受契约束缚的农奴和被有条件正式解放的奴隶以及自由民。

城邦形成初期，贵族政治得到普遍实行，一切权力集中于由军事民主制时代的长老议事会转化而来的贵族会议手中。稍后，由于经济的发展，加之以平民为主的步兵逐渐取代了贵族骑兵，平民地位日益提高，他们向贵族政治提出挑战，要求打破贵族在政治上一统天下的局面。在对立双方势均力敌的城邦，一度出现了僭主政治。但随着对立双方力量的消长，有的城邦经过平民反对贵族的斗争而建立了民主政治，雅典就是一个例子；有的因贵族力量强大，建立起贵族寡头政治，如科林斯。长期维持贵族寡头统治的城邦只有斯巴达。

希腊半岛平原狭小，耕地较少，而且土地贫瘠，粮食产量不能满足日益增长的人口所需，爱琴海上的岛屿更是如此。倘若遇上自然灾害，粮食更是短缺，一部分人在故土无以为生，被迫背井离乡，去海外谋生，开拓殖民地。如公元前7世纪后期，铁拉岛上大旱，因而不得不采取抽签的方法，从两兄弟中选出一个外出殖民。由于土地私有制和商品经济的发展，也促使无地或少地的平民成群结队地前往遥远的海外寻求土地，谋求生路。从而形成了一个希腊历史上空前的大殖民运动浪潮，因之，古风时代又称"大殖民时代"。

最初的殖民运动是自发进行的，除上述主因外，还有多种情况：有的城邦为了缓和国内矛盾，把异己的"危险分子"遣往海外。如公元前8世纪末，斯巴达无公民权的"处女之子"因为没有分得土地，而与希洛人（国有奴隶）结盟，密谋起义，败露后便被强令外出殖民。有一些在国内政治斗争中失势的个人或集团，为逃避迫害，往往也选择离开故地，漂泊异域，建立新居。有的则因家乡被外族占领，不甘于受奴役而远走他乡。

公元前9世纪末

世界大事记：
古希腊城邦国家逐渐形成。

◎ **希腊犁车**
古希腊人实行家庭制农业系统，各户独自种植粮食，经常采用的农具是这种人力牛犁车。随着缓慢的农业发展与日益增长的人口之间的矛盾产生，向外扩展殖民地便成了一种途径。

也有人出于不愿甘居人下的念头，而到新地方另立门户。更有一些人为某地富庶美好的传说所诱惑，出海寻找自己的乐土。这些人往往具有冒险和进取精神，富有追求自由、独立、平等的理想。

自发组成的殖民团体一般都不大，到新地方后即修筑城堡，聚居在一起，以防止土著居民攻击或海盗劫掠，同时选出元老院掌理政务，这些同舟共济的殖民者就成为新城邦的平等公民。公民享有分配的土地，并通过公民大会参与政事。公民中也有平民和贵族之分，那些最早的开拓者无疑便以其"立国"的功勋而享有更多的利益和荣耀。后来，随着人口增长和社会经济发展，许多城邦开始有计划地组织公民外出殖民，以掠夺土地、奴隶、原料和市场。

当时，黑海沿岸地区尚处于原始社会阶段。在小亚细亚，赫梯帝国已经崩溃，吕底亚尚未兴起；在西方，除腓尼基人的一些殖民地外，没有什么强国。所以，希腊大殖民运动得以顺利进行，范围不断扩大。在意大利半岛南部、西西里的东部和南部、今法国的马赛等地以及西班牙沿岸、小亚细亚沿岸、马其顿和色雷斯沿岸、达达尼尔海峡和博斯普鲁斯海峡两岸、黑海四周等广大地域内，逾百个殖民地城邦先后建立起来。其中较著名的有科林斯人建立的叙拉古、斯巴达人建立的塔兰托、迈加拉人建立的拜占庭、米利都人建

立的奥尔比亚等。这些子邦往往采用母邦的政制、文字、历法、宗教、习俗等，在城市内建有母邦所信奉的神祇的庙宇。也有些最初建立的殖民地后来再去建立殖民地，如阿哈伊亚人在意大利建立了锡巴里斯，锡巴里斯又建立了波塞多尼亚。

对于希腊人来说，殖民不啻一次地理大发现，它极大地拓展了希腊世界的范围，开阔了希腊人的眼界。通过殖民，希腊本土与地中海、黑海地区成为一个有密切经济文化联系的整体，这既有利于希腊吸收东方文明成果，也推动了落后地区的文明进程。殖民运动促进了工商业和海上贸易的发展，使工商业奴隶主的政治经济实力进一步壮大，也加强了平民阵营的力量，有助于平民反贵族的斗争和民主政治的建立。殖民运动的进一步发展巩固了希腊的小国寡民的城邦制度，使其始终未像东方国家一样，建立统一的专制帝国。

·城 邦·

城邦是早期国家的一种类型，以古希腊国家为代表。词源可追溯至古希腊文"波利斯"，原有城堡、国家、公民集体、城市之意，中文意译名"城邦"。希腊城邦约二三百个，形成时间、途径和背景不同，但有如下几个基本的共同特点：小国寡民；多数以一个设防城市为中心，结合周围农区组成；均有一个小范围的、极端封闭的公民集体；与公民集体的存在相适应，希腊城邦在政体中均包含民主制成分，共和政体居多；城邦军事制度的主体是公民兵制；城邦无独立的祭司阶层，公职人员兼祭司职能。除古希腊外，意大利、腓尼基等地中海沿岸地区也曾出现过与古希腊城邦相同的早期国家形态，比如早期罗马的公民公社。这类国家有时也被称作城邦。

强大的亚述帝国

亚述帝国（约公元前 8～前 7 世纪）的建立，是通过不断的军事征服逐渐完成的。为亚述帝国的建立奠定基础的是公元前 9 世纪前期的亚述王那西尔帕二世（约公元前 883～前 859 年）。他率领军队打败了阿拉米亚人，洗劫了美索不达米亚和叙利亚，对北面的乌拉尔图予以重创，扩大了东部山区疆界，挥师直达西部的腓尼基海岸。

亚述帝国的创建者是公元前 8 世纪后期的提格拉特帕拉沙尔三世。他执政后进行了众多领域的改革。军事方面的改革主要是把常备军划分成七八个专门的兵种，如重装步兵、攻城兵、战车

○这头人面带翅公牛大约在公元前 710 年由萨尔贡二世建造，大约有 4 米高，重达 14 吨，充分显示了亚述人的雕刻艺术。

兵、骑兵、工兵、辎重兵等。同时他还改善了武器装备，军队里配备了铁制的弓箭、刀枪、盔甲等，制造并使用攻城用的投石机、冲城器和云梯。通过军事改革，亚述军队成为当时西亚、北非最强大的军队。亚述国王提格拉特拉沙尔三世把亚述人好战的习性体现得淋漓尽致，征服是他最大的欲望，每一次对外的征服都助长了他扩张的野心。公元前 745 年，提格拉特拉沙尔三世以协助平定反乱为名，在巴比伦国建立了亲亚述政权。公元前 744 年，亚述人率先向东北开始扩张，顺利征服了米底各部落。

两次征战的胜利，助长了提格拉特帕拉沙尔三世的扩张欲。公元前 743 年，他率领大军进攻大马士革城。大马士革城体坚固，守城将士和城中百姓，奋勇杀敌，拼死保守大马士革。亚述国王见久攻不下，急忙调集投石机，向大马士革城内发射巨大的石块和熊熊燃烧的油桶。投石机是古罗马和中世纪时代的一种攻城武器，凭借金属外壳的保护，机内的将士可把巨石投进敌方的城墙和城内，造成破坏。

一时间，整个大马士革城一片火海，城内士兵和百姓都无心继续守城。亚述将士还用装有巨大金属撞角的攻城槌对城门和城墙发起攻击，大马士革城被攻陷。

亚述国王对大马士革人的顽强抵抗极为恼火，命令士兵大肆屠杀城内军民，还让战俘躺在削尖的木桩上，直到死去。

亚述国王的暴行使周边震惊，以色列、叙利亚、巴勒斯坦及阿拉伯等 19 国结成联盟，在黎巴嫩山区展开了对亚述人的反抗会战。亚述人凭借精良的装备及训练有素的将士击败了联军。

公元前10世纪~前612年

世界大事记：
古代西亚新亚述帝国时期。铁器出现并广泛应用。

○亚述军队步兵像

在国王提格拉特·帕拉萨三世时代，亚述人建立了一支当时世界上兵种最齐全、装备最精良的常备军，分为战车兵、骑兵、重装步兵、轻装步兵、攻城兵、工兵等。

19 国联军俯首称臣后，亚述国王开始北伐乌拉尔图。乌拉尔图倚仗险峻的地势和顽强的抵御，使亚述人连胜势头有所收敛。然而，亚述人不甘心，又转而西征，并大获全胜。公元前714年，亚述再次北伐，国王率大军翻山涉水，抄小道直奔乌拉尔图的腹地。乌拉尔图守兵猝不及防，锐气尽挫，整个穆萨西尔城被亚述人洗劫一空。

对外征服是亚述国的传统，不管是哪届国王，都充满了征服的欲望。

萨尔贡二世统治时期（公元前722 ~ 前705年），亚述继续向外扩张领土。萨尔贡二世刚一即位就发兵攻陷了撒马利亚，消灭了以色列。公元前714年，他又大举进攻乌拉尔图，攻占其圣城穆萨西尔。到阿萨尔哈东执政（公元前680 ~ 前669年）时，他于公元前671年率军越过西奈半岛，击败埃及军队并占领了埃及首都孟斐斯。最后到亚述巴尼拔统治时期（公元前668 ~ 前627年），亚述军队又攻陷了埃及古都底比斯，彻底消灭了东方的埃兰。至此，亚述的版图达到了最大规模：东起伊朗高原西部，西临地中海东岸，西南至埃及，北抵乌拉尔图，南濒波斯湾。这时的亚述已成为一个地跨西亚、北非的属于铁器时代的大帝国。

被征服地区的人民不断反抗，亚述社会内部的各种激烈的矛盾斗争，直接导致了亚述帝国走向衰亡。

帝国末期，亚述周围出现了一些强国——东方的米底、北方的吕底亚、南方的迦勒比（新巴比伦），这也是导致亚述帝国走向衰亡的重要原因。

公元前 655 年，埃及摆脱了亚述帝国，重新独立。公元前 626 年，巴比伦尼亚的迦勒比人宣布独立，建立了新巴比伦王国。以后，它同米底结盟共同进攻亚述。公元前 612 年，两国联军攻陷亚述帝国的首都尼尼微。公元前 605 年，亚述西部的最后一个据点卡尔赫米什也被攻破，亚述至此宣告灭亡。

·"血腥的狮穴"尼尼微·

公元前 8 世纪后期，亚述国已经成为两河流域最强大的国家。亚述国王对不肯投降而在战争中失败的国家，报复极其残酷。破城之后，亚述士兵残酷地对待着城里的人们，敲碎他们的头颅，割断他们的喉管，火烧他们的房屋，抢走他们的财产，还掳走他们的妻子和儿女。

公元前743年，亚述军队攻陷了叙利亚首都大马士革。由于城中军民拼死抵抗，城破之后被亚述士兵斩下的头颅，竟然堆成一座小山。亚述人还把成千的战俘绑在上端削尖的木桩上，让他们慢慢在痛苦中死去。对于孩子，亚述人也不肯饶过，统统杀掉。城中所有的贵重物品，都被运回亚述。

由于亚述帝国统治者侵略的种种暴行，作为亚述帝国都城的尼尼微便被称为"血腥的狮穴"。

约公元前13世纪

中国大事记：
中国商代青铜器全盛时代。晚商后母戊鼎为现存最大青铜器。

腓尼基

腓尼基位于地中海东岸北部的狭长沿海地带。它不是一个国家的名称，而是一个地区、一个民族的名称。

公元前30世纪末～前20世纪初，腓尼基境内出现了许多独立的城市国家。其中著名的有西顿、推罗、乌伽利特、毕布勒等，由于这些独立的、面积狭小的城市国家之间彼此对立和互相攻伐，加之又地处周围一些强国向外扩张势力的碰撞点上，所以它们经常遭到强国的侵略和操纵，成为强国的附属品。

公元前20世纪中叶以后，腓尼基诸城市国家处于埃及和赫梯的统治之下，后来又遭到海上民族的入侵。虽然他们在公元前10世纪左右一度独立和复兴，但公元前8世纪以后，又遭到亚

◎这是在公元前8世纪时腓尼基人象牙雕刻上的图案：一只母狮撕咬着一个少年。腓尼基工匠经常从非洲沿海地区的商站进口大象长牙，并因制作这样的雕刻而出名。

述帝国和新巴比伦王国的侵略。到公元前6世纪，波斯帝国兼并了腓尼基。

由于腓尼基的手工业、商业和航海业都很发达，使它在许多领域影响着地中海一带地区。手工业中享有盛名的是染织和造船。腓尼基人能从海生贝壳动物身上提取紫红色颜料，经这种颜料染过的毛、麻织品，鲜艳夺目而不褪色。腓尼基人还是优秀的造船者，他们用黎巴嫩山上的雪松制造出来的船只，远近闻名。腓尼基的商业更为著名，腓尼基人有商业民族之称。早在公元前30世纪，腓尼基各城市国家就与埃及、两河流域以及叙利亚的埃勃拉国有着贸易往来。从公元前20世纪起，腓尼基商人就在小亚细亚沿岸、爱琴海诸岛、塞浦路斯和黑海沿岸建立了不少商业区。公元前10世纪前期，腓尼基人又向西部地中海发展。公元前10世纪～前6世纪400年间，腓尼基人垄断了地中海贸易。在经商的过程中，他们建立了许多商业据点和殖民城市，其中最著名的是在公元前9世纪末建于北非沿岸的迦太基。

◎腓尼基水手们从他们的位于地中海东岸的城邦乘船去远处广阔的地方冒险，并在西西里岛、撒丁岛和伊比利亚半岛建立了贸易站和殖民地。

公元前700～前600年

世界大事记：
古代腓尼基人用山羊脂和草木灰制成肥皂，为有肥皂之始。

腓尼基人还是古代勇敢而又智慧超群的航海家。公元前600年左右，埃及法老尼科曾委托腓尼基人乘船围绕非洲航行，历时3年获得成功。

腓尼基人在公元前13世纪创造了腓尼基字母文字。据说，一个名叫卡德穆斯的腓尼基工匠，一次在别人家干活忘记了带一件工具，便拿起块木板，用刀在上面刻画些什么，吩咐奴隶送给家中的妻子。卡德穆斯妻子看完木片，二话没说就交给奴隶一件工具。原来卡德穆斯在木片上刻下的便是第一个腓尼基字母。久而久之，腓尼基文字便逐步传播开来。

腓尼基字母比当时的象形文字、楔形文字更实用，因为它在象形文字和楔形文字外形基础上抽象出一系列简单的符号，组成22个字母。这套字母是线形符号，没有元音，只有辅音。腓尼基字母因通俗易懂和书写简便，后来便传播到了东西各地：向东传入阿拉米亚人居住区，形成了阿拉米亚字母，而阿拉米亚字母又演变出印度、阿拉伯、亚美尼亚、维吾尔等字母；向西传入希腊，希腊人在此基础上加入元音，创造了希腊字母，而希腊字母派生出的拉丁字母和斯拉夫字母后来发展成为西东欧各国字母的基础。

·玻璃的发现·

相传，玻璃是由古代腓尼基商人偶然发现的。一次，一支腓尼基船队在运输天然碱途中遇到大风浪，只得靠岸。这些商人便从船上搬下一些碱块在沙滩上砌灶做饭。第二天，海上已经是风平浪静。正当他们收拾好锅灶上船起锚之时，忽然发现岸上有许多珍珠一样闪闪发光的东西，这便是世界上最早的玻璃。

◎黎巴嫩提尔城的列柱大街
提尔城是腓尼基文化的中心，据史料记载，该城始建于公元前2750年，在公元前969年前后达到鼎盛。

新巴比伦王国的崛起

　　亚洲西部的幼发拉底河和底格里斯河，自西北向东南流经今天的伊拉克境内，注入波斯湾。古希腊人把两河流域称作"美索不达米亚"。两河文明最著名的代表是巴比伦，所以人们又把西亚文明统称为巴比伦文明。西亚古文明与埃及文明同时在公元前3500年开始，但西亚历史几经曲折兴衰后，又有波斯、安息与萨珊的1000多年发展，这时埃及则因丧失独立而使文明断绝，所以西亚文明的演变也较埃及复杂而长久，它最后由中世纪的阿拉伯文明继承为东方文明的一大支系。

　　汉谟拉比建立的统一国家并不稳固。公元前1750年汉谟拉比死后，其国势由盛转衰。国内阶级矛盾尖锐，奴隶逃亡斗争和租税债务问题突出。阿比舒统治时期颁布的诏令反映了这一社会矛

盾。在阿比舒王给另一些地方官的诏令中，多次提及催交租税的问题：有催促地方官员贡纳牲畜的，有催促商人交纳税银的，也有催促商人向神庙交纳贡税的，还有兄弟之间因债务纠纷请求国王予以裁决的……可见，社会经济的紊乱和王权的衰落，导致了社会阶级矛盾的激化和社会秩序的混乱。外族的不断入侵和骚扰，更加速了王国的衰落过程。在萨姆苏伊鲁纳统治时期，东北部山区的加喜特人日益强大，不时侵袭巴比伦，逐渐成为巴比伦的严重威胁。以后又有乌鲁克、伊新等地的暴动。约公元前1595年，古巴比伦王国终于被北方入侵的赫梯人所灭。

　　公元前630年，居住在两河流域南部的加勒底人趁亚述帝国内乱之际，逐渐取得对巴比伦尼亚地区的控制权。公元前626年，亚述人任命迦勒底人领袖那波帕拉萨为巴比伦尼亚总督，率军驻守巴比伦。他到巴比伦后，却发动了反对亚述统治的起义，建立了新巴比伦王国（公元前626～前539年）。新巴比伦王国又称迦勒底王国，与曾被亚述灭掉的那个古巴比伦王国没有什么关系，故而人们在其前面加上个"新"字，予以区分。

　　新巴比伦国王那波帕拉萨有个能干的儿子，就是尼布甲尼撒二世。他从少年时代起跟随父王南征北战，勇敢机敏，身先士卒，深得全军将士的爱戴。公元前607～前605年，新巴比伦王国与埃及第26王朝为争夺势力范围不断发生冲突，新巴比伦军队处于下风，被迫放弃了一些重要据点。公元前605年，老国王任命尼布甲尼撒担任统帅，指挥新巴比伦与米底联军进攻亚述的残余势力。联军与埃及法老尼科二世增援亚述的军队遭遇，双方在幼发拉底河西岸的卡尔赫米什展开

◎伊什塔尔城门复原图

公元前626年

世界大事记:
迦勒底王那波帕拉萨趁亚述内乱,恢复巴比伦的独立,建立了新巴比伦王国。

激战。联军士兵如同潮水般涌向敌阵,埃军遭到惨败。一位新巴比伦诗人形容失败后狼狈逃跑的埃及人"好像圈里的肥牛犊,/ 他们转身后退,/ 一齐逃跑"。尼布甲尼撒对溃败的埃军穷追不舍,终于在哈马什地方将其全歼。

这年8月,那波帕拉萨去世。其时尼布甲尼撒正在叙利亚和巴勒斯坦一带作战。得到消息后,他立即马不停蹄,星夜赶回巴比伦。但因路途遥远,回到巴比伦城时,已是老国王死去20多天以后了。一路上尼布甲尼撒还担心国内会发生不测,结果什么事情也没有发生。他当天就登上王位,并很快得到王国所属各城的拥戴。尼布甲尼撒二世在位期间(约公元前605~前562年),是新巴比伦王国最强盛的时期。

在尼布甲尼撒二世统治期间,王国政治稳定,奴隶制经济有较大发展,手工业和商业达到两河流域历史上的最高水平。为显示文治武功,尼布甲尼撒大兴土木,扩建巴比伦城,使这个西亚最繁荣的商业中心,同时成为西亚最壮观的城市。全城占地41平方千米,由护城壕、外城墙、内城墙三重环绕。外墙长16千米,内墙长8千米,均以砖砌成。据说犹太俘虏就被囚禁在内外城墙之间。当100多年后希罗多德来此考察时,还惊叹于该城的宏伟。

◎ **伊什塔尔女神门**
公元前605年,尼布甲尼撒率军出征亚述的残余势力。画面再现了大军出城途经伊什塔尔女神门的情景。

· 空中花园 ·

巴比伦城中最杰出的建筑当属空中花园,世人称之为世界七大奇观之一。

相传,在公元前604~前562年间,古巴比伦国王尼布甲尼撒二世在位之初娶了米底公主赛米拉斯。但是美索不达米亚平原黄土遍地、沙尘满天,天气酷热难耐。而赛米拉斯的家乡却是山清水秀,气候宜人。久而久之,王后思乡成病,很快憔悴不堪。为治愈王后的这块"心病",尼布甲尼撒下令建造空中花园。园中的景致均仿照公主的故乡而建。今天的空中花园遗址位于伊拉克首都巴格达西南90千米处,由一层一层的平台组成,从台基到顶部逐渐变小。上面种满各种鲜花和林木,其间点缀有亭台、楼阁,最难得的是在20多米高的梯形结构的平台上还有溪流和瀑布,来此参观的人们无不啧啧称奇。

人们百思不得其解的是空中花园的供水系统和防渗漏系统,因为园中的植物和泉流飞瀑都需要水,而且用量还很大。就算让奴隶们不停地推动抽水装置,把水抽到花园最高处类似水塔的装置中,再顺人工河流流淌,那将需要多少奴隶呢?又得多大的抽水装置呢?即便这些条件都满足了,水流下后势必危及花园的地基,那时的尼布甲尼撒陛下又是如何应对的呢?这真是一个千古之谜。

公元前1063年

中国大事记：
周武王去世，周成王即位，因其年幼，由周公辅政。

巴比伦城唯一较完整保存下来的建筑物是高达12米的伊什塔尔女神城门，门两旁有突出的塔楼，墙面用藏青色琉璃砖砌成，上面饰有金色的公牛等各种动物形象，在阳光照耀下闪闪发光，鲜艳夺目。19世纪末20世纪初，德国人发掘巴比伦城遗址后将该门修复，并在柏林国立博物馆复制重建。

巴比伦城内最宏伟的建筑当数名列古代世界七大奇观的"空中花园"。

为巩固与米底的联盟，尼布甲尼撒二世曾与米底联姻，娶了该国的一位公主做王后。但从小生活在美丽山区的公主来到巴比伦后，每日映入眼帘的尽是平原和黄土，便十分想念自己的家乡，因而终日闷闷不乐，茶饭不思，人也显得憔悴了许多。她说："我的家乡山峦叠翠，花草丛生，而这里是一望无际的巴比伦平原，我多么渴望能再见到家乡的山岭和盘山小道啊！"为了取悦于米底籍王后，尼布甲尼撒在巴比伦城内高110米的土山上，筑起一座"空中花园"（又称"悬苑"）。花园以巨大石柱群支撑，搭建起用石板和铅板铺

◎巴别通天塔
传说当巴比伦国王尼布甲尼撒修建这座通天塔时触怒了上帝并引发了一场战争。上帝派70个天使来到人间，变乱这些修建者的口音。有人据此认为这就是为什么世界上不同种类的人讲着相异的语言。

就的多层园圃结构，在上面敷置泥土栽植各类树木和花卉，并设有精巧的灌溉抽水系统。据狄奥

·巴别塔·

今天的伊拉克首都巴格达的所在地5000年前是一马平川，那里曾屹立着一座无比壮观的巨塔——巴别塔。据《圣经》记载，大洪水退去后，挪亚的子孙在巴比伦一带建国。他们渐渐变得骄傲自大，想造一座通天巨塔来传扬自己的名声。神怕人类从此不再敬神，于是变乱了语言，使人们无法交流，从而再也不能齐心合力建塔。"变乱"一词在希伯来文中是"巴别"，因此这座塔又被称为巴别塔。

几千年来，人们一直都没有发现巴别塔的遗迹，有人认为它不过是个神话。后来，考古学家在古巴比伦遗址上发现了一个由石块、泥砖砌成的拱形建筑废墟，中间有口正方形的大井。开始，考古学家以为这是空中花园的遗址，直到后来在附近出土了一块记载了巴别塔的方位和式样的石碑，才知道这就是巴别塔的塔基。

巴别塔建于公元前17世纪，高近90米，分成7层，底层边长也近90米，顶层是供奉马尔杜克神的神庙。用深蓝色釉砖砌成的塔身外有条螺旋形的阶梯盘旋而上，直通金色的神庙。公元前1234年，巴别塔被攻占巴比伦的亚述人摧毁。后来，新巴比伦的国王尼布甲尼撒二世曾重建该塔，但他去世后，巴比伦又渐渐衰落。公元前484年，巴别塔再次毁于战火。虽然人们如今已基本复原了它的外观，然而其整体的设计和结构仍是一个谜。

公元前604~前561年

世界大事记：
新巴比伦王国尼布甲尼撒二世在位，他命人修筑的空中花园为古代奇观之一。

多拉斯记载，花园呈正方形，每边长120米左右。远远望去，犹如高悬于空中的仙境一般。上面栽满了奇花异草，并在园中开辟了幽静的山间小道，小道旁是潺潺流水。工匠们还在花园中央修建了一座城楼，矗立在空中。由于花园比宫墙还要高，让人感觉这座花园像是悬挂在空中，因此被称为"悬园"，而更广为人知的名字则是"空中花园"。据说，自打有了这座空中花园，米底公主的思乡症还真的不治而愈了。当年到巴比伦朝拜、经商或旅游的人们老远就可以看到这座美丽的花园。

尼布甲尼撒新建和修复了许多宗教建筑，其中最著名的是马尔杜克神庙的塔庙，就是《圣经·旧约》中提到的那座使上帝惊怒的"巴别通天塔"。通天塔高90米，共7级，每级色彩各不相同，代表七星神，顶层一座蓝色四角镀金的神殿内供奉着马尔杜克金像。按照惯例，每年的元旦日，国王要在马尔杜克神庙举行登位典礼，从高级祭司手里接受象征王权的宝器。

新巴比伦王国时期的经济较以前有很大发展，其中发展最显著的是商业经济，商品买卖活动非常活跃。人们不仅买卖粮食、牲畜、羊毛等农牧产品，农田、果园、房舍等各种不动产的交易也十分活跃。买卖奴隶也成为经常性的商品活动。在频繁的商业活动中，新巴比伦王国出现了两个最著名的商家：巴比伦的埃吉贝和尼普尔城

的穆拉树。首都巴比伦城不仅是巴比伦尼亚的工商业中心，也是当时世界上最大的商业中心。巴比伦城的人口达到20万，西亚、北非等地的商贾都会集此地。

尼布甲尼撒二世死后，新巴比伦开始败落。到了后来，国王的废立和操纵都被掌握在势力一直很强大的神庙祭司和工商业奴隶主集团手里。

末代帝王那波尼德（公元前555~前539年）即位后，企图削弱神庙祭司和工商业奴隶主集团的势力，但祭司们极力反对，没有收到成效。加之外部形势紧张也使他无暇顾及这些。

与此同时，东方的波斯崛起，在灭掉当时的两大强国米底和吕底亚后，波斯帝国于公元前539年开始进攻两河流域，击溃了新巴比伦的军队。公元前538年，波斯军队兵临巴比伦城下。那些不满那波尼德统治，希望波斯能为他们开拓更大市场的巴比伦神庙祭司和工商业贵族们，打开城门欢迎波斯军队进入巴比伦城。这样，新巴比伦不战而降，落入波斯之手。从此，两河流域就在波斯帝国控制之下。

◎古巴比伦空中花园

这是后来人们根据文献记载而描绘出的巴比伦空中花园的大致模样。"空中花园"也叫"架空花园"或"悬空花园"，这些称呼都是希腊语"库列马斯图斯"一词的意译，可直译为"梯形高台"。

公元前1061年

中国大事记：
周公平三监之乱，并向东用兵，使周朝势力达于大海。

以色列犹太王国

巴勒斯坦位于地中海东南岸，北面与腓尼基接壤，西南面连接西奈半岛，东面是叙利亚草原。公元前 30 世纪，迦南人居住在这里，因此这个地区也叫迦南。约公元前 1900 年，希伯来人的祖先亚伯拉罕率领族人从两河流域来到迦南。迦南人把这些新来的游牧人群称为"希伯来人"，意为"从河那边来的人"。后来迦南发生了大旱灾，为了逃避灾荒，一部分希伯来人在亚伯拉罕之孙雅各的带领下迁到埃及居住，在此后的 400 多年里，饱受埃及法老的剥削和奴役。公元前 13 世纪，不堪忍受这种悲惨境遇的希伯来人在其领袖摩西的带领下，历经千难万险迁出埃及。此后又在其继承人约书亚的率领下返回了迦南。

在迦南，希伯来人与迦南人不断发生冲突。经过长期战斗，希伯来人占领了迦南人的许多土地，一部分迦南人与希伯来人逐渐融合，一部分迦南人则长期与希伯来人为敌。在征服迦南的过程中，希伯来人形成两个部落：北方的以色列和南方的犹太。公元前 13 世纪末，海上民族腓力斯丁人占领了迦南的西南沿海地区。这些海上民族称他们居住的地区为巴勒斯坦，意为"腓力斯丁人的土地"。后来希腊史学家就把全部迦南叫做巴勒斯坦，即现在的巴勒斯坦地区。

希伯来人同腓力斯丁人之间进行的战争异常激烈。在战争中，希伯来两大部落联盟需要加强联合，其首领也需要扩大和集中权力，这就加速了希伯来人国家的形成。到了公元前 11 世纪，希伯来人终于建立了本民族的王国——以色列犹太王国。从此，他们的历史由前王国时期（前文明时期）进入王国时期（文明时期）。

◎带领以色列人走出埃及的摩西

扫罗（约公元前 1030 ~ 前 1010 年在位），是以色列犹太王国的第一个国王。他是从北方以色列各部落中选举出来的。扫罗在位时把 12 个部落统一起来，并组织了一支强有力的军队。这支军队在

·犹太民族与耶路撒冷·

在犹太民族的悠久历史中，从公元前586年的以色列被巴比伦征服开始，大部分犹太族群的栖身地都远离耶路撒冷。甚至在更早的公元前722年，以色列12族中就有10族被亚述人所掳，并被周遭的民族同化。然而犹太人相信，上帝的许诺是针对所有以色列人，因此终有一天12族人都会重回应许地，大卫之城将再度成为犹太世界的首都。这样的等待在20世纪终于有了结果，犹太人逐渐领悟到必须要拥有自己的土地，于是便在1948年创建了现代的国家以色列。

公元前604～前561年

世界大事记：
尼布甲尼撒二世在位时灭犹太国，将犹太人掳往巴比伦，史称巴比伦之囚。

◎ 以色列族长家谱图

北方叫以色列王国，在撒马利亚建都；南方叫犹太王国，仍以耶路撒冷为首都。

公元前722年，以色列王国被亚述帝国所灭；公元前586年，犹太王国在巴比伦的攻打下亡国，被俘的一大批犹太人被劫往巴比伦，在那里度过了近半个世纪的囚徒生活，史称"巴比伦之囚"。

公元前538年，波斯开国皇帝居鲁士灭亡了新巴比伦，释放了被囚的犹太人。在波斯帝国的支持下，他们返回巴勒斯坦，建立了一个臣属于波斯帝国的、政教合一的神权国家。

同腓力斯丁人作战中，取得了许多次胜利。但扫罗和他的3个儿子都先后在战争中阵亡。后来，南方犹太部落联盟首领大卫（约公元前1010～前970年在位）当了国王。在他的领导下，以色列犹太人彻底打败了腓力斯丁人，建立了一个统一而又强大的以色列犹太王国，并且将首都定在耶路撒冷。大卫死后，其子所罗门（约公元前970～前931年在位）即位。他统治的时代是以色列犹太王国的鼎盛时期。所罗门大力发展外交和外贸，并与埃及结盟，娶埃及法老的女儿为后；他还组成船队在地中海、红海和印度洋上进行商业活动。所罗门为了打破传统的部族界限，把全国划分成12个行政区。为显示其君主统治的威力，他还大兴土木，兴建了豪华的宫殿，并为耶和华神修建了一座金碧辉煌的圣殿。

所罗门晚年追求享受，奢侈好色，加之长年役使民众建造宫殿和圣殿，引起人民不满，国势渐渐衰落。他死后不久，王国分裂为两个国家。

◎ 亚伯拉罕献以撒
亚伯拉罕遵守诺言，将心爱的儿子以撒放在祭坛上献给上帝，表现了他对上帝的信仰和顺从，所以他被称为"信仰之父"。

公元前841年

中国大事记：
周厉王暴虐，国人暴动，厉王逃亡。召公、周公行政，号曰共和。中国历史准确年代自此开始。

斯巴达城邦

斯巴达城邦位于伯罗奔尼撒半岛南部的拉科尼亚，三面环山，中间有一块小平原。斯巴达的名称可能出自古希腊语"斯巴台"（意为播种地）。由于地处"凹陷的拉凯达伊蒙"河谷地段，故斯巴达又称"拉凯达伊蒙"。

公元前1100年左右，南侵的多利亚人进入拉哥尼亚。约公元前10世纪，由4个多利亚人村庄联合组成了斯巴达城。居住在这一带的多利亚人，便称为斯巴达人。斯巴达城虽名之为城，实际上直到公元前4世纪末完全没有城墙。有句谚语说："斯巴达没有城墙，男人的胸膛就是斯巴达的城墙。"斯巴达城周围分散居住着被征服的原本地居民，称"皮里阿西人"，即边民。边民为没有公民权的自由民。而占人口绝大多数的国有奴隶被唤作希洛人（一译黑劳士）。

大约在公元前800～前730年，斯巴达人逐渐征服了整个拉哥尼亚地区。此后又经过两次美塞尼亚战争（公元前740～前720年、公元前640～前620年），斯巴达人征服了拉哥尼亚西部的美塞尼亚居民。据希腊神话传说，美塞尼亚最初之王与斯巴达二王之祖原是亲兄弟。当初多利亚人南下，是为了帮助著名英雄赫拉克利斯的后裔三兄弟夺回原属于赫氏的伯罗奔尼撒王位，后来便分立为3个国家：长兄铁美努斯分得亚尔果斯；二弟阿里斯托德穆斯阵亡，由他的两个孪生儿子攸利斯尼斯和普罗克勒斯共同分得斯巴达；幼弟克列斯封提斯分得美塞尼亚。美塞尼亚位于斯巴达以西，土地肥沃，堪称富庶之乡。当斯巴达国家的发展需要大量土地和奴隶时，这个兄弟邻邦便成了它的猎获物。结果，美塞尼亚居民全部被变成了希洛人。

◎在战斗中负伤的战士在包扎伤口

为了对付、镇压希洛人不断的暴动起义，全体斯巴达人无一例外地被编入军队，全民皆兵，整个社会就像一个大军营。从20岁起正式成为军人，30岁结婚，但白天仍回兵营，直到60岁才可退伍。

希洛人被禁锢在斯巴达公民的份地上，当牛做马，辛苦劳作，每年向主人交纳82麦斗大麦以及一定数量的油和酒，大约等于收获量的一半。在征服过程中，斯巴达人的氏族制度更趋瓦解，征服者与被征服者之间也产生了尖锐的矛盾。为此，斯巴达推行了一系列政治改革与社会改造活动，形成了层次分明的阶级结构和一整套暴力机器。至公元前7世纪中叶，斯巴达国家最终形成。

斯巴达城邦建立后，其居民的地位分化为3个阶层，即斯巴达人、皮里阿西人和希洛人。斯巴达人是征服者，其成年男子均享有公民权。他们集体占有全国的土地和奴隶。皮里阿西人散居于山区和沿海的村镇之中，这些人没有公民权，不能与斯巴达人通婚，但享有人身自由。希洛人是斯巴达人集体占有的奴隶（一说农奴），他们

公元前7世纪

世界大事记：
古希腊斯巴达城邦在激烈的政治、军事斗争中形成。

·斯巴达重装步兵·

古希腊军事力量最强的城邦是斯巴达。在斯巴达，每个男人从小就要接受严格的近似野蛮的训练，以使他们长大后成为一个合格的战士。斯巴达重装步兵是全希腊公认的素质最高的士兵。他们头戴铁制的头盔，身穿金属胸甲和皮革护胫，手持带铁头的长矛和镶铜圆盾，腰悬双刃短剑。在战斗时，斯巴达人和着笛声的节奏稳步前进，斗志高昂，毫无惧色。在出征前，母亲会送给儿子一面大盾，说："要么拿着它凯旋而归，要么躺在上面让人抬着你的尸体回来。"希波战争中，斯巴达人显示出了顽强的战斗作风。温泉关之战，300个斯巴达士兵凭借地利，抗击了10万波斯军队，最后全部阵亡，为希腊军队的部署赢得了宝贵的时间。在普拉蒂亚会战中，以斯巴达重装步兵为主力的希腊联军击败了约2倍于己的波斯陆军，将波斯军队彻底赶出了希腊。在长达几十年的伯罗奔尼撒战争中，斯巴达凭借强大的重装步兵，最终战胜雅典，成为希腊的霸主。

没有政治权利和人身自由，受到的虐待和迫害异常残酷。斯巴达政府对他们严加监视，操有生杀予夺之权。不论是否有过错，他们每年必须被鞭打一次，以使其不忘自己的奴隶身份。他们穿着国家为他们做的带有特殊标志的服装，随时供斯巴达人取笑、驱打、作践。主人常强迫他们饮过量的烈酒，然后拖至公共场所，以其醉态警诫年轻人；他们还被强迫表演卑鄙可笑的歌舞，不许有任何高尚的表现。斯巴达人经常对外发动战争，战时希洛人必须为主人充当驮运行李、辎重的"牛马"，在军中从事运输、修筑工事等苦役。

为了防范和镇压人数众多的被征服者的反抗，斯巴达人大力强化国家机器，形成了贵族寡头政体。

在经济上，斯巴达以农业为主，工商业比较落后，甚至一度禁止金银作为货币流通，想以此阻抑商品经济的发展来防止两极分化，借以维护公民集体的团结，对付希洛人的反抗。

斯巴达国家实行的是极为严格的军事制度和教育制度，其全民皆兵、重武轻文的程度在世界历史上可以说是空前绝后的。公民从出生之日起就被置于国家的监督和管束之下，人们只有一条出路，就是成为遵纪守法、勇敢坚毅、忠诚谦恭的好公民和优秀军人。斯巴达的青年男子从20岁开始就必须投身于军营生活，除了行军作战就是反复操练，精神上也以培养绝对服从、视死如归的军人气质为首要。由于斯巴达人实行严格的军事训练，所以其陆军成为全希腊实力最强、纪律最严的军队，而文化建树则完全被忽视了。

在对外关系上，斯巴达统治者始终奉行霸权政策。他们采取武力威胁与外交逼迫等手段，逐步制服了南希腊的多数城邦，结成了斯巴达领导下的军事同盟。各盟邦名义上地位一律平等，实际上斯巴达以其强大的军事实力凌驾于其他盟邦之上，斯巴达依靠同盟经常干预他国内政，支持各邦的贵族寡头派。在提洛同盟组成后，斯巴达借伯罗奔尼撒同盟同雅典争夺希腊霸权。

◎严阵以待的斯巴达士兵

为了镇压希洛人的暴动起义，斯巴达人全民皆兵，婴儿从出生就要接受严格的训练，直到将其训练成有强健体魄的武士。如上图所示，他们紧握手中的盾牌，时刻准备为保卫国家英勇献身。

| 公元前776年 | 中国大事记：
中国史载"十月之交"，"日有食之"，为世界上最早
的日蚀记录。 |

梭伦改革

雅典位于希腊半岛东南的阿提卡半岛上，依山傍海。全境多山，山岭将半岛分割成3个相邻的小平原，阿提卡平原居其中。沿海有曲折的海岸线和优良的港湾。

公元前1600年前后，爱奥尼亚人就来到阿提卡，与当地皮拉斯基人混居。在雅典卫城内发现的宫殿遗址表明，阿提卡早在迈锡尼文明时期已经出现国家，但随着迈锡尼文明的崩溃而消失。

公元前12世纪，多利亚人南下时并未侵入阿提卡，但多利亚人的南侵影响了迈锡尼各邦，一些居民为躲避战乱纷纷逃至雅典居住，他们成为雅典原有氏族之外的居民。由于居民混杂，原有的氏族管理机构的作用大减。为适应形势的变化，雅典出现了传说中的第10代"王"（巴赛勒斯）提修斯的改革。提修斯改革以"联合运动"的方式，废除了阿提卡各地的议事会和行政机构，设立了以雅典为中心的中央议事会和行政机构；提修斯还根据出身和职业，将全体居民分为3个等级：贵族、农民和手工业者。通过改革，氏族部落管理机构正式发展为贵族独占的国家机构。

这个刚刚诞生的雅典城邦是贵族统治的国家，统治机构有执政官、贵族会议和公民大会。统治机构建立后，氏族贵族便利用自己的垄断政权残酷地剥削、压迫平民。平民的处境日益恶化，他们或将土地抵押给贵族沦为"六一汉"（因为他们为富人耕田，按此比率纳租），或变为债务奴隶，或流亡国外。这种情况使贵族与平民的矛盾激化，社会动荡不安。公元前6世纪初，平民准备以暴力推翻贵族政权，内战一触即发。在这紧要关头，得到大多数公民支持的梭伦被推举为"执政兼仲裁"，受命调停矛盾。

·陶片放逐法·

陶片放逐法是古希腊雅典等城邦实施的一项政治制度，由雅典政治家克里斯提尼于公元前510年创立。约公元前487年，陶片放逐法才首次付诸实施。通过这项制度，雅典人民可以把企图威胁雅典民主制度的政治人物逐出雅典。

梭伦（约公元前630～前560年）出身于贵族家庭，他的父亲因为乐善好施，到他年轻的时候，已是家道中落。梭伦一面外出经商，一面游历。尽管他以经商为业，也逐渐富有起来，但他却坚信道德胜于财富，所以其兴趣不在赚钱上，而主要是利用出外旅行的机会考察社会风土人情，获取知识和经验。在此期间，梭伦漫游过希腊和小亚细亚的许多名胜，结识了著名哲学家泰勒斯等人，并以谦和的美德而被誉为古希腊"七贤"之一。他到任后，拒做僭主，主张以法治国，曾先后颁布了一系列政治、经济等方面的改革法令。

政治改革包括：①将全体雅典自由民按财产多少分为4个等级并规定相应的权利和义务。地产年收入在500麦斗（1麦斗约合80公斤）以上者为第一等级（500斗级），300～500麦斗者为第二等级（骑士级），200～300麦斗者为第三等级（双牛级），200麦斗以下者为第四等级（雇工级）。工商业者的货币收入也可折合为地产计算。国家的高级官员由一、二等级的富有公民担任。第三等级公民可担任四百人会议议员等低级官职，第四等级只能参加公民大会和陪审法庭的活动；②确立公民集体立法的原则，提高公民大会的权力；③新设四百人会议和陪审法庭两个重要机构。经济改革包括：①颁布"解负令"，取消以土地为抵押的债务，废除债务奴隶制；②禁止小麦出口，鼓励橄榄油输出；③推行货币改革，实行流通于爱琴海区域的优卑亚币制，以利于对外贸易；④为防止土地再次集中，规定公民占有土地的最高限额（因史料不足未留下限额的具体数额）；⑤因地制宜，发展经济。

梭伦改革打击了旧的氏族贵族，消灭了债务奴隶制，恢复并稳定了独立的小农经济，为雅典公民形成自主独立的公民意识奠定了坚实的经济基础，也使雅典奴隶制开始向高级阶段发展；改革打破了贵族对政权的垄断，大大提高了工商业奴隶主阶层的政治地位，使普通公民可以参加决定国家命运和自身利益的政治活动，促使雅典政体从贵族政治向民主政治过渡；改革对工商业的发展，采取了一些鼓励的措施，也为雅典的经济繁荣创造了良好条件。梭伦的改革把雅典引上了

建立奴隶制民主政治和发展工商业的道路。早在公元前 621 年，执政官之一的德拉古就曾制定过一部成文法典，但内容过于严酷，它甚至将偷窃蔬菜、水果以至懒惰都定为死罪。雅典人发现，如果真的照那部法典行事，他们还没有足够的绳索把所有罪犯绞死。所以有人说，"德拉古的法律不是用墨水写的，而是用血写的"。

相较于德拉古，梭伦是一位温和的立法者，他所制定的雅典法较有人道色彩。他在改革中不走极端，奉行不偏不倚的中道政策，从公民整体利益出发，对平民和贵族的要求既满足又不完全满足，用他自己的话说就是："我所给予人民的适可而止，他们的荣誉不减损也不加多，即使是那些有势有财之人也一样，我不使他们遭受不当的损失。""我制定法律，无贵无贱，一视同仁，直道而行，人人各得其所。"在梭伦改革后的一百余年里，雅典始终遵循他所开辟的政治改革道路，终于成为一个经济繁荣、政治民主、文化昌盛、国力强大的希腊超级城邦。

◎ 这幅绘画表现了梭伦改革前夕，古代贵族展开激烈辩论的场面。改革期间，每天都有人找到梭伦，对新法表示赞同或指责，或建议增加某些条文、删除某些条文。为了摆脱这种困境，任期届满后他便飘然出国漫游去了，此后再未进入政坛。

孔雀王朝

旃陀罗笈多出身低贱，传说出身于一个饲养孔雀的家族。后来，他在卓越的政治家考底利耶的辅佐下，组建了一支军队，把驻守在印度西北部旁遮普地区的马其顿、希腊侵略军打败，随即称王。接着他又率军东征，灭了难陀王朝，建立了一个根据其家族名称而命名的新王朝——孔雀王朝（公元前321～前187年）。孔雀王朝通常称孔雀帝国（又称摩揭陀帝国）。在孔雀王朝统治时期，古代印度进入帝国时代。

旃陀罗笈多在位期间（约公元前321～前297年），塞琉古王国一度想恢复在印度的统治。公元前305年，塞琉古领兵侵入印度，但遭到失败，被迫将今阿富汗、卑路支一带的大片土地割让给孔雀王朝，还把一位希腊公主嫁给旃陀罗笈多。旃陀罗笈多则送给他500头战象作为回报。

旃陀罗笈多晚年笃信耆那教，后来抛弃王位出家，终于按耆那教的教义慢慢绝食而死。他出家后，其子频头娑罗（约公元前297～前273年）继位。频头娑罗继续东征西讨，佛教文献说，他曾经杀死16个君主并夺得他们的土地。

旃陀罗笈多之孙阿育王是印度历史上最重要的一位国王。在阿育王时代（公元前273～前232年），孔雀王朝达于鼎盛。

据佛教传说，佛陀在世时，已对未来阿育王的出世做过授记。说是有一天，佛陀在弟子阿难陪侍下入王舍城乞食，一童子将一把细沙作为施舍放入他的托钵，说："喏，给你麦面！"佛陀微笑点头。阿难不解，佛陀解释道："这个小孩以麦面供养佛，在我灭度后100年，他将于巴连弗邑（即华氏城）转世统领一方，为转轮王，姓孔雀，名阿育，以正法治化国家；还要广布我的

舍利，造八万四千塔，安乐无量众生。所以我笑。"佛陀还随口诵出一首偈语：

于我灭度后，是人当做王。

孔雀姓名育，譬如顶生王。

于此阎浮提，独王世所尊。

阿育王是频头娑罗王的一个妃子所生。他出生的那天恰为除忧日，故名"无忧"，音译为"阿恕伽"或"阿输迦"，汉译作"阿育"。阿育幼时相貌丑陋，皮肤粗如黄沙，传说即其前世曾向佛陀施舍沙土的缘故；又因生性顽劣，不得父王欢心。按有的史籍记载，怛叉始罗城叛乱时，频头娑罗派他去平叛，但所有军需装备等均不予提供，

◎栏盾上的孔雀装饰

孔雀经常成为孔雀王朝王室贵族的美味，长久以来被印度尊为"国鸟"，象征着吉祥如意。据有些学者所称，孔雀王朝"Maurya"就是由"mayura(孔雀)"这个单词发展而来的。这个图案见于桑奇大塔第2塔栏盾上的大印章上。

公元前3世纪

世界大事记：
旃陀罗笈多建立了孔雀王朝，孔雀王朝之时，佛教大盛。

实际上就是让他去送死的。然而，想不到智勇兼备的阿育王竟使怛叉始罗人闻风归顺。

频头娑罗晚年，怛叉始罗再度起义，太子修私摩被派去镇压，未能完成使命，致使频头娑罗忧虑成疾。后又改派阿育王，阿育王的谋士让他装病，拒不应命，并乘频头娑罗病重之际将其控制，胁迫致死。而后利用到手的王权，大杀昆仲。其父王死后4年，阿育王才举行正式灌顶登极大典。

约公元前262年，阿育王大举征讨羯陵伽。羯陵伽被征服后，除半岛极南端以外的整个印度，悉入孔雀帝国版图。其疆域北起喜马拉雅山，南到迈索尔，东抵阿萨姆西界，西达兴都库什山，成为印度历史上第一个幅员广大的统一帝国。

阿育王尤其注重佛教的教化作用，定佛教为国教，任命达摩官吏巡回各地以宣扬大法。他到处兴建佛寺、佛塔，亲自巡礼佛迹，还命石匠把他的谕令刻在岩壁和石柱上。在这些被称为"阿育王诏敕"的铭文里，他赞扬佛教，晓谕其子民皈依佛教，并将宽容、仁慈和非暴力的佛教精神体现到日常生活中。他明令禁止狩猎和斗兽活动，废除屠杀牲畜献祭求福的习俗，并专门设立了动物医院。佛教徒称他为"转轮圣王"。他虽是热心的佛教徒，但也不排斥其他宗教，耆那教、婆罗门教等同样受到保护。由于他的懿德善行，人们改称他为"白阿育王"和"法王无忧"。

公元前253年，阿育王召集佛教上层僧侣在华氏城举行佛教史上第3次结集，整理编纂了经、律、论三藏佛经。为了弘扬佛法，他还派出包括王子和公主在内的大批使者和僧侣，到邻近的国家、地区传教。印度公主在去锡兰（今斯里兰卡）传教时，不仅带去了许多僧侣和佛典，还带去了一枝神圣的菩提树树枝，这棵菩提树在锡兰一直生长到今天。经过一番宣传和使节往来，佛教不仅传遍锡兰，而且很快传到埃及、叙利亚、缅甸、中国和世界其他地方。

◎**印度阿育王石柱　公元前3世纪**
这根光滑异常的沙岩石柱是阿育王下令在今尼泊尔边境附近修建的佛教建筑，高达32英尺，重50吨，石柱顶部刻有一头威武的坐狮。阿育王下令将他的佛教谕令刻在石柱或岩壁上，以此来晓谕广大疆域内的臣民们。

·印度教·

印度教是世界上最古老的宗教之一，是过去3000年来在印度本土所发展起来的生活文化的总体，至今仍为印度大多数民族所信奉，在印度所拥有的信徒人数凌驾于其他宗教，几乎占总人口的83.5%。而古代神话之中的神灵今天依然是他们崇拜的偶像，透过这些神灵可以更直接地了解印度人对印度教的顶礼膜拜。

一般来说，印度教是多神教，最崇高的是来自大梵的三圣神，即创造宇宙之神梵天、维护宇宙之神湿婆和毁灭宇宙之神毗湿奴。其中毗湿奴的化身特别受到崇拜，最普通的两位便是罗摩和黑天。此外，毗湿婆的妻子吉祥女神、猴神哈奴曼、象头神嘉涅夏等都是普遍受欢迎的神灵。

显然，印度教拥护很多神灵，但就本质而言，它可说是一神教。一个印度教徒所向往的最高目标就是努力达到至善至真的境界——太一（梵我合一），将之神性化就是湿婆或毗湿奴的至高形式。

公元前745年

波斯大帝国

公元前6世纪，处于米底统治之下的波斯，有6个农业部落、4个游牧部落。公元前6世纪，波斯人在居鲁士（公元前558～前529年在位）的领导下，经过3年的浴血奋战，于公元前550年灭掉米底，并建立了波斯王国，定都波斯波利斯。

居鲁士保留了米底人的大多数法律和法规，对于阿斯提阿格斯王，也未予加害，而是仍以国王的礼遇对待他，并对他的忠告言听计从。

在米底帝国的基础上，居鲁士依靠外交手段和军事实力，逐步向外扩张。公元前546年，灭小亚细亚的强国吕底亚，进而采取分化和征服的政策，使小亚西亚西部沿海各希腊城邦臣服。次年，向东占领赫拉特及阿富汗北部等地，并一一置省；又渡乌浒河（今阿姆河），直至药杀水（今锡尔河），在其南岸修筑7个城，连成一道防线。公元前539年，进军美索不达米亚，一箭未发就使新巴比伦面北称臣，同时将叙利亚和巴勒斯坦一并划入波斯版图。

公元前529年，居鲁士在中亚细亚战败身亡，其子冈比西斯（公元前529～前522年在位）即位后继续奉行扩张政策。正当冈比西斯远征埃及时，公元前522年3月，原米底的一个拜火教僧侣高马达乘机发动政变，假冒冈比西斯之弟巴尔迪亚的名义篡夺了王位。其实，巴尔迪亚早已被骄横暴戾的冈比西斯秘密杀害了。高马达夺取政权后，利用平民力量打击氏族贵族，宣布减免赋税和兵役3年。帝国境内各被压迫民族竞相效仿，纷纷宣布独立，一时四方扰攘，天下大乱。

大流士随冈比西斯出征埃及期间，任万人不死军总指挥。冈比西斯惊闻国内有变，急忙赶回波斯，不料因误伤而死于归国途中。危急关头，年仅28岁的大流士与另外6名贵族杀死高马达，最终大流士利用智谋登上了波斯王位，称大流士一世（公元前522～前485年在位）。

大流士执政后，平定了各地此起彼伏的暴动和起义，恢复了帝国的统治。他从公元前518年起进行了一系列大刀阔斧的改革。他在被征服地区普遍置行省，每个行省设总督、将军和司税收的大员各一人，各大员直属国王。另置钦使，即所谓"国王耳目"，建立起庞大的间谍侦察网，使中央得以有效地控制地方。为强化王权，他还制定了一套森严的宫廷制度：国王上朝时，头戴金皇冠，身着绛红长袍，腰系金丝带，手握金权杖，威仪赫赫，高高在上。身后则有大群高擎仪仗的便嬖和侍卫。对朝见的大臣，也要用帷幕与

·波斯文化·

波斯文化是开放的，带有鲜明的多样性和兼容性。波斯人热切地从臣服他们的各民族的文化和艺术中汲取灵感，他们自愿地把外来特色与本地传统相结合，成功地创造出一种风格。波斯国王大流士大帝时期就曾采用古波斯语、巴比伦语、埃兰语和埃及语四种语言；波斯波利斯宫殿建筑中出现的两头巨大的带翅膀的石雕公牛就是源于叙利亚迷人的动物寓言；波斯波利斯的浮雕图案塑造了各民族人物的形象，可以看出，精细完美的雕刻风格和技艺受到了希腊、埃及等地的艺术影响；而阿帕那的石柱又带有明显的希腊风格。这一切表现了波斯文化的国际化。

公元前558年

世界大事记：
居鲁士即位。他统一伊朗高原各部族，建立了波斯帝国。

之隔离开来，为的是避免被其呼吸所亵渎。

大流士实行军权独立制度。他把全国分成5个大军区，军区的长官直接听命于国王，其他任何人无权调动军队。他将军队编成万人不死军、千人团、百人团、十人队四级，以波斯人为核心组成步兵和骑兵，以腓尼基水手为骨干建成一支拥有600～1000艘战船的水军舰队。国王另有"无敌"近卫军1.2万人，是波斯军队的核心。

大流士还在统一铸币制度、修筑驿道及宗教改革上，做出了不菲的成绩。

波斯波利斯是波斯帝国大流士一世下令建造的都城，希腊人称这座都城为"波斯波利斯"，意思是"波斯之都"。这座显赫一时的都城规模宏大，始建于公元前522年，前后共花费了60年的时间，历经三个朝代才得以完成。薛西斯一世时期建造了大部分的波斯波利斯，到了阿尔塔薛西斯一世时期这座象征着波斯帝国辉煌文明的伟大城邦终于完成。一直到公元前330年，亚历山大大帝攻占了这里，在疯狂的掠夺之后无情地将整个城市付之一炬，波斯波利斯就这样毁于一场大火。遗留下来的是一片气势雄伟的遗迹，背靠着光秃秃的赫马特山，雄踞在高出平原15米的天然石平台上。平台长448米，宽297米，所有的建筑物都建在平台之上。平台的西北端有阶梯、阶梯宽7米，共有111级石阶，每级石阶只

◎波斯波利斯王宫遗址全景

大流士时代的波斯帝国是地跨亚、非、欧三大洲的空前大帝国，领土辽阔，经济繁荣，盛极一时。在其新都波斯波利斯，他将宏伟的王宫建筑在巨石垒成的高台上，内有听政殿和百柱大厅，轩敞气派，金碧辉煌。

有10厘米高，足以让人骑马上去。阶梯的尽头是"万国门"，也叫"辞西斯门"或者"波斯门"。在平台上，有两段巨大的仪式用阶梯，它们分别通向觐见大殿的北面和东面，是波斯波利斯最宏伟壮观的景象之一。阶梯上饰有大量浮雕，刻画了波斯帝国民族服饰各异的朝贡者列队前进的场面。那时的波斯帝国共有35个属国、23个民族。浮雕上的来自不同属国和民族的朝贡团或是手捧金银珠宝，或是牵着狮子、麒麟、双峰骆驼，等等，反映了波斯帝国繁荣昌盛的景象，以恢弘的方式呈现了波斯帝国的壮丽威严。

从居鲁士建立波斯王国，到大流士执政，前后仅28年时间，波斯即从一个蕞尔小邦成长为古代世界第一个地跨亚、非、欧三大洲的大帝国。

公元前334年，马其顿的亚历山大大帝率军东侵波斯，波斯军队节节溃败，大流士三世在逃亡途中被杀，延续两百多年的波斯帝国至此灭亡，西亚、北非的古代文明也随之宣告终结。

公元前722年

中国大事记：
史籍《春秋》记事始于本年，止于公元前481年，为世界上最早的编年史。

王政时代的罗马

大约在公元前2000年初，来自北方的某些印欧语系部落通过阿尔卑斯山的隘口进入意大利，向南推进，"直至他们建立的村庄和他们的羊群布满这只意大利长筒靴的后跟和鞋尖"。其中在半岛中部台伯河流域拉丁姆地区定居下来的一些部落，称作"拉丁人"。在拉丁人居住的地方曾出现一些有围墙的城寨，位于台伯河畔的罗马城便是其中之一。它以帕拉丁等7个山头村落结合而成，故罗马城又称为"七丘之城"。

关于罗马城的来历，在古罗马民间流传着一个家喻户晓的传说故事。相传，当年希腊联军用"木马计"攻破特洛伊城之后，特洛伊勇士伊尼亚等人逃离了火光冲天的特洛伊。他们分乘几条船，历经艰险，最后在意大利西海岸登陆。当地的国王把自己的女儿嫁给伊尼亚，难民们也得到安置。以后伊尼亚的儿子继承王位，迁移到台伯河下游，在那里建立了一座亚尔巴龙伽城。

不知又过了多少年多少代，传到依米多尔做亚尔巴龙伽城国王的时候，王位被他的弟弟阿穆留斯篡夺了。阿穆留斯为确保僭取的王位，便强迫依米多尔的女儿西里维亚做了不能结婚的女祭司。事有凑巧，一日，美丽的西里维亚来到一条小河边休憩，路过的战神玛尔斯对其一见钟情，竟使她怀孕，后来生下一对孪生儿子。阿穆留斯闻知大怒，立即处死了西里维亚，并下令将孩子扔进台伯河淹死。然而，装孩子的篮子却在河口附近被岸边茂密的灌木丛挂住了。兄弟俩的哭声引来一只找水的母狼，于是把他们衔走，给他们喂奶，从而保住了两条小命。再后来，他们被一个牧人发现，抱回家抚养，取名罗慕洛和勒莫。兄弟俩长大后，成为远近闻名的勇士。当他们得

知自己的身世后，便率领当地的牧羊人去攻打亚尔巴龙伽城，杀死阿穆留斯，把王位交还给了外公依米多尔。

之后，两兄弟回到牧人发现他们的台伯河畔，在帕拉丁山冈兴建新城。新城奠基之时，兄弟二人却因城市的命名问题发生争执，结果罗慕洛杀害了勒莫，以自己的名字称呼这座城市，后来慢慢就演变成了现在的名称——罗马。至今罗马城仍以一只母狼哺乳两个婴儿的图案作为城徽。

罗马从传说中的罗慕洛建城到公元前509年罗马共和国的建立，这一段历史习惯上被称为"王政"时代。王政时代是罗马从氏族社会（父系）向阶级社会过渡的时代。

王政时代的罗马是一个大的部落联盟，也就

·古罗马名城·

庞贝：位于意大利那不勒斯东南维苏威火山脚下。兴建于公元前8世纪，公元前88年成为罗马的一个行政省（公元79年被维苏威火山湮没）。城内有罗马最大的露天竞技场、公共浴室。

君士坦丁堡：位于欧亚两洲之间的一个三角形半岛上。建于公元前7世纪，公元330年被定为东罗马都城，是古代世界中最伟大的首都之一、西方世界首屈一指的名城。

迦太基：位于突尼斯首都突尼斯东北处。兴建于公元前814年，公元前29年成为罗马行省的省会。它是罗马经济、文化、宗教、政治中心，3世纪中叶开始衰落。目前遗留有露天剧场和安东尼浴室等著名建筑。

公元前509年

世界大事记:
古罗马王政时代结束,共和时代开始。

是罗马人公社。它由 3 个特里布组成,每个特里布包括 10 个库里亚,每个库里亚包括 10 个氏族,共计 300 个氏族。

王政时代前期,罗马实行"军事民主制"的管理制度。它的主要管理机构有库里亚大会、元老院和勒克斯。库里亚大会即罗马的民众大会,由各氏族的成年男子参加。它有权通过或否决一切法律,选举包括勒克斯在内的高级公职人员,决定战争和审判重大案件。元老院,即长老议事会,由 300 个氏族族长组成,有权预先讨论向库里亚大会提交的议案,还直接掌握收税、征兵、媾和等重要职权。勒克斯由库里亚大会选举产生,是罗马的军事首长、最高法官和祭司长。王政时代后期,由于铁器工具的普遍使用和受伊达拉里亚文化、希腊文化的影响,社会经济发展显著,财富积累明显,古老的氏族制度面临着瓦解,家长制家庭逐渐从氏族中分化出来,成为社会的基本经济单位,贫富进一步分化,私有制和阶级关系逐渐萌芽。社会上出现了贵族和平民、保护人和被保护人的对立。军事民主制中的民众意志逐渐淡化,王权意志日益增强,罗马社会正在急剧地向阶级社会过渡,塞尔维乌斯的改革,又加速了这一历史进程。

公元前 6 世纪后期,罗马的阶级分化逐渐加剧,平民和氏族贵族之间的矛盾日趋白热化。第六王塞尔维乌斯(约公元前 578 ~ 前 534 年在位)为了适应历史潮流,也为了有利于伊达拉里亚人的统治,依靠平民的支持,对罗马社会进行了改革。改革的主要内容有:

重新登记罗马居民,并按财产数量划分为 5 个等级,这些等级提供数目不等的百人队(森杜里亚)。无产者不入级,他们只象征性地组织一个百人队,共 193 个百人队。创设百人队大会(森杜里亚大会),取代库里亚大会并代行其职权。百人队的成员都可参加,每个百人队有一票表决权,这样第一等级可以凭借其百人队数量上的优势(98 个),操纵表决。把罗马公社按城区划分为 4 个地域性部落,以取代原来的 3 个血缘部落。新成立的地域性部落也叫特里布,每一个特里布有自己的首领和统一的宗教信仰。

塞尔维乌斯的改革在巩固了罗马在拉丁姆地区地位的同时,也进一步摧毁了罗马的氏族血缘关系,加速了氏族社会的解体,基本上完成了由氏族制度到国家的过渡。

公元前 509 年,罗马推翻了伊达拉里亚人"高傲者"塔克文的统治,推举布鲁图和柯来提努为执政官。罗马从此结束了王政时代,进入了共和国时代。

◎抢夺萨宾女子 17世纪 彼得罗·科尔托纳

相传,罗马城建好后,罗慕洛曾邀请邻近各部落前往参加庆典活动。萨宾人最喜热闹和竞赛,所以来的人特别多,还携带着妻子儿女共同来看新建的罗马城。那一天,他们尽兴地玩乐,拼力地参加各项比赛,整个罗马城沉浸在一片欢腾之中。可是,突然间罗慕洛发出了预定的行动信号,罗马的男人们顿时倾巢出动,冲向狂欢的人群,把各自看中的萨宾姑娘抢到手,而用棍棒把他们毫无准备的父兄赶出城去。

公元前689年

中国大事记:
楚文王元年,迁都于郢(今湖北荆沙西北),楚国成为江汉流域的强国。

希波战争

希波战争是由于波斯帝国向西扩张而引起的。从公元前546年开始,波斯先后征服了小亚细亚各希腊城邦,截断了希腊与黑海的交通,占领色雷斯和黑海海峡。黑海沿岸本是希腊各城邦特别是雅典的粮食供应地、商品销售及奴隶来源的场所。波斯的占领直接威胁着希腊各邦的生存和经济发展。公元前500年,小亚细亚希腊人发动反对波斯的武装起义。首先发动起义的城邦米利都请求希腊半岛各邦协同作战,但仅有雅典和爱勒多利亚派出25艘战舰前来支援。大流士一世派兵于公元前493年攻占米利都,并以雅典人曾援助米利都起义为借口,发动了远征希腊本土的侵略战争。

因此,希波战争的直接原因是波斯对小亚细亚希腊人的压迫以及由此引起的反抗和雅典等邦的干预,更深一层的原因则是波斯统治者拓疆辟土的侵略野心及由此产生的对希腊各邦发展造成的严重威胁。

公元前492年夏,大流士一世派水陆两路大军沿色雷斯海岸南下,向希腊半岛进攻,但无功而返。此后,波斯一面继续备战,一面派遣使臣进行外交讹诈,遭到雅典、斯巴达等邦的严词拒绝。

两年之后,大流士一世调集10万大军第二次远征希腊。波斯军在距雅典40多千米的马拉松草原登陆,马拉松会战开始。这是一场力量极为悬殊的较量。

当时,雅典城内仅有1万多名士兵。统帅米太亚得根据马拉松平原三面环山一面濒海,地形狭长的特点,抢先占领了战略要地,层层设防,封锁住通往雅典的道路,并派士兵中的健将斐力庇第斯去斯巴达求援。斐力庇第斯星夜赶路,整

◎这幅瓶画表现了一个希腊人被击倒后反戈一击,举剑砍向波斯人的情景。

◎**列奥尼达斯在温泉关战役中**
在温泉关战役中被敌人重重包围时,列奥尼达斯解散了他的部队,只留下300名近卫队员战斗到全军覆没。关于斯巴达人永不投降的传说就来源于他的事迹。

约公元前500~前449年

世界大事记：
希波战争，古希腊城邦反抗波斯帝国侵略，最终以希腊城邦的胜利告终。

整两天两夜，跑了240千米，终于9月9日到达斯巴达。而斯巴达国王因宗教惯例，在月圆之夜不能立即发兵。

米太亚得曾在波斯军队服役，非常熟悉波斯军平原作战中央突出的特点。于是他将方阵重兵和骑兵的主力布置两翼，中间安排较弱的方阵重甲步兵来引诱波斯人的进攻。战争一开始，米太亚得指挥中间兵力边战边退，波斯骑兵步步紧逼。等到波斯主力进入伏击阵地后，雅典两翼方阵重兵和骑兵潮水般掩杀过来。波斯军队大败，从海上仓皇退走。

马拉松战役虽然失败了，但是波斯人西侵的野心还是不能收敛。公元前486年，薛西斯继承王位后，又开始积极备战。公元前480年，薛西斯率领大军50万，战舰1200余艘，又分水、陆两路向希腊进发。

面临波斯军的大兵压境，包括雅典、斯巴达在内的30多个希腊城邦组成反波斯联盟，一致推举最擅长军阵指挥、最勇猛善战的斯巴达国王列奥尼达斯为统帅。列奥尼达斯决定在温泉关阻止波斯陆军插入希腊腹地，使他们不能与海军会合。

温泉关地势险要，隘口很窄，只能容一辆战车通过，是希腊的一道天然屏障。波斯人连续发动几次进攻，都被顽强的希腊联军击退。波斯人死伤惨重，进军受阻。

就在双方僵持不下的时候，波斯人在俘虏的一名希腊联军士兵带领下，沿秘密小道直插温泉关后方。波斯军长驱直入至中希腊，占领了阿提卡。雅典军民在泰米斯托克利的领导下，同波斯军在萨拉米海湾展开了世界古代史上绝无仅有的殊死决战。经过一整天的激战，雅典海军击败了拥有1000多艘战舰的波斯海军。此战扭转了整个战争局面，奠定了希腊人胜利的基础。希腊军从防御转入进攻，战争进入后期阶段。

公元前478年，对海外利益不感兴趣的斯巴达退出战争，雅典至此取得了领导权。同年冬，主张继续作战的各邦代表会聚提洛岛，正式结成以雅典为首的"海上同盟"，史称"提洛同盟"。这个同盟逐渐变成雅典同斯巴达争霸希腊的工具。与此同时，提洛同盟军队继续同波斯作战，先后占领了波斯在爱琴海域和小亚细亚南岸的许多地方。

公元前449年，雅典与波斯都无力彻底战胜对方，不得不握手言和，签署了停战协定。结果，波斯放弃爱琴海的霸权，允许小亚细亚希腊城邦独立。因雅典谈判代表是卡利阿斯，便把这次和平协定称为《卡利阿斯和约》。至此，希波战争以希腊，尤其是雅典的胜利而告终结。

·《希腊波斯战争史》·

《希腊波斯战争史》常称为《历史》，它的作者是古希腊第一个著名史学家——希罗多德（约公元前484~前425年）。全书共9卷，按内容基本上可以分为两大部分，第一部分是序文，叙述了黑海北岸的西徐亚人、希腊城邦及波斯帝国的历史、地理、民族和风俗习惯，导引出东西双方冲突的起源，并记述了希波战争爆发的历史背景。第二部分是主要部分，集中叙述了希波战争的经过和结果，从公元前549年小亚细亚的爱奥尼亚人反波斯统治的起义写到公元前478年希腊人占领色雷斯的赛司托斯城。

《希腊波斯战争史》一书内容丰富，非常生动地叙述了西亚、北非以及希腊等地区的地理环境、民族分布、经济生活、政治制度、历史往事、风土人情、宗教信仰、名胜古迹等，宛如古代社会一部小型"百科全书"。该书是人类历史上第一部具有世界性的通史著作，是第一部用历史叙述体写成的历史著作。希罗多德创立的以史实为中心的记叙体成为后来欧洲历史著作的正规体裁。

约公元前580～前500年

世界大事记：
古希腊哲学家毕达哥拉斯创立毕达哥拉斯学派，提出毕达哥拉斯定理、"数和谐"说和灵魂轮回说。

伯罗奔尼撒战争

希波战争后，雅典成为希腊的最大势力，引起斯巴达及其领导的伯罗奔尼撒同盟的不满和敌视。两者不可调和的政治、经济矛盾最终导致了伯罗奔尼撒战争的爆发。

伯罗奔尼撒战争前后历时27年（公元前431～前404年），分三个阶段进行：公元前431～前421年为第一阶段，公元前421～前413年为第二阶段，公元前413～前404年为第三阶段。公元前431年，伯罗奔尼撒同盟成员底比斯袭击雅典盟邦布拉底引发战火。5月，斯巴达国王率领精锐部队6万余人，向阿提卡进军，战争全面爆发。

雅典的统帅伯里克利是位杰出的政治家和军事家，他对局势认识清楚，要想在战争中胜利或逼和斯巴达，必须避其长击其短。于是，他采取陆上取守势，海上则取攻势的对策，命令军队陆战队守为主，派舰船侵袭伯罗奔尼撒半岛沿海地区。

就在斯巴达不断对阿提卡进攻时，雅典的海军在伯罗奔尼撒半岛开始登陆，严密封锁伯罗奔尼撒半岛海岸港口，断绝斯巴达海上与外界的联系，并扇动斯巴达的奴隶希洛人举行起义，斯巴达陆上进攻受到极大牵制。整个战争按照雅典人的预想进行。

但不幸却降临在雅典人头上，公元前430年，雅典城内人口密集，发生严重瘟疫，死者甚众。雅典国王伯里克利在这场瘟疫中丧生，他的不幸去世使战争从防御战争变成新任统帅克里昂主张的侵略性战争。公元前425年，雅典海军占领了美塞尼亚西岸的皮洛斯及其附近的斯法克蒂里亚小岛，斯巴达亦陷困境。为避开强大的雅典海军主力，斯巴达国王命令柏拉西达将军率领一支精锐部队由小道穿过希腊半岛，向北绕到雅典背后进行攻击，对雅典同盟进行说服，并攻下安菲波利斯。

·《伯罗奔尼撒战争史》·

《伯罗奔尼撒战争史》的作者修昔底德（约公元前460～前396年）是古希腊伟大的历史学家。《伯罗奔尼撒战争史》按年代顺序记叙战争，分八卷，内容可分为五个部分。

第一部分即第一卷，是绪论，共11章。第一章是序言，说明早期希腊的历史及作者著作历史的方法和目的。第二章至第十一章说明这场战争的远因和近因。第二部分是第二卷至第五卷第二章，叙述公元前431年至公元前421年的10年战争的情况。第三部分包括第五卷第三章至第七章。记述订立尼阿斯和约至西西里远征之间五年半的历史。第四部分包括第六、第七两卷。记载公元前415年至前413年间雅典人的西西里远征及其全军覆没的情况。第五部分即第八卷，共8章，记载战争的最后阶段最初两年间的历史，写到公元前411年冬季突然中断。《伯罗奔尼撒战争史》作为西方古典史学名著，开创了狭隘政治军事史的体例。修昔底德对史料采取科学的处理原则，不是任何一则材料尽信之，而是考证真伪，对史实叙述采取冷静客观的态度，同时还采用人本主义史观，没有把超自然的力量看成是决定人类命运的神秘力量。在书中还体现了历史进化论思想的萌芽，这在西方史学著作中尚属首次。

公元前656年

中国大事记：
楚国修建了最早的长城，做防御之用。此后，各国相继兴建长城。

◎**伯罗奔尼撒战争绘画**
几乎所有希腊的城邦都参加了这场战争，其战场涉及了当时整个希腊语世界。这场战争结束了雅典的黄金时代，结束了希腊的民主时代，强烈地改变了希腊国家的命运。

公元前422年，双方在安菲波利斯展开对决。斯巴达军分3路，中路出城诱敌，南北两路埋伏，出奇制胜。雅典军队惨遭伏击，乱作一团，溃不成军。斯巴达骑兵乘胜追击，一举杀死雅典统帅克里昂。斯巴达统帅柏拉西达在乱军中也被杀死。

双方失去统帅，战争只好暂时停止。公元前421年，雅典主和派首领尼西阿斯与斯巴达缔结《尼西阿斯和约》。条约规定：交战双方退出各自占领地，交换战俘，保持50年和平。然而，导致战争的基本矛盾依然存在。

雅典和斯巴达在希腊争霸的野心并没有消除。和约签订后的第6年，雅典调集134艘三桨战船、130艘运输船、5100名重步兵、1300名

弓弩手共约2.7万人，组成雄壮的远征军由亚西比德统率向西西里进发，与科林斯、斯巴达军展开激战。很快雅典人便攻占了叙拉古城北的卡塔那，并计划下一步攻占有西西里钥匙之称的叙拉古城，战争发展极为顺利。

但惊人的意外发生了，雅典国王命令亚西比德回国受审。原来，雅典城内的海尔梅斯神像被人毁掉。亚西比德因一贯不敬神而被诬陷，还将被判处死刑。亚西比德一怒之下，在回国途中逃往斯巴达。对雅典战略战术一清二楚的亚西比德的投降给几乎绝望的叙拉古城人带来转机，再加上斯巴达援军赶到，战势发生了转变，斯巴达在埃皮波拉伊重创雅典军。雅典军无奈只好撤军，但撤军当晚发生月食。相信月食会带来凶险的雅典士兵不肯登船撤退。斯巴达抓住时机，封锁港口，切断陆上要道，包围了雅典军队。公元前413年9月，雅典全军覆没，尼西阿斯被杀。经此严重打击，雅典渐失其海上优势。

西西里之战后，斯巴达又加强陆上进攻。公元前413年，斯巴达军大举入侵阿提卡，并长期占领德凯利亚（雅典城北部），破坏和消耗雅典力量。

公元前411年，雅典海军在阿拜多斯，次年在基齐库斯，先后打败斯巴达海军。斯巴达则寻求波斯援助，增建舰队，要与雅典海军作最后的较量。公元前405年，斯巴达海军在波斯人的援

公元前431~前404年

助下一举全歼雅典海军，从此斯巴达成为希腊的霸权国。公元前404年雅典投降，被迫接受屈辱的和约：取消雅典海上同盟（即提洛同盟），拆毁长墙工事，舰船除保留12艘警备舰外，余皆交出，解散雅典同盟。长达27年的伯罗奔尼撒战争结束了，斯巴达取得了希腊霸权。

伯罗奔尼撒战争属于希腊的一场内战，但其牵涉面之广、损失之巨、杀戮之残酷却远远甚于希波战争。整个希腊民穷财尽，政治走向无存，文化遭到破坏，希腊文明由鼎盛走向了衰落。战后，希腊各城邦都陷入了危机之中。战争使贫富两极分化进一步加剧，土地和财富日益集中在少数人手中，而中小奴隶主经济日益被大奴隶经济所排挤，城邦的经济基础——小农和小手工业经济逐渐崩溃，这些都成为城邦危机的根源。由于两极分化严重和大奴隶主经济的发展，导致各邦内部阶级斗争趋于尖锐。奴隶主与奴隶、富人与穷人彼此仇杀，互相报复。这表明城邦体制已满足不了现实政治的需要了。

伴随着希腊各邦内部的危机，城邦间的矛盾也在不断加深，导致了希腊出现争霸和混战的局面。当时在希腊城邦体制之内，已没有一种力量有能力统一各邦。随着希腊城邦的衰弱，位于半岛最北部的马其顿对希腊的征服和统治条件日益成熟了。

马其顿人本为希腊人同族，但其文明发展却比希腊人晚了许多。公元前5世纪后期至公元前4世纪初期，马其顿开始形成奴隶制国家。国王腓力二世（公元前359~前336年）统治马其顿期间，进行了一系列改革：加强王权，改革币制以加强对外贸易，建立常备军，开采金矿以增加财力。经过改革，马其顿迅速发展成为军事强国。

腓力二世凭借强大的武装力量，利用希腊各邦之间的矛盾，形成了对希腊半岛的吞并之势。面对马其顿的威胁，希腊各邦内部分成了两种对立的派别：亲马其顿派和反马其顿派。前者由大奴隶主阶级的代表人物组成，期望借助马其顿的军事实力，挽救城邦危机并对外进行扩张；后者由工商业奴隶主阶层组成，极力反对向马其顿的妥协，力图维护城邦独立。小农和小手工业者基本站在反马其顿派一边，愿意城邦独立。两派立场截然对立，斗争非常激烈。这种局面反而加剧了城邦内部矛盾，有利于马其顿的征服。公元前338年，腓力二世在中希腊的喀罗尼亚大败雅典等组成的希腊联军，此战确立了马其顿在希腊的霸权地位。

第二年，腓力二世在科林斯召集希腊各城邦会议（仅斯巴达未参加）。会上决定组成以马其顿为首的同盟会议，宣布由马其顿领导希腊各邦对波斯进行复仇战争。科林斯会议结束了希腊的城邦时代，希腊历史进入了马其顿帝国军事独裁统治的时期。

◎在这幅画面上，雅典方阵的前列士兵正踏着双管长笛的音乐迎战斯巴达方阵的前列士兵。双方的军事力量按其地理环境而各有优势，雅典领导的同盟主要由爱琴海中的岛屿和滨海城市组成，因此它们的强处在于海战；斯巴达的联盟主要由伯罗奔尼撒半岛和希腊中心地区的城市组成（科林斯是一个例外），它们是陆地国家，长处在于他们的长矛兵。

公元前632年　中国大事记：
晋、宋、鲁、齐等盟于践土，周襄王赴盟，策立晋文公为霸王。

罗马的征服与扩张

罗马共和国刚刚建立之时，只是台伯河左岸拉丁姆地区的一个小城邦。周边不仅有伊达拉里亚人、萨莫奈人、埃魁人等强邻，还不时受到来自半岛南部的希腊人、波河流域的高卢人的军事威胁。面对这种局面，刚刚建立的罗马国家对外发动了统一意大利的征伐。

罗马征服意大利的第一步是征服伊达拉里亚人。这场"维爱"战争从公元前477年开始，先后进行了3次，直到公元前396年最后攻占了维爱城，既解除了北邻的威胁，又使罗马的领土扩大了一倍。公元前4世纪初，罗马城一度被高卢人占领，但占领者在索得1000镑黄金后撤走。公元前343～前290年，又发生了3次萨姆尼乌姆战争，其间罗马人曾惨败于考地安峡谷之战。

公元前321年，罗马军主力在林木丛生的考地安峡谷遭受萨姆尼乌姆人伏击。两名罗马执政官为了保住他们被围困的5万青年士兵的生命，被迫缴械投降，并接受"轭门下通过"之辱。具体做法是，把两支长矛插入土中，再把另外一支长矛横在顶上做成门状，让战俘一个个从下面走过。据说这是罗马人常用以屈辱别人的方法。萨姆尼乌姆人正是"以其人之道，还治其人之身"。

在萨姆尼乌姆将军蓬提阿斯面前，5万罗马士兵身着短装，排成单行，在两名执政官带领下从轭门下屈辱地走过。罗马人认为将这种办法加在他们头上，"比死亡更坏"。当这些被俘者返回罗马时，罗马城笼罩在一片悲哀的气氛之中，两名执政官的权力当即被剥夺。因此，"考地安轭门"成为罗马国耻的象征。

罗马人重组军队，卧薪尝胆，积极备战。5年后，撕毁"决不再跟萨姆尼乌姆人作战"的和约，卷土重来。经长期苦战后，终于战胜萨姆尼乌姆人，将半岛中部地区纳入自己版图。

接着，罗马开始蚕食意

◎**萨宾妇女** 油画
罗马建城之初经常与其邻近的萨宾部落发生激烈冲突，这幅画表现的是萨宾妇女调停罗马人与萨宾人争斗的情景。

公元前4世纪

世界大事记：
高卢入侵罗马，罗马与其前后四战，最终讲和。

◎布匿战争的受害者

这是拜占庭壁画中的局部，描绘了罗马大军攻破叙拉古城时，古希腊物理学家阿基米德仍沉醉于数学的研究之中，他双手保护着正在使用的计算工具，两眼惊慌失措。

大利南部。那里的希腊殖民城邦他林敦向伊庇鲁斯国王皮洛士求援。皮洛士率远征军突入意大利，连战连捷，但却付出了巨大伤亡代价。战后他无比懊丧地说："再有一次这样的胜利，我就要变成光杆司令了。"因而，人们以"皮洛士的胜利"作为得不偿失的代名词。后来罗马与迦太基结盟，迫使皮洛士于公元前275年退出意大利。3年后，孤立无援的他林敦向罗马投降。

罗马在征服意大利之后，没有派人直接管理被征服地区，也不是采取同一政策，而是按照各地、各部族在被征服过程中的表现和对罗马的态度以及他们各自在经济上、战略上的地位等综合因素，将其划分为5种类型，分而治之。

罗马在争夺地中海霸权的过程中，首当其冲的便是征服西部地中海区域另一强国迦太基。迦太基是公元前9世纪腓尼基人在北非建立的商业殖民城市，到公元前7世纪时，它已成为囊括北非西部沿岸、西班牙南部、巴利阿里群岛、撒丁岛、科西嘉岛和西西里岛的强国。一个迦太基海军将领曾扬言："不经我们的许可，罗马人不能在海中洗手。"这样，当罗马兵锋指向西部地中海时，一场两强争霸的战争遂不可免。因罗马人称腓尼基人为"布匿"，所以两国之间的战争被称为"布匿战争"。

从公元前264年到公元前146年，布匿战争先后进行了3次。罗马最终消灭了迦太基。

在布匿战争进行的同时，罗马还通过西班牙战争、马其顿战争和叙利亚战争完成了对西班牙、希腊、马其顿和小亚细亚的征服。

罗马的对外扩张和掠夺极大地促进了奴隶制经济的发展和阶级关系的变化。罗马奴隶主在战争中掠夺了大量财富，侵占了大片土地，俘获了数以万计的战俘。这就为奴隶制的进一步发展奠定了基础，而同一时期罗马社会经济的普遍高涨，也为大规模地经营和使用奴隶提供了可能。

公元前3～前2世纪，罗马奴隶制发展的一个重要特征，就是奴隶劳动带有明显的商品生产的性质。

罗马对地中海世界的征服和奴役，加速了它的手工业，特别是商业和高利贷业的发展。而伴随而来的是罗马社会又兴起了一个新兴的富有阶层——骑士。骑士的生活目标是发财致富，而不看重门第和权力，不关心国家和公共福利。

· 布匿战争 ·

罗马在经过200多年的征战，统一了意大利半岛之后，为争夺地中海的霸权，于公元前3世纪至公元前2世纪，与迦太基发生了几场战争。罗马人称迦太基为布匿，因此这场战争又被称为布匿战争。第一次布匿战争(公元前264年～前241年)是为争夺西西里而引起的，此战争以迦太基的失败而结束。第二次布匿战争(公元前218年～前201年)是因为罗马势力扩张到迦太基控制的西班牙城市萨干坦而引起的，迦太基先胜后败。第二次布匿战争后，迦太基在经济上仍有复兴之势。罗马为了防止迦太基人重新崛起，又于公元前149年发起第三次布匿战争。但罗马军围攻迦太基城两年都没有成功。公元前146年春，迦太基发生饥荒，疫病流行，罗马军终于破城而入。迦太基城沦陷后，迦太基人被卖为奴隶，罗马在原迦太基国土上设立了阿非利加省。从此，作为独立国家的迦太基不复存在。

<table>
<tr><td>

公元前613年

</td><td>

中国大事记：
《春秋》记载："秋七月，有星孛入于北斗"，这是世界上最早的关于"哈雷彗星"的记录。

</td></tr>
</table>

亚历山大大帝

亚历山大帝国是在马其顿王国的基础上建立起来的。古马其顿位于希腊半岛北部，大体上相当于今天的南斯拉夫、保加利亚和希腊相互毗连的部分。公元前5世纪后期至公元前4世纪初期，马其顿王国初步形成。随后的科林斯会议，标志着希腊城邦独立时代的结束和马其顿在希腊霸权的确立。

公元前336年夏，正当马其顿与希腊联军准备进军波斯之际，马其顿发生了宫廷政变。在这个突如其来的政变后，腓力二世在其女儿的婚宴上被刺身亡，年仅20岁的儿子亚历山大随之继位。从儿童时代起，亚历山大就有了称霸世界的志向，梦想着建立丰功伟业。据说，每当他获悉父亲胜利的消息时就会发愁，唯恐自己会因此而不能享受到征服世界的光荣。从16岁起，他就随父征战，在著名的喀罗尼亚战役中，他指挥马其顿的骑兵，锐不可当地击破了敌人的右翼，为战役的胜利立

◉**亚历山大骑马雕像**
在一次突围中，亚历山大骑着布斯法鲁斯率军粉碎了波斯军队的进攻。该图见于他的下属西顿王的石棺。

下了功劳。亚历山大少年时曾师从希腊著名学者亚里士多德，深受希腊文化的熏陶，并一度随父参加喀罗尼亚战役。因此，他即位时已是一位具有相当政治、军事才能的人物了。当时，国内形势非常紧张，腓力二世创造的希腊联盟以及先后征服的北方属地都纷纷叛变。亚历山大以他卓越的军事才能，击败各种反叛势力，巩固了马其顿在希腊的霸主地位。

平定内乱后，亚历山大立即开始了对东方的远征。

公元前334年春，亚历山大率步兵3万、骑兵5000和战舰160艘，向波斯大举进攻。这时，波斯帝国已趋衰弱，大流士三世又昏庸无能，根本无力同强大的亚历山大军队相抗衡。马其顿、希腊联军渡过赫勒斯滂海峡后，占领了小亚细亚半岛。第二年，亚历山大又挥师南下，攻打叙利亚，与波斯皇帝大流士三世的60万兵马展开了著名的"伊苏之战"。战役开始后，他率领精锐的右翼重装骑兵，突然以凌厉的攻势攻击敌方左翼，然后直取大流士，使波斯军队全线溃败，还俘虏了大流士三世的母亲、妻子和两个女儿。亚历山大拒绝了大流士三世的求和，接着又打败了波斯海军的主力腓力海军，控制了地中海，进而兵不血刃地占领了埃及，最后在公元前331年春天挥师两河流域，开始进攻波斯本土，同年9月，在古亚述首都尼尼微附近的高加米拉与波斯军队展开了决战。波斯兵力号称百万，并有200多辆刀轮战车，但还是遭到惨败。大流士三世东逃，为巴克特里亚总督所杀，后者在不久又被亚历山大擒获并处死，盛极一时的波斯帝国最终覆灭在亚历山大的铁骑之下。

公元前336年

世界大事记：
马其顿国王腓力二世遇刺身亡，其子亚历山大即位，开始了马其顿帝国的扩张历程。

◎这是一幅表现不戴头盔的亚历山大大帝追击大流士战马的图画。

后来，亚历山大还进兵中亚细亚，遭到游牧部落的强烈抵抗。公元前327年，他率军南下入侵印度，又遭到印度人民的反抗，加之士兵水土不服，厌战情绪空前高涨，亚历山大才不得不停止远征，于公元前325年返回新都巴比伦，历时10年之久的东征到此结束。

亚历山大出征时，是马其顿、希腊联军的统帅，充其量是个巴尔干半岛的小霸主。经过长达10年的征战，建立了地跨欧、亚、非三大洲的奴隶制大帝国，其疆域西起希腊半岛和马其顿，东到印度河上游流域，南达尼罗河第一瀑布，北至中亚的药杀水（今锡尔河）。其领土之广阔，可谓空前。随着他的远征，不少希腊学者来到东方，研习当地的科学与文化，直接促进了东西方科学文化的互补和交流；为了鼓励马其顿人和东方人的融合，他竭力鼓励马其顿人和东方人通婚，自己首先带头娶了大流士三世的女儿。采取各种积极措施，亚历山大把希腊推向了鼎盛。

公元前323年6月13日，亚历山大在准备再次远征时，患病逝世，终年33岁。

·马其顿方阵·

马其顿方阵是马其顿国王腓力二世在希腊方阵的基础上创立的阵型，亚历山大大帝常将它与骑兵配合，称为钻锤战术。

马其顿方阵中共有256名士兵，分为16排，每排16人。士兵们全身披挂青铜头盔、胸铠和胫甲，手持盾牌、利剑和长矛。矛长达6米，后排的矛更长，前5排的枪尖都搭到第一排士兵的肩膀上。这样后几排长矛与前几排长矛就能保持同等长度，能一起刺击敌人。作战时，整个方阵常常以密集队形跑步向前推进，正面攻击力非常强，势不可挡。亚历山大大帝就曾靠马其顿方阵击败了希腊、波斯。但这种方阵也有很大缺点。一旦敌人突破侧翼和后方，方阵中的长矛兵就无法抵挡手持短兵器的敌人的近身厮杀，而且只要驱散两翼骑兵，长矛手就会遭到敌人弓箭手的射杀。另外，马其顿方阵对地形的要求很高，在山地和丘陵地带难以保持阵型。公元前168年，古罗马军团大破马其顿方阵，马其顿方阵随之退出了历史舞台。

秦统一中国

秦国以秋风扫落叶之势，先后消灭了韩、赵、魏、楚、燕、齐六国。公元前221年，秦统一了全国。

秦王嬴政自己从"三皇"和"五帝"两个称号中各取一个字，合起来称为"皇帝"，并且因为他是历史上第一代皇帝，就称"始皇帝"。从此，中国历史上就有了"皇帝"这个称号。

秦始皇设置郡县，把天下划分为36个郡，郡以下设县。每个郡都由中央政府直接任命3个长官去治理，他们分别是郡守、郡尉和郡监。郡守是一郡最高的行政长官，统管一郡所有的重大事务。郡尉管理治安，全郡的军队由他统领。郡监是负责执行监察方面的事情的官员。中央政府的组织机构也慢慢成型，秦始皇规定中央朝廷里应设置丞相、御史大夫、太尉、廷尉、治粟内史等几个重要的职务，协助皇帝治理国家。所有这些官员都由皇帝一人任免和调动，薪俸从国库里领取，一概不得世袭。

秦始皇还统一货币，规定以后一律使用圆形方孔、每个重半两的铜钱，以前各国的旧货币全都作废，不许再在市面上流通。

秦始皇还统一了度量衡。秦始皇又下令，一要"车同轨"，二要"修驰道"。车同轨就是规定车轴上两个轮子间的距离，所有车辆两轮子间的距离都定为6尺（约合1.5米）。修驰道就是修筑从京城咸阳到全国各个重要地方的大路。大路路面一律宽50步（每步6尺）。

秦始皇又下令统一全国的文字，规定将小篆作为全国统一使用的标准文字。后来秦始皇又命

·驰 道·

驰道是中国历史上最早的"国道"，始于秦朝。公元前221年，秦始皇统一六国，秦始皇统一全国后第二年（公元前220年），就下令修筑以咸阳为中心的、通往全国各地的驰道。

著名的驰道有9条，有出今高陵通上郡（陕北）的上郡道，过黄河通山西的临晋道，出函谷关通河南、河北、山东的东方道，出今商洛通东南的武关道，出秦岭通四川的栈道，出今陇县通宁夏、甘肃的西方道，出今淳化通九原的直道等。秦驰道在平坦之处，道宽五十步（约今69米），隔三丈（约今7米）栽一棵树，道两旁用金属锥夯筑厚实，路中间为专供皇帝出巡车行的部分。可以说，这是中国历史上最早的正式"国道"。

人根据民间流行的字体，整理成一种比小篆更便于书写的字体，叫作隶书，全国通用。

廷尉李斯认为儒生利用历史诋毁秦始皇的政策，并认为他们蛊惑民心。因此，他进言秦始皇实行"焚书坑儒"，结果只剩下农书、医书及求神问卜之类的实用性书籍保留下来，其他书籍均被付之一炬。顽抗的儒生遭到镇压。

秦始皇统一中国以后所实行的废分封、设郡县，统一货币、度量衡、文字等政策，有利于加强国家的统一，有利于推动社会经济文化的进一步发展。这是秦始皇建立的巨大功绩。

公元前206年

罗马共和国的灭亡

苏拉出身于没落的贵族世家，他为人刚愎自用，机敏狡猾，而且野心勃勃。公元前88年，苏拉当选为执政官后，通过联姻与贵族结盟，成为贵族派的领袖。随后，苏拉因争夺米特拉达梯战争的指挥权和以马略为代表的民主派展开了激烈的斗争。

公元前83年，苏拉在结束了第一次米特拉达梯战争后返回意大利，不久即战胜了以马略为代表的民主派，并于次年冬以胜利者的姿态进入罗马，重掌政权，发布《公敌宣告》。随后，他血腥屠杀马略的追随者，建立起罗马历史上第一个独裁统治。

苏拉被元老院宣布为终身独裁官。为加强和巩固其独裁统治，苏拉恢复并加强了对元老院的严密控制，取消部落表决制，恢复百人队表决制，剥夺了保民官的权力，并将其同党充实到元老院。

◎ 罗马人认为农业是最高贵的职业，但当自给自足无法实现时，人们发现奴隶和佃农耕种了大部分土地，城市地主在榨取他们的劳动成果。

但是，苏拉的独裁并不巩固。公元前78年，苏拉一死，他的各项政策便逐渐被废除。苏拉独裁开创了毁灭共和制的先例，使罗马政权为之转变。

公元前70年，克拉苏和庞培一起当选为执政官。克拉苏（约公元前115～前53年），就是那个镇压斯巴达克起义的刽子手，早年曾追随苏拉，聚敛了大量财富。出于政治野心，他广疏钱财，以收买人心，扩大个人影响。据说，在向神献祭的某节日，他一次就从自己的私产中拨出1/10款项用来举办盛大宴会。宴请之余，还向全体罗马公民发放了3个月谷物津贴。

庞培（公元前106～前48年）生性刚毅勇猛，长于谋略，曾因作战勇敢而被苏拉授予"伟大的庞培"称号。他在清剿海盗等内外战争中屡建军功，后来居上，成为罗马最有权势的人物。庞培曾是苏拉的部将，还做了苏拉的女婿，后来却见风使舵，倒向民主派。他的一句名言是：崇拜朝阳的人自然多于崇拜落日的人。

恺撒（公元前100～前44年），全名为盖约·儒略·恺撒。盖约是本人名，儒略（一译朱里亚）是氏族名，恺撒是家系名。他少怀大志，勤奋好学，具有渊博的学识和出色的演说及写作才能，还在很年轻的时候就积极参加了反对苏拉派的活动，揭露过前马其顿行省总督贪污案。虽然论权势他不如庞培，论资财不及克拉苏，但却在平民中具有较高的声望。

公元前45年，恺撒在击败了庞培之后，成为罗马唯一的最高统治者。其后，他通过各种途径先后拥有了执政官、终身保民官、大元帅、大祭司长等各种头衔。恺撒当政后，并没有对其政敌进行迫害和屠杀，而是采取温厚宽容的政策，

公元前106～前43年

世界大事记：
古罗马政治家、哲学家西塞罗在世，最先系统提出自然法学说，建立了折中主义哲学体系。

◎ 在这块罗马浮雕上，一个不戴帽子的凯尔特人正在抵抗罗马士兵，保卫家园。对此，恺撒作出了野蛮的反应，在他占领了凯尔特的关隘之后，砍掉了所有拿武器的人的双手。

赦免了很多上层人物。同时实行一系列改革，如扩大公民权授予范围；给受迫害的犹太教徒以宗教信仰自由；在各行省划出份地安置了约10万名老兵和贫民；减轻负债者的债务；向3.2万公民无偿分发粮食；严惩贪污勒索的总督等。他颁行了新历法，定1年为365日，4年一闰。这项名为"儒略历"（朱里亚历）的罗马太阳历，自公元前45年元旦起实行，一直被西方世界沿用到1582年。此外，他还关心并下令建筑广场、剧院和庙宇，使罗马城市更加美轮美奂，雄伟壮观。

这时，却有有关恺撒要登位称帝的传言在罗马四处传播开来。据说，他使用了象征王权的象牙王笏和黄金宝座，并将自己的画像同古罗马君王像悬挂在一起，还在罗马的庙宇中塑造自己的雕像。因恺撒把埃及女王克里奥帕特拉接到罗马，于是又有流言说，恺撒称帝后将册封克里奥帕特拉为罗马皇后，立其子恺撒瑞恩为皇位继承人云云。

实际上，城邦共和政制已不再适应当时庞大罗马国家发展的需要，走向帝制乃大势所趋。恺撒曾公然宣称："共和国——这是空洞的话，没有意义，没有内容。"然而，罗马近500年的共和传统早已深入人心，自高傲者塔克文被逐以后，罗马就没再出现过帝王，因而从苏拉到恺撒，尽管都建立了独裁统治，却谁也不敢贸然称孤道寡。恺撒改组元老院，热衷于共和制的演说家西塞罗（公元前106～前43年）就哀叹元老们都成了"恺撒的奴隶"。相传，在一个公共场合，执政官安东尼突然走到恺撒身旁，把一顶王冠戴到他头上。可是，只响起稀稀拉拉的掌声，多数人显出了惊愕的表情。恺撒愣怔片刻，讪笑着将王冠取下，扔在地上。安东尼赶忙拾起来，又一次给他戴上，这次被他迅速摘下扔掉了。顿时，人群中爆发出热烈的欢呼声，人们纷纷起立向他致敬。

与此同时，一场反对恺撒的阴谋也在暗中酝酿。阴谋的首要策划者为布鲁图和喀西约。布鲁图（约公元前85～前42年）是深受恺撒信任和器重的人物，相传系恺撒与其情人塞尔维利娅的私生子。他在内战期间追随庞培，据说恺撒曾晓谕其下属不要伤害他：如果他投降，就俘虏他；如果他拒不投降，则随其自便。战后，布鲁图不仅没受到追究，还被任命为山南高卢总督和城市法官，甚至被写进恺撒的遗嘱，确定其为第二继

·古罗马建筑·

主要建筑材料： 凝灰岩用作碎石建筑核心外层、基台的贴面、列柱的基座和柱头；石灰岩用于建筑的装饰贴画和地板上；大理石板用作豪华的地板和内墙表面装修或切割成各种图形；马赛克（镶嵌砖）用作地板材料或皇宫建筑的墙面和圆顶天花板；赤陶用作屋瓦和建筑上的雕塑装饰；罗马砖用作铺面材料（大型混凝土建筑）。

建筑风格： 拱形结构及半圆形结构，圆柱屏风，最著名的有凯旋门。

建筑类型： 住宅建筑，最著名的是哈德良别墅；公共建筑，最著名的是哈德良的万神殿、大竞技场、罗马广场和圆形剧场。

公元前202年

中国大事记：
刘邦获得楚汉战争的胜利，建立汉朝，史称西汉。

承人（第一继承人是屋大维）。意大利思想家马基雅维利说过这样的话："如果布鲁图装成一个傻瓜，他就会成为恺撒（意为皇帝）。"喀西约也是内战结束后获得赦免的贵族共和派人物。史载，共有60名元老贵族参与了阴谋。

不过，他们的保密工作却没有做好，关于有人要暗杀恺撒的流言，很快便在罗马的街头巷尾传播开来。有位巫师为恺撒卜卦时，警告他3月15日那天不要出门，但他不以为意。阴谋者恰好将谋杀日期定在公元前44年的3月15日，并由布鲁图出面，邀请恺撒届时到元老院参加一次临时会议。恺撒不顾种种凶险迹象，如期前往，他甚至拒绝卫队的护送。走在路上时，又有人向他手中塞了一张字条，上面写着："小心反叛行为！"然而，这些努力都未能阻止他迈向死亡的脚步。

恺撒刚进入元老院议事厅，便被几十名一拥而上的凶手围住，每个人都向他刺了一刀。他突然在行刺者中看到了布鲁图，惊诧地说了句："你也这样，我的儿子！"当即放弃抵抗，颓然倒地，伏卧在其旧日政敌庞培雕像底座旁的血泊中。

恺撒去世后不久，执政官安东尼、骑兵长官雷必达和恺撒的养子屋大维密谋磋商，公开结成

政治同盟，即"后三头同盟"。三头共同执掌罗马政权，并三分行省。三人的地位和权力还获得了公民大会的承认，披上了合法的外衣，成为名副其实的三人独裁统治。

然而，盟约并未永久阻止内部争夺。屋大维首先于公元前40年剥夺了雷必达的军权，又于公元前31年6月在阿克兴海角一战中战胜安东尼。安东尼在亚历山大城陷落时自杀。次年，屋大维返回罗马，建立并巩固了个人独裁统治，罗马帝制最终取代了共和制度。

罗马共和国的灭亡是罗马经济、政治发展的必然结果。一方面，罗马共和国中期以后，奴隶制经济发展迅速，土地兼并日益严重，大地主的形成和小农的破产瓦解了小农经济，城邦赖以存在的经济基础逐渐崩溃，这就使得城邦灭亡成了历史的必然。另一方面，罗马征服了地中海世界后，事实上已经成了一个地域辽阔的帝国，阶级关系和社会矛盾都发生了深刻的变化，原来建立在城邦基础之上的共和政体已不能与这一变化相适应，只有代表更广泛利益的奴隶主阶级专制政权，才能够胜任对广大奴隶等被统治阶级的专政。

◉ 这是一幅表现恺撒被刺死的绘画。尽管事先受到警告，恺撒还是没带武器便来到元老院，在凶手中，他认出布鲁图——他之前非常信任的人，死前他说道："你也这样，我的儿子！"

公元前115年

中国大事记：
张骞出使西域归国，西域与汉朝的联系日益紧密，形成了著名的丝绸之路。

罗马帝国的崛起

在城邦制基础上建立起来的罗马共和政体从地处意大利一隅的蕞尔小邦跃居为囊括地中海区域的奴隶制大帝国后，在阶级关系发生变化和阶级斗争日益加剧的形势下，其共和政体已不能适应当时罗马社会的发展，因而势必要建立军事独裁以加强和巩固整个帝国范围内的奴隶主阶级的统治。屋大维（公元前63～公元14年）出身于骑士家庭，但还在他4岁时父亲就去世了。他的外祖母是恺撒的姐姐。公元前48年，屋大维进入祭司学校学习。两年后，跟随恺撒前往西班牙，参加对庞培支持者作战。恺撒没有儿子，他十分喜爱这个年轻人，便把他收为养子，让其继承自己的大部分遗产。

当恺撒被暗杀的消息传出时，年仅19岁的屋大维正在希腊，他立即渡海回到意大利，并将自己的名字改作盖约·儒略·恺撒·屋大维安努斯。恺撒生前心腹大将安东尼时任罗马执政官，他以傲慢的口吻对屋大维说："青年人，除了恺撒的名字以外，你还想要得到什么呢？钱，我已经没有多少了。难道你还要恺撒的政权吗？"这预示着一场夺权的斗争已势不可免。

在后来的斗争中，元老院曾想利用屋大维来对抗安东尼和雷必达。不过，屋大维并非那样易于摆布，他有自己的主意。他在罗马广场拍卖了自己的财产，将拍卖所得全部用来招募原来恺撒的部下，很快组建起一支装备精良的军队。就是以此为起点，并以"恺撒"的名字相号召，屋大维迅速崛起，最终结束了罗马的长期内战，也结束了罗马共和国的历史，而成为罗马的唯一主宰。但他并未直接称帝，而称"普林斯"（意为第一公民），即"元首"。这种统治形式称作"元首制"。

公元前27年1月13日那天，一个戏剧性场面出现了。屋大维来到改组后的元老院，发表演说。他表示要把一切权力交还元老院，恢复共和制，同时宣布自己退休。这着实令那些元老们感到意外，震惊之余，一些人开始"抗议"元首这种不顾国家需要，只图个人轻闲的想法，随后便纷纷请求其留任国家元首之位。结果，经过一番装模作样的推让和再三挽留之后，又重新做过一

◎**屋大维像**

这个踌躇满志的青年，19岁时继承恺撒的伟业，31岁时统治罗马世界，治理帝国达半个世纪之久。这尊大理石雕像雕刻的屋大维显得平静而庄严，做凯旋而归的胜利姿势，其脚边的丘比特象征着他的伟大诞生。

公元前70～19年

世界大事记：
古罗马诗人维吉尔在世，代表诗作有《伊尼德》《牧歌集》等。

·亚克兴海战·

亚克兴海战是罗马内战中，屋大维战胜安东尼的决定性海战。

公元前31年，屋大维率军8万、战船400艘渡海东征，安东尼和埃及女王率军10万人、战船500艘来到希腊西海岸迎战。安东尼将舰队分为左、中、右3个编队成一线展开，并准备亲自率领右翼迂回攻击屋大维，女王率预备队尾随。屋大维也将舰队分成左、中、右3个编队，也成一线展开，迎战安东尼。

9月2日，战斗打响。屋大维充分发挥自己舰队船体轻、航速快、机动灵活的优势，避开安东尼战舰远程矢炮的轰击，运用撞击、火攻、接舷等战术进行攻击。安东尼船体庞大，机动性差，顿时陷入了被动挨打的境地。埃及女王见势不妙，率领预备队逃走。安东尼见大势已去，无心再战，下令撤退。不久屋大维攻入埃及，安东尼和埃及女王相继自杀。罗马内战结束。

整套安排：屋大维把手中一切大权交还元老院和人民，元老院则通过一系列法令委任他各种重任，手续完全符合共和制原则。屋大维非但没有隐退，反而合法地取得了帝国的军政大权。

16日，元老院又正式授予其"奥古斯都"（意为神圣、伟大）的尊号，要求全国像敬神一样敬奉他。同时，在元老院议事厅设置了一面金盾，上面镌刻着对他的赞美辞。后来，他的黄金雕像也在罗马广场上竖立起来，上面的铭文是："他恢复了陆地上和海上长期以来被破坏了的和平。"他甚至被许多城市奉为保护神，在各地建有供奉他的祭坛和神庙。公元前2年，元老院又授予他"祖国之父"的名誉。

在元首制下，屋大维一身兼任元首、执政官、保民官、首席元老、最高统帅、大祭司长等职，独揽行政、军事、司法、宗教大权。元老院和公民大会都成了他手中的工具。有人在街上呼喊他"恺撒"，他也不加制止。这时的罗马共和国实际上已经成为一个帝国，屋大维也成了这个帝国的第一个皇帝。

◎失去了装饰性的库里亚（右前建筑）以及国家档案馆（正面带拱门建筑）库里亚大会是古罗马时期解决公社生活中那些最重要的问题的会议，如选举高级公职人员、宣布战争、通过或否决新法案、对判处死刑的案件作出最后定夺等，后来成为罗马行政区划名称。库里亚是罗马共和国乃至帝制时期元老院的会场；国家档案馆存放着当时罗马所有的官方文件和一部分财富。

公元前104年

中国大事记：
编制《太初历》，用夏正，以建寅月即正月为岁首。

屋大维将原来70个左右的军团缩编为28个精锐军团。他继续推行扩张政策，发动了多次侵略战争。史载，公元9年，日耳曼人掀起大规模反抗起义，瓦鲁斯率领的3个罗马军团被日耳曼部落首领阿尔米尼乌斯诱入莱茵河东的条陀堡密林，遭到围击致全军覆没，瓦鲁斯自杀。消息传来，据说屋大维痛心疾首，竟至以头撞门，大声呼叫："瓦鲁斯，还我军团！"

在屋大维时代，罗马帝国的疆域进一步扩大，其北界推到莱茵河、多瑙河一线。到图拉真（公元53～117年）做皇帝时，罗马帝国版图扩展到最大规模：它在亚洲包括小亚细亚半岛、美索不达米亚北部，直到西奈半岛一带；在非洲直抵北非西部；在欧洲伸入不列颠和多瑙河以北的达西亚等地。地中海变成了它的"内湖"。连当年的亚历山大帝国也只是它的几个行省。罗马帝国成为名副其实的空前大帝国。

屋大维在位期间，将罗马城修建得焕然一新。规模宏伟的万神殿就是那时开始兴建的，前后用了150余年方才建成。他不无自豪地说："我接受的是一座砖造的罗马城，却留下了一座大理石的城市。"继其之后，历代罗马皇帝都不断以新的建筑来装饰首都，最著名的有被称为罗马城永恒标志的大竞技场（弗拉维圆形剧场）、图拉真公共浴场和哈德良为纪念图拉真而建立的庙宇等。

屋大维卒于公元14年8月18日。罗马元老院为他举行了盛大的葬礼，并决定将其列入"神"的行列，称其为"奥古斯都"（意为神圣者）。屋大维开创了古罗马历史上的稳定发展时期，出现了经济、文化欣欣向荣的繁荣局面，这种局面在罗马帝国广大的疆域内延续近200年，史称"罗马和平"时期。

为了维护自己的独裁统治，屋大维特别注意提高奴隶主阶级的地位，扩大他们的特权。他明确规定，元老必须出身贵族，服满规定年限的军役，拥有100万塞斯退斯的地产。元老可以担任军事长官、行省总督以及执政官之类的高级职位。仅次于元老地位的是骑士，其财产应为40万塞斯退斯。骑士有资格担任督察使等财务官员，还可以担任重要的军政职务，诸如舰队司令、供粮总监、埃及太守和近卫军长官等。骑士可以作为元老候选人，元老之子在进入元老院之前必须先做骑士。这样一来，共和制后期彼此争斗的这两个等级，都在帝国社会中享受着元首政治的恩宠，因而也都大力支持元首政治，成为元首政治的中坚力量。

无产平民由于具有自由公民身份，而且是雇佣兵的来源之一，所以屋大维对他们实行既镇压又笼络的两手政策：一方面，严格限制平民的政治活动，以避免暴动的发生；另一方面，又以所谓的"面包和竞技场"策略，即发放救济粮、举办娱乐活动和给予各种施舍等措施来收买他们。屋大维的这些手段的成功运用，使罗马城市的无产平民或耽于娱乐，或充当政客权贵的门客党羽，或充当雇佣兵，渐渐失去了早先的政治作用。对奴隶阶层，屋大维则实行严厉的统治和残酷镇压的政策。

屋大维在对外政策上采取了灵活多变的政策。在东方，他采取了较为缓和的手段来处理罗马和安息之间的紧张关系；在西方，则继续推行侵略扩张政策。经过数年的侵略战争，罗马疆域扩张到东起幼发拉底河，西至大西洋，南到撒哈拉沙漠，北至多瑙河与莱茵河。

◎奥古斯都的妻子利维亚曾经对丈夫施加了巨大的影响。

公元79年

世界大事记：
维苏威火山爆发，庞贝城被埋，直到19世纪由考古学家发掘出来。

罗马帝国的黄金时代

公元96年，由元老院推举，旧贵族元老出身的涅尔瓦当上了皇帝，开始了安东尼王朝的统治时期。安东尼王朝是帝国皇权最为稳固的时期，被称为罗马帝国的"黄金时代"。在涅尔瓦统治期间，元老院的地位又得到恢复，并且实施了一些缓和社会矛盾的措施，但涅尔瓦遭到了军界，特别是边疆的统帅们的反对。涅尔瓦在位两年后死去，战功卓著的日耳曼总督图拉真被推举为皇帝。图拉真即位后，实行较为温和的政策，改善与元老院的关系，关心人民的疾苦，把帝国的疆土扩展到空前绝后的程度。从共和国末年起，罗马城内聚集了大量无产的自由民，大约不下数十万之众。历代皇帝为了笼络这些人支持自己的政权，便利用发放救济粮和金钱补贴、举办娱乐活动和提供各种施舍的手段来收买他们。政府在节日里为市民举办各种娱乐表演，演出奴隶角斗、斗兽、戏剧、海战和骑战等。公元106年，图拉真为庆祝他对达西亚人的胜利，在大角斗场举办了持续117天的恐怖角斗表演，包括达西亚战俘在内的近万名角斗士，在观众的欢呼声中进行血腥的殊死搏杀。这种娱乐节日的天数是逐年增加的。据统计，公元1世纪时罗马全年的节日为66天，2世纪时增加到123天，3世纪时增至175天。

奴隶主们的生活穷奢极欲，越来越腐化。他们把体力劳动和文化教育工作都交给奴隶去做，自己尽情享乐，竞尚豪华。富裕的罗马男子下午常把时光消磨在公共浴场里。到浴场沐浴在当时是一种时尚享受，自然也吸引着成千上万无所事事的游民。罗马的公共浴场有点像现代的大型俱乐部，内有体育厅、图书馆、休息室、花园等，

不仅供人沐浴，享受舒适，还是市民社交活动的中心，朋友聚会的场所。里面常有乐队演奏乐曲，时或还有诗人、戏剧家朗诵作品，并有专职的管理人员和大批侍候人的奴隶。罗马人在建造浴场

◎罗马图拉真纪功柱

公元91年

中国大事记：
东汉复置西域都护府，以班超为都护，驻节龟兹。

◎公元2世纪罗马帝国的版图示意图

◎哈德良时代重建的万神殿内景图

时是不惜工本的；每个浴室的大理石墙面上，都饰以精美的绘画和色彩斑斓的图案；穹形的玻璃屋顶；四面宽大明亮的窗子，在白天的任何时段阳光都能照射进去。沐浴方式也十分讲究：入浴前要先做健身运动，随后进入一个个相互连接、温度递次增高的暖气房。等汗出透了再用温水洗浴，最后用凉水冲净。为防受寒，浴毕还要涂上软膏香脂，然后躺在榻上闲谈消遣，直到晚餐时光方才回去。他们以美酒佳肴来显示阔绰，有时候甚至吃孔雀舌头。

奴隶主的宅院里，厅堂壁画，庭园池水，无不齐备。而在这些高楼大厦之间，却是大片的贫民区。那里的房子狭小、简陋，房内没有任何卫生设备，便壶都摆放到街面上。曲折狭窄的街巷，肮脏、嘈杂，终年不见阳光。图拉真的后继者哈德良却独断专行，激起人民反抗。公元132年，犹太人终于掀起大规模起义，他们占领罗马殖民

公元120~124年

地，杀死殖民者，坚持斗争达3年之久，但终遭残酷镇压。继哈德良之后的安东尼·庇阿统治时期，被认为是罗马最安定并且繁荣昌盛的时期。他对外采取防御政策，对内与元老院和睦相处。但好景不长，到马可·奥勒留统治时期，罗马的"黄金时代"就结束了。

公元1世纪至2世纪，大规模的战争已经停止，罗马境内的广大地区出现了长期的和平局面，为社会经济的发展提供了极为有利的环境。

当时，生产工具和生产技术都有了较为明显的进步。农业上出现了带轮犁、割谷器，工业上则开始使用水磨、滑车和排水器械等工具。手工业发展尤为显著，不仅门类增多，而且分工十分精细。传统的手工业，如阿列提乌姆的制陶业、阿普亚的青铜制造业、莫纳德的制灯业都兴盛一时，产品远销外地。商业贸易也十分活跃，水陆商道畅通无阻，来往商旅络绎不绝。对外贸易西达不列颠，东到印度、中国。这种规模广泛的海陆贸易，促进了罗马帝国各地城市的繁荣。这一时期，罗马兴起了一些著名的城市，如不列颠的

伦丁尼姆（伦敦）、高卢的鲁格敦（里昂），等等。罗马城已经成为全国的中枢，阿普亚、那不勒斯等城市也都成为手工业和商业的中心。迦太基等曾被摧毁的城市也开始复苏，亚历山大里亚城成为商品集散地和内外贸易的枢纽。

公元1~2世纪，罗马帝国经济的繁荣和发展是建立在落后的生产技术和残酷剥削奴隶的基础之上的，因此这种繁荣局面不可能持久。到公元2世纪末，奴隶制帝国的危机已经开始明显暴露出来，罗马帝国的黄金时代至此已经走到了穷途末路。

作为罗马文化的一个重要组成部分，建筑艺术也是古罗马留给后世的一份宝贵遗产。罗马的建筑在共和国末期开始发展，到帝国时代达到空前规模。罗马最著名的建筑物是屋大维时代修建、哈德良时代重建的万神殿，这座神庙是古代神庙建筑艺术的最高成就之一。公元1世纪晚期修建的哥罗赛姆大剧场，是罗马剧场建筑的典型，整个剧场可容纳观众5万人，其规模之宏大，让人惊叹。

·维吉尔与《埃涅阿斯纪》·

维吉尔是古罗马杰出诗人。原名普布留斯·维吉留斯·马罗，生于高卢曼图亚附近的农村，家境比较富裕。他幼年在农村长大，熟悉农村和农业劳动，热爱大自然。后来去米兰、罗马等地接受了良好的教育。因体弱多病，从事律师工作失败后，回到农村家中，专心写诗。后加入了麦凯纳斯庇护下的文学集团，深受屋大维的尊敬。他的主要作品除代表作《埃涅阿斯纪》外，还有《牧歌》《农事诗》等。《牧歌》共有10首，是其成名作，通过一个牧人的独唱或一对牧羊男女的对唱，歌唱牧人的生活和爱情，还表达了对当时社会和政治的看法与感受。《农事诗》共4卷，描写罗马农民的工作与生活。这些作品将农业知识的介绍、农业政策的阐释和对自然景色、历史传说的描写结合起来，语言优美，生动有趣。维吉尔在中古时代一直享有特殊的声誉，但丁在《神曲》中就尊他为老师和带路人。史诗《埃涅阿斯纪》共12卷，叙述了罗马的建立和历史，歌颂了罗马祖先的丰功伟绩。根据当时罗马的神话传说，罗马最早的祖先是特洛伊的英雄埃涅阿斯，特洛伊被希腊联军攻陷后，他和父亲等人在天神护卫下逃了出来，辗转到了意大利，娶了当地的公主为妻，建立了王都。这成为史诗内容的主要依据。史诗以《荷马史诗》为范本，前半部分写埃涅阿斯的海上历险，主要写了他和女王狄多的爱情悲剧。后半部分写他依据神灵的指示到达意大利后，和当地拉丁部族的战斗。诗人通过主人公的经历歌颂了罗马的神圣传统和先王建国的艰辛，歌颂了恺撒和屋大维的功绩。

罗马帝国的衰落

从公元2世纪末到3世纪末，罗马帝国爆发了全面的危机，史称"三世纪危机"。

"三世纪危机"的根本原因，在于奴隶制社会基本矛盾的激化。在罗马帝国前期，社会生产力得到进一步提高，劳动工具有了很大改进，这是罗马帝国前期的"黄金时代"形成的主要原因。但到了公元2世纪以后，由于罗马长期的奴隶制统治，人们开始鄙视劳动。伴随着贫富分化的加剧，罗马出现了流氓无产者人数急剧增加的现象。他们逃避劳动，完全靠社会养活，成为寄生在罗马社会肌体上的赘瘤。更为严重的是，罗马奴隶主阶级及其统治机构日益腐朽，规模日趋庞大，各种开支浩繁，娱乐奢侈之风日盛。这种现象的出现，造成了财源枯竭，财政日益紧张，从而导致捐税不断增加，货币的含金量锐减，再加上国内混战不已，社会动荡不安，罗马帝国陷入了全面危机之中。

"三世纪危机"在经济上首先表现为农业的衰落，农业的衰落又导致了手工业的衰落和商业及城市的萧条。手工业作坊是靠奴隶和隶农的劳动支撑的，由于奴隶劳动生产率的降低和行省手工业产品的竞争排挤，各城市在共和末期和帝国初期发展起来的手工业也逐渐衰落下来。农业的衰落减少了农产品对城市市场的供应，而社会动荡、蛮族入侵、海盗猖獗、商路阻塞以及政府强令城市征收捐税，再加上新发行的劣质货币不受欢迎，高成色的货币又被大量收藏，这一切都严重地影响了商业的发展，加剧了经济的萧条。

"三世纪危机"在政治上表现为统治集团内部纷争不断，混战不休。军人干预政治，尤其是近卫军直接控制皇帝废立的现象，使中央政权处于严重瘫痪状态。公元192年，安东尼王朝的末帝康茂德被杀后，在短短6个月内近卫军就先后拥立了两个皇帝。行省驻军也混水摸鱼，各自拥立自己的皇帝，罗马内部于是发生了一场四帝争夺王位的混战（公元193～197年）。

针对这种状况，在塞维鲁王朝（公元193～235年）的建立者塞维鲁统治时，采取了抑制元老院、优抚军队的政策，但却又引发了"士兵派"与"元老派"的斗争，军人的权力反而更加膨胀。

临死前，他一再叮嘱他的儿子们说："要厚待士兵，让他们发财，其余的人可以不管。"然而具有讽刺意味的是，其后继者几乎皆为近卫军或哗变士兵所杀。骄纵的军队飞扬跋扈，如同匪徒，废立皇帝成了司空见惯的家常便饭。窃国者走马灯般轮番登台，他们以贿赂兵士谋杀皇帝为入宫手段，旋即又为后起者谋杀而被抬出皇宫。公元238年一年内，元老贵族推出4个皇帝，不久全被士兵所杀。此后15年间，罗马竟换了10个皇帝。

◎ 100英尺（约30米）高的宏伟的尼克拉堡巍然耸立，成为帝国时期罗马国力强盛的有力证明，但它的建筑初衷——由于恐惧而大量修建城堡与城墙，却是罗马衰败的征兆。

公元2世纪

世界大事记：
古罗马法学家盖尤斯所著《法学阶梯》出版，为迄今所知西方最早的法学著作。

其后还出现了一个军团和行省自行拥立皇帝的所谓"三十僭主"时期，政局一片混乱。

公元284年，在对波斯作战期间，罗马军中再次发生谋篡事件。近卫军长官阿培尔谋害了皇帝努米里安，不出一月又杀死了他刚继位的儿子。回师途中，至尼科美地方，同为近卫军长官的戴克里先在士兵集会上揭发了阿培尔的谋逆罪行，引起士兵公愤，纷纷要求让其偿命。恼羞成怒的阿培尔立时便与戴克里先厮杀起来，但见刀来剑往，寒光闪闪，两人腾跃扑击，招招凶狠。士兵们齐声呐喊，为戴克里先助威。失道寡助的阿培尔心慌意乱，稍一分神，顿成刀下之鬼。尔后，全军一致拥立戴克里先为罗马帝国新皇帝（公元284～305年）。

戴克里先正式取消元首制，采用"多米那特制"（即"君主制"），完全抛弃了残存的共和外衣。他自称"多米那斯"（意为主人），身穿镶金的紫绸长袍，头戴缀满珍珠宝石的冕旒，并实行东方专制君主的朝仪，臣民觐见时须行跪拜礼，奉之若神明。他实行四帝制，即由正副"奥古斯都"和正副"恺撒"对帝国分块治理。但分而不割，最高权力仍掌握在他一人手中。

残酷的剥削和奴役，使罗马境内的广大奴隶陷入了苦难的深渊，在忍无可忍中，他们终于揭竿而起。时断时续、大大小小的起义，沉重地打击了奴隶主的统治，让本已处在崩溃边缘的罗马帝国更加迅速地走向灭亡。

罗马内部的危机和动荡给外族入侵提供了可乘之机。在东方，萨珊波斯攻占了罗马的幼发拉底河流域，并继续向西扩张，进攻叙利亚。在东北，多瑙河以北的哥特人南下掠取拜占庭，袭扰小亚细亚和爱琴海地区。在北方，日耳曼人越过罗马边境，进入高卢的中部和东部，并在西班牙的东北部站稳了脚跟。阿尔曼尼人则乘机南下深入意大利中部。随着日耳曼人大量涌入罗马，罗马帝国已处于四面楚歌的境地。

·拉丁语·

罗马人属于拉丁族，他们的文字称为拉丁文。随着罗马的扩张，拉丁文成为帝国的官方文字，拉丁语也传到各地。罗马帝国崩溃以后，拉丁语逐渐分化为意大利语、法语、西班牙语、葡萄牙语、罗马尼亚语。后来，拉丁文逐渐成为死文字，但它在基督教、法律和科学领域长期留下影响。今天，许多疾病的西文名称和西药的名称都来自拉丁文。拉丁字母简单易写，其他语种如英文、德文、北欧各国以及许多东欧国家的文字、越南拼音文字和中国的汉语拼音方案，都采用拉丁字母。

◎放纵的罗马皇帝　油画
成堆的玫瑰花瓣，掩盖着放纵的狂欢。罗马帝国的衰败，并非源于早期的穷兵黩武，而是根源于后来的繁荣稳定导致的罪恶丛生、道德沦丧。

| 公元221年 | 中国大事记：刘备在成都称帝，国号汉，世称蜀，以诸葛亮为丞相。 |

安息帝国

在历史上，安息曾先后臣服于亚历山大帝国和塞琉古王国，直到公元前 247 年安息才宣告独立，建立了阿尔萨息王朝。安息立国之初，仍受到塞琉古王国的威胁，直到公元前 1 世纪中叶才随着国家的日趋强大而慢慢摆脱了塞琉古王国的束缚。国王密特里达特一世时期（公元前 170 ~ 前 138 年），安息帝国积极向外扩张，占领了伊朗高原西部、两河流域和中亚细亚南部，开始成为一个强大的帝国。

安息帝国在政治上实行君主制，王位由阿尔萨息家族世袭，但王权受贵族和僧侣议事会的限制。在奴隶主阶层中，有 7 个显贵氏族处于领导地位，操纵着国家的军事、政治和经济大权。国家军队以骑兵为主，分重装骑兵和轻装骑兵，贵族在军队中占有重要地位。安息境内的两河流域经济发达，是帝国的经济命脉，东部山地、沙漠以及边缘草原地带比较落后，居民仍属游牧部落。

从公元前 1 世纪中叶起，安息帝国与不断东侵的罗马帝国之间长期进行着战争。公元前 54 年，为增加自己的政治资本，克拉苏率领罗马军队包括 7 个重步兵军团、一个轻步兵军团和 4000 名骑兵共 4 万余人向东进发，开始入侵安息。当时，附属于安息王国的亚美尼亚国王阿尔塔瓦兹德早有脱离安息统治的想法。克拉苏便与他密谋，罗马军沿美索不达米亚沙漠推进，强渡幼发拉底河后向底格里斯河进攻，然后和阿尔塔瓦兹德的军队从两面对安息腹地实施钳形夹击，歼灭安息军队。

安息王国位于幼发拉底河以东，境内主要是沙漠。安息王国以帕提亚人为主，过着游牧和半游牧生活，但是却建有一支完全由骑马的弓弩手组成的强大军队。他们使用的弓与一般的弓有很大差别，这种弓是由许多块兽角组成的，拉起来

◎公元前 2 世纪用黏土制成的帕提亚的战士头像

◎角状饮杯
尼萨是安息都城，这个角状杯是在尼萨附近被发现的。

很费劲，发出的箭射程远。

克拉苏入侵的消息很快传到安息国王耳中，于是他命令青年将领苏里拉斯率领骑兵迎敌。苏里拉斯是一位无所畏惧且极富幻想力的人，他命一支人马突击亚美尼亚部队，迫使阿尔塔瓦兹德退出战争。自己率领 1 万名骑兵，向底格里斯河方向的沙漠腹地退却，打算诱使罗马军进入沙漠，一举歼灭。他还配备了 1000 匹骆驼载运大量的箭，保证武器补给。

公元前 53 年，克拉苏占领了当年亚历山大渡过底格里斯河的地点尼斯发流门后，获悉安息的骑兵正向底格里斯河方向退却，克拉苏命令部队向北进发，决定沿捷径，穿过沙漠袭击敌人。

公元227年

世界大事记:
原波斯总督阿尔达希建立的萨珊波斯灭亡了安息帝国。

4月底,罗马军队在宙格马附近强渡幼发拉底河。安息军队在苏里拉斯的指挥下避免与其发生正面战斗,而是以袭击战的形式消耗阿军,并在不断的偷袭中将阿军慢慢引诱至无水的沙漠深处。善于远距离奔袭迂回的安息军队,使阿尔塔瓦兹德军受到惨重损失,被迫退出这场战争。

6月,罗马军队进至卡尔海地区。正值夏天的沙漠炎热异常,缺水成了罗马军的最大问题,罗马军干渴难耐。补给队伍时常被截,缺粮少水,罗马军疲惫不堪。

已消除后顾之忧的苏里拉斯见时机成熟,下令发起全面反攻。骁勇的安息骑兵从四面迂回包围罗马军。罗马军强打起精神,组织成密集的战斗队形,准备迎战。但安息人并不做正面交锋,而是在四周不停地运动,同时向罗马军万箭齐发。很快,罗马军队形大乱,丧失斗志的士兵在沙地上艰难地东奔西突。暴雨般的乱箭使罗马军全线崩溃,克拉苏在战斗中被杀死。罗马军几乎全军覆没。尽管安息帝国对西方的罗马帝国长期处于战争状态,但是对东方的中国却始终和睦相处,关系密切。公元前2世纪末,张骞出使西域时,曾派副使访问安息帝国,安息国王派大将率骑兵

2万到边境迎接。从此,双方往来密切,东西方交通有了很大发展,"丝绸之路"成了当时重要的国际商道。"丝绸之路"的西段大部分在安息帝国境内,这不仅促进了中国与安息帝国之间商业的发展,而且也加强了东西方文化的交流。

安息帝国是一个松散的联合体,由于长期的对外战争和内部矛盾严重地削弱了中央政权的统治,国家逐渐丧失了抵御外来侵略的能力。公元227年,安息帝国在新兴的萨珊波斯的大举入侵下,军队节节败退,很快便被萨珊波斯吞并。

· 丝绸之路 ·

丝绸之路大致可分为两条。一条为陆上丝绸之路,形成于西汉时期,即自长安西行穿河西走廊,出玉门关、阳关,越葱岭,至西亚地区;另一条为海上丝绸之路,形成于宋代。时因陆上丝绸之路为西夏所断,宋朝只好从海上与西亚、阿拉伯地区,以及南亚、东薛等地区的诸国进行联系与交往,而形成了中外海上交通的"丝绸之路"。两条丝路在中国古代历史上发挥了极为重要的作用。

◎ 丝绸之路路线示意图
丝绸之路跨经数个亚洲国家,最大的威胁来自中亚地区占山为王的强盗,为保护驼队和线路的畅通,安息士兵常在本国道路上巡视。

<table>
<tr><td>公元383年</td><td>中国大事记：
东晋谢石、谢玄等大败前秦王苻坚于淝水，前秦不久灭亡，北方再度陷入分裂。</td></tr>
</table>

亚欧民族大迁徙

匈奴是中国漠北的一个游牧民族，兴起于公元前3世纪左右的战国时期，秦汉时强盛起来，人口约为200万。秦汉时期，匈奴多次入侵中国的河套、山西以及河北等地，对中国北部边疆构成了严重威胁。秦始皇曾派大将蒙恬北伐匈奴，并修筑了万里长城，以抵御匈奴骑兵。

西汉初年，匈奴又不断南下，骚扰汉王朝的北部边境。从汉高祖到汉武帝，多对匈奴采取和亲政策。汉武帝时，汉、匈之间的战争不断升级，结果匈奴大败，势力渐衰。公元前54年，匈奴分裂为南、北二部。南匈奴归附汉朝，北匈奴在汉朝军队的打击下瓦解。东汉初，匈奴再度分裂为南、北二部。南匈奴与汉朝友好，后逐渐与汉人融合；北匈奴对南匈奴和东汉政权则持敌视态度。公元91年，北匈奴在东汉和南匈奴的联合打击下败亡，北匈奴的一部分由单于率领离开漠北向西迁移。著名的匈奴西迁故事，就在这个时候开始了。

西迁的匈奴人大约有20余万，他们首先在大漠西北乌孙所辖的悦般地区停留下来。公元105～106年，北匈奴曾遣使来到汉朝，请求和亲，汉帝没有同意，从此北匈奴失去了与汉朝的联系。公元2世纪中叶，因不堪忍受鲜卑人的压迫，北匈奴离开居住了70余年的悦般而西迁康居。因前往康居的道路极为艰险，所以只能挑选勇敢善战者前往，剩下的老弱妇幼仍留在悦般。留下来的这些人后来逐渐与柔然（阿瓦尔人）部融合。

康居位于中亚锡尔河流域，与占据阿姆河流域的大夏（大月氏人）为邻，北匈奴在此停留了近百年。公元3世纪中叶，因受到贵霜帝国和康居的联合攻击，北匈奴再次被迫离开康居迁往粟特。公元4世纪中叶，北匈奴人又离开生活了一个世纪的粟特西迁至东欧顿河

◎法兰克人复原图

◎匈奴人复原图

公元376~568年

世界大事记:
以日耳曼人为主的部落强行移居罗马帝国境内，史称民族大迁徙。

流域。进入欧洲的匈奴人，首先与阿兰人发生冲突。结果，阿兰人大败。不久，匈奴又乘胜进犯东哥特，这次进犯的结果是引发了日耳曼人的民族大迁徙。

匈奴西迁历时280年，长途跋涉6000余千米，不仅跨越了整个中亚，而且深入欧洲腹地。在匈奴西迁的推动下，亚欧大陆众多游牧民族纷纷卷入民族大迁徙的浪潮中。

公元5~6世纪，斯拉夫人开始南迁，他们越过多瑙河，不断进攻罗马边境。公元578年，约10万斯拉夫人进占色雷斯、马其顿和帖撒利等地。到7世纪初，斯拉夫人已遍布巴尔干半岛北部各地，后来又经过几个世纪的大迁徙，斯拉夫人各地居民经过长期的融合，逐渐形成了今天东欧的各个民族国家。

日耳曼人早在公元1世纪就从北欧南下，成为罗马帝国北部的强邻。不过，当时罗马军团十分强大，稳守边境毫不费力。随着帝国的衰微，罗马对边境的控制也频频告急。公元1世纪，日

·日耳曼人·

日耳曼部落很早就居住在莱茵河以东、多瑙河以北、维斯瓦河和北海之间的广大地区，包括法兰克人、哥特人、萨克逊人、汪达尔人和伦巴第人等。他们一般具有相同的宗教信仰和社会制度，使用相近的语言。日耳曼人中每位杰出的武士首领都有一支扈从队，他们战时守卫在首领身旁，效忠于他。首领则向他们提供给养、武器及战利品。这种制度有助于后来封建制的形成，因为封建制正是建立在骑士对封建领主忠诚的基础上的。日耳曼人的首领或国王主要是根据勇猛程度和出身选举产生。作战英勇、贵族出身的部落成员更有希望成为首领或国王。打仗时首领和国王身先士卒，奋勇冲杀，至于权力则较为有限，许多事务都由部落会议决定。

耳曼人已经占据了东起维斯瓦河，西至莱茵河，南达多瑙河，北抵波罗的海的广大地区，罗马人把这片广袤的大地称为日耳曼尼亚。

公元4世纪后期，由于受到来自匈奴的攻击，日耳曼人开始像潮水般涌入罗马帝国境内，由此形成了日耳曼部落大迁徙的浪潮。最先进入帝国的是西哥特人，但罗马政府对他们特别残暴，强迫他们种地、服兵役，甚至将他们卖为奴隶。西哥特人不甘屈辱，发动起义，罗马的奴隶、隶农、矿工也纷纷加入了起义队伍。公元378年，西哥特人同罗马帝国在阿德里亚堡决战，罗马被击败，皇帝瓦伦斯被打死。公元5世纪初，西哥特人再次对罗马发动进攻，汪达尔人也由北方入侵。公元395年，罗马帝国分裂为东西两部分。公元410年，罗马城被攻陷。西哥特人在洗劫罗马城和意大利半岛之后，又向西进军，最后定居在高卢南部和西班牙北部。公元419年，建立西哥特王国，这是罗马帝国版图内的第一个日耳曼人国家。汪达尔人则进入北非，建立了独立的汪达尔王国，结束了罗马帝国在北非的统治。伦巴第人则占领了北部意大利的波河平原，建立了伦巴第王国。其他日耳曼部落也纷纷冲进西罗马帝国。另外，日耳曼人中的盎格鲁人、萨克逊人、朱特人，则从原先居住的威悉河、易北河流域出发，登上不列颠岛，征服了原有居民凯尔特人，建立了自己的文明，盎格鲁－萨克逊人从此成为英格兰的主要民族。公元5世纪初，西罗马帝国的土地已大部丧失，帝国名存实亡。公元476年，日耳曼雇佣军的首领奥多雅克废黜了西罗马最后一个皇帝罗慕洛·奥古斯都，西罗马帝国灭亡。欧洲民族大迁徙至此结束。

由匈奴西迁引发的这场历时几个世纪的民族大迁徙，不仅打破了亚欧大陆南耕北牧的传统格局，突破了地域间的封闭，而且还加强了亚欧大陆各地区、各民族间的经济文化交流和民族融合，奠定了现代亚欧大陆主要民族和国家的基础，从而形成了世界历史的新格局和新版图。

公元462年

中国大事记：
祖冲之奏上《大明历》。他首次把圆周率准确数值推算到小数点后7位数。

维京人的航海旅行

　　早在公元793年，维京人就开始掠夺苏格兰和荷兰沿岸的海岛。到了公元850年，他们来到了爱尔兰，并且在那里定居。约公元860年，维京水手们发现了冰岛，并在此后定居于此。公元982年，埃里克·瑟凡森（或称作"红发埃里克"）发现了格陵兰岛冰层边缘海岸，并鼓励人们在岛上定居，公元986年，他带领400名殖民者定居在那里。约公元1000年，他的儿子对北美海岸进行了探索，他抵达了海鲁岛（今天的巴芬岛）和马克岛（拉布拉多），此后，就在一个被他称作文兰的地方过冬。人们估计文兰确切的位置应该在南拉布拉多和新泽西州之间的某地。大约在1年后，他带着一群人来到纽芬兰岛沿海地区，建立了雷安色奥克斯米都居住区。但是这些不速之客的到来遭到了被维京人称为"蛮夷"的当地土著的强烈排斥，他们赶走了这些入侵者。

　　维京人同样突袭了欧洲大陆。他们沿着欧洲的主要河道逆流而上，两次洗劫了法国巴黎——分别在公元845年和856年。他们建立了贸易路线和定居点，并于公元911年占领法国北部诺曼底直到约1000年。他们也同样在爱尔兰、英格兰、丹麦、德国以及俄国定居。

　　维京人称霸海上的秘密是他们非凡的有开敞式船身的长船，这种船圆滑而快速，具有两头尖翘的船身和坚固的、装有巨大方形船帆的桅杆。船的两侧都有一整排的桨，可以在靠近海岸或者在河口等无法使用帆的地方控制船的航行。桨还可以在海战中加快船速。在船的右侧还有单支的掌桨。人们将长船中体形最大的称为"德里卡"或"龙船"，因为在这条船的两头都有雕刻的龙

◎维京人长船底宽，排水量相对小，非常适合在近海岸、河口以及内陆河流中航行。

头像。制船者将直的橡木板叠放，再用铁钉固定，形成船身的侧面，而船体的内部结构则是按照船形，用仔细挑选的符合船形曲度的树枝锯成的坚硬的木板做成的。船帆是一张羊毛织物，这种帆在暴风雨中被浸透后就变得极难控制。长途远航时，船员们就蜷在兽皮做的睡袋里睡在开敞的甲板上。他们的食物是腌制晒干的鱼肉。除带上他们常喝的蜂蜜酒（一种用发酵蜂蜜制作的酒精饮料）外，他们必须带足淡水。

　　我们现在对维京人长船的了解基本上来自沉船残骸，譬如公元834年在挪威奥斯堡制造的一艘用于葬礼的长船。在葬礼中，多名船工将这条长21.6米的长船拖上岸，然后将船放入一个浅槽中。哀悼者将死者的尸身装进一个原木棺材中，然后把棺材两头随葬的家私炊具在船甲板上一字排好。最后用石土覆盖整条船，在船的最顶部种上草皮。这座奇特而又宏大的坟墓静静地沉睡了上千年。

公元476年

法兰克王国

公元1世纪，法兰克人居住在莱茵河的下游。公元406年，法兰克人随同西哥特人、勃艮第人一起进入罗马帝国的高卢地区（今法国境内）。公元481年，克洛维成为法兰克人的军事首领，经过多年征战，法兰克开始走向强大。到公元511年克洛维去世时，法兰克王国已将罗马高卢的大部分地区征服。

在征服的过程中，占领罗马皇室领地的法兰克国王将其作为奖赏，赐予他的廷臣、将军、亲信、教会和修道院。这些新兴法兰克地主与被保留下来的高卢罗马大地主一起，构成了法兰克国家的地主阶级。法兰克地主阶级的发展历程，同时也是自由农民丧失土地沦为依附农民的历程。代表地主阶级利益的封建统治者将封建化的成果以法

◎ 公元800年圣诞日，教皇利奥三世在罗马圣彼得教堂为查理加冕称帝，宣称这个外族首领为"伟大的罗马人皇帝"，标志着西欧基督教化即罗马和日耳曼的融化基本完成。有人认为查理大帝的加冕标志着神圣罗马帝国的开端，然而大多数人还是认为那时的帝国应该叫作法兰克帝国。

律的形式肯定下来，这就构成了法兰克封建化的一条主线。这一过程可分如下三个阶段：

第一阶段是内战时期（公元511~714年）。这个时期的特征是王权衰弱，社会动荡不安。长期的战争破坏使较脆弱的自由农民只好投身于大地主的门下，法兰克的封建生产关系也由此产生，其结果是大土地所有制的成长和自由农民逐渐沦为依附农民。

第二阶段是宫相查理·马特的采邑制改革时期（公元714~741年）。他下令将土地作为"采邑"进行分封，但受封者必须以服骑兵役为条件，且不得世袭。这一改革取得了明显成效：加强了法兰克王国的军事力量，促进了法兰克封建生产关系的发展。

第三阶段是加洛林王朝时期（公元751~987年）。公元751年，宫相丕平发动政变并登上了王位，建立了加洛林王朝。这个王朝在查理曼统治时期（公元768~814年），通过开疆拓土，形成了一个版图广大、民族众多的帝国，史称查理曼帝国。

查理曼，又被称为查理，他从小在宗教环境下长大，对基督教极为虔诚，但没有受过良好的文化教育。他的父亲丕平在公元751年创建加洛林王国时，他才9岁。公元768年，他的父亲患水肿病死于巴黎，留下了查理曼和卡洛曼两个儿子，法兰克人召开民众大会，选举这两兄弟为国王，平分全国土。但卡洛曼放弃对王国的监管，进修道院当了僧侣，3年后去世。公元771年，经全体法兰克人同意，查理曼被拥戴为唯一的国王。

查理曼统治法兰克王国时期，开始了大规模的领土扩张行动。他一生共发动了50多次远征，

公元494年

中国大事记：
北魏孝文帝宣布迁都洛阳，实行改革。

·采邑制·

采邑制是中世纪早期西欧的一种封建土地所有制。墨洛温王朝末期由于大土地所有制的发展，自由农大量破产，国家无可用之兵，中央的政治、经济、军事力量衰落。公元8世纪30年代，宫相查理·马特改变无条件分赠土地的办法，实行采邑制。没收叛乱贵族和部分教会土地封给官员和将领，受封者必须服兵役和履行封臣义务，而且只限本人，不得世袭。双方如有一方死亡，或封臣不履行义务，分封关系终止。如愿继续以前的关系，必须重新分封。通过采邑制，建立了以土地关系为纽带的国王与受封者之间的主从关系，加速了自由农民的农奴化进程，为形成阶梯式的封建等级制奠定了基础。骑兵逐渐代替步兵，兴起骑士阶层，中小地主力量加强，且提高了国家的政治与军事力量。公元9世纪以后，采邑逐渐变成世袭领地。

并亲自参加了30次远征。其中最长的一次战争，是对北方萨克逊人的征服。他以传播基督教为借口，从公元772年起，先后发动8次进攻，时间长达33年，最终征服了萨克逊人，使他们成为法兰克王国的臣民。通过几十年的征战，法兰克王国扩大到了相当于今天的法国、瑞士、荷兰、比利时、奥地利以及德国、意大利的大部分地区，成为当时西欧空前强大的国家。800年，查理曼进军罗马，援救被罗马贵族驱逐的教皇利奥三世，并被教皇加冕为"罗马皇帝"。从此，法兰克王国成为"查理曼帝国"，查理曼则成为"查理大帝"。他把自己的帝国当作古代罗马帝国的继续，查理曼的加冕被一些历史学家认为它标志着神圣罗马帝国的诞生。

查理曼对基督教极为热诚和虔信，在他统治时期，下令教会和寺院办学，在宫中成立学院，广泛招聘僧侣学者前来讲学。他还从中等人家和低微门弟人家中挑选子弟，与富贵子弟共同接受教育。甚至任命出身贫穷，学习优异的青年教士为主教。在定都阿亨后，他大兴土木，修建了许多金碧辉煌的宫殿和教堂。随着建筑的兴盛，绘画、雕刻等艺术也有所发展。查理曼还派人搜集和抄写了许多拉丁文和希腊文手稿，虽然他对抄本内容一无所知，但却为后代保留了许多古典作家的著作。公元814年，查理曼去世，终年70岁。其子路易即位后，力图继续维护统一。但是随着地方封建主独立地位的加强，王权逐渐衰弱，中央政权已无力控制局面。公元817年，路易将帝国疆土分给自己三个儿子：罗退尔、丕平、路易。后来在疆土分配问题上，父子反目，父子、兄弟之间展开了骨肉相残的斗争，法兰克王国陷入内乱之中。在战争中，国王路易和其次子相继死去，形成了罗退尔、路易、查理兄弟三人争夺疆土的局面。

当时，罗退尔的势力最强，统治着中部地区；东部日耳曼人地区被路易统治；查理统治着西部地区。兄弟之间相互攻击，战乱不断。公元843年，兄弟三人开始和谈，三方正式签订《凡尔登条约》，将帝国分为三部分：今日的德国西部分给路易，称日耳曼；今日的德国属查理，称法兰西；路易和查理之间加上意大利中、北部留给了罗退尔。条约还规定，罗退尔沿袭皇帝称号。至此，兄弟相残的局面才告结束。

罗退尔死后，他的三个儿子又瓜分了他的领土，长子统治意大利，次子统治洛林，小儿子得到普罗旺斯。公元870年，小儿子去世，日耳曼路易和法兰西查理在墨尔森签订条约，将其侄的领土瓜分。此后，三个王国在外邦势力的入侵下，疆域有所改变，但不大。查理曼帝国的三分，奠定了后来法兰西、德意志和意大利三国的基础，促进了西欧封建制度的发展。

公元756年

拜占庭帝国

公元 395 年，罗马帝国一分为二，西罗马帝国急剧败落，走向灭亡，在其废墟上建立起许多新的欧洲国家。以君士坦丁堡为首都的被称为"东罗马帝国"，因其都城地处古希腊商业殖民城市拜占庭的旧址上，所以又被称为"拜占庭帝国"。

拜占庭帝国的版图包括欧洲的巴尔干半岛、亚洲的小亚细亚、叙利亚、巴勒斯坦、两河流域以及非洲的埃及等地，横跨欧、亚、非三大洲。拜占庭帝国地处东西方交通要道，经济较为发达，社会环境比西部相对安定，保持了国家机器的完整性，并逐步走向封建社会。

拜占庭的封建化的背景是频繁的对外战争。公元 6 世纪初，拜占庭在东西方几乎没有可以与其抗衡的竞争对手，从而导致其扩张野心的膨胀。查士丁尼当政时期（公元 527 ~ 565 年），拜占庭疯狂向西扩张，倾力举兵西进。公元 533 年，拜占庭帝国的铁蹄踏进汪达尔王国。公元 535 年，又移兵意大利，向东哥特王国进攻，受到东哥特人民的奋力抵抗。拜占庭军队在意大利艰难作战 20 年，终将东哥特王国消灭，但自己也损失惨重。东哥特的战事还没有结束，拜占庭大军又踏上远征西班牙的西哥特王国的征程，并将西班牙东南部以及科西嘉岛、撒丁岛和巴利阿里群岛占领。至此，查士丁尼的西征才算结束。

为了提高军队的战斗力，公元 610 年建立的希拉克略王朝开始将其从前曾在局部地区实行过的军区制在整个帝国推行起来。帝国将土地作为军饷，按照军种和级别颁发给各级官兵。士兵定居在其部队驻守的地区，平时经营田产，以土地

◎ 拜占庭时期的象牙雕刻

经营所得装备自己。军区制将本国公民作为军队的主要来源，在全国范围内建立起一整套军事化体制。

军区制的实行有着深远的历史影响。首先，它使拜占庭国家拥有了充足而稳定的兵源。其次，在战争不断和自然灾害频繁的情况下，军区制为小农的复兴创造了条件。军区制的成功推行，使拜占庭稳定了以巴尔干半岛为中心的疆域，同时使已经进入巴尔干半岛的斯拉夫人臣服，成为拜占庭的臣民。除此之外，拜占庭还因此打垮了阿瓦尔人，击败了波斯人，并将阿拉伯人的扩张势头阻止在小亚细亚和东地中海一带。可以说，军区制的推行为拜占庭此后数百年的强盛奠定了坚实的基础。

公元755年

中国大事记：
唐朝安禄山反于范阳，安史之乱爆发，至763年结束，使唐朝元气大伤。

延续了千年之久的拜占庭帝国的对外影响主要体现在文化扩张方面，特别是对东正教的传播上。通过这种方式，拜占庭将其文化和政治模式传播给了东欧的斯拉夫人。所以有的人说："拜占庭对东方的斯拉夫世界来说，犹如罗马对西方的日耳曼世界一般。"

◎查士丁尼大帝及廷臣

这是拜占庭时期最著名的镶嵌画之一，描绘的是查士丁尼大帝在大主教的陪伴下主持教堂奉献礼的情景。

另外，军区制的推行也为军事大地产阶层和贵族势力的崛起创造了条件，为拜占庭封建化开辟了道路。各军区的将军和中央政府的一些高级官职，由于各种原因，逐渐变成世袭，这样就形成了军事贵族阶层。军区的将军们握有对农民的管理、调动大权和征税权，极易将小农牢牢地控制在自己手中。他们的兴起对小农阶层构成了巨大的威胁，到公元11世纪末，拜占庭的小农几乎不复存在。科穆宁王朝（1081～1185年）时期，军区制被监领地制所取代，按规定，自由农民成为了依附农，拜占庭的封建化自此宣告完成。

封建化的完成，加强了拜占庭的国力，但它长期发展的结果，却是地方割据势力的膨胀，这就导致了帝国力量的削弱。至12世纪末，已无力抵抗塞尔柱突厥人入侵的拜占庭人不得不向罗马教皇发出求救信，由此引发了一场长达近200年的西方封建主对东方的掠夺战争——十字军东侵。这场漫无天日的浩劫，使拜占庭帝国元气大伤。此后，拜占庭帝国虽然恢复了帝位，但只能偏安于君士坦丁堡，拜占庭帝国从此彻底退出了历史舞台。

·拜占庭战术·

在历史上，虽然拜占庭曾出现过几次中兴，但在四周的强敌压境的情况下长期处于守势。在军事上，拜占庭奉行防御战略，尽可能避免战争。整个国家划分为几个军区，一旦外敌来犯，他们会坚守，并不反击，然后等待附近军区的援军增援后将敌人赶走。拜占庭军队通常将敌人逼到坚固的山口和渡口，然后利用有利地形协调进攻，击败敌人。拜占庭陆军的骨干力量是名将贝利撒留创建的"铁甲骑兵"。这支骑兵博众家之长，既装备了西欧人的重甲和长矛，又使用波斯人的弓箭。在战场上，这支骑兵和步兵联合作战，能够进行复杂的队形变换。另外，富裕的拜占庭人还花费大量的金钱组建雇佣军来保卫他们的国土。拜占庭的海军不仅数量众多，而且拥有一种神秘武器：希腊火。凭借这种神秘武器，拜占庭曾多次击败敌人的舰队。有时，拜占庭人也会根据对手的不同情况主动发起进攻。在春天和冬天，他们进攻斯拉夫人；在寒冷和阴雨天气，他们进攻波斯人。

贞观之治

唐太宗在位23年，其年号是贞观。唐太宗非常重视历史的经验教训，他说过："以史为镜，可以知兴替。"既而认识到历史上周、秦统治时间的长短取决于统治者本身所实行的政策，周因"惟善是务，积功累德"，所以持久；秦因"恣其奢淫，好行刑罚"，故而短暂。于是，他就从政治、经济等各方面采取各种措施，励精图治，走上富国强民的道路。

唐太宗认为，首先应解决百姓的问题。解决百姓的问题，主要是发展生产，休养生息。他曾下诏停修劳民伤财的洛阳乾元殿，并且表示："后日或以事至洛阳，虽露居亦无伤也。"为了不误农时，他把太子举行冠礼的日子由二月推迟至十月。当时有人提出"用二月为胜"，太宗明确地表示反对说："农时甚要，不可暂失。"另外，他还尽量减轻百姓负担，反对竭泽而渔。贞观元年（公元627年），山东大旱，太宗下令减免当年租赋。贞观二年（公元628年），关中出现旱灾，老百姓有卖子为生者，他命御府出金帛帮他们赎回儿女。贞观三年（公元629年），免关中二年租税，关东给复一年。此外，他颁布诏书，释放宫女、纵放鹰犬、提倡节俭、淳厚民风、轻徭薄赋，从而缓和了各种社会矛盾，创造一种安全的社会环境，发展了生产，巩固了政权。

唐太宗是一个善于采纳大家意见、明辨是非、择善而从的君主，而且他还能举贤任能，量材适用。只要是有才干的人，不论贵贱，不论从前跟随的是何人，均为其所用。谋臣魏徵原是太子李建成的人，李建成死后被唐太宗视为左膀右臂。魏徵直言敢谏，即使引起太宗大怒也毫不退让。魏徵病逝后，太宗痛哭着说："以铜为镜，可以正衣冠；以史为镜，可以知兴替；以人为镜，可以知得失。魏徵没，朕亡一镜矣。"

在对外关系上，唐太宗采取积极防御策略，以抵抗北方突厥族的不断侵扰。贞观三年（公元629年），唐太宗派李靖、李勣率军十几万，分道出击，消灭了东突厥，俘获颉利可汗。贞观八年（公元634年），又遣大军进攻吐谷浑，大获全胜，解除了对河西各州的威胁。平定东突厥之后，唐太宗采取广设羁縻州府、安置降众的政策，不仅消除了边患，而且缓和了民族矛盾。唐太宗还派遣文成公主与吐蕃和亲。

此外，他还审察建立新的法令，反对严刑峻法，要求它相对的稳定，认为"法令数变，则吏得为奸"，这样就给了贪官污吏以可乘之机。

唐太宗从经济、政治、民族关系等各方面采取积极的政策，促进了经济的发展，政治的安定，民族关系的改善，从而使社会出现了一个安定祥和的环境，史称"贞观之治"。

◎镶嵌螺钿莲花葵花镜　唐

公元687～1797年 | 世界大事记：
意大利威尼斯共和国时期。

朝鲜半岛的统一

早在公元前4世纪至前3世纪，朝鲜半岛北部就出现过一个古朝鲜。公元前194年，燕人卫满灭古朝鲜建立卫氏朝鲜。公元前108年，汉武帝灭卫氏朝鲜，在该地区设置了乐浪、玄菟、临屯、真番四郡，并派驻太守进行统治。公元3世纪初期，东汉王朝灭亡，中国东北一个边疆少数民族政权高句丽兴起，并于公元4世纪初灭了乐浪郡，在其北与中原王朝展开领土之争，在其南与百济、新罗长期争战不休，形成朝鲜历史上的"三国时代"。在这个时期，当高句丽和百济争雄时，地处朝鲜半岛东南一隅的新罗乘机与隋、唐王朝媾和。因此，当高句丽与百济发现新罗已构成对他们的威胁时，便联合向其展开进攻。新罗于是求助于当时的唐朝，在唐朝的协助下，公元676年新罗完成了朝鲜半岛的统一。

朝鲜半岛统一后，类似于中国的封建制度便很快建立起来。他们首先形成了土地国有制，公元687年又颁布实寿禄邑制，由国家对文武官员授予一定数量的收租地作为禄邑。这一制度的实行，导致了土地兼并的发展。于是，公元722年，开始推行丁田制，对15岁以上的男性公民一律授予一定数量的土地，分为口分田和永业田，前者限于本人终身享用，不得买卖或转让；后者，可以世袭。农民因此而被附着于土地上，成为缴纳田租、贡品和担负各种徭役的国家依附民。封建土地制度在全国确立起来后，为适应封建制度的需要，新罗还参照唐朝的政治制度，建立起了一套比较完善的中央集权的国家体制。

新罗末年，国势衰微，农民起义连绵不断，

·田柴科颁行·

公元976年，高丽王朝将全国可耕地和山林进行登记，将部分土地和山林按等级分给文武官吏和府兵。文武百官按"人品"(身份)分为79品，给予田柴(田为耕地，柴指烧柴林)。国家把土地的收税权授予受田者，只限当代，不得世袭。后又颁布了公廨田柴制度，国家各机关都分得土地收税权，用作行政经费。田柴科的颁行确立了高丽王朝对全国土地的支配权，成为专制集权国家体制有力的物质基础。

地方封建势力割据。公元918年，弓裔部将王建夺得政权，改国号高丽，建立高丽王朝，定都开京。公元936年，重新统一朝鲜半岛。高丽王朝实行中央集权制，公元976年，实行田柴科制，即按不同等级分赐土地，以加强中央集权。并设有一套完整的官僚机构，中央掌握着一支强大常备军。10世纪末和11世纪末3次击退契丹入侵，捍卫了国家独立。12世纪为高丽最强盛时期，政治稳定，经济、文化高度繁荣。12世纪后期起，土地兼并重新盛行，田柴科制被废除，爆发了席卷全国的农民大起义。1258年投降蒙古，蒙古于1280年在高丽设立征东行省。1368年，明朝推翻蒙古贵族统治，有力地支援了高丽人民争取独立的斗争。1392年，高丽王朝大将李成桂发动政变，废高丽末王，改国号为朝鲜，建立李姓王朝（1392～1910年）。

公元808年

中国大事记：
唐朝清虚子著《太上圣祖金丹秘诀》，记载了原始
火药配方，火药发明当在此之前。

日本的幕府统治

　　日本是个群岛国家，位于太平洋西侧，其领
土由北海道、本州、四国、九州四大岛和许多小
岛组成，与亚洲大陆隔海相望。

　　大约五六千年以前，日本出现新石器文化，
因其代表性文物为手制的带有绳形纹饰的黑色
陶器，故又被称为"绳纹文化"。公元前1世纪，
日本的西部发展出一种称作"弥生文化"的新文
化，其代表性文物为轮制的褐色陶器。公元2世
纪时，奴隶制国家邪马台国在九州北部出现。至
公元3世纪时，日本进入小国并立的割据时代。

　　日本的封建制度是在中国唐朝的影响下建立
起来的，但在以后的发展过程中却又表现出许多
类似欧洲封建制度的特点，走上与中国截然不同
的道路。

　　公元5世纪时，兴起于本州中部的奴隶制
国家大和统一了日本。大和在与中国的交往过程
中，逐渐建立起自己的封建制度。起初，大和通
过朝鲜与中国保持着间接的接触。后来，推古女
皇（公元592～628年在位）于公元593年立厩
户皇子为太子（即圣德太子，公元574～622年），
随之将国家管理大权交给他，于是太子开始推行
一系列改革措施。这些改革中最重要的一条就是
建立了与中国隋王朝的直接联系，派遣留学生到
中国学习先进的文化，这为日本后来的发展奠定
了基础。公元645年，深受留唐学生影响的中大
兄和中臣镰足发动政变，消灭了专横跋扈的苏我
氏势力，推举孝德天皇即位，建年号大化。公元
646年，孝德天皇正式颁布改革诏书。因这场改
革开始于大化年间，所以史称"大化革新"。

　　大化革新的主要内容有：第一，在政治上将
贵族的官职世袭特权废除，建立中央集权的国家

◎圣德太子

制度。第二，在经济上废除部民制，实行国民户
籍制和土地国有制。第三，实行班田收授法，推
行租庸调制。大化革新确立了以封建土地国有制
为基础、以天皇为中心的中央集权政治体制。这
种改革虽然使日本走向富强，但也留下了瓦解这
一制度的因素。主要原因如下：其一，班田农民
负担过重，不堪忍受。其二，它没有从根本上消
除土地私有制。到公元8世纪末，班田制便近废
弛，日本就出现了类似西欧封建社会的庄园和武

1192年

世界大事记：
日本源赖朝为征夷大将军，开府于镰仓，是为幕府政治之始。

◎大化革新时所绘制的地产地图

士阶层，走上了不同于中国封建社会模式的发展道路。

地方豪强为了保护自己的庄园，在血缘关系和主从制的基础上，将自己家族和仆从中的青壮年武装起来，成为武士。11世纪，无数分散的武士逐渐形成地域性的武士集团，其中最强大的关东源氏和关西平氏集团之间发生了激烈的武装冲突。1185年，源氏打败平氏取得中央政权。1192年，源赖朝被任命为"征夷大将军"，在镰仓建立幕府（1192～1333年），表面上尊重天皇统治，实际上已是天皇之外的新政府。从此，日本进入军事封建贵族专政时期（1192～1868年）。

镰仓幕府建立了以幕府将军为首的中央集权统治体制。幕府在中央设政所、侍所和问注所，分管全国的政治、军事和司法大权。而在地方上，幕府将军派武士担任守护和地头。1336年，足利尊氏自任"征夷大将军"，建立起日本历史上的室町幕府（1336～1573年），室町幕府时期战乱不断。战国时期（1467～1573年），各守护大名之间更是混战不休，一些在地方上拥有实权的幕府中下级武士和国人领主趁机扩充各自的武装力量，形成了独立于幕府体制之外的大封建主（即战国大名）。战国大名采取"富国强民"的政策，励精图治，积极发展经济，渐渐发展成一股统一的力量。1573年，尾张国大名织田信长战败36个战国大名后进入京都，推翻了室町幕府的统治。1590年，织田信长的部将丰臣秀吉完成了全国的政治统一。1603年，丰臣秀吉的部将德川家康任"征夷大将军"，在江户（今日本东京）设幕府，这便是日本历史上著名的江户幕府（亦称德川幕府，1603～1868年）。

· 日本神道与天皇制 ·

日本神道起源于日本先民的自然崇拜。自然物如山川、草木、鸟兽被赋予了神性，形成原始的日本神道。对太阳的崇拜逐渐演化成对"日照大神"的崇敬，太阳也成了日本国民精神的象征。古神道理论认为，宇宙由诸神居住的上天和包含神灵出生的八大洲，即日本人生息地和草原国，以及恶鬼生活的地下构成。到公元3世纪至6世纪期间，日本形成八色之姓，日本天皇的威势等同于"真人"，是神的化身，朝礼天皇祖先"御灵"也等于朝礼"八百万神"。这也形成了日本历史上的天皇制度。在《日本书纪》和《古事记》中，有由太阳崇拜发展而来的融合了中国宗教神话和比附天皇谱系的神话，即"天皇开国"的记载。到公元8世纪，天皇制终于定型确立。明治维新期间，神道成为国家神道，日本亦演变成"神国"，神道成为维护万世一系的天皇统治和万邦一体的天皇国体的理论依据。同时，明治政府也强调"祭政一致"，将国家神道分为"官社和民社"，官社神职人员由皇族充任，后者则是民间组织。1879年，日本靖国神社建立，祭祀阵亡将士，有关经费由政府拨给。日本侵略朝鲜和东南亚后，也先后建立了朝鲜神社、昭南神社等。1940年，日本天皇在异域采用了"神武纪年2600年"这一概念，"圣战"也成了美化侵略战争的借口。日本投降后，在各国的压力下取消了"神祇院"。国家与神道分裂。

<table>
<tr><td>1127年</td><td>中国大事记：
金兵攻陷东京（今河南开封），俘徽、钦二帝，北宋亡，康王赵构在南京（今河南商丘）即位，南宋开始。</td></tr>
</table>

成吉思汗的大漠帝国

蒙古族是中国北方的少数民族，最初在贝加尔湖东部和黑龙江上游一带，唐时称"蒙古室韦"，分为很多部落。到了12世纪时，蒙古族人占据了大漠南北广阔的草原。当时的版图，东起贝加尔湖和黑龙江沿岸，西至额尔齐斯河和叶尼塞河上游，南抵万里长城，北达西伯利亚。蒙古的大多数部落住在草原地带，从事游牧；少数部落住在林区和河畔，以原始的渔猎为生。

12世纪后期，蒙古社会进入高速发展时期，开始经营农业，生产铁制工具，出现了私有制和阶级分化，氏族社会解体。一家一户的个体游牧取代了以氏族为单位的集体游牧方式。部落首领（汗）和贵族（那颜）拥有大量的牲畜和牧场。与此同时，各部落间的掠夺战争日趋频繁。无休止的战争、仇杀，使社会生产和人民生活遭到了严重破坏，上百个分散部落，在聚散兴衰中结为几个大的部落集团。

◎在骑马飞驰之际扭身射箭，蒙古猎手的灵活与火器使他们在欧亚战场上成了无敌的草原神兵。

13世纪初，出生于乞颜孛儿只斤部的铁木真（1162～1227年）开始了统一蒙古草原的战争。从1200年到1207年的8年之中，他先后征服了塔塔儿、克烈、乃蛮和蔑儿乞部落，实现了蒙古各主要部落的统一。

1206年春，蒙古草原各部落首领在斡难河畔召开大会，会上推举铁木真为大汗，尊号"成吉思汗"，为"海洋""强盛"之意。这使世代饱受战乱之苦的蒙古草原各部落过上了相对安定的生活，并逐渐融合为一个民族。

成吉思汗制定了一套完整的统治制度，将行政、军事和生产合为一体。他将居民分为十户、百户、千户和万户，分别由成吉思汗的亲属和开国功臣担任十户长、百户长、千户长和万户长，统一管辖。分封制打破了氏族部落的血缘关系，

◎成吉思汗像

1071年

·马上的天下·

蒙古族迁徙、征战均依赖于马匹,马匹在他们的生活中有重要地位,因此蒙古族人被称为"马背上的民族"。他们知道马匹对自己的重要性,所以对其格外爱护。在速不台攻篾儿乞之前,成吉思汗就对他进行叮嘱"要爱惜乘马……平时行军……马嚼也要摘掉,这样才能爱护战马",如果有人违此命令,是熟人遣回,不认识的人斩首。成吉思汗对马匹的爱护超乎我们想象。同时,他们用各种织纹装饰马鞍,这样既显出自身的威严与地位,对马本身也起了保护作用。而且,在长期的生活和战争中,蒙古族积累了丰富驯养马匹的经验,并逐渐形成一套行之有效的规章制度,违者重罚。这样就让他们的马匹永远矫健雄壮,才能让成吉思汗东征西战,雄跨欧亚。

1205年、1207年、1209年,蒙古3次向西夏进攻,西夏战败求和,向蒙古纳贡称臣。1218年,蒙古灭掉西辽。随后,又进行了3次大规模西征。1219～1225年,成吉思汗亲率20万大军,进行第一次西征。当时中亚大国花剌子模国内部矛盾重重,封建主各据一方,不能协同作战。蒙古军队势如破竹,1222年便灭掉了花剌子模,占领整个中亚。然后挥师北上,越过高加索山,进入顿河流域的草原地带,一举击败了当时的突厥人和俄罗斯王公联军,但在进攻伏尔加时,被保加利亚人打败。1225年,成吉思汗率兵经里海回到阔别近6年的故乡。1227年7月,成吉思汗在西夏病死,但蒙古秘不发丧,待西夏国王投降被处死后,才发丧北归,而立国近200年的西夏,也至此灭亡了。

按地域划分人口和行政建制,巩固了蒙古的统一,也使封建关系逐步建立起来。

成吉思汗还组建了一支直接归他指挥的常备军——护卫军,这是一支职守明确、制度严格、装备精良的队伍。全蒙古的青壮年男子,一律为兵,由各级长官统领,实行军政合一的制度,平时生产,战时作战。

◎成吉思汗陵内供奉的马鞍与蒙古刀

◎在这幅波斯绘画中,展现了穿着铠甲的冲突双方交战的场面。

1169年	中国大事记： 今广东潮安始建广济桥，为世界第一座梁舟结合可开合的大石桥。

蒙古帝国

1235 年夏，成吉思汗的儿子窝阔台召开忽里勒台大会，决定遵从成吉思汗遗训，扩展疆土。他命令由各族宗王长子或长孙率兵西征，万户以下各级那颜也派长子出征。窝阔台又以大将速不台为先锋，长子术赤拔都为统帅，率领全军西征。

窝阔台汗八年（1236 年），蒙古军进至伏尔加河（旧称也的里河）中游，将钦察诸部征服，钦察酋长八赤蛮被蒙哥擒获。次年冬，西征军沿伏尔加河北上，先后征服了斡罗思本土和基辅。至此，蒙古远征军统治了斡罗思全境。随着，蒙古军又开始征伐波兰，攻打捷克（旧名波希米亚）、

◎元太宗窝阔台像

匈牙利（旧名马札儿），直至奥地利与德国边境。在占领了亚得里亚海东岸、塞尔维亚和保加利亚领土后，国内传来窝阔台去世的消息，蒙古军东返钦察草原。1243 年，拔都在伏尔加河下游建立了钦察汗国（1243～1480 年），又称"金帐汗国"。

1248 年，窝阔台之子贵由死，旭烈兀联合拔都等人积极拥戴其长兄蒙哥，使蒙哥在 1251 年诸王公大会上夺得大汗之位。蒙哥坐稳大汗之位后，便积极筹划进一步扩张，旭烈兀成为西征大军的统帅。1252～1259 年，旭烈兀率兵进行了第三次西征。这次西征的目的是征服波斯。诸王从所属军队中每 10 人签调 2 人组成西征军。

蒙哥汗六年（1256 年），旭烈兀领西征军渡阿姆河，进入波斯境内。11 月，将木剌夷平定。接着，蒙军开始攻打报达（巴格达），至蒙哥汗八年（1258 年）二月，报达城破，哈里发及其长子被杀害，阿拔斯朝第三十七代至此亡国。1260 年，旭烈兀率蒙古军队继续西进时，在攻下大马士革之后，被埃及、苏丹军队挫败，西进中止。1264 年，大汗忽必烈（1260～1294 年在位）正

◎蒙古军攻城图 伊朗 志费尼
志费尼所著《世界征服者史》中收录多幅绘画，反映蒙古人即位、朝觐、征战等情形。图为其中的《蒙古军攻城图》，描绘了蒙古军在中亚进攻城市的情形。

1236年

世界大事记：
蒙古进军伏尔加河中游，征服钦察诸部。

·蒙古轻骑兵·

蒙古军队的主力是骑兵，而骑兵中轻骑兵又占大多数。蒙古骑兵在三四岁的时候就开始进行严格的骑马射箭训练，所以他们每个人都骑术高超、射箭精准。他们的武器有弓箭、马刀、长矛、狼牙棒、短斧，其中最主要的是弓箭。蒙古族人以骑射闻名天下，他们的弓箭需要大约80千克的力量才能拉开，射程很远。蒙古族人的箭有两种：一种箭头小而尖，较轻，用于远射，杀伤力小；另一种箭头大而宽，较重，用于近战，杀伤力大。蒙古骑兵早期的铠甲是皮革甲，如鲛鱼皮甲、翎根甲，后来的铠甲变为外层是铁甲，内层是牛皮，又变为罗圈甲、鱼鳞甲和柳叶甲。在行军作战时，蒙古骑兵们一般都带好几匹马，这些马都跟在部队后面。当所乘的战马筋疲力尽时，骑兵们就会立即换乘另一匹马，继续进行战斗。他们的任务主要是侦察掩护，骚扰疲惫敌人，为重骑兵提供火力支援，跟踪追击，肃清残敌。

式册封旭烈兀为伊儿汗，旭烈兀遂在其征服的伊朗、阿富汗、两河流域和中亚阿姆河西南地区建立了伊儿汗国。

蒙古通过3次西征，占领了中亚细亚、西南亚及东欧大片土地，并在征服地区建立起钦察汗国、伊儿汗国、察合台汗国和窝阔台汗国，合称"蒙古帝国四大汗国"，名义上均臣属于帝国本部的大汗政权。

1227年，蒙古灭亡西夏后，解除了后顾之忧，遂进一步扩大对金战争。窝阔台继汗位后，采取联宋灭金政策。1233年，蒙古军攻克汴京，金哀宗出逃蔡州（今河南汝南）。1234年，南宋与蒙古联合攻入蔡州，金王朝灭亡。随后，蒙古军队占领黄河流域的广大地区，隔淮水与南宋为邻。

1251年，蒙哥汗继位，派他的弟弟忽必烈向川滇进军，对南宋形成包围之势。1252～1255年，忽必烈灭大理，1254年招降吐蕃诸部，控制了整个西南地区。不久，蒙古军兵分3路，向南宋进攻。1259年，蒙哥汗病死于军中，忽必烈继汗位，建元"中统"，迁都燕京，称大都（今北京）。1271年，改国号元朝。1273年，忽必烈发动了最后灭亡南宋的战争，他亲率20万大军，分水、陆两路南下。南宋政权无力抵抗，1276年，宋都临安（今浙江杭州）沦陷。1279年，南宋左丞相陆秀夫背负幼主赵昺投入大海，南宋遂亡。

南宋的灭亡，使蒙古族人建立了元朝，它结束了唐末以来分裂割据和几个政权并立的政治局面，奠定了元、明、清六百多年国家长期统一的政治局面；促进了国内各族人民之间经济文化的交流和边疆地区的开发，进一步促进了统一的多民族国家的巩固和发展。元朝的统一，还加强了中外文化交流和中西交通的发展。震惊世界的西征给被征服地区的人民造成了巨大的灾难，无数的社会财富被掠夺，无数的生命惨遭杀戮，生产力遭到极大的破坏。但蒙古军西征在客观上冲破了长期以来各国之间相互隔绝的状态，促进了东西方经济、文化的交流。

蒙古汗国在崛起几十年后，被成吉思汗及其后继者创建成为历史上疆域最大的帝国，它的版图几乎囊括了整个亚洲和大部分欧洲。

◎多瑙河上的战斗
图中戴头盔的匈牙利人试图阻挡轻装上阵、以强弓为武器的蒙古军过河，1241～1242年间，成吉思汗的子孙已将帝国疆域拓展到了欧洲的中部。

1377年

世界大事记：
英王爱德华三世去世，理查二世即位，为充实战争，他开征了人头税。

英法百年战争

1337年，英国对法国宣战，战争断断续续，直到1453年才宣告结束，史称"百年战争"。

1328年，法国卡佩王朝国王查理四世没有子嗣，死后王位被瓦洛亚家族的腓力六世继承。查理四世是腓力四世的儿子，腓力四世外孙、英王爱德华三世想以外孙的名义继承王位，法国贵族予以拒绝。矛盾由此激化，导致战争爆发。王位继承问题实际上只不过是战争的导火线，战争的真正目的在于争夺领土。另外，弗兰德尔的归属问题也一直是两国矛盾的焦点。

1337年11月，英王爱德华三世率军入侵法国。对于岛国英国来讲，制海权是入侵法国成败的关键。1340年6月，爱德华三世率领250艘战舰约1.5万人攻击斯鲁斯海里的法国舰队。法国舰队接到消息后急忙出海迎战，拥有380艘战舰和2.5万人的法国舰队向英舰队压过来。爱德华

三世不敢硬碰，为诱歼法军，英舰队开始有条不紊地佯退。见英军要逃，法舰队急速追击，阵形开始紊乱。英军舰队突然调转船头，向法军冲去。虽然数量处于劣势，但英国海军更擅长海战。他们弓箭齐发，投掷物向暴雨一样砸向敌船。英国的小船在法军舰船中来回穿梭，寻找时机破坏敌人船桨。法国舰船失去灵活性，企图逃跑，但未能逃脱英军的追击，几乎全军覆没。英国夺得了制海权，为陆上战争解除了后顾之忧。

1346年，丧失海军的法王腓力六世大怒，他将自己精锐的重装骑兵派到前线。当时的英国以步兵为主，没有与之相抗衡的骑兵。法王想让强硬的马蹄使英军粉身碎骨，号称6万余人的法国骑兵在克雷西与2万英军步兵相遇。爱德华三世命令部队放慢进攻速度，引诱敌人来攻。当两队尚有一定距离时，英军强弩手发

◎ "百年战争"中发生在斯鲁斯港口外的大规模海战。

1377年

中国大事记：
明朝时为孔子后裔修建的衍圣公府，为中国现存规模最大的邸院建筑群。

·阿金库尔战役·

　　阿金库尔战役发生于1415年10月25日，是英法百年战争中著名的以少胜多的战役。1415年8月，英王亨利五世率军约6000人在塞纳河口登陆后向加来进军。法国军队在加来以南阿金库尔要塞奉命截击。英国装备了英格兰长弓的弓箭手按照楔形分布，骑兵全部下马作战，阵前设置尖头栅栏，以阻挡法国骑兵冲击。法国骑兵首先发起进攻，但泥泞的土地给骑兵前进带来了很大困难。英国弓箭手集中射击法国骑兵的马匹，身穿沉重盔甲的骑士纷纷落马，结果打乱了从后面冲上来到法国步兵的阵型，使他们也遭到了英国弓箭手的射击。少数冲到英军阵前的法国骑兵遭到了英国步兵的顽强抵抗，被全部消灭。随后，英国弓箭手手持短兵器和步兵一起冲锋，将陷在泥潭中动行动不便的法国骑兵全部消灭。这场战斗的结局改变了英国人在英法战争前期的被动局面，从此以后英军节节胜利，直到贞德出现。

出的箭雨齐向法国骑士飞去。原来，英军为对付身披铠甲的骑士，偷偷制造了一种秘密武器"大弓"，这种弓箭射程远、射速快、精确度高，能在较远处射穿骑士的铠甲。法军被箭雨打乱了阵脚，溃不成军。英国步兵抓住时机猛攻上去，与敌人展开白刃格斗。身着笨重铠甲的法军陷入了被动，很快被英军击败。英军控制了陆上进攻的主动权，一举占领了法国的门户诺曼底，不久又攻占了重要港口加莱。英国的弓箭让法军吃尽了苦头，从卢瓦尔河至比利牛斯山以南的领土都为英国人所有。

　　为抵抗英国的侵略，夺回丧失的土地，法王查理五世改编军队，整顿税制，还任命迪盖克兰担任总司令。迪盖克兰指挥法军避开英军的锋芒，采用消耗、突袭和游击战术，发挥新组建的步兵、野战炮兵、新舰队的威力，使英军节节败退，陷入困境。法国趁势夺回大片领土，并恢复了骑兵。

　　可是，法国内部矛盾日益加剧，贵族争权夺利，农民起义不断。刚登上英国王位的亨利五世乘机重燃战火，不久法国的半壁江山又落入英军手中。英军继续向南推进，开始围攻通往法国南方的门户要塞奥尔良。法国贵族却没有一个敢去解围。

　　农民出身的少女贞德经过一番波折，成为解救奥尔良的统帅。她以"神遣的救国天使"名分，手持一把剑和一面旗帜带领法军冲进英军营中。她身先士卒，把旗帜高高举起。贞德的勇气鼓舞着法军，他们顽强拼杀，一次次击败英军的进攻。为攻下英军最后一个堡垒，贞德高举旗帜第一个爬上云梯，但不幸被箭射中而掉落下来。她顽强地站起来，又冲了上去。守城的士兵出城支援，一举击溃英军。被围困长达7个月之久的奥尔良城得救了，贞德成为法军的灵魂。1430年，在康边附近的战役中，贞德为勃艮第党人所俘，以4万法郎的价格卖给英国人。1431年5月24日，贞德在卢昂被宗教法庭以女巫的罪名处以火刑。"圣女贞德"的死激起法国军民的普遍愤怒，他们奋勇打击英军，接二连三地收复北方失地。1453年，英军在波尔多决战中全军覆没。法国随之收复了除加莱港之外的全部领土，取得了战争的最后胜利，英法百年战争至此结束。

◎ 左图为法王腓力四世在位时发行、爱德华三世从1344年开始铸造的首批金币；右图为纪念1340年斯鲁斯海战中英军胜利而铸造的金币。

<table>
<tr><td>1402年</td><td>中国大事记：
燕兵攻入南京，建文帝不知所终。燕王朱棣即帝位，是为明成祖。</td></tr>
</table>

玛雅文化

　　玛雅文化发源于今中美洲的洪都拉斯、危地马拉、墨西哥的尤卡坦半岛一带。公元前10世纪，玛雅人过上了定居的农耕生活。他们从野生植物中培育出马铃薯、玉米、南瓜、番茄、棉花、辣椒、可可和烟草等多种农作物，学会了养蜂取蜜、饲养家畜，并能制造各种石制工具和金银饰品。

　　公元前后，在尤卡坦半岛南端贝登·伊查湖（今危地马拉的贝登省）的东北部，玛雅人的奴隶制城邦逐渐形成，到公元9世纪末，仅有文字记载的城邦就有110多个。城邦的首领称为哈拉奇·维尼克（意为"大人"），他独揽国家大权，职位采取世袭制。贵族与僧侣占有大量土地和奴隶，奴隶可以买卖。农民要负担许多徭役和贡赋。公元9世纪末，尤卡坦半岛的玛雅城邦突然不明原因地衰落了。

　　公元10世纪，一些新的城邦又相继建立，考古学家将这些城邦称为"新国"。公元10世纪，奇琴伊察南部兴起了新城邦玛雅班。两个世纪以后，玛雅班强盛起来，1194年击败奇琴伊察等城邦，在尤卡坦半岛取得霸主地位。后来奇琴伊察人占领了玛雅班，两种人混合形成玛雅人。1441年，依附于玛雅班的乌希马尔等城邦起义，使玛雅班大为削弱。1485年，玛雅班在都鲁姆建立最后一块石柱碑，玛雅人历时1200多年的立碑纪年法至此中断。15世纪中叶，西班牙人入侵尤卡坦半岛，玛雅文化遭到严重破坏。

◎玛雅士兵雕像

·奇琴伊察·

　　奇琴伊察是玛雅文明后古典期（公元900～1520年）的重要城市。"奇琴伊察"就是"伊察人之井边"的意思。所谓"伊察人"，其实就是北迁来到尤卡坦半岛的玛雅人。他们在这里建造了奇琴伊察这座祭祀和生产中心，后来便发展为新帝国的首都，使已走向衰败的玛雅文明一度出现复兴。

　　在奇琴伊察城市中心有一座以羽蛇神库尔坎命名的金字塔。金字塔的北面两底角雕有两个蛇头。每年春分、秋分，太阳落山时，可以看到蛇头投射在地上的影子与许多个三角形连套在一起，成为一条动感很强的飞蛇，象征着在这两天羽蛇神降临和飞升。因此，这座沉浸在狂热信仰中的城市，又被称为"羽蛇城"。1441年，统治着尤卡坦半岛东部和北部长达两个多世纪的奇琴伊察被西班牙人占领。从那以后，显赫一时的"羽蛇城"渐渐被荒野丛林所吞没。

　　400多年后，美国人爱德华·赫伯特·汤普逊发现了这座被遗弃了的城市。

公元900～1520年

世界大事记：
玛雅文明后古典时期，以奇琴伊察为中心城市，文明一度复兴。

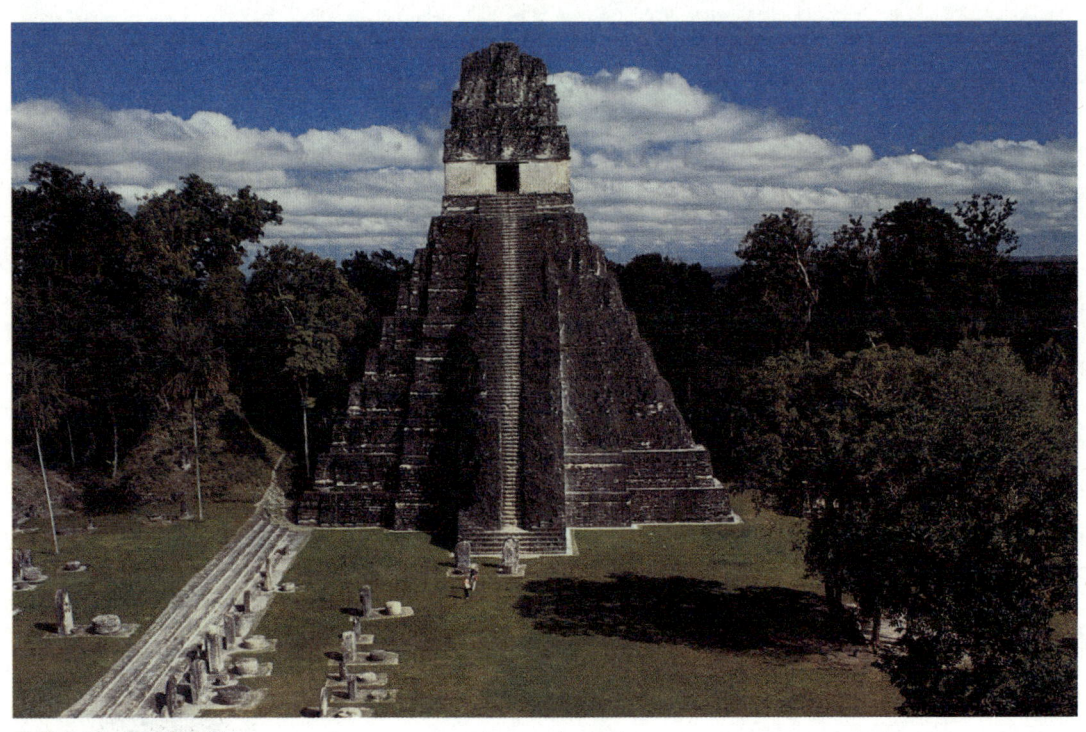

◎ **蒂卡尔一号神庙遗址**
早在公元前9世纪蒂卡尔已经形成村落，公元前6世纪开始建立城邦，直到公元前3世纪，这里一直是玛雅人重要的祭祀中心。

玛雅文化的卓越成就在天文历法、数学、文字、建筑等方面都有所表现。由于种植的需要，玛雅人很早就注意观测天象，能推算出月亮、金星和其他行星的运行周期以及日食、月食的时间。他们创造的太阳历，得出一年为365.2420天的精确数据，比现在的365.2422天相差只有万分之二。玛雅人在数学上创造了20进位制。各种数目只用三种符号表示：黑点是1，短线是5，贝壳图形是0。玛雅人对"0"的概念比欧洲人早800年。

玛雅人早在公元初就创造了自己的象形文字，这种文字既表音又表意，每个字都用方格式环形花纹围起来。玛雅人还用毛发制笔，用榕树皮做纸，写下了大量书籍，内容有诗歌、历史、神话、戏剧、天文历法等，后大多被西班牙殖民者焚毁。玛雅人还有立碑记事的传统，各邦每隔20年竖一块石碑，把发生过的重大事件刻记下来。已发现的记年碑刻表明，玛雅人这一传统保持了1200多年，直到西班牙人入侵才中止。

玛雅人的代表性城市建筑有蒂卡尔、奇琴伊察、乌希马尔等。位于危地马拉东北的蒂卡尔是最早的玛雅文明遗迹。它建造于公元前6世纪，其文明持续了1500余年。中心广场诸多的金字塔表现了玛雅奴隶制统治的严厉与庄严。其中，有一座75米高的金字塔，是美洲印第安人古代最高的建筑。

玛雅文明的表征是金字塔建筑。位于墨西哥城东南的帕伦克的金字塔，是神庙与陵墓合一的，与附近的王宫和神庙体现着一种庄重而威严的神采。有趣的是，金字塔顶的神庙有点像中国的宫殿。

| 1405～1433年 | **中国大事记：**
明朝郑和等7次出使西洋，历30余国，为航海史上的壮举。 |

城市学校的兴起

从教会对文化与教育的垄断中崛起的大学教育，对欧洲科学与思想进步的推动作用，是无法估量的。

中世纪初期，由教会兴办大主教学校、僧侣学校和教区学校，其主要教育目的是为上帝、教会和王权培养服务人才。中世纪时期，教会对文化教育事业垄断的负面影响虽然极大，但它向世俗统治者独立办教育，使社会进步思想得以萌生的历史作用也值得肯定。欧洲历史上一些有进步思想的思想家，大部分都受过这种教会学校的教育。

经院哲学是教会学校的主要课程，这门课程主张理性服从信仰，哲学应是神学的婢女，人们学术活动的中心任务，就是论证基督教教条的正确性。经院哲学的创始者、爱尔兰人爱利吉纳认为，真正的宗教便是真正的哲学，真正的哲学也就是真正的宗教。两者的不同之处，仅仅在于哲学以思考为主，而宗教以信仰为主。意大利的托马斯·阿奎那是经院哲学的代表人物，他死后先

❍ 中世纪意大利波伦那大学的学生在全神贯注地听法学课。

·托马斯·阿奎那·

意大利中世纪的神学家和经院哲学家，有"神学界之王"的称号。他生在意大利一个贵族家庭，儿时受教会教育达9年之久。14岁时，他在那不勒斯大学学到很多科学与哲学知识。1244年加入天主教组织多米尼古学团，是一个重要转折。20岁以后进入巴黎大学学习神学并取得硕士学位，后在巴黎大学教授神学。1259年被任命为罗马教廷的神学老师。后来，他回到意大利，从事神学研究和著述，其间曾到巴黎教授神学。1274年死于一个修道院。1323年被追封为"圣徒"。

托马斯·阿奎那是经院哲学的集大成者，他建立起一套系统的、完整的神学体系，被称为托马斯主义。他的18部巨著中，《神学大全》集基督教思想之大成。他的学说后来被引申为新托马斯主义，对基督教神学的发展产生了重要的影响。

后被3位教皇宣布为圣徒、天主教会博士和宗教哲学的最高权威。他的著作《神学大全》被尊为经院哲学的百科全书，作为欧洲中世纪大学的神学教材，长达几个世纪之久。托马斯·阿奎那在该书中声称，理性与信仰一致，信仰是心灵的最高能力，身体隶属于灵魂，物质隶属于精神，哲学隶属于神学，世俗则隶属于教会。他认为，上帝创造世界，宇宙中的一切都是按等级的阶梯来安排的，从非生物体开始逐级上升到植物界、动物界，再进而上升到人、圣徒、天使、上帝。而教皇则是上帝在人间的代表，位在世俗君主之上。

1403年

世界大事记：
西方第一个民间出版行业组织"书业公会"在英国成立。

他还认为，下级服从上级，上级统摄下级，俗人服从僧侣，国王服从教皇。托马斯·阿奎那由此证明，上帝安排的封建等级制度及教阶制度都是合理的。上述经院哲学思想，直到今天仍在影响着世界。

到了11世纪，教会学校已不能满足新兴市民的需要，他们要求建立城市学校，于是多数城市建立了所谓的世俗教育学校。城市学校包括用本民族语言教学的读写学校、职业技术教育学校、男童高级学校、女童初级学校。12世纪，大学在欧洲产生了。巴黎大学是欧洲最早、声望最好的大学，皮埃尔·阿贝拉尔是当时最著名的教师。作为一位经院哲学家，他在《我的苦难经历》中提到自己的遭遇；在《认识自己》中，他鼓吹通过个人自省探求人性本质；在《是与否》中，他就150个神学问题作了正反两方面的分析。他把神学作为一种科学来研究。由于他常常公开与人辩论，招致失败者的怀恨。相传当时他被禁止在地上讲学，他便爬到树上去讲；后来禁止他在半空讲，他就跑到船上去讲。由于阿贝拉尔的影响，许多学者纷纷来巴黎大学任教。1200年，巴黎大学专门开授神学和七艺。

大学在欧洲中世纪时期，实质上是一个教育行会。继巴黎大学后，博洛尼亚大学成立。13世纪，牛津、剑桥、那不勒斯等直至现在仍很著名的大学也相继问世。15世纪，欧洲各城市的世俗教育学校基本上摆脱了教会控制，奠定了近代欧洲世俗教育的基础。

中世纪欧洲大学主要有两类：一类是城市办世俗大学，另一类是由培养僧侣的教育研究机构发展而成的大学。

到15世纪末，欧洲的这类大学已达80余所。中世纪欧洲大学的兴起，是世界教育发展史上的重大事件。欧洲大学不仅培育了像哥白尼、伽利略、哈维、莫尔、弗兰西斯·培根等一大批科学家、思想家、学者，而且大学中的许多杰出人物还直接参与社会改革，大大地推动了欧洲社会的进步。13世纪中期，英国牛津大学讲师罗吉尔·培根第一个站出来批判经院哲学，因此被教会幽禁长达15年；15世纪初，教皇派人到捷克兜售赎罪券，布拉格大学教授胡司又站出来公开揭露和抨击这一勒索行为，为此献出了宝贵的生命；16世纪初，德国威登堡大学教授马丁·路德掀起的那场声势浩大、波及大半个欧洲的宗教改革运动，影响则惠及当代。

◎巴黎大学的索邦神学院教堂
索邦教堂是巴黎大学里最古老的建筑之一，建于1635～1642年，教堂正面为典型的巴洛克风格。

奥斯曼帝国

奥斯曼土耳其人是西突厥人的一支，原来在今蒙古西部直至中亚的广大草原地区生活。13世纪初，为躲避蒙古强大的军事进攻而迁至小亚细亚，其酋长埃尔托格鲁尔从罗姆苏丹国接受了位于萨卡里亚河流域靠近拜占庭边境的一块很小的封地。其后，罗姆苏丹国在蒙古人的攻战中解体，埃尔托格鲁尔的儿子奥斯曼（1282～1326年）继承首领职位，趁机扩大势力，打败了邻近的拜占庭军队，宣告奥斯曼土耳其人独立并建国。

奥斯曼独立后，仿效塞尔柱人的军事采邑制，分封土地，使封建关系逐渐建立，同时也刺激了奥斯曼土耳其人的对外扩张。奥斯曼的儿子乌尔汗统治时期（1326～1359年）建立了常备军，并依靠这支军事力量，吞并了原来罗姆苏丹国的土地，继而又把矛头指向海峡对岸的欧洲，首当其冲的是东罗马帝国。

1326年，奥斯曼土耳其人轻取布鲁萨城，并将都城迁到这里。1331年攻克尼西亚城，1337年又占领尼科米底亚，从而征服了东罗马帝国在小亚细亚的全部领土，奠定了奥斯曼土耳其帝国的基础。1345年，东罗马帝国内部因王位之争发生内乱，乌尔汗利用其矛盾与东罗马皇帝结盟，取得了掠夺巴尔干半岛的特权。1354年，奥斯曼土耳其人渡过达达尼尔海峡，占领了加利波里，并以此为阵地，大举向东南欧地区进攻。穆拉德一世统治时期（1359～1389年）对外扩张进入一个新的阶段。1362年占领亚得里亚堡，不久在此地建都，遂切断了君士坦丁堡与欧洲大陆的陆上通道，使之变成了一座孤岛。接着转向对保加利亚、塞尔维亚等地进攻。巴叶齐德时期（1389～1403年），奥斯曼土耳其人在科索沃战役中打败了巴尔干各国联军，吞并了塞尔维亚，之

◎奥斯曼帝国挺进东欧，欧洲的骑士精神之花被击溃。这是奥斯曼军队在多瑙河与匈牙利军队展开战斗的情景。

1453年

·土耳其近卫军·

1326年，奥斯曼土耳其帝国创立近卫军。这支部队拥有12000名精锐士兵。直到1923年帝国崩溃，它一直都是帝国军队最重要的组成部分，是苏丹的护卫。它的成员来自从奥斯曼土耳其帝国统治下的巴尔干半岛的基督徒中挑选的10岁左右的小男孩，土耳其人将他们带到土耳其的军事学校中进行长达十几年的严格训练，到二十四五岁的时候，他们就正式在军队中服役了。土耳其近卫军凭借超强的战斗力、严密的组织、优秀的战术素养、狂热的信仰，成为土耳其帝国的精锐部队。在土耳其帝国的扩张战争中，近卫军立下了汗马功劳。

后来，近卫军在土耳其国内的势力越来越大，很多近卫军将领成为地方军事长官，甚至成为随意废立苏丹的力量。

后又征服了保加利亚、阿尔巴尼亚等国，震动了整个欧洲。1396年，奥斯曼军队在多瑙河畔的尼科堡几乎使欧洲天主教诸国组成的十字军全军覆没。到14世纪末，巴尔干半岛绝大部分土地被纳入奥斯曼帝国统治之下。

15世纪，帖木儿帝国的扩张对奥斯曼在亚洲的统治构成直接威胁。1402年安卡拉一役，奥斯曼军队一败涂地，苏丹巴叶齐德被俘而死，帝国进入内乱时期。

15世纪中后期，奥斯曼土耳其人又掀起新的扩张高潮。1453年初，苏丹亲率步兵7万多，骑兵2万多，战舰320艘，从海陆两面围攻君士坦丁堡。

君士坦丁堡位于博斯普鲁斯海峡西岸的一个海岬上，地势险要，东、南临马尔马拉海，沿海地区筑有防御工事，北面金角湾入口处有铁链封锁，西面是陆地，筑有城墙和壕沟。城内军民据险防守，誓死抵抗，奥斯曼军队一时难以取胜。苏丹采纳了一条建议，以保障热那亚商人在加拉太的商业特权为条件，买通热那亚商人。在加拉太，土军用坚厚的木板铺设了一条道路，板面上涂抹大量的牛脂、洋油，以减少磨擦，土耳其战舰通过这条特殊的航道，运入了金角湾，土军由此完成了对君士坦丁堡围攻的布置。

1453年5月29日，土耳其人占领君士坦丁堡全城。君士坦丁堡的陷落，标志着延续1000多年的东罗马帝国的灭亡。随后，土耳其把君士坦丁堡改名为伊斯坦布尔，奥斯曼帝国从此进入了更加兴旺与强盛的时期。

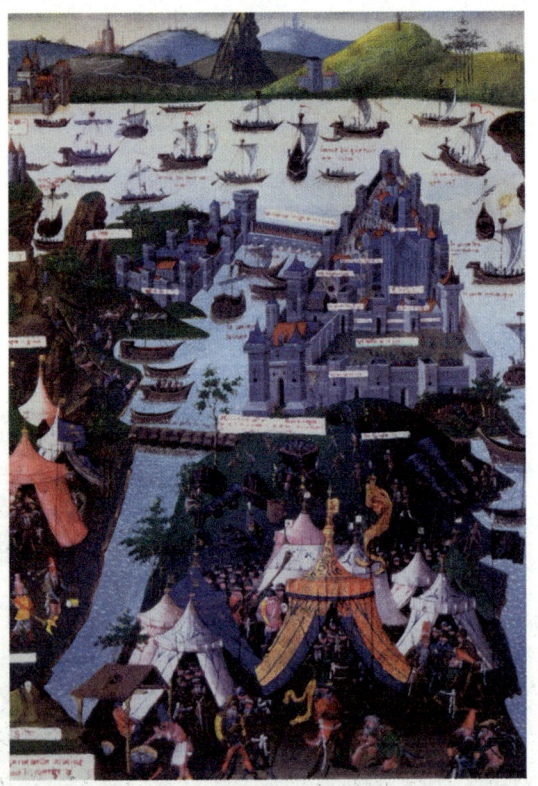

◎这是一幅15世纪的法国油画，描绘了奥斯曼土耳其人在君士坦丁堡城外安营扎寨、准备围攻拜占庭首都的情景。该城的陷落标志着拜占庭帝国的结束，同时巩固了奥斯曼土耳其人在中东的霸主地位。

1457年

中国大事记：
宦官曹吉祥等迎太上皇英宗复位，废景帝，史称夺门之变。

开辟欧亚新航线

自从《马可·波罗游记》在欧洲流传以来，欧洲人一直把东方，特别是中国看成是遍地黄金的人间天堂，所以希望到东方去实现黄金梦的人比比皆是。

此前，西方通往东方的重要商路有3条：一条在北部，经小亚细亚、黑海、里海至中亚细亚；一条在中部，从地中海东岸经两河流域至波斯湾，再从海路到达东方各地；还有一条在南部，经埃及的亚历山大港到红海，再从海路到东方。北部的一条被土耳其人占据着，另外两条被阿拉伯商人控制着。长期以来，欧洲的贵族和商人迫切希望开辟一条绕过地中海东岸，直接到达中国和印度的新航路。

最先探寻通往印度航路的是葡萄牙人。1415年，葡萄牙人攻占了直布罗陀海峡南岸的休达城，建立

◎达·伽马画像

了第一个殖民地。在后来的70年间，他们从未停止沿非洲西海岸向南探险，并先后到达佛得角、几内亚湾、加纳海岸、刚果河口和安哥拉，为远航印度做了充分的准备。

1486年，葡萄牙人迪亚士带领3艘轻便帆船开始远航。第二年抵达非洲最南端的海角，将其命名为"风暴角"，后由葡萄牙国王改名为"好望角"，意为通往印度的希望之角。1497年7月8日，达·伽马率领4艘帆船从里斯本出发，沿迪亚士当年走过的航线南行，于11月到达好望角。接着沿非洲东岸北航，在次年3月1日抵达莫桑比克。4月，由阿拉伯水手引航，从肯尼亚的马林迪横渡印度洋，并于5月20日抵达印度西海岸的卡利库特城，这是人类历史上首次完成从西欧绕过非洲来到东方的航行，从而开辟了欧亚之间的新航路。

◎新航线的开辟大大激发了航海家们的探索热情。

世界大事记：
阿兹特克文化达到顶峰，其首都特诺奇蒂特兰城体现了阿兹特克人的建筑文化。

地理大发现

　　哥伦布（1451～1506年）出生于意大利的热那亚城。那里航海业发达，年轻的哥伦布热衷于航海和冒险。这些条件为其日后的远航打下了基础。

　　15～16世纪的欧洲，地圆学说已广为传播。人们相信从欧洲海岸出发一直向西，便可以到达东方。而《马可·波罗游记》又把东方描写为遍地是黄金和香料的天堂。当时的欧洲，随着商品经济的发展和资本主义萌芽的出现，发生了所谓的"货币危机"，即作为币材的黄金白银严重匮乏。许多欧洲人狂热地想到东方去攫取黄金，以圆自己的发财梦，哥伦布便是其中的代表人物。哥伦布自幼就酷爱航海，15岁就跟随货船在地中海上航行。

　　梦想归梦想，去东方在当时可不是一件容易的事。传统的东西方之间陆上贸易通道已被崛起的土耳其帝国隔断，地中海上的通路又为阿拉伯人把持。欧洲人要圆自己的梦，必须开辟新航路。可喜的是，此时中国的指南针业已传入欧洲，而

◎哥伦布像
哥伦布是意大利著名的航海家，自幼喜欢冒险，为寻找传说中金银遍地的中国和印度，他四次横渡大西洋，并首次发现了美洲大陆，为以后的殖民掠夺打下了基础。

欧洲的造船业也达到相当的水平。这时年富力强的克里斯托弗·哥伦布认为条件已经成熟，决定进行一次远航。

　　第一次航行并不顺利，首要的问题是找不到赞助者。哥伦布1486年就向西班牙王宫提出了自己的设想，直到1491年才获批准。双方签订《圣大非协定》。在西班牙王室支持下，1492年8月3日，哥伦布率领由3艘船组成的舰队从西班牙的巴罗斯港出发，开始了人类历史上首次穿越大西洋的航行，他们一行共87人，经过两个多月的颠簸，哥伦布一行终于发现了一片陆地，草木葱茏。他们欣喜地上岸，并将其命为圣萨尔瓦多，意为救世主。这个岛屿就是现在巴哈马群岛中的一个，现名为华特霖岛。这时哥伦布犯了一个错误，他以为已经到了印度就没有再向西航行，而是转道向南，沿着海岸线，陆续到达了今天的古

◎哥伦布的航海船只复原模型
15世纪90年代哥伦布向西航行时，就乘坐这种航船，用直角索具把多桅帆船进行改造。船体中部竖立主桅，并在前桅挂一直角帆。必要时，主桅可向右重新挂起直角帆。

1461年

中国大事记：
曹吉祥、曹钦谋反，旋被镇压。

○**航海地图示意图**
在1487年至1522年不到40年的时间里，梦想发财致富、满怀宗教热忱的西班牙和葡萄牙探险家不断地探寻新的发财之地。

巴和海地。他称这一带的土著人为印第安人（即印度人），并了解了他们的风土人情，只是没有得到大量的黄金。

虽然没有直接获取黄金，但哥伦布也不虚此行。他一上岸就与当地的土著进行欺诈性贸易，以各种废旧物品换取他们的珍奇、贵重的财物。而善良的土著人待之如上宾，主动帮助他们适应当地的生活方式，如建筑房屋、采集和狩猎等。这些野心勃勃的殖民者却在站稳脚跟后，对当地人进行疯狂掠夺和残酷的压榨。临走的时候，还掳走了10名印第安人。1493年的3月15日，号称"大西洋海军元帅"的哥伦布，在经过240天的远航后，回到出发地巴罗斯港，消息轰动了整个西班牙和欧洲。哥伦布展示了他从美洲带回的金饰珠宝和珍禽异兽，并向人们宣布他已找到去东方的新航路。哥伦布由此受到国王的嘉奖，平步青云地跻身贵族行列。1493年5月29日，西班牙国王颁布命令授予哥伦布新发现的岛屿和陆地的海军总司令、钦差和总督的头衔，并向他颁发了授衔证书。

不久，尝到甜头的西班牙王室让哥伦布再度远航。在第二次航行中，哥伦布到达海地和多米尼加等地区。1498年和1502年，哥伦布又两次航行美洲，扩大了对美洲大陆的探索范围，但始终未能找到中国和印度，也未能给西班牙王室带回他们期望的黄金，逐渐被冷落。1506年5月20日，哥伦布在西班牙的瓦里阿多里城郁郁而终。

哥伦布发现了美洲新大陆，但到死也说自己到了印度，今天的东印度群岛的名称即来源于此。后来，一个叫亚美利哥的意大利人发现哥伦布到达的不是印度，而是一个原来不为人所知的大陆，这块大陆就以亚美利哥的名字被命名为亚美利加洲（America），简称美洲。美洲的发现开阔了人们的眼界，使世界逐步连为一体，对于扩大世界范围内的交流和推动人类文明进步有一定积极意义；同时也引发了大规模的殖民扩张，为当地的人民带来空前的灾难。

麦哲伦，全名费尔南多·麦哲伦，是世界著名航海家，出身于葡萄牙贵族。在他生活的时代，已

1502年

世界大事记:
意大利人亚美利哥·韦斯普奇航行到达南美洲，发现了哥伦布到达的并非印度，而是一个新的大陆。

有哥伦布发现新大陆和达·伽马开辟通向东方的新航道的航海壮举。在前人的激励下，麦哲伦决定做一次真正意义上的环球航行，以实证地圆学说。

开始，麦哲伦求助于葡萄牙王室，未果。转而向西班牙国王请求资助。获准以后，麦哲伦率领一支由5艘帆船和来自9个国家的270名水手组成的船队，于1519年9月20日从西班牙塞维利亚港出发，向西驶入大西洋。6天以后到达特内里费岛，稍事休整，于10月3日继续向巴西远航，终于11月29日驶抵圣奥古斯丁角西南方27里格处（里格，长度单位）。之后，船队继续向南，次年的3月才到达阿根廷南部的圣朱利安港。当时的自然条件对航行极为不利，寒冷的天气使得缺衣少食的船员开始怀疑此行的价值，由于人心不稳，还发生了3名船员叛乱的事件。麦哲伦凭其卓越的领导才能，果断地平息了叛乱，并处死了肇事者。在圣朱利安港一直待到这一年的8月，为的是等待天气的好转。

根据麦哲伦等人的航海日志，船队于1520年8月24日离开圣朱利安港南下，10月21日绕过了维尔京角进入了智利南端的一道海峡（后被命名为麦哲伦海峡）。由于该海峡水流湍急，麦哲伦的船队只得小心翼翼地前进，经过20多天他们才驶出海峡，在此期间有两条船沉没。10月28日，麦哲伦等人出了海峡西口进入"南面的海"，幸运的是在这片海域的110天航行竟然没有遇上过巨浪，故而船员称之为"太平洋"。然后开始了横渡太平洋的艰难历程。由于长时间的曝晒，

船上的柏油融化，饮用水蒸发殆尽，食物也变质甚至生了蛆虫。船员无奈之下只得以牛皮绳和舱中的老鼠充饥。许多人因此而丧命，其艰难困苦可见一斑，但最危险的时刻还没有到来。

经过严重的减员之后，麦哲伦的船队于1521年3月抵达马里亚纳群岛中的关岛。在这里船员们获得梦寐以求的新鲜食物，他们感觉自己好像进入了天堂。在这里他们停下来修整了一段时间以恢复体力，之后他们继续向西航行，到达了菲律宾群岛。至此，麦哲伦本人也走到了生命的尽头。

在登上菲律宾群岛的宿雾岛后不久，这些殖民者的真实面目就显露出来。麦哲伦妄图利用岛上两部落的矛盾来控制这块富饶的土地，不料在帮助其中一个部落进攻另一个部落时，被土著人杀死。环球航行面临夭折的危险。幸好麦哲伦的得力助手迪尔卡诺带领余下的两船逃离虎口，他们穿过马六甲海峡进入印度洋，这时仅有两只船，又被葡萄牙海军俘去一只。迪尔卡诺只好带领仅存的"维多利亚"号绕过好望角，回到西班牙的塞维利亚港，这时已是1522年9月6日。经过3年多的航行，原来浩浩荡荡的船队只剩下一艘船和18名船员，可见这次航行代价之大。

历时3年多的环球航行，以铁的事实证明了地球是圆的，使"天圆地方说"不攻自破，同时也使世界的形势大大改观，宣布了一个新时代的到来。麦哲伦等人为世界航海史、科学史作出巨大贡献的同时，客观上也给殖民主义扩张开辟了广阔的道路。

·麦哲伦海峡·

麦哲伦海峡位于南美大陆南端的火地岛、克拉伦斯岛、圣伊内斯岛之间，东连大西洋，西通太平洋，东西长580千米，南北宽3.3~33千米。海峡分为东、西两段，中间是弗罗厄德角。西段入口宽为48千米，最窄的地方仅有3.3千米，水深可达1000多米。两岸都是陡峭的冰山，景象蔚为壮观。东段转为开阔但水势浅，最浅处水深不足20米，两岸则是茵茵绿草，风景怡人。统观麦哲伦海峡，正处于南纬50多度的西风带。因此海峡经常是大雾弥漫、白浪淘天，对航行极为不利，但一直是两大洋之间的重要航道，直到巴拿马运河开通为止。

15世纪前

中国大事记：
东方的香料、珠宝、丝绸等先由波斯人、阿拉伯人、东罗马人运到地中海东岸，再转运到欧洲其他地方。

地理大发现带来的革命

地理大发现引发了"商业革命"和"价格革命"。

商业革命的主要内容是：形成世界市场，增加了商品种类和商品流通量，商路和商业中心的转移以及商业经营方式的发展。

地理大发现之后，随着西欧商人的贸易范围的进一步扩大，欧洲与亚洲、非洲、美洲之间建立了直接的商业联系，东西半球及其局部地区彼此隔绝、不相往来的状况得到根本改变。同时世界市场开始形成，从而为新兴资产阶级开辟了更广阔的活动空间。欧洲市场上汇集了来自各大洲的商品，如美洲的可可、烟草，非洲的象牙、咖啡，亚洲的茶叶、香料、丝绸。商品不仅种类繁多，而且流通量大增。

主要商路和国际贸易中心地中海商业城市逐渐衰落，与此同时，大西洋沿岸的里斯本、塞维利亚、安特卫普和伦敦取而代之。

此外，商业经营方式也发生了变化，股份公司、证券交易所、银行信贷业、保险业等相继兴起，使已经萌芽的资本主义得以迅速发展。

"价格革命"是指欧洲殖民主义者从殖民地特别是美洲掠夺了大量金银，使欧洲市场上的货币流通量剧增，从而导致物价上涨。据资料记载：在一个世纪内，西欧的黄金数量增加了117%，白银增加了206%；西欧各国的物价平均上涨2倍左右，西班牙则高达4.5倍。

"价格革命"使新兴的工商业资产阶级以及与市场有联系的贵族牟取了暴利，赚得了巨额资本，而收取定额货币地租的封建贵族的实际收入则大大减少，经济地位每况愈下。"价格革命"是资本原始积累的因素之一，它加速了西欧封建制的衰落与资本主义的发展。

从整个人类历史的进程来看，地理大发现开辟了欧洲人的海上新时代，人类活动空间从大陆转向海洋，改变了东西两半球相对隔绝互不往来的格局。这样，由地理大发现引发的商业革命，通过以西欧为中心的世界贸易网把原先半封闭的地区性经济联系起来，形成资本主义的世界市场，在人类历史上第一次出现了东西两半球多种文明的汇合与全球一体化的新进程，从而使世界的发展逐渐形成一个全新的格局。

◎地理大发现大大促进了欧洲与美洲乃至世界各地的贸易往来。

15世纪后

世界大事记：
西欧各国的商品经济发展起来，对铸造货币的黄金的需求量日益增大。

印加帝国

南美洲安第斯高原是美洲古代文明的另一个发祥地。最早生活在这里的古代居民是奇楚亚、艾马拉以及其他语系的部落。公元前若干世纪，他们就创造了发展水平较高的农业文明。印加人是奇楚亚语系的部落之一。12世纪，以库斯科（今秘鲁南部）为都城建立印加国家。

印加在13～15世纪时，还处在部落联盟阶段。1438～1533年，印加逐步发展为统一而强大的奴隶制帝国，它的版图以秘鲁为中心，包括哥伦比亚、厄瓜多尔、玻利维亚、阿根廷和智利的一部分，人口达到600万以上。

印加帝国有着比较完备的奴隶制统治机构。国王被视为太阳之子、神的化身，权力至高无上；贵族和祭司享有特权，靠剥削农民和奴隶为生。全国分为4个区，每区下辖几个省。社会的基层单位是"艾柳"，即农村公社。村社土地分为3种："印加田"归国家所有，"太阳田"供祭司或宗教所用，"公社田"属村社所有。3种土地都由农民耕种，除此之外，农民要向国家纳税、服劳役。

印加人对人类农业文明的发展作出过重大贡献。他们培植了大约40种农作物，以玉米和马铃薯为主要粮食作物，此外还有南瓜、甘薯、西红柿、可可、菠萝、龙舌兰、木薯、花生和棉花等，这些作物大都是由印加传到其他大陆的。印加人为扩充耕地面积，在坡上筑起层层梯田，并建立了灌溉系统，把山涧溪流引进渠道，进行灌溉。畜牧业方面，主要驯养美洲驼和羊驼。驼和羊对古代印加人来说，具有特别重要的意义。因为古代印加人不知用轮车运输，而驼则是良好的驮畜。驼和羊的毛、皮、肉和油脂，还是解决衣食之需的重要物资。

印加人的采矿冶金、建筑工程、驿道交通、纺织技术、医药知识都达到较高的水平。很早就掌握了冶炼青铜技术，他们用铜、金、银、锡、铝等制造各种精美的器皿和装饰品。制陶工

◎秘鲁印加文化遗迹——马丘比丘

"马丘比丘"的意思是"古老的山峰"，它坐落于安第斯山脉地区两座险峻的山峰之间，是印加帝国的都城遗址。这座建于西班牙人入侵前100年的城堡，现已成为传奇般的印加文明最著名的遗迹。

1462年

艺也十分精巧，陶盆和陶罐上雕有各种美观的图案。库斯科的太阳神庙宏伟壮丽，它是用黄金和宝石装饰成的巨大建筑，石块和石块之间，不施灰浆，严密合缝，甚至连刀片都插不进去。印加人修筑了两条纵贯全国的公路，一条沿海，一条穿山，全长2000多千米，沿途建有无数隧道和用藤蔓筑起的吊桥。棉、毛织品精美别致，工艺精湛。手工业者逐渐专业化，成为专门的手工工匠。

印加人已经掌握了相当丰富的科学知识。首都库斯科建有观象台，用以观测太阳的位置，来确定农业生产节气和祭祀时间。印加人崇拜天体，特别崇拜太阳，所以他们的天文知识多和宗教有关。在医药知识方面，印加人初步掌握了外科学、解剖学和麻醉学等知识。他们会做开颅手术，用一种从植物中提取的药物作麻醉剂。为了保存尸体，他们学会制作木乃伊。此外他们还认识了许多珍贵药物，如金鸡纳、吐根、藿香膏和番木鳖等。

印加人没有文字，用结绳记事。由于没有文字，印加国家众多的部落方言很难沟通。印加人以奇楚亚语为官方语言，并创办学校，教授奇楚亚语和结绳记事方法，以推广奇楚亚语的应用范围。

1531年，皮萨罗率领西班牙殖民者入侵印加帝国。第二年，他们诱捕了印加王阿塔瓦尔帕。

在骗取了印第安人的大量赎金之后，1533年又残忍地杀害了他，印加帝国从此灭亡。

◎鱼形容器
鱼是喀喀湖地区印加人的主要食物，也是工匠们的选题之一。

◎印加人金像

·库斯科城·

库斯科城是印加帝国的首都，它的毁灭是由于西班牙殖民者的入侵，其时在16世纪。在此之前，库斯科依然发挥着"世界中心"的作用。库斯科的十二个街区都围绕着太阳神中心广场，这广场也是宗教活动的主要场所。太阳神庙位于广场的东北，是属于金字塔式的建筑，顶上有由五间房子组成的神殿。太阳神殿严丝合缝，各石头缝隙间，连刀片也插不进去。以黄金雕琢的玉米和花草树木，以及黄金制成的板壁与宝座，都是出于存放皇帝木乃伊的目的而建造的。用来建筑太阳神庙的巨石，最重的一块有3000多吨。与太阳神庙相配套的还有月亮神庙和羽蛇神庙等。

在通往库斯科城的隘口上，印加人用巨石垒筑了许多城关堡垒。其中有一处萨克赛瓦的古堡，是用每块几十吨乃至几百吨的巨石垒砌的，非常雄伟，易守难攻。这座古堡花费的石工就有30万人，建造了70年才竣工。

| 1533年 | 世界大事记：
西班牙殖民者皮萨罗征服印加帝国。 |

殖民掠夺

　　殖民主义者用征服、奴役甚至消灭殖民地人民的残酷手段积累了巨额财富。殖民掠夺给亚、非、拉人民带来了深重的灾难，严重阻碍了这些国家和地区的发展进程。

　　新航路开辟后，葡萄牙和西班牙这两个中央集权制的封建国家积极向外扩张，最早走上了殖民侵略之路。

　　从 15 世纪起，葡萄牙人就在非洲西海岸的几内亚、刚果、安哥拉等地设立了殖民侵略据点。16 世纪初期，葡萄牙殖民者又占领了东非海岸的莫桑比克、索法拉、基尔瓦、蒙巴萨和桑给巴尔等地，并将这些据点作为从西欧到东方这条漫长航线上的补给站。1506 年和 1508 年，葡萄牙先后占领了亚丁湾入口处的索科特拉岛和波斯湾入口处的霍尔木兹岛这两个海上交通要津，从而控制了连接红海和亚洲南部的海路。16 世纪初，葡萄牙确立了印度洋上的海上霸权。为了控制印度，夺取卡利卡特的企图虽然失败了，但葡萄牙于 1510 年攻占了果阿，建立了自己在东方的殖民总部。接着入侵了锡兰（今斯里兰卡）。1511 年，它夺去了马六甲，这是通往东南亚的交通咽喉。后来，葡萄牙人继续侵占了印度西海岸的第乌、达曼及孟买。此外，还在苏门答腊、爪哇、加里曼丹及摩鹿加群岛（今马鲁古群岛）建立商站。在中国又夺取了澳门，作为经营东亚贸易的中心。葡萄牙人还到达了日本，并于 1548 年在日本的九州设立了第一个欧洲人的商站。这样，葡萄牙就成为垄断欧亚之间及中国、日本和菲律宾之间贸易的霸主。

　　葡萄牙扩张的主要方向是非洲和亚洲诸国，但它也入侵了美洲新大陆。1500 年，葡萄牙一支远征队准备去印度，但在途中因赤道海流的冲击而偏离轨道，漂流到了南美洲的巴西。这样，巴西就成了葡萄牙的殖民地。

　　西班牙在海外建立的殖民地，要比葡萄牙的殖民地大得多，其主体部分在美洲新大陆。新大陆盛产金银，与东方香料有同等或更大的价值，因此西班牙便把主要注意力集中到这里。

●这个非洲人制作的铜像，塑造了一个葡萄牙士兵正在用火绳枪射击的情景。从 16 世纪开始，葡萄牙人就将枪炮卖给西非海岸的国王们，然后换回黄金、象牙和奴隶。

1464年

中国大事记:
明英宗去世，明宪宗即位，设立皇庄与民争利。

◎ 这四幅画记录了西班牙人在墨西哥的暴行。

哥伦布发现美洲，揭开了西班牙殖民者远征美洲的序幕。从15世纪末到16世纪初，西班牙人首先把加勒比海和西印度群岛纳入自己的势力范围，先后在海地、牙买加、波多黎各等地建立殖民据点，并以此为基地开始对中南美洲广大地区进行武力征服。1521年，西班牙贵族科泰斯率军征服墨西哥，摧毁了印第安人古代文明的中心——"阿兹特克帝国"。1533年，西班牙冒险家皮萨罗率军占领了印加人的首府库斯科，使印第安人古代文明的另一中心"印加帝国"也惨遭涂炭，从此沦为西班牙的殖民地。此后，西班牙殖民者在不足20年的时间内，相继征服了厄瓜多尔、乌拉圭、玻利维亚、哥伦比亚、阿根廷等地。到16世纪中叶，除葡属巴西外，整个中南美洲几乎全部成为西班牙的殖民地，西班牙在中南美洲建立起庞大的殖民帝国。西班牙在当地设立殖民政府，委派总督治理，并向殖民地大量移民。贵族、商人、僧侣纷纷涌入美洲，大肆掠夺印第安人的土地和财富，建立封建的大地产制。

从早期殖民征服的目的来看，西、葡两国王室积极组织和支持海外探险活动，大肆进行殖民掠夺，主要是为了扩大封建统治范围。葡萄牙人早在沿着非洲西海岸探险时，就宣布西非为葡萄牙王室所有，并求得罗马教皇认可。自哥伦布首航之后，西班牙派出的所有远征队每到一地，就将该地宣布为西班牙王室的财产，这都是典型的封建殖民侵略。

从早期殖民征服导致的直接后果来说，在海外，葡萄牙沿亚非海岸线建立了一个个殖民据点，控制了东西方商路，进行封建性的掠夺贸易。而西班牙不仅在中南美洲建立了庞大的殖民帝国，还将本国的封建制度移植到殖民地，建立了封建的大地产制。在国内，两国在殖民征服过程中掠夺了大量财富，使本国封建统治阶级有牢固的物质基础，当西欧其他国家的封建制度日趋解体时，西班牙和葡萄牙的封建制度却一度得到加强。两国将掠夺所得的金银财富大量用于维持庞大的官僚机构和对外的征服战争中，同时，王室、贵族和商人将大量的钱财花在进口各种商品上，以满足其奢侈的生活享受。因此，这些钱财不仅没有在两国起到资本原始积累的作用，反而打击了本国工业，延缓了资本主义发展的进程，使其很快丧失了殖民优势。

15～16世纪

奴隶贸易

从15世纪中叶至19世纪末，非洲历史上出现了一次骇人听闻的大灾难，这就是马克思称之为"贩卖人类血肉"的奴隶贸易。西方殖民者一手制造了这场长达4个多世纪的历史悲剧。

15世纪初，西方殖民者纷纷进行海外扩张。随着殖民扩张的发展，掠夺黑人作为奴隶的交易活动开始出现。到15世纪中叶，随着美洲被发现、种植园的创建、金银矿的开发，罪恶的奴隶贸易随之愈演愈烈。最早掠卖黑奴的是葡萄牙和西班牙殖民者，16世纪下半叶，荷兰、丹麦、法国、英国等国的殖民者相继加入其中。从17世纪中叶至18世纪下半叶，奴隶贸易发展到最猖獗的程度。17世纪中叶以后的150年间，奴隶贸易已

◎奴隶堡
位于塞内加尔戈雷岛东部，有两层楼高。上层住奴隶主，下层住奴隶。

经成为非洲与欧洲、美洲之间唯一的贸易活动。在贩奴活动的方式方面，除存在"三角贸易"外，英法等国相继成立贸易公司，垄断对非洲的奴隶贸易。18世纪时，奴隶贸易成为世界最大的商业贸易之一。这时候，英国取得奴隶贸易的垄断权，利物浦成为奴隶中心市场。19世纪前半叶，美国殖民者也大肆从非洲劫掠黑人，高价卖给矿主和种植园主作为奴隶，牟取暴利。西方殖民者把黑人作为商品转卖到西印度群岛和南、北美洲大陆的种植园里，也有的被运到阿拉伯国家和亚洲其他国家。因此，奴隶贸易实际上涉及今天的欧、北美、亚、非和拉丁美洲五大洲。据统计，有2亿多非洲黑人惨遭此劫。他们有的在捕捉时被杀害，有的在贩运的路上被折磨致死，幸存下来的则被作为商品，多数被卖到了美洲种植园，过着牛马不如的生活。

奴隶贸易大致可分为三个阶段。15世纪中叶至16世纪80年代是初期阶段，以海盗式掠卖为

· 刚果王国 ·

非洲班图族刚果人建立的国家，约建于14世纪。15世纪末，国王恩赞加·库武大举扩张，领土东到刚果河，西至大西洋，南达洛热河，北抵刚果河北岸。王国有一套完整的中央和地方统治机构，王是最高统治者，下设首相和权力很大的六总督委员会。全国分6省，由总督治理。刚果以农业为主，生产稻、麦、高粱、香蕉、棕榈果和16世纪初从美洲传来的玉米、薯类，冶金、造船和棕榈叶编织比较发达。对冶金生产尤为重视。1448年，葡萄牙殖民者大量闯入，国王和部分贵族领先加入天主教，首都改名圣萨尔瓦多。16世纪中叶，国势衰落。1665年，王国取消葡萄牙人的采矿权，双方发生战争。国王战死，王国分裂为3个小国，1900年灭亡。

1477年

中国大事记：
明宪宗设立西厂，以太监汪直为统领，自此东、西厂与锦衣卫相勾结，宦官乱政之势渐成。

主要特征；16世纪80年代到18世纪下半叶是以奴隶专卖组织垄断为中心的全盛时期；18世纪末到19世纪末是以奴隶走私为特点的"禁止"奴隶贸易时期。

奴隶贩子最典型的航线是三角形的。第一段航程是满载货物的船只从本国港口驶向非洲，货物有盐、布匹、火器、五金和念珠等；然后将这些货物换成由非洲当地人从内地运到沿海地区的奴隶，再把这些受害者装进条件恶劣的船舱，沿着所谓的"中央航路"运过大西洋，到达目的地新大陆；最后一段航程是船只满载种植园的产品，如糖、糖浆、烟草、稻米等返回本国。

在这个三角航程中，奴隶的待遇是：难以忍受的拥挤、令人窒息的炎热和少得可怜的食物。饮食标准为每24小时供给一次玉米和水。奴隶如果绝食，就会遭到鞭打。若鞭打不奏效，贩子就用烙铁强迫他们进食。由于奴隶通常处在肮脏的环境中，因此，当流行病暴发时，为了防止疾病传播，生病的奴隶便被扔进海里淹死。奴隶不愿忍受痛苦而跳海的事情屡屡发生。

由于能获得巨额利润，即使在贩奴过程中黑人死亡率高达80%，利润仍高达10倍。各既得

◎贩奴船上的残暴行径

利益集团都坚决反对任何控制或废除奴隶贸易的建议。首先，所有的非洲酋长就反对，因为他们用一个强壮的奴隶可换得20～30英镑。非洲经纪人曾从这种贸易中获得巨额利润，他们也竭力反对所有废除这种贸易的建议。南北非洲的种植园主，尤其是18世纪在英国议会中拥有席位的巴巴多斯的种植园主，也支持奴隶贸易。

奴隶贸易为西方殖民国家聚敛了巨额财富，成为资本原始积累的重要来源。它对美洲的开发起了极大的促进作用，但对非洲却是一场深重的灾难。曾是人类文明发源地之一的非洲大陆因此失去大量人口，社会生产力遭到严重破坏。非洲人口占世界总人口的比重，由1500年的11%下降到1900年的6.8%。非洲各国或部落之间经常发生争夺奴隶的战争，许多村庄被劫，城镇衰落，生产力遭到严重破坏，非洲社会倒退了几百年。这是人类历史上最为黑暗、最为可耻的一页！

19世纪初，工业资本主义最发达的英国在世界范围内带头开始掀起了废除奴隶制的运动，从此，废奴运动在世界各地此起彼伏，形成一股不可阻挡的历史潮流。

1807年，英国通过一项法令规定船只不得参与奴隶贸易，并禁止向英国殖民地运送奴隶。1833年，议会通过了一项法令，在英国本土彻底废除奴隶制，并向蓄奴者提供2000万英镑赔偿费。英国进而说服欧洲其他国家以它为榜样，允许英国军舰捕捉挂别国国旗的贩奴船。

海地、美国和巴西分别于1803年、1863年和1888年废除奴隶制，古巴大约也在1888年废除奴隶制。此后还有一些别的国家相继废除奴隶制，广大被压迫的奴隶迎来了他们的新生。尽管如此，世界范围的贩奴运动并没有戛然而止，断断续续的贩奴活动又持续了近百年，直到19世纪末才基本结束。

15世纪中叶～19世纪末 | **世界大事记：**伴随着殖民扩张，奴隶贸易给非洲大陆带来深重的灾难。

文艺复兴

14～15世纪以来，在西欧封建社会内部，逐渐产生了资本主义的萌芽。随着资本主义的产生，资产阶级开始形成并且登上历史舞台。为了维护和发展政治、经济利益，资产阶级首先在思想文化领域发动了一场反封建、反教会的新文化运动。这场运动是从复兴古希腊、罗马文化开始的，因而被称为"文艺复兴"。它的内容也不限于文学、艺术，还包括政治学、历史学、哲学以及自然科学等。它实际上是新兴资产阶级在意识形态领域的革命，是一次思想解放运动。它的指导思想是人文主义。文艺复兴最早发源于14世纪的意大利，以后逐渐扩大到其他国家，16世纪达到全盛，17世纪中期结束，分为3个时期。

早期，从1321年到15世纪中期。这一时期，文艺复兴的活动主要在意大利，从佛罗伦萨逐渐扩大到罗马、米兰、威尼斯及那不勒斯等地。首先是文学，出现了著名的文学三杰：但丁、彼特拉克和薄伽丘。彼特拉克最早用人文主义的观点阐述古典著作，被称为"人文主义之父"。继而扩及史学，如布鲁尼的《佛罗伦萨史》和比昂多的《罗马衰亡以来的千年史》等。在文史领域中，人文主义观点和现实主义创作方法开始结合。

中期，从15世纪中期到16世纪中期。与早期文艺复兴相比，中期文艺复兴呈现出一些新的特点和气象。早期文艺复兴仅局限于以佛罗伦萨为中心的意大利，而且只是表现在文学艺术领域内。它对人们的思想观念，特别是对宗教神学观的冲击极为有限，它更多的是继承了古典文化的传统。而中期文艺复兴几乎遍及西欧各国，文艺复兴不仅在文学艺术领域，而且在政治思想、哲学思想、自然科学的各个领域里展开。它以创新的精神，取得了一系列辉煌的成就。

意大利后期文艺复兴的主要代表人物有人文主义艺术大师达·芬奇、米开朗琪罗、拉斐尔和政治思想家马基雅维里、康帕内拉等。

意大利绘画发展到15世纪，出现了文艺复兴美术三杰，他们是达·芬奇、米开朗琪罗和拉斐尔。这一时期美术的主要题材还是宗教。

达·芬奇出生于1452年，16岁时去佛罗伦萨学艺，很快就熟练运用雕塑与绘画的艺术手法，在当时的佛罗伦萨已小有名气。后来他去了

·但丁与《神曲》·

但丁是意大利诗人。1265年5月出生在佛罗伦萨的一个小贵族家庭，少年时代师从著名学者布鲁内托·拉蒂尼学习修辞学、文法和拉丁文等，并掌握了丰富的古典文化知识。后来因政治失意而被流放。他提议用意大利语进行文学创作，并著有《论俗语》一书，对意大利民族语言的形成有重要影响。《新生》(1292～1293年)是他的第一部作品，是"温柔的新体诗"的最高成就，也是西欧文学史上第一部向读者剖析作者最隐秘的思想感情的自传性作品。放逐期间写的《神曲》是但丁最著名的作品，此外还有《飨宴》《帝制论》等著作。由于但丁的作品有从中世纪向资本主义时代过渡的特点，所以他被恩格斯称为"中世纪的最后一位诗人，同时又是新时代的最初一位诗人"。

1513年前后

米兰,在那里,他创作了举世闻名的壁画《最后的晚餐》。这幅画他画了3年。《最后的晚餐》取材于《马太福音》。耶稣与12个门徒聚餐,席间,他对大家说:"你们中间有一个人出卖了我。"门徒们猝不及防,非常吃惊,问到底是谁。耶稣说:"同我一样把手蘸在盘子里的人就是。"画面上的众门徒神态各异,生动传神,富有戏剧冲突和强烈的时空效果,能提起观众的情绪。

《蒙娜丽莎》是达·芬奇在当学徒时的作品。当时蒙娜丽莎年仅24岁,是一位皮货商的妻子。她刚失去儿子,郁郁寡欢。但达·芬奇竭力表现出她难得的一丝微笑,富有无限的魅力。因为这幅油画,达·芬奇声名大噪。达·芬奇除绘画外,

◎蒙娜丽莎 达·芬奇
现藏于巴黎卢浮宫。

还致力于科学研究。他对人体解剖学有细致的研究,并发明设计了降落伞、风车,也进行过关于飞机的构想和设计等。

米开朗琪罗是与达·芬奇同时期的雕塑家,也出生于佛罗伦萨,13岁进入作坊学艺,后参加人体解剖的实习,奠定了他的雕塑艺术生涯。他21岁到罗马,25岁回佛罗伦萨,创作了《大卫》,声名鹊起。这座白色大理石裸体雕像表现了1000多年前以色列开国元勋大卫的形象,把人类的美、智慧、生命和力量表现得淋漓尽致。这座雕塑后来被安放在市政厅门前的广场上。

米开朗琪罗的另一件著名雕塑是《哀悼基督》。它表现耶稣被钉死在十字架上,圣母玛利亚抚尸痛哭的情景。这是他20岁时的作品,圣母在他的刀凿之下显得美丽绝伦。另外,他还创作了《摩西》《奴隶》等名作。

拉斐尔于1483年生于意大利乌尔比诺镇,13岁那年去鲁吉诺作坊从师于维提(他是波伦亚派的画家)。1504年,他到了佛罗伦萨,其时21岁。在那里的教堂里,他画了许多圣母像。拉斐尔创作的圣母像可谓艺术史上不可多得的杰作。他以世俗化的笔法,将传统的宗教题材描绘成现实生活中的理想美的化身,称颂人类母性的光辉,洋溢着幸福与欢愉。著名的《椅中圣母》可谓神来之笔。据说拉斐尔在一次聚会中,见一位罗马美少妇微笑地注视着心爱的小宝贝,同时温柔地把他搂在怀中,表情流露出自然而又满足的神情。拉斐尔捕捉到这一引发灵感的瞬间,立刻拾起一块木炭,迅速将方才那幅动人的情景画在身旁的一只木桶底上,回去完成了这幅杰作。另外,拉斐尔的《草地圣母》富有人情味,圣母逗圣婴,平静而愉悦,色彩与线条极为和谐,并有鲜明的节奏感。

拉斐尔其他作品还有《圣母婚礼》《圣礼辩论》《雅典学院》等,都体现了理想中的境界。有人这样评说,拉斐尔是理想的化身,达·芬奇是智慧的象征,而米开朗琪罗是力量的凝聚。

科学的重大进展

文艺复兴时期，科学也得到了一些发展。率先提出地球和众行星绕太阳运行即日心说的科学家是尼古拉·哥白尼。在此之前，亚里士多德的地心说一直受到人们的推崇。犹如一颗石子扔进寂静的水里，日心说的推出，引起许多人的关注。

在哥白尼之前的新柏拉图主义者认为，圆是最完美的，运动比静止更接近神性。哥白尼从中得到灵感。1530年，他完成了《天体运行论》一书，1543年出版。在书中，他指出，太阳和地球是运动的，静止只是相对的。他的这种观点，与圣经中的教义对立。因此，他的日心说得不到响应。

哥白尼的天文学理念，由伽利略和开普勒得以佐证。开普勒认为，因为与太阳距离的远近不同，行星的运行速度也随之变化，根据自己的定律计算，所有行星绕太阳运转是按照椭圆形的轨道进行的。这比哥白尼更前进了一步。后来，牛顿的万有引力定律，更为日心说宇宙观提供了有力的依据。

伽利略曾经采用自制的能放大30倍的望远镜观察太空，木星和它的卫星、土星与它的光环，甚至太阳中的黑子都被他发现了。伽利略说，除了太阳系，宇宙中还有更浩瀚的银河系。1632年，罗马宗教法庭起诉伽利略，要他必须承认自己的错误，否则判处终身监禁。伽利略无奈地口头上认错，但心里依旧坚持。

布鲁诺在宣传日心说时，对基督教的教义逐一进行了反驳和否认。他认为，神灵主宰世界的学说全是无稽之谈，宇宙空间绝对不存在神和上帝。因此，宗教裁判所判定布鲁诺为异端，犯下大逆不道之渎神罪，然后处以火刑，将布鲁诺活活烧死了。

这一时期，在物理学、数学和医学方面也有许多重大的发明、发现。伽利略的惯性定律、力作用独立定律，意大利数学家卡尔达诺（1501～1576年）的解三次方程公式，比利时医生维萨留斯（1514～1564年）的解剖学，英国医生哈维（1578～1657年）的人体血液循环理论等，都极大地推进了科学的发展。

◎哥白尼像

哥白尼的名字意为"谦卑"。他的最大成就是以日心说否定统治1000多年的地心说。这是天文学上的一次伟大革命，使人类的宇宙观发生了根本变革，揭开了近代自然科学革命的序幕。

1529年

在哲学思想领域，机械唯物论摆脱经院哲学的束缚发展起来。英国近代资产阶级唯物论哲学家弗兰西斯·培根（1561～1626年）出生在英国伦敦的一个贵族家庭，12岁入剑桥大学。培根非常反感那里的"经院哲学"的统治。他一生大部分时间在官场中度过，然而作为政客，他饱尝了仕途之艰辛。他著有《学术的进展》《新工具》《科学的价值与增长》等，提出的归纳法，成为研究自然科学的方法，并提出"知识就是力量"的名言，这反映了新兴资产阶级需要利用科学知识认识和改造自然，造福人类的要求。

法国理性主义的创始人笛卡儿（1596～1650年）出身贵族家庭，从小就勤于思考。1616年获法律博士学位，后当上一名军官，长期服役。1618年，他结识了物理学家伊萨克·毕克曼，受其影响而从事科学研究。1625年回到法国，开始致力于科学研究活动。他认为宇宙是统一于运动的物质，但是他又把物质运动只看作机械运动。在认识论上，他采用理性演绎法，片面强调理性认识的可造性，否认感性认识的作用。同时，由于无法解释理性认识的来源，于是不得不求助于神启真理，因此他也是"心物彼此孤立"的二元论者。

文艺复兴运动持续了近300年，其重大历史意义在于它不仅创造了光辉灿烂的新文化，尤为重要的是改变了人们的观念，解放了人们的思想。它是资本主义时代到来的先声，也是资本主义发展的基础。

◎ 自由落体实验

1590年，意大利著名科学家伽利略在比萨斜塔上做了著名的自由落体实验，他以铁的事实告诉人们：物体下落的速度与物体本身的质量大小无关。

·比萨斜塔上的实验·

古希腊著名的哲学大师亚里士多德曾作出一个著名论断：两个铁球，其中一个是另一个重量的10倍，如果两个铁球从同一高度同时落下，那么重的铁球落地速度必然是轻的铁球的10倍。人们对此深信不疑。意大利著名科学家伽利略经过多次实验发现亚里士多德的说法是不对的，但没有人相信他，他决定要当众检验一下圣哲的话是否正确。1590年的一天，伽利略带着沙漏、一个底部可以自动打开的铁盒和两个分别重为10千克和1千克的铁球来到比萨斜塔顶上。他的助手将这两个铁球装入盒子，然后将盒子水平端起，探身到拦杆的外侧。伽利略在众目睽睽之下按动按钮，盒子的底部自动打开，两个铁球同时从盒中脱落，自由落向地面。只听"咚"的一声，两个铁球同时落到了地面上。实验证明了伽利略判断是正确的。凭着这种追求真理、尊重实践的科学精神，伽利略又有一系列的重大发现。他发现了摆的等时性原理，从而发明了钟表；他在李希普发明望远镜的基础上发明了放大20倍率的天文望远镜。他著有《论运动》《关于托勒密和哥白尼两大世界体系的对话》《关于两种新科学的对话》《关于太阳黑子的通信》和《关于力学和位置运动的两种新科学的对话和数学证明》等科学专著。

英国的都铎王朝

1485年，英国封建主之间的内战——玫瑰战争结束后，亨利七世登上王位，开始了都铎王朝（1485～1603年）的专制统治。都铎王朝的统治者在封建贵族、资产阶级和新贵族共同支持王权的基础上，采取了一系列政策，使专制王权得到巩固。

首先，削弱大贵族势力，剥夺教会贵族的特权和财产。亨利七世统治时，加大了打击封建割据势力的力度。他下令禁止贵族蓄养家兵，宣布取缔封建家臣团，摧毁贵族修建的城堡，并发挥"皇室法庭"的作用，使之成为专门审理政治叛乱案件的机构，以惩治那些不听从皇室命令的大贵族。1540年，亨利八世又进一步将枢密院作为自己的咨询机构和最高司法机关，其官员多从资产阶级和新贵族当中选任，从而使他们成为专制王权的支柱。

1533年，亨利八世与罗马教皇决裂，施行宗教改革，自己随之成为英国教会的最高首脑。他将教会没收所得的大批土地廉价卖给或赏赐给资产阶级和新贵族，进一步为专制王权奠定了坚实的社会基础。其次，为了满足封建贵族的愿望，维护封建秩序，都铎王朝颁布了一系列惩治流浪者的法律。自15世纪70年代兴起的圈地运动，破坏了封建土地所有制，使广大农民丧失土地而成为流

◎亨利八世

浪者。都铎王朝的统治者颁布限制圈地和惩治流浪者的法律，其目的在于使农民回到原来的土地上，巩固封建制度。最后，在政治上，与资产阶级结盟，控制国会，使之成为专制王权的工具；在经济上，实行重商主义政策，如保护工商业、奖励海外贸易和殖民掠夺等。

都铎王朝既维护封建贵族的利益，同时又执行对资产阶级和新贵族有利的重商主义政策。这种现象反映了英国的专制王权当时在两个对立的阶级间起着某种协调作用。

自16世纪中叶起，资本主义获得迅速发展的英国，经常在西班牙殖民地进行走私贸易，抢劫西班牙运送金银的船队，袭击西班牙殖民据点。西班牙国王腓力二世决意派遣大军远征英国。1588年5月，由大贵族麦迪纳·西多尼亚率领的无敌舰队驶离里斯本，其中包括130艘兵船和运输船、7000名船员和水手、23000名步兵。7～8月，舰队在英吉利海峡与英国海军上将C.霍华德及海军中将F.德雷克率领的英国舰队相遇，英军采用火烧连船的战术，无敌舰队损失惨重。后无敌舰队从英国北海绕过苏格兰和爱尔兰返回西班牙。途经苏格兰北部海岸附近时，遇风暴，舰队几乎覆没。在这一战役中，无敌舰队损失32艘战舰和1万名士兵。从此，西班牙的海上霸权被英国所取代。

1544年

圈地运动

15世纪以前，英国的生产还主要以农业为主，纺织业在人们的生活中，只是一个不起眼的行业。随着新航路的发现，国际贸易的扩大，处在欧洲大陆西北角的佛兰得尔地区，毛纺织业突然繁盛起来，在它附近的英国也被带动起来。毛纺织业的迅猛发展，使得羊毛的需求量急剧增大，市场上的羊毛价格开始猛涨。英国本来是一个传统的养羊大国，这时除满足国内的需求外，还要满足国外的羊毛需求。因此，与农业相比，养羊业就变得越来越有利可图。这时，一些有钱的贵族开始投资养羊业。

由于养羊需要大片的土地，因此，贵族们纷纷把原来租种他们土地的农民赶走，甚至把他们的房屋拆除，把土地圈起来。一时间，在英国到处可以看到被木栅栏、篱笆、沟渠和围墙分成一块块的草地。被赶出家园的农民，则变成了无家可归的流浪者。这就是圈地运动。

圈地运动首先是从占据公共用地开始的。在英国，虽然土地早已私有，但森林、草地、沼泽和荒地这些公共用地则没有固定的主人。一些贵族利用自己的势力，首先在这里放牧羊群，强行占有这些公共用地。到了16~17世纪，随着英国工业迅猛发展，呢绒工业大幅度膨胀，羊毛需求量急剧增长，价格日益上涨，这就进一步刺激了养羊业的繁荣。加之这时美洲的黄金大量流入欧洲，引起货币贬值，物价上涨，地主征收的固定地租实际上已大大减少。因此，越来越多的土地贵族更加疯狂地强行圈占公共土地和农民的耕地，用来发展养羊业，他们开始采用各种方法，把那些世代租种他们土地的农民赶出家园，甚至把整个村庄和附近的土地都圈占起来，变成养羊的牧场。

◎图为一个衣着体面的男士将手伸进衣袋里，要资助路边一个浑身伤痛的乞丐。圈地运动使许多农民流离失所，成为流浪者和乞丐。

在这种强行的圈地运动中，农民以前以各种形式租种的土地，无论是以前定下的终身租地，还是每年的续租地，都被贵族强行圈占。这些成为牧场主的贵族们还互相攀比，使他们的牧业庄园变得越来越大。

英国的圈地运动从15世纪70年代开始，一直延续到18世纪末。英国全国一半以上的土地都变成了牧场。在这一过程中，虽然英国国王也进行了一定程度的限制，颁布了一些企图限制圈地程度的法令，但这些法令并没起多大的作用，相反，圈地日益合法化。

为了使被驱逐的农民很快地安置下来，英国国王在颁布限制圈地法令的同时，也限制流浪者，目的是让那些从家园中被赶出来的农民接受工资低廉的工作。凡是有劳动能力的游民，如果不在

15世纪末~19世纪上半叶

世界大事记： 西欧新兴资产阶级和新贵族用暴力褫夺农民土地，称为圈地运动。

规定的时间里找到工作，一律加以法办。通常，对于那些流浪的农民，一旦被抓住，就要受到鞭打，然后送回原籍。如果再次发现他流浪，就要割掉他的半只耳朵。第三次发现他仍在流浪，就要处以死刑。

后来，英国国会又颁布了一个法令，规定凡是流浪一个月还没有找到工作的人，一经告发，就要被卖为奴隶，他的主人可以任意驱使他从事任何劳动。这种奴隶如果逃亡，抓回来就要被判为终身奴隶。第三次逃亡，就要被判处死刑。任何人都有权将流浪者的子女抓去做学徒，当苦役。

亨利八世和伊丽莎白两代国王统治时期，曾经处死了大批流浪的农民。圈地运动导致英国的农民数量越来越少，失去土地的农民只好进入城市，成为城市无产者。为了活命，他们不得不进入生产羊毛制品的手工工场和其他产品的手工工场，成为资本家的廉价劳动力。在这种手工工场里，工人的工资十分低，而每天则要工作十几个小时。

18世纪，英国国会通过了大量的准许圈地的法令，最终在法律上使圈地合法化。英国农民的人数减少到了有史以来的最低数量。

·条田制·

西欧农村在中世纪时，耕地呈条块分割状，称为"条田"。大大小小的土地占有者在其中占有一条或若干条土地，这样的土地布局称为"条田制"。在"条田制"下，耕种与收割的日期，都是由村民先开会决定。收割完毕后，村民有权在地里捡拾麦穗和放牧牲畜。这样的共耕制度不利于那些勤劳能干的农民发挥自己的生产积极性。由于土地比较分散，划分条田的田埂会造成土地的浪费，同时也不利于经营管理。而且条田都很窄，只能顺犁顺耙，所以不利于土壤的改良。耕种时，邻近的土地可能被牲畜践踏，引起纠纷。从水利建设来说，不便于单位生产者独立采取排灌措施。从牲畜方面来讲，全村的牲畜集中在一起放牧，容易引起牲畜传染病的传播，并且由于草料不足，使得牲畜营养不良，而牲畜的自行杂交也不利于改良畜种。

圈地运动为英国的资本主义的发展提供了有利的条件。大量农民丧失生产资料，成为出卖劳动力的雇佣劳动者，为资本主义的发展提供了劳动力市场，是资本原始积累的主要形式之一。同时，圈地运动使许多资本主义性质的农场建立起来，农业市场也随之扩大，加速了英国的封建农业向资本主义农业过渡的进程。

◎圈地运动造成了"羊吃人"的悲惨结局。英格兰沿海的大亚茅斯周遭环绕着农田和牧场，这里是英国"圈地运动"的盛行地区。

1562～1594年

世界大事记：
法国发生胡格诺战争，此为一场以宗教名义争夺法国统治权的内战。

尼德兰资产阶级革命

"尼德兰"本意为"低地"，指莱茵河、马斯河、斯海尔德河下游及北海沿岸一带的低洼地区，大致相当于今天的荷兰、比利时、卢森堡和法国的东北部。到了16世纪初，尼德兰又因王室联姻和继承关系归属西班牙统治。

16世纪以前，尼德兰已成为欧洲经济最发达的地区之一。地理大发现以后，欧洲国家贸易中心移向大西洋沿岸，进一步推动了尼德兰工商业的繁荣。阿姆斯特丹是北方的商业中心，与英、俄、波罗的海沿岸各国有着密切的贸易往来。

资本主义的发展，引起了阶级关系的深刻变化。由大商人、工场主和农场主组成的城乡新兴资产阶级不断发展壮大，荷兰、西兰的封建贵族采取资本主义方式经营土地而变成新贵族。资产阶级和新贵族大多信奉加尔文教，他们要求发展资本主义，摆脱封建关系的束缚，推翻西班牙的专制统治。广大农民和城市平民大多信奉再洗礼派或加尔文教，他们受阶级和民族的双重压迫，强烈要求改变现状，成为革命的主力军。

◎玛格丽特是查理五世的女儿，1559年，被弟弟腓力二世派到尼德兰做总督。

·《威斯特发里亚和约》·

从1645年6月起，在德国威斯特发里亚境内，三十年战争的各参战方开始进行谈判。1648年10月，各方签订了《威斯特发里亚和约》。其主要内容如下：瑞典获得整个西波美拉尼亚及东波美拉尼亚的一部分、维马斯城、不来梅和维尔登两个主教区；法国获得亚尔萨斯大部分，梅斯、土尔和凡尔登归其所有；德意志的勃兰登堡、萨克森、巴伐利亚等诸侯邦在领地内享有内政外交自主权；承认瑞士、荷兰独立等。和约的缔结打击了神圣罗马帝国的哈布斯堡王朝，进一步加深了德意志的分裂。

腓力二世（1556～1598年）继位后，继续推行高压政策。他在尼德兰广设宗教裁判所，残害新教徒；剥夺城市自治权，限制尼德兰商人进入西班牙港口。1559年，腓力二世派他的姐姐玛格丽特到尼德兰做总督，格兰维尔主教为辅政，以加强对尼德兰的直接控制。这些带有民族压迫性质的专制政策成为尼德兰革命的导火线。

1566年4月，以奥兰治·威廉亲王为首的"贵族同盟"向玛格丽特总督呈递请愿书，要求废除"血腥敕令"，召开三级会议，撤出西班牙驻军，罢免格兰维尔的职务，但被西班牙当局拒绝。8月，一名叫马特的制帽工人掀起了破坏圣像、圣徒遗骨和祭坛的运动，并得到广大人民群众的支持，

1557年

安特卫普、瓦朗西安爆发了起义。1567年，腓力二世命阿尔法为总督率军进驻尼德兰，开始了对异端派别和起义军的血腥镇压，一些贵族和资产阶级也被杀害。由工人、农民和革命资产阶级分子构成的起义军和激进的加尔文教徒转移到森林里和海上，组成"森林乞丐"和"海上乞丐"，展开游击战，神出鬼没地袭击西班牙军队，奏响了荷兰革命的交响曲。1568年，奥伦治亲王威廉从国外组织起一支雇佣军，但终因势单力薄而被阿尔法击败。1572年4月，在森林乞丐和海上乞丐影响下，尼德兰北方各省均发生起义，致使阿尔法军力分散。海上乞丐乘机率领装有枪炮的轻便船猛攻泽兰省的布里尔，守卫的西班牙军遭受重创。起义军又一举将西班牙军从北部大部分地区驱逐出去，并占领了荷兰省和泽兰省，建立了自己的根据地，奥兰治·威廉被推选为执政。到1573年底，北方的

◎反对腓力宗教政策的加尔文教徒捣毁天主圣像。

其他各省也相继独立，奥兰治·威廉成为各省公认的总督。

面对南方贵族的分裂行径，北方各省于同年成立了"乌特勒支同盟"，宣告各省永不分离，并以各省代表组成的三级会议为最高权力机构。1576年9月4日，布鲁塞尔举行起义，起义军占领了国务委员会大厦，这样西班牙在尼德兰南部的统治就被推翻了。11月，以奥兰治·威廉为代表的北方起义军和南方起义军签订协定，首先驱逐西班牙人，成立政府，再解决双方在宗教问题上的分歧问题。1581年，三级会议决定废除腓力二世的王位，成立联省共和国，简称荷兰共和国。西班牙对北方的进攻却屡遭失败，不得不于1609年与联省共和国缔结十二年休战协定，事实上，承认了联省共和国的独立。1648年签订的《威斯特发里亚和约》，正式给予联省共和国以独立地位。至此，荷兰成为人类历史上第一个资产阶级共和国。

◎群情高昂的城市保卫者射击连队的军官们

荷兰独立战争是历史上第一次胜利的资产阶级革命，建立了第一个资产阶级共和国。虽然这场革命战争异常复杂、曲折和持久，经历了几次反复，但最终推翻了西班牙的专制统治，争取了民族独立，为资本主义发展扫清了道路。

1588～1679年

世界大事记：
英国哲学家霍布斯在世，他建立了典型的机械唯物主义哲学体系，代表作为《利维坦》。

欧洲第一次国际战争

三十年战争是欧洲第一次大规模的国际战争，主要战场在德意志。它起初是德国诸侯之间、诸侯同皇帝之间以及德国统治阶级与被压迫民族之间的冲突，后来西欧和北欧的一些国家先后卷入，从而对欧洲产生了深远的影响。

自奥托一世建立神圣罗马帝国以来，哈布斯堡王朝一直控制着这个帝国。但是它徒有虚名，内部诸侯林立，分裂割据不断。宗教改革后，国内又出现了天主教和新教的尖锐对立。周边国家又纷纷崛起，严重冲击了帝国的统治。帝国日益衰落，结果导致一些诸侯不受约束、不服从皇帝政令，以武力吞并周围弱小的邻邦。

1618年，神圣罗马帝国皇帝指定信奉天主教的斐迪南二世为波希米亚（今捷克）国王。波希米亚是新教邦国，但是斐迪南二世却下令禁止布拉格新教徒的宗教活动，拆毁其教堂，并宣布参加新教集会者为暴民。结果，一些愤怒的布拉格群众把斐迪南公爵的两名随从扔出窗外，史称"掷出窗外事件"，它成为三十年战争的开端。

整个战争大致分为4个阶段：第一阶段：捷克－巴拉丁时期（1618～1624年）。1526年，捷克并入神圣罗马帝国，实际沦为奥地利哈布斯堡家族的领地。"掷出窗外事件"发生后，波希米亚摆脱了哈布斯堡王朝的统治。1619年，国民选举巴拉丁选帝侯弗里德里希为国王。1620年，神圣罗马帝国皇帝斐迪南二世依靠德意志天主教同盟军，入侵波希米亚。西班牙出兵巴拉丁以作为波希米亚的援助。1620年底，波希米亚和巴拉丁联军被天主教同盟军击败，弗里德里希逃亡荷兰，波希米亚重归奥地利统治。

第二阶段：丹麦时期（1625～1629年）。神

◎斐迪南

他对新教的镇压激起了人民的强烈反抗，直接导致了欧洲三十年战争的爆发。

圣罗马帝国皇帝的胜利，威胁到了德意志新教诸侯，引起一些欧洲国家的武装干涉。丹麦得到英、法的资助，于1625年在北德意志新教诸侯支持下攻入德意志帝国境内。波希米亚贵族瓦伦斯坦率雇佣军协同天主教同盟军打败丹麦军队，控制了萨克森地区。1629年5月，丹麦同德意志签订《吕贝克和约》，保证不再干涉德意志事务。皇帝的势力延伸到波罗的海。

第三阶段：瑞典时期（1630～1635年）。神圣罗马帝国皇帝和天主教同盟的势力扩张到波罗

1581年

中国大事记：
明朝张居正改革赋役制度，推行一条鞭法。

的海，促使瑞典与法国结成同盟。1630年7月，瑞典国王古斯达夫·阿道夫率军同勃兰登堡和萨克森选帝侯联合，迅速占领了德意志北部和中部的大片领土。1632年，天主教同盟军的统帅蒂利伯爵在莱茵河战败身亡。在吕岑会战中，瓦伦斯坦率领的雇佣军战败，瑞典国王古斯达夫·阿道夫也阵亡。1634年，瑞典和新教联军被皇帝军联合西班牙军队打败，瑞典军主力损失殆尽，失去了德意志中部的萨克森和勃兰登堡领地。

第四阶段：法国－瑞典时期（1635～1648年）。瑞典军队的战败，促使法国直接出兵，与瑞典联手对哈布斯堡王朝作战。1635年5月，法国又联合荷兰进入莱茵地区。瑞典军队在莱比锡附近的布赖滕费尔德取胜，并继续南进，法国军队也大败西班牙军。瑞典的胜利，又引起丹麦的不满，1643～1645年，丹麦同瑞典开战，结果战败求和，退出战争。1645年3月，瑞典军在捷克重创皇帝军。同年8月，法军又在纳林根会战中击败皇帝军，皇帝丢失大部分德意志领土。1648年，法、瑞联军在处斯马斯豪森会战中彻底击败皇帝军。皇帝斐迪南三世被迫求和。参战各方签订了《威斯特发里亚和约》，三十年战争结束。

三十年战争是第一次欧洲大战，反哈布斯堡集团取得胜利。法国取得欧洲霸权；瑞典确立了波罗的海霸权；荷兰和瑞士彻底独立；德意志遭到严重破坏，神圣罗马帝国名存实亡；西班牙进一步衰落；葡萄牙获得独立。它基本上奠定了近代欧洲各国的国界。

·哈布斯堡王朝·

哈布斯堡王朝是欧洲历史上统治时间最长、领地最广的封建王朝，其祖先是法兰克王国内的一个普通封建领主。1020年，斯特拉斯堡主教维尔纳和拉德博特在今瑞士境内的阿尔高建立哈布斯城堡，拉德博特的儿子遂被封为哈布斯堡伯爵。1273年，哈布斯堡伯爵鲁道夫一世利用拥有神圣罗马帝国皇帝称号的霍亨斯陶芬王朝和统治奥地利的巴奔堡家族绝嗣的机会，成为神圣罗马帝国皇帝，奥地利为哈布斯堡王朝的中心领地。

◎ 在一个村庄的桥上，骑兵团击溃了步兵军。三十年战争中，像这样在战争中惨遭蹂躏的村庄不计其数。

1618年

利玛窦与"西学东渐"

中国的封建专制统治到明代达到鼎盛时期。明朝中叶以后，封建统治集团日渐腐朽没落，先后出现了宦官专权与外戚争权的局面。包括皇室在内的中央权贵和地方豪族大肆搜刮民脂民膏，兼并土地，农民的赋税、徭役和地租负担不断加重，造成尖锐的社会矛盾和阶级矛盾。生活于水深火热之中的广大农民纷纷揭竿而起，冲击腐朽的封建统治，最后发展成为推翻明王朝的明末农民大起义。

◎利玛窦像

明朝中叶，社会经济发展迅速，不仅农业和手工业的生产水平远远超过了前代，而且商品生产、流通领域也进一步扩大，在江南和东南沿海地区兴起了一些手工业和商业重镇，投放市场的商品种类和数量日益增多。16世纪后期～17世纪初的嘉靖、万历时期，在商品经济最发达的江南一带，出现了资本主义生产关系萌芽，其中纺织业表现最为突出。但是，在自给自足的自然经济占主导地位、封建生产关系非常牢固的情况下，商品经济只能得到有限的发展。资本主义性质的手工业与家庭手工业及官办手工业相比，只不过是沧海一粟。同一时期英、法等国的专制王权，都曾对工商业和海外贸易发展实行鼓励的政策，为本国资本主义的发展创造有利条件。而明朝统治者仍然推行沿袭已久的重农轻商的政策，因而使刚刚萌芽的资本主义生产关系受到抑制，发展极为缓慢。

在海外贸易方面，明朝实行"片板不许下海"的海禁政策。永乐皇帝派郑和七次下西洋，堪称世界航海史上的壮举，但其宗旨不过是为宣扬封建帝国的声威而已。那一时期的海外贸易主要局限于朝贡贸易范围，没有促进当时社会经济的发展。当时西方列强角逐海外，而明朝统治者仍然闭关锁国，不注意以海外贸易积累货币资本，促进资本主义萌芽的发展。这是中国从16世纪起落后于西方的又一个重要原因。

明末，利玛窦拉开了"西学东渐"的序幕，利玛窦传播科学知识的目的是为了方便传教。同时，他觉得要扩大传教，一定要得到中国皇帝的支持才行得通。到了北京后，利玛窦通过宦官马堂的门路，送给明神宗《圣经》、圣母图，还有几只新式的自鸣钟。

明神宗接见利玛窦时，请利玛窦讲一下西洋的风俗人情。听后，明神宗很感兴趣，赏给利玛窦一些财物，让他留在京城传教。有了皇帝的支持，利玛窦就很容易跟朝廷的官员们接触了。万历皇帝以及徐光启、李之藻等开明人士在中西文化的冲突与融合面前，显示出一种历史和文化的自觉。他们重用西方传教士，采纳西学并加以利用。然而，在观念深处，生活于"天朝上国"的人们仍然陶醉于昔日的辉煌之中，对世界新格局茫然无知。

1587年

日本重建封建秩序

受中国文化影响颇深的日本自 12 世纪末开始，其政治制度有了重大的变化，形成了双重政府：一个是设在京都，以天皇为首的文官朝廷，没有任何实权，天皇仅是最高权力的象征；另一个是以将军为首的幕府，掌握着国家大权，是事实上的中央政府。自 15 世纪中叶起，由于将军的权力被削弱，各地守护大名形成强有力的割据势力，彼此混战，争城夺地，日本进入了"战国时代"（1467 ~ 1573 年）。

战国时代，守护大名在长期的混战中，势力消耗殆尽，出身于中小武士地主的"战国大名"随之崛起。他们为了增强自身的势力，积极发展农业生产，奖励工商业，废除关卡和座（行会），允许自由经商。16 世纪前期，日本涌现出许多自治城市，对外贸易日益繁荣，与亚洲许多国家有了频繁的贸易往来。16 世纪中叶，日本又与葡萄牙和西班牙建立了贸易关系。商品货币经济的发展，使各地区之间的经济联系得到了加强，国内统一市场开始形成，为政治统一奠定了经济基础。战国大名为维护自身的政治、经济利益，迫切需要结束封建割据状态，建立中央集权国家。这样，实现国内统一的条件逐渐成熟。但是，由于城市经济完全从属于大名领国的军事和政治，工商业者的独立性极为有限，因此他们不能像西欧的工商业者那样成为实现国家统一的政治力量，以致统一运动必须由封建大名来完成。

在兼并战争中，尾张国的一个中等封建主织田信长（1534 ~ 1582 年），通过鼓励工商业、提倡天主教、从葡萄牙购买枪炮、建立骑兵常备军等措施，势力日益强盛。他不断吞并割据势力，并于 1573 年推翻了室町幕府，成为全国最有势力的大名，奠定了统一日本的基础。后来，织田信长因部下叛乱被迫自杀。其部下丰臣秀吉（1536 ~ 1598 年）打着天皇的旗号，继续进行统一战争，到 1590 年，长达 100 多年的分裂局面宣告结束，日本的统一得以实现。

丰臣秀吉为了加强独裁统治，不许农民弃农迁居，将他们牢固地束缚在土地上。同时没收民间武器，防止农民起义。他还规定武士必须在城市居住，严禁他们转为农民或经商，从而确立了兵农分离和士农工商业者自由经营的局面；同时又对工商业者采取了严格的控制措施，取消城市自治，对外贸易实行特许制度。这样，将处于萌芽状态的市民自治运动扼杀了，已经动摇了的封建制度重新巩固起来。

◎丰臣秀吉像

世界近代史

世界近代史开始于1640年的英国资产阶级革命，结束于1917年的十月社会主义革命前夕，分为两大时期：第一时期从英国资产阶级革命到巴黎公社革命（1871年）前夕；第二时期从巴黎公社革命到十月社会主义革命前夕。这段历史叙述了资本主义的产生、发展和衰亡过程，是资产阶级与无产阶级不断进行斗争、无产阶级革命逐步高涨的历史阶段。

查理一世的专制统治

◎查理一世

14世纪时，契约租地农的出现标志着英国农业资本主义萌芽的产生。15世纪末，圈地运动的兴起，进一步促进了农业资本主义的发展。到17世纪初期，资本主义农牧场在英国东南部地区已相当普遍。农业资本主义的发展引发了农村社会结构的重大变化。贵族的分裂、乡绅的崛起和农民的分化，瓦解了封建社会的根基，传统社会关系的平衡被打破，为革命的爆发奠定了深厚的基础。

英国特有的议会传统为革命的爆发提供了有利的政治条件。议会原本是封建王权的御用工具，但从14世纪起，议会取得了参与立法、批准税收、监督国王政策等权力。到了16世纪末17世纪初，新兴革命力量以议会反对派的身份，利用议会的传统权力，与封建王权展开了斗争。

17世纪前期，尚未出现成熟的资产阶级政治理论，而宗教给英国革命以思想动力。16世纪60年代，加尔文教传入英国。加尔文教反对国教教士奢华腐败，主张勤劳和节俭，该教派在英国被称为"清教"。清教的教义反映了资产阶级的政治和经济愿望，越来越多的资产阶级、新贵族以及部分农民、手工业者、工人等成为清教徒，掀起了所谓的"清教运动"。清教运动实质是一场涂上宗教色彩的资产阶级运动。

与欧洲大陆各国相比，革命前的英国专制君主制存在许多薄弱的地方。首先，英国因是岛国，平时不需要强大的陆军保卫国土，所以英国没有常备军；其次，英国的官僚机器在都铎王朝时期虽有所加强，但其总体规模远比法国等大陆国家小得多；最后，英王的固定收入只有王室关税和领地收入两项，数量非常少，因此，政府不得不经常求助于议会补助金。封建专制王权的相对虚弱也是有利于革命较早发生的重要条件。

1603年，都铎王朝最后一位君主伊丽莎白一世死后无嗣，由苏格兰国王詹姆斯六世继承王位，即詹姆斯一世（1603～1625年在位），从此开始了斯图亚特王朝的统治。

詹姆斯一世极力鼓吹君权神授论，宣称国王是上帝派到世间的，具有至高无上的权威，理所当然地不受法律和国会的制约。以他的继承人查理一世为代表的封建贵族阶级和资产阶级新贵族之间的斗争更为激烈，斗争集中表现为国王和国会之间的冲突。

1625年6月，查理一世为征收新税而召开国会，国会对此坚决予以否决。查理一世怒不可遏，宣布解散国会。这样，英国在1629年到1640年期间没有国会，史称"无国会时期"。

到17世纪30年代末期，英国的阶级矛盾空前激化，国王与国会的冲突日益尖锐，城乡人民的斗争频繁发生，封建专制统治已陷入深刻的危机之中，革命形势已经成熟。

1603年

清教徒革命

1638 年，苏格兰爆发了反对君主专制制度的起义。这次起义直接引发了英国革命。

苏格兰原是一个独立国家。1603 年，詹姆斯一世身兼苏格兰和英国国王，但两国并未正式合并成一个国家。1637 年，查理一世强令苏格兰接受英国国教，企图在那里推行专制制度，激起苏格兰人的反英起义。1638 年，起义者组成特别委员会，制定了《民族圣约》，宣誓为保卫加尔文教而战。查理一世远征苏格兰，惨遭失败，只好暂时求和，以赢得时间，伺机再战。为了筹措军费，查理一世不得不于 1640 年 4 月重新召集已经停开了 11 年的国会。反对派约翰·皮姆等人强烈反对战争，并要求处死宠臣斯特拉福。查理一世无奈，又于 5 月解散国会。国会解散的第二天，伦敦市民奋起示威，广大农民的反圈地斗争向纵深发展。同年 8 月，苏格兰军再次发动进攻，占领了英国北部两郡，查理一世被迫两次召集国会。

国会开幕不久，在人民群众的呼声和压力下，国会两院通过逮捕斯特拉福和劳德大主教的提案，并同意将斯特拉福处以死刑。查理一世认为这是对王权的挑战，于是迟迟不批准国会的决议。1641 年 5 月 9 日，伦敦市民数万人手持刀剑棍棒，连夜举行示威，并宣布要冲进王宫。查理一世只好签署了判决书。3 天后，斯特拉福被送上断头台。4 年后，劳德大主教也被处决。国会取得了首次胜利。

不久，国会开始分为两派，两派的分野大致与清教运动中的两个派别吻合，也称为长老派和独立派，两派在一些问题上有重大分歧。

查理一世利用国会内部的分歧，待机反扑。

他派军队进入伦敦，在各要塞安置大炮，并使用自己的卫队把守国会。1642 年 1 月 4 日，查理一世亲自带领士兵，到下院去逮捕皮姆等人，得悉这些人已被群众隐藏在商业区时，又在第二天带兵去商业区搜捕。结果遭到 2000 多武装市民的

◎ 图中的查理一世正在寻找地球仪上的苏格兰。

1600年

中国大事记：
意大利耶稣会传教士利玛窦来到北京，获准传天主教。

阻拦，白金汉郡的农民5000人也进入伦敦声援。查理一世在伦敦陷于孤立，不得不于1月10日逃离首都，到北部约克郡纠集反动武装，准备发动内战。国会也于7月12日通过决议，成立国会军队。至此，国王与国会的斗争达到动武的程度。1642年8月22日，查理一世在诺丁汉向国会宣战，挑起了内战。

内战初期，双方的力量对比有利于国会。然而由于掌握革命领导权的长老派分子的动摇和妥协，国会节节败退。到1643年秋，王军不断取胜，占领了全国3/4的地区。

国会军中唯一保持不败的是奥利佛·克伦威尔率领的军队。克伦威尔（1599～1658年）出身于中等乡绅家庭，是一个虔诚的清教徒。1628年和1640年先后两次被选为下院议员，是国会中独立派的领袖。内战爆发后，他自己筹款组建了一支由自耕农和手工业者组成的骑兵队。他亲自组织1.2万人的东部盟军于1644年6月收复林肯郡大部分地区，又开始围攻约克城。这样两军首次大规模会战就在约克城西北的马其顿荒原上拉开了。鲁普特亲王率领的王军迅速占领了整个荒原。国会军当晚就发动进攻。克伦威尔重点布置左翼兵力，并让左翼骑兵首先冲下高地，直扑王军右翼，很快王军右翼一线二线被击得溃不成军，落荒而逃。但国会军中路步兵和右翼骑兵却被王军逼得节节后退，于是克伦威尔指挥胜利的左翼骑兵从王军中路步兵的右翼后侧进行猛攻。腹背受敌的王军不敢恋战，仓皇逃跑。这一战扭转了国会军连连失利的局面，也使克伦威尔的部队被誉为"铁骑军"。

1643年9月，国会为挽回败局，同苏格兰国会订立《圣约》。1644年初，苏格兰军队进入英国，与国会军协同作战，王军陷入南北受敌的困境。7月2日，在马斯顿草原展开会战，克伦威尔的铁骑军在这次战役中发挥了巨大的作用，最后战胜了王军。这次会战是内战的转折点。1645年1月，国会通过了接受克伦威尔提出的改组军队的议案，授权克伦威尔改组国会军。克伦威尔以自己的铁骑军为榜样，组建了一支主要由自耕农和手工业者、店员等组成的新军，并有良好的给养制度。实行民主，纪律严明，具有较强的战斗力，军官大部分来自下层社会，故被称为"新模范军"，是英国首次建立的常备军。从此，独立派掌握了军权，保证了内战的胜利。

1645年6月14日，刚刚组建的新模范军在纳西比同王军相遇，经过激烈的战斗，打垮了王军主力。此后，新模范军又攻克了王军控制的许多地区。1646年5月，国会军攻克牛津，查理一世逃到苏格兰，被苏格兰扣留。次年2月，英国国会用40万英镑把查理一世引渡到伦敦。第一次内战宣告结束。

· 清教徒 ·

清教徒是欧洲宗教改革时代后期在英国出现的一支新教教派。16世纪60年代，许多人主张清除国教会中天主教残余，得名清教徒。清教徒只承认圣经是信仰的唯一权威，强调所有信徒在上帝面前一律平等。他们接受加尔文教教义，主张建立无教阶制的民主、共和的教会，反对国王和主教专权；赞许现世财富的积累，提倡节俭、勤奋的进取精神。这些观点反映了新兴资产阶级的愿望和意志。自70年代起，脱离圣公会，建立独立教会，选举长老管理宗教事务。16世纪末，清教徒分裂为长老派和独立派。17世纪上半叶，信奉清教的资产阶级和新贵族与国王的冲突愈演愈烈，导致英国革命，亦称清教徒革命。斯图亚特王朝复辟后，清教徒受到迫害。1688年"光荣革命"后，议会通过《宽容法》，允许清教徒建立自己的教会。1828年，政权对清教徒完全开放。

1640年11月

世界大事记：
查理一世被迫召开议会，标志着英国资产阶级革命爆发。

查理一世被推上断头台

英国的国会军战胜王军后，国会的反人民政策激化了社会矛盾，人民群众的反抗斗争不断爆发，尤其是农民运动更是蓬勃发展。1645年，西部和西南部农民掀起"棒民运动"，他们以棍棒、镰刀等武器，既反对王军，也反对国会军。"棒民运动"后来被克伦威尔统领的新模范军镇压了。对这一行动，军队中发生了分歧，从而埋下了军队和国会决裂的种子。

国会军战士大多数都是穿上军装的城乡劳苦大众，他们对国会的政策非常不满。1647年3月，国会通过了解散军队的决议。士兵们坚决抵制，军队中选出士兵和军官代表，组成全军委员会，领导了这场斗争。克伦威尔支持军队的要求，派兵把国王从国会的保护下夺取过来，在军队中监押。1647年8月6日，军队开进伦敦，用武力迫使国会驱走与军队为敌的长老派议员，从此，独立派掌握了国会。

然而，军队内部也存在矛盾，以独立派为核心的上层军官与以平等派为核心的下层军官和士兵的斗争在军队掌管国会后日益加深。

1647年10月末到11月初，平等派和独立派在伦敦郊区的帕特尼会议上展开了激烈的争论。11月15日，九个团队的平等派士兵把《人民公约》贴在帽子上，举行武装示威。克伦威尔派兵镇压了平等派的这次示威活动，取消了士兵在全军委

◎查理一世雕像

员会中的代表，使之变成独立派军官控制的军官委员会。这种做法，使独立派在取得政权后开始背叛和抛弃自己的同盟者，站在了人民群众的对立面。

军队内部的分裂与斗争使革命力量大大削弱，为封建复辟势力的抬头提供了机会。1647年11月，查理一世从监护所逃跑，后在威特岛被扣留。不久，苏格兰国会和英国长老派分别派代表到威特岛，与查理一世密谋复位问题。1648年2月，王党在南威尔士发动叛乱，第二次内战爆发了。7月，王党勾结的苏格兰反革命军队进入英国北部，支持查理一世复辟。

面对封建复辟势力的威胁，以克伦威尔为首的独立派不得不与平等派重新联合。1648年4月29日，克伦威尔重新召开全军会议，并允诺在战后实现平等派的《人民公约》。两派决定团结起来一致对敌，消灭王党，并将国王交法庭审判。8月，克伦威尔率军在普莱斯顿战役中击溃了苏格兰反动军队。9月，攻占了苏格兰首都爱丁堡，苏格兰的政权转移到与英国国会结盟的长老派左翼手中。至此，第二次内战宣告结束。

为了防止王党势力死灰复燃，国会与军队共同组成特别法庭，审判查理一世。1649年1月27日，在人民群众的呼声压力下，查理一世被判处死刑。30日，查理一世在成千上万群众的围观下，在白厅前广场被送上了断头台。

1660年

英国"光荣革命"

资产阶级和新贵族早年的革命性已不复存在，他们惧怕人民革命，不敢依靠人民群众推翻复辟王朝，只能寄希望于发动宫廷政变，来实现他们的目的。由于詹姆斯二世年老无嗣，国会决定在詹姆斯死后迎立其女儿——信奉新教的玛丽及其丈夫荷兰执政威廉为英国女王和国王。

1688年，詹姆斯得子，使资产阶级和新贵族的美梦破产。于是他们决定请威廉拥兵入英，逼詹姆斯退位。1688年11月初，威廉以保护"新教、自由、财产和国会"的名义，率兵在英国西南海岸登陆，领兵直逼伦敦。一路上，受到资产阶级和新贵族的欢迎。詹姆斯二世的大臣、王族、军

◎国王威廉与女王玛丽

·威廉·奥伦治·

威廉·奥伦治(1650～1702年)，生于尼德兰，信奉新教。22岁任尼德兰执政，5年后娶詹姆士二世之女玛丽为妻。1688年6月，英国议会决定迎立他为英国国王。同年11月初，威廉率领一支1.5万人的军队和600艘舰船在英国西南海港托尔贝登陆，向伦敦挺进。英国的资产阶级、新贵族，甚至国王的部分大臣和军队都表示支持威廉。詹姆士二世众叛亲离，逃往法国。1688年12月18日，威廉进入伦敦，这就是1688年政变，或称"光荣革命""不流血的革命"。1689年2月，议会宣布威廉为英国国王，称威廉三世。其妻为英国女王，称玛丽二世。威廉·奥伦治在位期间，颁布《权利法案》，保障议会权利；采取保护关税政策，鼓励国内工农业发展；将爱尔兰变为英国的殖民地；长期与法国进行竞争。

官也纷纷倒向威廉。詹姆斯二世在众叛亲离的情况下，慌忙逃往法国。

1688年12月18日，威廉进入伦敦。1689年2月6日，国会宣布詹姆斯二世"自行退位"。13日，拥戴威廉为英国国王，玛丽为英国女王。斯图亚特复辟王朝宣告终结，这就是英国历史上的"1688年政变"。

资产阶级史学家把这次政变渲染为"光荣革命"。实际上，这次政变只不过是资产阶级和新贵族联合土地贵族为夺取政权而发动的一场宫廷政变而已。尽管如此，"1688年政变"确立了资产阶级和新贵族的统治地位，巩固了英国革命的成果，成为英国历史上的一个转折点。

英国资产阶级革命对欧洲和世界其他地区都产生了重要的影响。它宣告欧洲新的政治制度的诞生，揭开了欧洲和北美资产阶级革命运动的序幕，推动了世界历史发展的进程，在更大程度上反映了当时整个世界的要求。

<table>
<tr><td>1644年</td><td>中国大事记：
李自成起义军攻占北京，崇祯帝自缢而亡，明朝灭亡。</td></tr>
</table>

七年战争

七年战争也称第三次西里西亚战争，这次战争是法国大革命前欧洲各大国卷入的最后一次欧洲大战，战场遍及欧洲、北美、印度和海上。

1756年7月，法奥俄同盟反普呼声高涨。普鲁士国王腓特烈为防止反普势力联合，决定采取主动进攻，争取战争的主动权。他把军队分成4路，用3路大军防守和牵制俄国，他亲率第四路大军于1756年8月28日对萨克森发动突然攻击，一举攻占了德累斯顿，封锁了皮尔那，迫使萨克森投降。前来支援的奥军被普军在罗布西兹击溃，普军乘胜进攻布拉格。

◎普军与奥军的激战
1757年5月，普军向布拉格发起进攻，奥军被迫退守城内。为解布拉格之围，奥军一部向布拉格开进，普军亦派一部迎击，两军在科林附近展开激战。

普军入侵萨克森，法俄等国极为震怒。于是，法奥俄联盟决定出动50万大军围攻普军。面对联军的大举围攻，腓特烈并不害怕，他频频调动军队，抗击各路敌军。

11月5日，普军和联军在罗斯巴赫附近相遇。联军统帅索拜斯凭借兵力优势，想迂回侧翼突击，力求速战。腓特烈识破意图后，立即命令部队移师贾纳斯山上。索拜斯误以为普军在全面撤退，他认为攻击的机会来了，于是下令全面追击。联军的整个队形杂乱无序，盲目进攻，预备队也冲到前面，侧翼完全暴露出来，给普军的进攻提供了明确的目标。

负责监视的4000名普军骑兵在联军攻近时，如尖楔一般插入联军的正面和右翼。贾纳斯山上的普军炮兵同时向联军发出猛烈的火力，扰乱了联军的整个队形。在普军的攻击下，联军溃败，损失8000余人，普军仅伤亡500余人。

贾纳斯山大战结束后，腓特烈并没宿营过冬，而是采取突袭策略，连连打击联军。12月4日，联军在鲁腾占领了一个较好的防御性阵地，它的前面是一片开阔的平原。沿着阵地，联军排列阵形长达5.5英里，兵力是普军的3倍。5日凌晨，对地形极为熟悉的腓特烈发现敌人阵地过长的弱点，于是派小股骑兵佯攻联军的右翼，把优势兵力隐蔽起来，以防止作战意图的暴露。受到攻击的右翼联军误认为是普主力军，遂从预备队和左翼调兵支援，左翼兵力薄弱。腓特烈立即命主力军由4支纵队变为2支纵队，采用斜切战斗队形向敌人左翼发起突然袭击。局部人数占优的普军使联军阵形大乱，不久便溃不成军，普军骑兵趁势猛冲敌人阵地。双方激战至夜幕降临，联军全

1756～1763年

·普鲁士王国·

普鲁士原为古普鲁士人居住地，13世纪为条顿骑士团征服，始称普鲁士。1466年臣属波兰，1525年成为普鲁士公国，1618年普鲁士和勃兰登堡合并，1648年摆脱波兰宗主国，1701年普鲁士王国正式建立。18世纪后半叶的七年战争和三次瓜分波兰，使其获得奥地利的西里西亚、波兰的西普鲁士等地，逐渐成为德意志的封建军事大国。19世纪，资本主义得到进一步发展。1848～1849年爆发了资产阶级革命，但遭失败。1862年俾斯麦就任首相后，通过战争，击败了主要竞争对手奥地利和法国，实现了德意志的统一。1871年建立以普鲁士王国为中心的德意志帝国，帝国皇帝和首相分别兼任王国国王和首相。帝国实行中央集权统治，普鲁士王国失去了"国家"的含义。1919年德国十一月革命推翻了帝制，建立共和国，普鲁士王国的名称消失。

部崩溃，其中奥军遭到毁灭性的打击。随后的时间里，普军和联军互有胜负。

1759年8月12日，俄奥两军联合在普鲁士腹地库勒尔斯多夫与普军展开会战。仅有2.6万人的普军仍采用主动出击策略，向拥有7万余人的俄奥联军阵地发起长达3个小时的猛烈炮轰，随后以斜切队形发起进攻，顺利夺取了米尔山阵地，向联军中央阵地发起冲击。联军被迫顽强防守，猛烈的炮火阻击住普军精锐骑兵的进攻。接着，联军展开猛烈的反攻。已精疲力竭的普军抵挡不住敌人的冲击，纷纷逃离战场。

这次战役成为七年战争的转折点，从此，普军元气大伤，被迫转入战略防御。战争随后又拖了4年之久，双方各有胜负。英法海上战争十分激烈，各联盟之间战争不休，欧洲陷入一片混战之中。1762年，英国人背弃了普鲁士，率先与法国单独缔结停战协议，使普鲁士陷入孤立。交战各国这时都已精疲力尽，无心再战，遂相继签订停战协议，一场席卷欧洲的战争宣告结束。

这次战争英国获得了大片殖民地，成为最大的赢家，普鲁士也巩固了在德意志的地位，已经可以和奥地利分庭抗礼了。同时，这场战争对军事学术的发展很有影响，战争中暴露了以平分兵力和切断敌方交通线为主要特征的警戒线战略和呆板的线式战术的弱点，显示了野战歼敌的优越性。各国都吸取了腓特烈军事改革的一些经验，腓特烈自己也完善了其军事理论，特别是连续运用内线作战集中兵力各个击破敌人，坚决连续进行会战夺取战略要地，歼灭敌人有生力量，从而保住了普鲁士的生存。

◎七年战争结束后，腓特烈大帝胜利返回首都柏林。腓特烈二世不但建立了强大的军队，而且鼓励工商业发展，使得普鲁士成为18世纪日耳曼民族中最强盛的国家。

1682年

中国大事记：
思想家顾炎武去世，他提倡"经世致用"，著有
《日知录》《天下郡国利病书》等。

美国独立

英法争夺霸权的七年战争结束后，英国加强了对北美殖民地的剥削和压迫，致使北美殖民地与英国之间的矛盾斗争趋于白热化。北美人民的反抗斗争此起彼伏，最终爆发了独立战争。

1774年9月5日，英属殖民地代表在费城成立美洲"大陆会议"，并秘密组织民兵武装，在康科德备有军需物资库。这一消息被英殖民者麻省总督盖奇知道后，于1775年4月18日派史密斯上校带兵收缴。毁掉军需物资的英军在撤退时受到全莱克星顿人民武装的包围，英军且战且退，伤亡247人。

莱克星顿一战是美国独立战争中的第一次战役，它震动了整个北美殖民地。民兵迅速集合起来，包围了波士顿。5月10日，大陆会议在费城召开第二次会议，决定成立一支真正的革命军队——大陆军，由华盛顿任总司令。

缺枪少弹的大陆军凭借满腔热情，攻占了加拿大的蒙特利尔，打退了波士顿的英军，击败了南部查尔斯顿的殖民者。1776年7月2日，大陆会议通过了《独立宣言》，大陆军成为合

◎乔治·华盛顿塑像

◎1775年4月18日黎明，在莱克星顿公有草地上，身着红制服的英军向殖民地民兵开火，英勇的民兵扑向英国殖民军，打死打伤247名英国轻步兵，殖民军仓皇地逃回波士顿。这一役揭开了北美独立战争的序幕。

1774年

世界大事记：
北美12个殖民地代表在费城召开第一届大陆会议。

·自由女神像·

　　纽约港的自由女神像是美国的象征，是法国人于1884年7月4日赠予美国的。当1865年拿破仑三世即位时，一位名叫埃杜阿德·迪·拉布莱的学者以及他圈内的人们希望结束君主制度，建立一个新的法兰西共和国。他们酝酿造一个自由女神像，来表达他们对大西洋彼岸的伟大共和国的赞许，并激励法国人民和美国人民相互间的支持。

　　自由女神像的基座是由美国建筑师理查德·莫里斯·亨利设计的，基座高47米。女神像的设计者是来自阿尔萨斯的雕塑家弗雷德里克·奥古斯梯·巴陶第，他从法国画家德罗克洛瓦的名作《自由引导着人民》中得到灵感，而女神的脸庞则以他自己的母亲为原型。女神像高46米，冠饰上的七条光芒意寓将自由的希望照亮七大洲。女神左手托着一本《独立宣言》，右手高举熊熊燃烧的火炬，指引着民族自由解放的道路。

　　1884年8月，自由女神像底座奠基工程动工。1886年初，75名工人爬上高高的脚手架，用30万只铆钉把自由神像约100块零件钉到它的骨架上。10月中旬，自由女神像的建立终于全部完工。10月28日，美国总统亲自参加自由女神像揭幕典礼并发表了讲话。自由女神像所屹立的岛屿原来叫贝德娄岛，现在则改为自由岛了。

众国武装。整个北美殖民地人民情绪激昂。华盛顿率领军队接连取得胜利，迫使英军退出新泽西州中西部。

　　大西洋沿岸的北美战场极为狭长，对英军不利。英军欲以加拿大为基地，先平定北部新英格兰和纽约的美军，再向中南部推进。伯戈因遂带领加拿大英军南下，计划与纽约豪的驻军会合。豪改变计划南下，伯戈因失去接应而孤立。新英格兰境内的民兵不断阻击和骚扰，伯戈因无法获得充足的补给，行动迟缓。

　　9月19日，处于困境的伯戈因决定放弃交通线，破釜沉舟向南进发，在弗里曼农庄向美军发起进攻。美军的顽抗使英军损失惨重，伤亡600余人。10月7日，英国再次进攻，又遭到美军痛击，伯戈因被迫撤退。10月12日，退到萨拉托加附近的伯戈因发现被追击的美军包围，只好投降。16日，与美签订《萨拉托加条约》。

　　萨拉托加的胜利，是美国独立战争的转折点。国际反英势力纷纷支援美国，法、西、荷等国相继对英宣战，英国在国际上处于孤立状态。

　　英军将战略重心转移到南方，先征服佐治亚州，又逼降查尔斯顿的美军，随后攻占了南卡罗莱纳。1780年12月，华盛顿任命洛林为南部美军总司令。洛林将部队分散开来，展开游击战。1781年1月17日，在考彭斯全歼英军1100人。3月15日，在吉尔福德重创英军。同时，法舰队在海上与英军周旋，大大牵制了英军的陆上攻势。

◎自由女神像

1683年

中国大事记：
郑克塽降清，清朝康熙帝统一台湾，次年开放海禁。

● 1781 年 10 月 19 日下午 2 时，最后一支英军在约克镇投降，胜利的美军奏起了当时的流行乐曲《世界变得天翻地覆》。1783 年 9 月 3 日，双方签订和约，承认美国独立。美国独立战争是第一次殖民地人民争取独立解放的资产阶级革命，推动了 18 ～ 19 世纪的资产阶级革命浪潮。

4 月，美军在法、西、荷等国海上舰队的配合下，开始大规模的反攻，迫使英军退守海岸线。8 月，英统帅康沃利斯将南部主力集中在弗吉尼亚半岛上的约克敦，以便与纽约驻军相互策应。华盛顿率领美法联军 1.6 万余人，从水陆各方包围了约克敦，切断了英军与纽约驻军的联系。10 月 9 日，联军发起总攻，分别从左右两方同时向约克敦发炮。火炮的巨大吼声持续了十八九个小时，英军逐渐支持不住。16 日，试图从海上逃跑的英军又因暴风吹散了准备好的船只而无法撤离。17 日，失去反攻能力的英军只好投降。

1783 年 11 月 3 日，美英签订和约，英国承认美国独立。

● 起草《独立宣言》的委员会成员们站在主席约翰·汉考克面前，站立者中左数第四人为杰斐逊。

1692年

攻占巴士底狱

在巴黎东南的圣安东街，有一座高大的城堡，它就是巴士底狱。巴士底狱建于1382年，起初是为了抵抗英国人而建的堡垒，后来由于巴黎的扩大逐渐成为巴黎市区的建筑，改为王家监狱。这座阴森恐怖的城堡有高高的石墙，城墙上有8座塔楼，每个塔楼的顶端都安放着一尊大炮，虎视眈眈地对着整个巴黎。巴士底狱四周有一条宽25米的壕沟环绕，只有通过吊桥才能进入。几百年来，法国的官吏和密探，可以不经任何法律就逮捕反对国王、反对贵族、反对专制主义的人，把他们投入巴士底狱。在法国人民眼里，巴士底狱就是封建专制的象征。

18世纪的法国，国民分为三个等级，第一等级是教士，第二等级是贵族，第三等级是资产阶级、城市平民、工人和农民。第一、第二等级的人数只占全国人口的1%，但他们有权有势，占有全国1/3的土地，却不用缴税。他们还利用手中的权力，提高税收，设置关卡，千方百计地剥削人民，引起了广大人民的不满。

1789年5月，法国国王路易十六为了榨取更多的钱财供他挥霍，召开了三级会议。第三等级的代表识破了他的诡计，趁机提出要求限制国王的权力，把三级会议变成国家的最高权力机关，这理所当然遭到了路易十六的拒绝。于是第三等级的代表宣布退出三级会议，成立国民大会，后来又改为制宪会议。听到这个消息后，路易十六暴跳如雷，秘密调集军队进入巴黎，准备逮捕第三等级的代表。

巴黎人民得知这一消息后，群情激愤，怒不可遏。1789年7月13日，巴黎人民手拿大刀、长矛、火枪，举行了声势浩大的起义。起义军迅速占领了巴黎的军火库，夺取了好几万支火枪和几门大炮。惊惶失措的路易十六急忙派军队前去镇压，但被起义军打得大败。仅一天的时间，起义军就控制了全城，只剩下市东南的巴士底狱了。

7月14日，巴黎群众高呼："到巴士底狱去！"起义军从四面八方赶来，包围了巴黎最后一座封建堡垒。巴士底狱守备司令德·洛纳被潮水一样涌来的起义军吓破了胆，急忙命令士兵绞起铁索，升起吊桥。为了减少伤亡，起义军派了几个代表，举着白旗，去同巴士底狱守备司令德·洛纳谈判，希望他投降。但丧心病狂的德·洛纳竟然命令巴士底狱的士兵向代表们开枪。巴黎人民被彻底激怒了，立即向巴士底狱发起了猛攻。巴士底狱的士兵从城墙上向起义军开火，并用塔楼上的大炮轰击。起义军冒着敌人的炮火前进，他们抬着云梯，越过壕沟，奋不顾身地攻城。但由于敌人的火力太猛，起义军损失惨重，被迫撤退。起义军从四周的街垒向巴士底狱射击，但由于距离太远，对守军构不成威胁。

"我们也要有大炮！"大家齐声说。很快，起义军找到了几门旧大炮，上面生满了铁锈。一个叫肖莱的酒商自告奋勇来当炮手。"轰轰轰"，一排排的炮弹带着起义军的怒火打在城墙上，人民发出阵阵欢呼。但旧大炮的威力太小了，只打掉了一些石屑，在厚厚的城墙面前，实在是微不足道。巴士底狱的守军大声嘲笑起义军。

有几个勇敢的人拿着铁锹、铁镐、火把和炸药，冒死冲到巴士底狱的城墙下，想在墙上挖个洞，然后用炸药炸塌城墙。但他们还没来得及行动，就被城墙上的士兵打死了。

"我们需要真正的大炮和炮手！"大家又分

1789年

头去找，过了一会儿，有人找来了一门威力巨大的大炮。炮手们调整好角度，把炮弹放到大炮里，点燃火绳，"轰"的一声，大炮发出一声怒吼，威力巨大的炮弹重重地撞在城墙上，发出震耳欲聋的爆炸声，城墙一下子就被轰塌了一大块。人们发出阵阵欢呼。"轰轰轰！"炮手们一刻也不停，继续发炮。"咣当"一声，一颗炮弹把铁索打断了，吊桥掉了下来。"冲啊！"起义军发起冲锋，踏着吊桥冲进了巴士底狱，城内的士兵见大势已去，纷纷投降，德·洛纳被愤怒的起义军活活打死。

占领巴士底狱的消息传到全国后，各地的法国人民纷纷起义，夺取政权。后来7月14日被定为法国国庆日。

◎ 在攻陷巴士底狱并释放了为数不多的囚犯之后，人们抓住了监狱长。他被砍掉的头颅，随后被枪尖高高挑起。

·巴士底狱·

巴士底狱虽然是一个关押政治犯的监狱，但它的条件并没有想象中那么恶劣。巴士底狱并不光关押那些政治犯，很多头脑发热的贵族青年也常被送到里面去吸取些经验教训，比如伏尔泰就两次被关了进去。当然，巴士底狱也经常关押一些比较顽固的政治犯，那些人的待遇就差多了，经常有人被活活折磨得发疯，而且一关就是几十年甚至一辈子。谁也不知道巴士底狱里面关押了多少人，由于它的神秘，人们一直把它当成封建专制的象征。所以在法国大革命时期，人们把攻占巴士底狱看成是革命胜利的标志。

法国的《人权宣言》

1789 年 8 月 4 日夜，法国制宪议会紧急召开会议，内容是讨论农民的土地问题。会上，手足无措的贵族和僧侣们纷纷表示放弃封建特权。8 月 5 日至 11 日，制宪议会通过了关于解决农民土地问题的《八月法令》。法令规定：废除农民对地主的依附关系和劳役；废除特权等级和各种特权；废除教会的什一税。但是，《八月法令》却要求农民高价赎买土地；没收教会的土地也分成大块高价出售，结果大部分土地落入资产阶级手中。这表明该法令实质上没有解决农民的土地问题。

1789 年 8 月 26 日，制宪议会通过了宪法的序言——《人权宣言》。《人权宣言》是以 1776 年北美《独立宣言》为蓝本，以启蒙思想家的政治理论为依据而制定的。指出人生来是平等的。还宣布取消等级差别，否定君权神授，"在法律面前，所有公民一律平等"，每个公民都享有人身、言论、信仰等自由，而且有反抗压迫的权利。还规定了"财产是神圣不可侵犯的权利"。

《人权宣言》是资产阶级的纲领性文件，它的颁布具有重大进步意义。它以法律的形式，第一次把启蒙思想家所阐述的资产阶级政治主张固定下来。它提出的"在法律面前人人平等"和"主权在民"的原则，既沉重地打击了法国以至整个欧洲的封建专制制度，又调动了法国人民参加反封建斗争的积极性。

革命胜利后，路易十六在凡尔赛加紧策划反革命活动。他一面拒绝批准《八月法令》和《人权宣言》，一面又暗中向凡尔赛集结军队。革命领袖马拉主编的《人民之友报》，揭露了国王的反革命阴谋，号召人民向凡尔赛进攻。当时，由于雹灾歉收而处于饥饿中的巴黎人民怒不可遏。1789 年 10 月 5 日，成千上万的巴黎人民群众，在圣安东妇女的带领下，冒雨向凡尔赛进军，并包围了王宫，高呼着"要面包"的口号。10 月 6 日清晨，国王卫队向群众开枪。愤怒的群众冲进王宫，逼迫国王批准了《八月法令》和《人权宣言》。群众把国王和王后从凡尔赛押到巴黎，置于人民群众的监督之下。不久，制宪议会迁到巴黎。这次事件，粉碎了国王的复辟阴谋，又一次挽救了制宪议会，把革命进一步向前推进。

1791 年 9 月 14 日，制宪议会颁布新宪法，史称《1791 年宪法》。新宪法规定法国为君主立

◎《人权宣言》宣传画

1789年

宪政体国家，立法权属于由选举产生的一院制立法议会，立法议会是国家最高立法机构；国王是国家行政机构的首脑，但只能依据法律统治国家；司法权属于选举产生的法官，实行陪审裁判制。宪法宣布取消封建等级制；在选举制度上，凡年满25岁，有财产并能缴纳直接税的为"积极公民"，享有选举权；凡是不符合财产规定的为"消极公民"，被剥夺选举权与被选举权。

制宪会实行了有利于资产阶级的改革：统一行政区，把全国划为83个郡，取消了内地的关卡和苛捐杂税；废除了工业法规和行会制度；取消了商品专卖权，实行粮食自由买卖；统一全国的度量衡和货币。这些措施加速了法国资本主义工商业的发展。制宪议会还宣布国家监督教会和神职人员；把教会地产收归国有，并分成大块高价出售。这些措施既打击了天主教会，又增加了政府收入，而且满足了大资产阶级和自由派贵族购买土地的要求。

·路易十六·

路易十六（1754～1793年），法国国王。1774年即位，正值王朝危机四伏，财政支出激增，经济濒于破产。为征收新税，不得不求助于第三等级。1789年5月，路易十六被迫召开中断了175年的三级会议。但他竭力维护特权等级利益，拒绝第三等级的改革要求，并企图用武力威胁第三等级代表。7月14日，巴黎人民攻陷巴士底狱，路易十六迫于形势，接受革命现实，但在暗地里进行破坏。1791年6月20日偕王后、王子化装潜逃未遂。1792年，在立法议会宣布的对奥战争中，他勾结外敌和逃亡贵族，企图镇压革命。8月10日，巴黎人民起义，推翻王政，9月21日成立法兰西共和国，路易十六被捕。1793年1月18日，他被国民公会以叛国罪判处死刑，1月21日在巴黎革命广场被处死。

与此同时，制宪议会针对工人反饥饿的罢工斗争，于1791年6月通过了严禁工人集会、结社和罢工的《列霞不列埃法》。这表明资产阶级刚刚掌权就用政治手段把资本和劳动之间的斗争限制在对资本有利的范围内。

总之，制宪议会所通过的各项法令和政策虽具有一定进步意义，但改革的目的却在于巩固大资产阶级和自由派贵族的统治，为资本主义的发展开辟道路。

◎ 1789年8月26日，代表大会通过了《人权宣言》，这个宣言后来成了新宪法的基础。

1702年

中国大事记：
胡渭著《禹贡锥指》成书，提出黄河五次大改道之说，对研究黄河变迁有很大影响。

法兰西第一共和国

1792年8月10日，巴黎人民发动第二次武装起义，推翻了君主统治。9月21日，国民公会开幕，次日，国民公会宣布成立法兰西共和国，史称第一共和国。

为了控制国民公会，吉伦特派极力排斥、打击雅各宾派。在国民公会中，两派就如何处置国王的问题展开了激烈的争论。雅各宾派要求把国王交给人民审判，以彻底粉碎国内外封建势力的复辟阴谋，而吉伦特派为了同反动势力妥协，极力袒护国王。

1792年11月间，在王宫的一个秘密壁橱里，发现了国王路易十六同欧洲封建宫廷勾结的文件以及同逃亡贵族往来的大批信件。巴黎人民得知消息后，怒不可遏，坚决要求立即审判国王。吉伦特派在国民公会里还为国王开脱罪责，但经过激烈的辩论，大多数代表主张判处国王死刑。1793年1月21日，路易十六作为"民族的叛徒""人类自由的敌人"被送上断头台。处死国王是革命人民的重大胜利，它不仅推动法国革命进一步前进，而且也打击了欧洲的封建秩序和君主的权威。

从1792年秋到1793年初，对外战争致使法国财政空虚，经济遭到严重破坏：工业衰落，商业萧条，农业减产。然而，吉伦特派控制的国民公会，对群众的疾苦置若罔闻，引起人民群众的不满。吉伦特派极端仇视忿激派的革命活动，诬蔑反映下层人民要求的忿激派是"疯人派"，并进行迫害。雅各宾派起初没有支持忿激派的要求。后来，出于战胜国内外封建势力的需要，便主动联合忿激派，共同反对吉伦特派。1793年5月4日，在罗伯斯庇尔的提议下，国民公会终于通过了《粮食最高限价法案》。

法国在对外战争中的胜利和处决路易十六，使欧洲各国的君主极为恐慌，他们害怕自己的劲敌强盛而成为欧洲和海上霸主。不久，以英国为首的反法势力组成了由普鲁士、奥地利、荷兰、葡萄牙、西班牙、那不勒斯、撒丁等国参加的第一次反法联盟，对法国发动了新的进攻。

当时执政的吉伦特派，一心想镇压革命民主

· 吉伦特派 ·

吉伦特派是法国大革命中代表工商业资产阶级利益的政治派别，因该派领袖人物布里索、维尔尼奥等多来自吉伦特省而得名。1792年8月10日起义后，吉伦特派执掌政权。吉伦特派主张废除君主制，于1792年9月宣布成立法兰西共和国，并把国王路易十六押上断头台。随着革命的深入，认为法国革命应当止步，恢复秩序，并竭力维护工商业资产阶级的利益。1793年初，法国局势恶化，前线紧张，粮食奇缺，物价飞涨，群众要求限制物价，打击投机倒把。吉伦特派则坚持经济自由原则，不愿对经济进行干涉和管制。1793年4月，前线发生吉伦特派将领叛变事件，巴黎群众极为愤怒。1793年5月31日～6月2日，巴黎群众起义，逮捕吉伦特派议员及其首领，吉伦特派被推翻。1794年7月27日热月政变后，该派又成为热月党的骨干。

1792年

世界大事记：
9月，法军取得瓦尔密大捷。成立了法兰西第一共和国。

派和人民群众，不愿组织力量进行抵抗。因此，在反法联军的大举进攻之下，法军被迫退出比利时和德意志。随后，前线总司令、吉伦特派的将军杜木里埃叛变投敌。与此同时，国内的反革命分子也蠢蠢欲动，旺代、布列塔尼以及法国南部相继发生了王党暴动，法兰西共和国面临着严峻的考验。

在国内外反革命势力联合进攻的危急时刻，吉伦特派彻底暴露了他们的真面目。3月，吉伦特派勾结王党分子，杀害革命人士，破坏雅各宾派在各地的俱乐部。5月，吉伦特派又组成了"十二人委员会"，企图罗织罪名，迫害雅各宾派领导人。这说明了吉伦特派已经转变成革命的敌人。不推翻吉伦特派的统治，革命就有夭折的危险。

在内忧外患的紧急关头，雅各宾派领导人民开展了反对国内外敌人的斗争。4月，成立了以丹东为首的公安委员会，负责组织战争事宜。5月底，以罗伯斯庇尔为首的雅各宾派组成了巴黎各区联合起义指挥部，任命雅各宾派左翼分子安里奥为国民自卫军司令。

1793年5月31日凌晨，巴黎上空警钟响起，起义群众迅速包围了国民公会。冲进会议厅的巴黎公社代表们，坚决要求解散"十二人委员会"，逮捕最反动的吉伦特派议员，镇压反革命叛乱。

国民公会只同意解散"十二人委员会"，而没有同意逮捕吉伦特派的首要分子。6月1日，巴黎获悉，里昂吉伦特分子勾结王党分子，杀害了800名雅各宾派人士，同时传来前线形势恶化的消息。当晚，愤怒的革命群众集会，示威游行。6月2日，起义的群众和国民自卫军10万人再次包围了国民公会，当场逮捕了29名反动的吉伦特派议员，后来，其中的大部分议员被送上了断头台。

巴黎革命推翻吉伦特派后，雅各宾派接掌政权。专政的最高权力机关是国民公会，执行机关是公安委员会，实际首脑是雅各宾派领袖罗伯斯庇尔。专政期间，建立革命政府，强化专政机构；颁布《土地法令》，废除封建土地所有制，摧毁封建制度；制定《1793年宪法》，取消积极和消极公民的区别以及选举的财产资格限制；通过《惩治嫌疑犯条例》，镇压反革命，并击退了外国武装干涉；实行限价政策，打击投机商，把法国资产阶级革命推向高潮。

◎ 1792年8月10日，巴黎人民打败了仍在保护皇室的瑞士卫兵队，攻占了杜伊勒里宫，一个月后，法兰西共和国宣布成立。

"热月政变" ◎ "雾月政变"

雅各宾派执政后，开始推行恐怖统治。恐怖统治本是在特殊条件下采用的一种非常手段，一旦危机被克服，就应立即停止。然而，雅各宾派中的一些领导人在恐怖年代里养成了一种排他自保和权欲膨胀的心态，使得他们在局势好转之后不但没有调整，反而把恐怖统治变为铲除异己、维护自身权力的手段，最终导致雅各宾派内部发生分歧，分裂为三派，即埃贝尔派、丹东派和罗伯斯庇尔派。埃贝尔派一向激进，他们要求继续加强恐怖政策；丹东派主张放弃恐怖统治，实行宽容政策；而当权的罗伯斯庇尔派对以上两派则一律采用镇压政策。埃贝尔、丹东及其主要伙伴先后被送上断头台。此后，罗伯斯庇尔派陷于孤立。反罗伯斯庇尔的各派力量联合在一起，于1794年7月27日（法国新历，共和二年热月九日）发动"热月政变"，罗伯斯庇尔及其集团的主要成员如圣茹斯特、丹东等被捕，并被送上了断头台，雅各宾派专政被推翻，建立以热月党人为代表的大资产阶级政权。"热月政变"是法国资产阶级革命的转折点。从此，革命高潮过去。

新上台的热月党人一方面取消了雅各宾派的恐怖政策和激进措施；另一方面努力保护革命成果，维护共和制，希望能重新建立资产阶级的正常统治秩序。1795年，热月党人制定了新宪法，随后成立督政府。督政府懦弱无能，对内不能稳定政局，对外不能有效地抗击反法联军的进攻。经济投机活动恶性膨胀，货币贬值达到失控地步，下层人民起义和保王党叛乱频繁发生。政治、经济和军事上的混乱局面，说明缺乏效能的督政府已不可能有所作为。在这种形势下，1799年11月9日（共和八年雾月十八日）发生了"雾月政变"，军事独裁者拿破仑·波拿巴应运而生，承担起建立强有力政权和稳定内外局势的历史使命。

法国大革命是一次规模宏大、斗争曲折复杂的资产阶级革命，其势如暴风骤雨，异常迅猛。在革命过程中，人民群众发挥了不可替代的作用。他们的革命行动推动革命不断向前发展，并取得了一系列民主成果，因而这次革命是一次资产阶级民主革命。它不仅结束了法国的封建统治，而且从根本上动摇了欧洲的封建体系，有力地推动了欧洲资产阶级革命运动和拉丁美洲民族解放运动。

◎巴黎"无套裤汉"
这一名称来自百姓们不穿只有贵族才穿的短裤，而他们却是大革命的主力军。

拿破仑称帝

"雾月政变"后，拿破仑当上了法国第一执政官，成了法国的统治者。拿破仑生于破落贵族家庭，1779年，拿破仑进入布里埃纳军校学习，成绩突出。15岁进入巴黎陆军学校学习，虽然只有两年，但他却深受法国启蒙思想的影响。

从巴黎陆军学校毕业后，拿破仑当上一名炮兵少尉，1791年晋升为中尉，次年被提升为上尉。1793年，法国保王党人在英国和西班牙的大力支持下，占领了法国南部重镇土伦，共和军久攻不克。拿破仑奉命参加土伦战役，任炮兵指挥，并晋级为上校。依靠拿破仑指挥的炮兵部队，共和军终于攻占了土伦。此役使拿破仑声名大振，不久便被破格提升为准将。1795年，他的炮兵部队在巴黎再建奇功，以5000人之力击溃了2万多名叛乱分子。之后，拿破仑被任命为法国"国防军"副司令。1796年，他与年轻寡妇约瑟芬结婚。后来，他又被派往意大利和埃及战场作战。1799年，拿破仑从战

◎拿破仑翻越阿尔卑斯山　油画

·法国共和历·

法国共和历是法国大革命中一度实行的历法。1793年10月5日，国民公会决定废止基督教的格里历法（即公历），采用革命历法，即共和历。共和历以法兰西第一共和国建立之日（1792年9月22日）为历元，每年分四季、12个月，每月30天，每10天为一旬，每旬第10日为休息日。12个月之外余下的5天（闰年为6天，包括1796年、1799年、1804年）作为"庆祝日"或"补充日"。

根据10月24日法布尔·戴格朗丁的提议，共和历借用当时一本小册子作者想象的富有诗意的名称，将12个月依次定为葡月、雾月、霜月、雪月、雨月、风月、芽月、花月、牧月、获月（或收月）、热月、果月。附在格里历日期上的圣徒名字则用种子、树木、花卉和水果的名字加以替换。

法国大革命中发生的热月政变、芽月起义、牧月起义、葡月暴动、果月政变、花月政变、雾月政变等事件以及牧月法令、风月法令等，就是按共和历的月份命名的。

1806年元旦开始，拿破仑一世政权恢复格里历法，正式废止了共和历。

1804年

世界大事记:
12月，拿破仑建立了法兰西第一帝国，颁布《民法典》，后改名为《拿破仑法典》。

场上悄然返回法国，发动了"雾月政变"，此后，他一直处在法国权力的顶峰，在他统治的最初5年中，实现了社会的稳定，实现了法国人民克服混乱和巩固大革命成果的愿望，为法国推行资本主义制度奠定了基础。

1800年，拿破仑颁布政法令，大力整治了大革命期间的政治，削弱了地方各级议会的权力，进一步巩固和加强了中央集权，1801年，他同罗马教皇签订了《教务专约》，宣布天主教是"大多数法国人的宗教"，国家掌管教会的世俗权力，而教皇的职权只能在宗教事务范围内行使。这实际上是在维护革命成果的基础上对天主教进行改造。拿破仑还采取了一些有利于资本主义发展的财政经济措施：组建了法兰西银行；成立了全国工业促进会，为工业提供补贴和机器设备，鼓励采用新技术；在对外贸易上实行保护关税的政策。这些措施出台后，法国外贸总额有了大幅度增长。

拿破仑的统治虽然带有浓厚的专制色彩，但他却非常重视法制建设。1804年4月正式公布实行的《法国民法典》（1807年改名为《拿破仑法典》）就是他本人不断督促和指导的成果。法典综采罗马法、传统法和革命新法编成，1807年和1852年两次被命名为《拿破仑法典》。这部法典确认了资产阶级和农民占有贵族和教会土地财产的合法性，保证不受封建势力的侵犯；否定封建特权，确立了资产阶级自由、平等的原则，规定每个公民具有同等的民事权利和行为能力；法典对于家庭、婚姻、继承等社会生活方面都作了明确规定。这部法典是资本主义国家最早的一部民法法典，破除了封建的立法原则，成为欧美各国资产阶级的立法规范，推动了资本主义的发展。

拿破仑所采取的措施使他受到国内各阶层普遍的欢迎和支持，这种情况反过来又刺激了他权力欲的急剧膨胀。1804年11月6日，公民投票通过《共和十二年宪法》，宣布拿破仑·波拿巴为法兰西皇帝，1804年12月，拿破仑终于如愿以偿，在巴黎圣母院加冕称帝，号称"拿破仑一世"，建立了法兰西第一帝国，即拿破仑帝国。帝国建立后，政体和官制都有所变化。但在基本政策上，拿破仑仍然坚持雾月政府时期的施政方针。在行使权力上，由过去的第一执政官专权演变为皇帝独裁。

◎拿破仑加冕仪式

| 1712年 | 中国大事记：
康熙帝下诏"滋生人丁，永不加赋"。 |

拿破仑帝国

拿破仑帝国始终伴随着对外战争。战争初期具有保卫法国大革命的胜利成果，反对封建复辟，反对欧洲封建专制势力干涉的性质。但在战争后期，这场战争又逐渐变成了对外侵略、夺取欧洲霸权的战争。

拿破仑发动政变后，鉴于国内局势混乱，曾向英、俄、奥三国君主建议停战，但遭到拒绝，他转而采取了卓有成效的外交政策：首先稳住普鲁士的中立地位，接着争取俄国退出反法同盟，然后全力摧毁奥军，最后集中力量打击英国。

1800年6月，拿破仑率领大军击溃驻意大利的奥军，进逼奥地利南部，迫使奥地利于1801年2月同法国签订了《吕内维尔和约》，承认法国对莱茵河左岸地区的占领以及对比利时和意大利北中部地区的占领。法国则同意奥地利继续占有威尼斯。法军战胜奥地利，促成了第二次反法同盟的解体。俄国此后退出了同盟，普鲁士保持中立。而且由于英国在海上实行的封锁政策损害了它们的利益，使它们同瑞典、丹麦共同组成了针对英国的保护商业同盟。

在这种孤立的背景下，英国不得不同法国进行和平谈判，结果于1802年3月签订了《亚眠和约》。和约规定：英国将近年来夺得的一部分殖民地交给法国及法国的盟国西班牙和荷兰。《亚眠和约》是英国外交上的一次失败，它承认了法国控制荷兰和整个莱茵河左岸。但是，没过多久，英、俄两国便于1805年4月在圣彼得堡签订同盟条约，奥地利、瑞典和那不勒斯也相继加入。于是，第三次反法同盟建立，欧洲战事再起。同年10月，法、西联合舰队在特拉法加海角与纳尔逊率领的英国舰队展开激战，结果法、西联合

◎正在查阅地图的拿破仑

舰队几乎全军覆没，这使拿破仑不得不放弃渡海进攻英国本土的计划。但在欧洲大陆战场上，拿破仑的军队却连战连捷。11月，法军攻占了维也纳。12月，法军与俄奥联军在奥斯特里茨进行大决战，俄奥联军受到重创。第三次反法同盟宣告失败。拿破仑迫使奥地利签订《普雷斯堡和约》，给法国大量赔款，并承认巴伐利亚、符腾堡和巴登地区独立。自此，奥地利在德意志原有的势力丧失殆尽，而法兰西第一帝国也成为远超出法国本土的强大帝国。

拿破仑在德意志的扩张和想取得欧洲霸权的

1810年

图谋，使过去实行中立政策的普鲁士感到受到了严重的威胁。1806年9月，英、俄、普等国组成第四次反法同盟。10月，拿破仑率军出征，在耶拿战役中给普军主力以毁灭性打击，并攻占了柏林。1807年6月战胜俄军后，沙皇亚历山大一世和普鲁士王威廉一世分别与拿破仑签订了《提尔西特和约》。和约对普鲁士十分苛刻，除保留东普鲁士、波美拉尼亚、勃兰登堡和西里西亚外，普鲁士丧失了其余的大片领土，还要向法国赔款1亿法郎。条约使普鲁士统治的人口从1000万降到493万。《提尔西特和约》的签订，宣告了第四次反法同盟的失败。但是，它也表明拿破仑对外战争的性质已由保卫领土的自卫战完全演变成争夺欧洲霸权的非正义战争了。

打败了欧洲大陆上的敌手后，拿破仑全力以赴对付英国。1806年11月，拿破仑就已经宣布《大陆封锁令》，禁止大陆各国与英国通商。到了

◎ 1809年7月6日瓦格拉姆之役中的拿破仑。奥军在瓦格拉姆一战中退却，导致法奥于肖恩布鲁恩签订和约，奥地利又一次失去了众多人口及大面积土地，并负担了更多的战争赔款。

·《拿破仑法典》·

1804年拿破仑主持编纂的《法国民法典》，是法国第一部民法法典。拿破仑取得政权后，为了巩固资产阶级的革命成果，维护资产阶级的统治，制定了一系列法典。其中《法国民法典》是其亲自编纂和审定的。1804年3月21日，该法典正式颁行。法典综采罗马法、传统法和革命新法编成，1807年和1852年两次被命名为《拿破仑法典》。这部法典确认了资产阶级和农民占有贵族和教会土地财产的合法性，保证不受封建势力的侵犯；否定封建特权，确立了资产阶级自由、平等的原则，规定每个公民具有同等的民事权利和行为能力；法典对于家庭、婚姻、继承等社会生活方面都作了明确规定。这部法典是资本主义国家最早的一部民法法典，破除了封建的立法原则，成为欧美各国资产阶级的立法规范，推动了资本主义的发展。

1807年10月，拿破仑在巴黎近郊枫丹白露行宫再次发布敕令，强化大陆封锁政策。

1809年，拿破仑又粉碎了英国与奥地利组成的第五次反法联盟，奥地利被迫与法国签订和约，向法国赔款割地。从1805年开始，拿破仑指挥的军队接连粉碎反法同盟的进攻，粉碎了复辟波旁王朝的阴谋，也从根本上动摇了欧洲大陆的封建秩序，沉重打击了各国的封建专制统治。但是，拿破仑战争也给欧洲各国人民带来了灾难，其侵略性质在战争后期越发明显。法国每取得一次胜利，都要从战败国索取大量的赔款，并从占领地抢夺大量的金银财宝、艺术品运回法国。同时，法国还将被占领国家和地区变成自己的原料供给地和商品倾销市场，大大影响了被占领国家和地区的经济发展，欧洲各国人民均遭受了巨大的人力和物力损失。

经过几年的战争，法国成为一个拥有130个省、7500万人口的大帝国，并且拥有众多的附庸国和同盟国。拿破仑帝国进入鼎盛时期。

第一次工业革命

工业革命又叫"产业革命"，是资本主义生产从工场手工业阶段过渡到大机器工业阶段的重大飞跃，是世界近代史上继资产阶级政治革命之后又一次世界性的革命。

17～18世纪，英、法、美等国资产阶级革命的胜利，为生产力的进一步发展扫清了道路。资本主义工场手工业的发展和科学技术的进步，为生产向机器大工业过渡准备了条件。随着市场的不断扩大，以手工技术为基础的工场手工业再也不能满足市场的需要。在这种情况下，资产阶级为了追求利润，不断进行技术革新，促使了工业革命的发生。

工业革命首先开始于18世纪60年代的英国，完成于19世纪40年代。这一过程是从棉纺织业开始的。这是因为：首先，棉纺织业是新兴的生产部门，投资少、利润高、资金周转期短。其次，棉纺织业与历史悠久的毛纺织业相比，很少受旧传统、旧习惯的束缚。该行业没有行业组织，也不受行规的限制，采用新技术比较容易。当时棉纺织业比较集中，比如兰开夏的棉纺织业，由于气候、温度和湿度都非常适合棉纺织工业，这里的棉织业发展尤为显著。

1733年，兰开夏的机械工凯伊发明了飞梭，将原来的掷梭子改为拉绳子，使梭子在滑槽上滑动，既解决了过去不能织较宽织品的问题，又节省了力气，加快了速度，工作效率大大提高，织布的速度提高了一倍。但是，"纱荒"也随之出现，改进纺纱技术便成为棉纺织业发展的关键。1779年，纺纱工人塞缪尔·克隆普顿改造了水力纺织机，因该机兼有珍妮机和水力纺纱机的优点，像骡子一样兼有马和驴的优点，于是人们将其命名

◎珍妮精纺机

为"骡机"。用这种机器纺出来的纱质量有显著提高。

纺织机器的发明和使用又使动力成为急需解决的问题。以前的水力动力机在很大程度上受地理条件和季节的限制。于是，发明一种打破这些限制、适应性更强的动力机成为工业发展最为紧迫的要求。早在1698年，托马斯·萨里夫就发明了蒸汽机筒，用于矿山抽水。1705年，纽科门对该设备进行更新改造，制成第一台大气压力蒸汽机，利用蒸汽冷却时产生部分真空形成的大气压力作为动能。但该机器不适于作为动力机器普遍安装使用。哥拉斯堡大学的仪器修理工瓦特善于钻研，具有较高的科学素养，他改进的纽科门蒸汽机，比原纽科门蒸汽机耗煤少，且功效提高了三倍。此后他又发明了能普遍使用的高效动力机——复式蒸汽机，因其适用广，被称为"万能蒸汽机"。1785年，万能蒸汽机开始用于棉纺织业。瓦特蒸汽机不再受地理、季节条件的限制，只要有煤作燃料就可以开动，而英国煤的蕴藏量

1726年

非常丰富，建厂十分方便。因此，该机很快在全国广泛应用于纺织业、冶金业、面粉加工业，大工厂在英国各地纷纷建立起来。蒸汽机作为工业革命的象征，标志着人类社会生产进入了一个机械化时代。为了突出蒸汽机的重要作用，有人将这个时代形象地称为"蒸汽时代"。

机器的大量制造，也使对金属原料的需求量增加。蒸汽机的发明和使用，推动了冶铁和采煤工业的发展。冶铁业是英国古老的工业部门之一。过去一直用木炭做燃料，因而森林资源日趋枯竭。从17世纪中期起，冶铁业衰落，铁产量下降，英国不得不从外国大量进口生铁。1735年，德

· 瓦特与蒸汽机 ·

詹姆士·瓦特1736年生于苏格兰，从小就迷恋机械制造，中学毕业后去伦敦学习制造机械的手艺，然后回到家乡的格拉斯哥大学谋了一份仪器修理师的差事。1764年的一天，格拉斯哥大学的一台纽科门蒸汽机模型送到瓦特这里要求修理。瓦特发现该蒸汽机的汽缸和冷凝器没有分开，造成了热能的极大浪费，便租了一间实验室，开始改造纽科门蒸汽机的试验。经过多次实验，瓦特最终完成了一台具有实用价值的单作用式蒸汽机。瓦特没有就此罢手，而是继续进行实验，用行星齿轮结构把往复运动变成了圆周运动，在1781年获得了双作用式蒸汽机的专利权。他再接再厉，用飞轮解决了转动的稳定性问题。瓦特不间断地努力，将行星齿轮结构改装为曲柄连杆结构，从而使蒸汽机达到了完善的地步。1781年，瓦特提出了5种将往复运动转变成旋转运动的方法，1782年，瓦特获得了"双动作蒸汽机的专利"；1784年，他在新专利中又提出了"平连杆结构"的说法，这使蒸汽机有了更广泛的实用性；1788年，他又发明了离心调速器和节气阀；1790年，他完成了汽缸示功器的发明。至此，瓦特完成了蒸汽机的发明全过程。蒸汽机的发明，使工业革命迅速展开，瓦特为人类进步事业作出了不可磨灭的贡献。国际单位制中以"瓦特"作为功率单位就是为了纪念这位发明家。

◎英国"火箭"号机车复制品

1829年，为了挑选从利物浦到曼彻斯特的铁路线最好的机车，人们举行了一次比赛——雷恩希尔选拔赛。"火箭"号主要是由工程师罗伯特斯蒂芬森制造的。同年，英国人制造的"斯托尔布里雄师"号，成为在美国铁轨上运行的第一台机车。

1782年

世界大事记：
英国瓦特发明和试制双动式蒸汽机成功。以蒸汽机的发明和应用为主要标志，西方国家出现第一次技术革命。

尔贝父子发明用焦煤炼铁。1760年加装鼓风设备以后，这项技术被广泛采用，有力地促进了冶铁业的发展。1784年，工程师科尔特发明"搅炼法"和冶钢的辗轧精炼法，采用这种方法，既降低了成本，又大大提高了冶炼的效率和质量，使生铁产量在同一时间内增加14倍。采煤和冶铁技术的迅速提高，为其他工业部门的发展提供了条件。

◎ 纺织机械化大大加快了纺织速度，上图中顶端轴承带动传动带，驱动织布机工作。织布机最初由水轮机驱动轴承转动，1785年之后，则由蒸汽机逐步替代，为轴承提供动力。

蒸汽机的推广和各生产部门实现机械化，对机器制造业本身提出了技术改革的迫切要求。18世纪末，英国开始使用汽锤和简单的车床制造金属部件。后来，先后发明了各种锻压设备和钻床、刨床、镗床等工作母机，实现了用机器生产机器。到19世纪40年代，英国工场手工业被大机器生产所取代，用机器生产机器的机器制造业也建立、发展起来，至此，工业革命基本完成。英国成为世界上第一个工业国家。

19世纪，工业革命逐渐从英国延伸到欧洲大陆及世界其他地区。继英国之后，主要资本主义国家法国、美国、德国、俄国以及日本，也先后在19世纪中后期完成工业革命。资本主义经济飞速发展，自由资本主义兴起。

工业革命不仅是一场技术革命，也是一次深刻的社会变革，它对整个人类历史产生了重大的影响。

第一，工业革命促进了社会生产力的惊人发展，商品经济最终取代了自然经济，手工工场逐渐被以大机器生产为特点的工厂取代。资本主义生产制度取得了统治地位。

第二，工业革命极大地提高了劳动生产率，为巩固资产阶级革命成果奠定了雄厚的物质基础，保证了资本主义完全战胜封建主义。资本主义方式扩展到世界各地，资本主义制度在全球范围内得以确立。

第三，随着工厂制度的建立，资本主义雇佣劳动制度普遍确立起来。社会阶级关系发生深刻变化，工业资产阶级和工业无产阶级最终形成，而两大阶级的对立和斗争逐渐明显和尖锐。

第四，欧美资本主义国家为了扩大海外殖民掠夺和销售市场，大规模从事交通运输建设，致力于远洋运输网的开拓。全球性的交通网络逐渐形成，资本主义世界市场开始形成。

第五，工业革命使更多的亚、非、拉国家沦为殖民地、半殖民地和附属国，造成了这些地区的长期落后，形成了东方从属于西方的局面。欧美资本主义列强加紧对亚、非、拉国家进行殖民掠夺的同时，也把先进的生产方式和工业技术带到这些地区，使其卷入了工业文明的潮流之中。

1745年

中国大事记：
官修书画著录书《石渠宝笈》成书，收录清朝宫廷所收藏之书画。

英国宪章运动

工业革命后，工人阶级的斗争采取了破坏机器的斗争方式，这是因为当时工人觉悟很低，他们还没有认识到造成灾难的根源不是机器，而是资本主义制度。破坏机器运动最早发生在英国，当时称作"卢德运动"。

随着工人力量的增强，特别是觉悟的提高，工人开始认识到团结起来进行斗争的重要性。在英国，19世纪初就已出现工人的组织，并且争取到工人的结社权利，到处都出现工会组织。工会领导了1825年开始的罢工斗争。

工人阶级还用武装斗争去反击资本家的剥削。19世纪三四十年代，英国爆发了声势浩大的"宪章运动"。

在1832年的议会改革中，工业资产阶级在工人和劳动人民的支持下，迫使金融贵族和地主贵族作出了让步，取得了部分参政权，工业资产阶级在满足了自己的政治愿望之后，在政治上与金融贵族和地主贵族结成了同盟，共同统治英国。这些事实进一步暴露出无产阶级和资产阶级利益的根本对立。工人群众决心进行独立的政治斗争，争取本阶级的政治权利。1836～1848年的宪章运动，就是在英国工人阶级的政治觉悟有了明显提高的历史条件下爆发的。

1836年6月，成立了以木匠威廉·洛维特为首的"伦敦工人协会"。1837年6月，该协会拟定了一个争取普选权的文件，即《人民宪章》。提出6点要求：年满21岁的男子均有选举权；秘密投票；按居民人数平均分配选区，每区选派一名议员；每年改选一次国会；废除议员候选人的财产资格限制；议员领取薪俸。1838年5月，《人民宪章》以法案形式公布后，得到了广大工人群众的热烈支持，全国各地纷纷举行群众集会和游行，坚决拥护《人民宪章》。

宪章运动是一开始就具有全国规模的政治性

◎英国国会大厦

1836年

运动，工人和其他劳动群众成为这次运动的主要力量。1839年2月4日，宪章派在伦敦召开了第一次代表大会，定名为"全国宪章派公会"，并通过了全国请愿书，要求实现《人民宪章》。请愿书公之于众后，立即在全国掀起了签名运动，到5月份，在请愿书上签名者多达120万人。

宪章运动开始后，出现过三次高潮。

1839年7月12日，国会否决了请愿书。消息传出后，伯明翰工人举行了起义，各地群众举行罢工和示威，宪章运动出现了第一次高潮。不久，政府派出大批军队镇压了起义，逮捕宪章派领袖，运动转入低潮。

在1841～1842年经济危机的推动下，工人阶级掀起了第二次宪章运动的高潮。1842年4月12日，宪章派在伦敦举行了第二次代表大会，制定了请愿书，向国会提出申请。除坚持《人民宪章》的六项要求外，还提出了废除"新济贫法"、取消劳动院、要求政教分离、取消什一税等，甚至提出了取消资本家对土地和生产资料独占的要求。这次请愿书所提出的更为激进的要求，说明宪章运动已经摆脱了资产阶级的影响，具有更加纯粹的无产阶级性质。然而，国会又否决了请愿书，宪章派领导机构号召工人举行总罢工，进行抗议活动。8月9日，曼彻斯特工人首先宣布总罢工，各地工人纷纷响应，罢工席卷全国，但由于政府派军队镇压了罢工，运动再次转入低潮。

1847年的经济危机和1848年欧洲各国的革命运动，特别是法国二月革命的胜利，给宪章运动注入了新的动力。1848年初，全国宪章协会恢复活动，筹备第三次请愿。第三次请愿书宣布，劳动是一切财富的唯一源泉，劳动者对自己的劳动成果享有优先权，权力的唯一来源是人民。工人群众还提出了建立共和国的要求。在第三次请愿上签名的有500多万人，宪章运动形成了第三次高潮。1848年4月3日，宪章派召开第三次代表大会，到国会递交请愿书。政府调集了30

万军队，准备镇压工人。4月10日清晨，当成千上万的工人向国会进发时，宪章派的右翼领导人屈服于政府的武力威胁，力劝工人解散回家，请愿书只由几个领导人送交国会，这样致使运动夭折了。随后，政府下令解散宪章派组织，并大肆逮捕宪章派积极分子，宪章运动归于失败。

宪章运动虽然失败了，但它的历史意义是重大而深远的。它已经不是个别工厂、个别地区的工人反对资产阶级的斗争，而是全英国的工人阶级共同进行的一场大规模的政治斗争。在斗争中，工人们建立了自己的组织，提出了本阶级的政治要求，把矛头指向了资产阶级的政治统治。宪章运动是英国无产阶级的第一次全国规模的、群众性的政治斗争，标志着英国无产阶级登上了政治舞台。

·保守党·

保守党是英国资产阶级政党，其前身是托利党，全称保守统一党。起初是大地主、银行家的政党。19世纪晚期，许多大工业家加入，保守党变为垄断资产阶级的代理人。1848年，迪斯累里当选保守党领袖，极力整顿和改组保守党，建立全国保守主义与统一主义协会联盟。19世纪后半期，保守党与自由党交替执政。1874年大选，保守党获胜。迪斯累里组阁后，对内取消主仆法，禁止10岁以下儿童做工，成立地方管理部，扩大政府行政机构，并采取收买办法，培植工人贵族阶层，给英国工人运动造成极大的危害；对外则积极执行帝国殖民扩张政策，并向英国人民灌输大国沙文主义和帝国主义思想；廉价收买苏伊士运河股票以控制埃及，并宣布维多利亚一世为"印度女皇"。第一次世界大战期间，保守党参加战时联合内阁并维持到1922年，之后多次组阁。

1839年

达尔文创立进化论

查理·达尔文（1809～1882年），19世纪英国杰出的生物学家、物种起源和发展学说的创始者、生物进化论的奠基人。他提出的以生存竞争、适者生存为精髓的进化论对学术界甚至整个人类的思想都产生了巨大的影响。

达尔文出生在英格兰西部希鲁普郡一个世代行医的家庭。他的父亲瓦尔宁曾把他送到爱丁堡大学学医，希望他将来也能成为名医，继承家业。但达尔文从小就热爱大自然，尤其喜欢打猎、采集矿物和动植物标本。进到医学院后，他仍然经常到野外采集动植物标本。

◎达尔文

在这里，他对两种水生生物进行了研究，获得了一些有趣的发现。于是，他在该校的学术团体普林尼学会先后宣读了他最早的两篇论文，那时他才17岁。他父亲认为他"游手好闲""不务正业"，一怒之下，于1828年改送他到剑桥大学，改学神学，希望他将来成为一个"尊贵的牧师"。达尔文对神学院的神创论等谬说十分厌烦，他仍然把大部分时间用在听自然科学讲座、自学大量的自然科学书籍上。他热心于收集甲虫等动植物标本，对神秘的大自然充满了浓厚的兴趣。

1831年，年轻的达尔文经汉斯罗教授的推荐，以自然科学家的身份，参加了"贝格尔号"巡洋舰历时5年的环球考察。这5年考察，用达尔文自己的话来说，决定了他一生的整个事业。在这5年中，他跋山涉水，进入深山密林。大自然的奇花异草、珍禽异兽，千奇百怪的变异，把他的整个身心吸引过去了。他对《圣经》上"形形色色的生物，都是上帝制造出来，而且物种是不变的"说教，开始产生了怀疑。通过对采集到的各种动物标本和化石进行比较和分析，他认识到物种是可变的。由此，他逐步摆脱神创论的束缚，坚定地走上了相信科学和追求真理的道路。最后，他终于以"物种逐渐变化"的大胆假设，摒弃了物种不变的说教。

回国后，达尔文开始对物种起源问题进行全面的研究。他整理航行收获，收集大量科学事实，研究前人

◎讽刺《物种起源》的漫画
1860年，达尔文进化论的支持者赫胥黎与牛津主教就进化论展开有趣的辩论。主教说，没人愿意把自己的祖先归结到猿猴上去。赫胥黎说，羞耻的不是有猿猴一样的祖先，而是像你这样的傲慢的态度去面对自己的祖先。

1841年

中国大事记：
5月，奕山与英军签订《广州和约》，6月，道光帝批准了《广州和约》。

著作，参加社会生产实践，总结本国和别国劳动人民培育新品种的经验。为了避免偏见和替自己的理论找到更多的根据，当时他专心到甚至连自己的婚事都忘了。他不但细致地整理了在大自然中可收集到的各种变异事实，还广泛收集了动物在家养条件下的各种变异事实，并查阅了大量书籍和资料。经过22年如一日，坚持不懈的专心思考、综合研究，达尔文终于在1859年11月24日出版了《物种起源》这部巨著，创立了进化论。他认为，生物界是从简单到复杂，从低级到高级，逐渐变化的。达尔文的进化论是射向"上帝"创造万物学说的炮弹，它第一次把生物放在完全科学的基础上进行研究。马克思说，这本书实际上也为历史上的阶级斗争提供了"自然科学根据"。

达尔文是一位不畏劳苦，沿着陡峭山路攀登的人。在《物种起源》发表以后的20年里，他始终没有中断过科学工作。1876年，他写成的《植物界异花受精和自花受精的效果》一书，就是经过长期大量实验的成果。书中提出的异花受精一般是有利的结论，已在农业育种中广泛应用。到了晚年，达尔文心脏病严重，但他仍坚持科学工作。就在去世前两天，他还带着重病去记录实验情况。

达尔文是一位杰出的科学家，他划时代的贡献为人类科学事业的发展开辟了新的广阔前景。因此，他逝世（1882年4月19日）以后，人们为了表达对他的敬仰，把他安葬在科学界另一位伟大人物牛顿的墓旁，享受着一个自然科学家的最高荣誉。达尔文找到了生物发展的规律，证明所有的物种都有共同的祖先。这一重大发现，对生物学具有划时代的意义，在科学上完成了一个伟大的革命。进化论结束了生物学领域中唯心主义、形而上学的统治时期，对近代生物科学产生了巨大而深远的影响。恩格斯称达尔文的进化论为19世纪自然科学的三大发现之一。

· 人种起源 ·

在《物种起源》之后，达尔文又提出了一个令人瞠目结舌的观点。1867年，也就是他58岁时开始撰写一本专论人种起源的书。

这本题为《人类的由来》的著作出版于1871。书中，达尔文大胆地叙述了一些联系——犯忌的联系，把人类和动物世界，尤其是与猿联系起来。

达尔文认为人和猿有着类似的体形和感觉器官。他们会患一些相同的疾病。人的胚胎和猿的胚胎有一个相似的发育过程，即都一度有过尾巴，但这个四足祖先的标志到他们出生时都已消失了。相似之处还不止这些。人和动物还都体验着相同的感情，如快乐和烦恼。人类最宝贵的财富——智慧，在动物中也有所发现，只是程度上有差异而已。

当然，所有这一切相似并不就是证明了人实际上是猿的后代。但这确实表明在远古时期人和猿是从同一祖先进化而来：一个四足祖先，仅此而已。后来，人们又认为人和猿的共同祖先原本是一种树鼠类动物。

达尔文关于人种起源的观点，遭到了人们的激烈反对，人怎么可能是猴的后代，或者说会与它是同一祖先？但达尔文解释这一观点时说："我们的祖先是一种会在水中呼吸、有浮囊、有一条大尾巴和不健全的大脑的动物，而且毫无疑问是一种雌雄同体的动物。"1871年，《人类的由来》出版后，正如达尔文所预料的，这本书引起了轰动。教会人士痛恨它，评论家们攻击它，爱读书的公众则抢购它。

1809～1882年

世界大事记：
英国进化论奠基人达尔文在世，著有《物种起源》，提出以自然选择为基础的进化学说。

共产主义学说

马克思于1818年5月5日生于普鲁士莱茵省特里尔城。先后在波恩大学和柏林大学学习，最后在耶拿大学取得博士学位。后从事新闻工作，担任过《莱茵报》的主编。他和燕妮结婚后被迫迁居巴黎。1844年，他创办《德法年鉴》，发表一系列文章，标志着他的世界观转变完成。同年和恩格斯在巴黎会见，结下终生友谊。不久他因从事革命活动，被驱逐，迁居布鲁塞尔。1847年，他加入共产主义者同盟，并同恩格斯一起起草了影响广泛的《共产党宣言》。1848年，他回德创办《新莱茵报》参加斗争，再次遭驱逐，他先到巴黎，后定居伦敦。1867年，他最重要的著作《资本论》第一卷出版。1864年，他创建国际工人协会，即第一国际。晚年，他继续撰写《资本论》。1883年3月14日，马克思与世长辞。

◎ **马克思**
长期的贫困生活和紧张繁重的工作严重损害了马克思的健康，1883年3月14日，在夫人燕妮去世一年多时间后，马克思也在伦敦与世长辞。他被安葬在伦敦的海格特公墓，恩格斯发表悼词，指出作为科学共产主义创始人的马克思的理论遗产和实际革命活动具有伟大的世界历史意义。

恩格斯是马克思的亲密战友。1820年11月28日生于普鲁士莱茵省马门市。中学未毕业，就被迫经商。后去英国父亲的棉纺厂工作。他刻苦钻研，边研究理论著作，边参加工人运动。1844年，发表《政治经济学批判大纲》，标志着他已成为唯物主义者和共产主义者。同年8月和马克思相见，结为终生挚友。1847年，同马克思创立共产主义者同盟，撰写了《共产党宣言》。1848

年与马克思回国参加革命，创办《新莱茵报》。1850年至1870年，重新经商资助马克思完成《资本论》。此期间他专心研究，在理论上也取得重大建树。马克思逝世后，他呕心沥血达12年整理出版《资本论》，同时关怀和指导国际社会主义运动。1895年8月5日，病逝于伦敦，骨灰投葬于大海中。

马克思、恩格斯创立的科学共产主义学说包括三个部分：马克思主义哲学、政治经济学和科学社会主义。马克思和恩格斯在批判地继承黑格尔唯心论辩证法的"合理内核"和费尔巴哈唯物论的"基本内核"的基础上，创立了辩证唯物主义，将这一学说用来诠释社会现象，并应用于人类历史的研究，创立了历史唯物主义，从而在哲学上完成了一次伟大的变革。

马克思、恩格斯在创立自己的新哲学时，吸取并继承了黑格尔关于内在矛盾和辩证发展的思想。同时，马克思、恩格斯抛弃了黑格尔哲学的唯心论糟粕，把辩证法建立在唯物主义的基础上，从根本上克服了黑格尔辩证法的缺陷，创立了具有全新内容的辩证法。马克思、恩格斯把辩证唯物主义的基本原理推广运用到人类历史上，用于解释社会现象和社会生活，从而创造了历史唯物

1842年

中国大事记：
中英签订《南京条约》，从此西方侵略者用武力打开了中国的大门。

主义学说。历史唯物主义的创立，是人类认识史上的一次空前革命。它把唯心主义从它的最后藏身之所——社会历史领域中清除出去，为社会生活各方面的研究奠定了坚实的科学基础，使得关于社会、社会规律的学说变成了同其他科学一样能够提供精确的知识和能够预见的科学。

马克思主义哲学即辩证唯物主义和历史唯物主义的创立，为马克思主义政治经济学的创立提供了科学的方法论和理论基础。马克思、恩格斯把辩证唯物主义和历史唯物主义运用到政治经济学的研究中去，在批判地继承英国古典政治经济学的基础上，创立了同以前一切资产阶级政治经济学根本对立的无产阶级政治经济学，从而也在政治经济学领域完成了一次伟大的革命。

剩余价值学说是马克思主义政治经济学的基石。马克思以剩余价值学说为基础，全面地研究了资产阶级的经济规律，揭示了资本主义生产方式的基本矛盾和资本主义必然灭亡的规律，创建了无产阶级政治经济学体系，完成了政治经济学中的革命，为无产阶级认识自己在资本主义制度下的真正地位、奋起谋求自身的解放斗争提供了锐利的武器。马克思、恩格斯以历史唯物论和剩余价值学说这两个理论为前提，批判了空想社会主义的空想成分，继承和吸取了其中的有益成分，创立了科学社会主义学说。

这样，马克思、恩格斯通过参加革命实践，在批判地继承19世纪人类所创造的优秀思想成果并加以改造的基础上，创立了马克思主义的三个组成部分——马克思主义哲学、马克思主义政治经济学和科学社会主义学说，完成了历史赋予他们的伟大使命。

1848年2月，马克思和恩格斯合写的《共产党宣言》在伦敦出版。《共产党宣言》把马克思主义哲学、政治经济学和科学社会主义的原理融为一体，完整地概括了无产阶级的世界观，体现了马克思主义形成时期在理论上取得的最高成就。《共产党宣言》运用辩证的和历史的唯物主义原理考察了人类社会，特别是资本主义社会的产生、发展的历史过程，全面地剖析了资本主义社会的经济结构、阶级关系及其国家上层建筑，阐明了资本主义必然为社会主义所取代的历史规律，明确指出了无产阶级的伟大历史使命，制定了社会主义运动的理论和策略，向世界宣告了无产阶级的奋斗目标。

《共产党宣言》是划时代的历史文献，所表述的基本思想，包括了马克思主义哲学、政治经济学和科学社会主义的基本原则，是无产阶级思想体系的完整概括。《共产党宣言》的发表，标志着马克思主义的诞生，是人类思想史上的一次伟大革命，从此，无产阶级找到了科学理论作指导，有了战胜敌人的强大思想武器，无产阶级的面貌焕然一新，无产阶级反对国际资本的斗争有了正确的方向。《共产党宣言》开辟了一个新时代。

·《莱茵报》·

《莱茵报》（全称为《莱茵政治、商业和工业日报》）创刊于1842年1月，在科隆出版。由莱茵省具有反对普鲁士专制倾向的自由资产阶级分子主办，许多青年黑格尔派分子担任编辑。马克思从1842年4月开始为该报撰稿，并在该报发表了他的第一篇政论文章《论普鲁士的书报检查令》，开始了他反对封建专制和争取民主的斗争。同年10月起，马克思成为该报主编。在担任主编期间，他发表了一系列抨击专制的普鲁士政府的文章。《莱茵报》具有明显的革命民主主义倾向，受到人民群众的欢迎，声誉日益扩大。报纸的影响使普鲁士政府感到严重不安。1843年1月19日，普鲁士政府决定从4月1日起封闭《莱茵报》。报纸的股东们企图与政府妥协，以换取报纸的继续出版，但马克思坚决反对这种做法，并声明退出编辑部。3月31日，《莱茵报》被迫停刊。

法国1848年革命

19世纪40年代后期，法国工农业下降，大批工人失业，社会矛盾激化。资产阶级反对派以"宴会"形式举办的政治性集会，得到广大人民群众的响应。基佐政府两次禁止预定于1848年1月和2月举行的"宴会"，引起群众不满。1848年2月22日，巴黎市民举行大规模的示威抗议活动，并同军警发生了冲突。次日，示威演变成武装起义，巴黎到处筑起了街垒，许多国民自卫军和正规士兵拒绝执行实行镇压的命令，倒向革命。国王路易·菲力普被迫罢免基佐，先后任命莫雷和梯也尔组阁，但愤怒的群众要求废除王政，建立共和国。2月24日，起义群众几乎控制了巴黎，并开始向杜伊勒里宫进攻，国王路易·菲力普见大势已去，便带着眷属逃往英国。起义者占领了王宫，成立了以资产阶级共和派为主体的临时政府。次日，临时政府宣布成立共和国，这就是历史上的法兰西第二共和国。4月23日选举制宪议会；5月9日成立执行委员会；6月22日代替临时政府的执行委员会下令解散"国家工厂"，引起工人不满，爆发六月起义。在血腥镇压了六月起义后，以卡芬雅克为首的共和党右翼控制了政权，执行打击无产阶级和小资产阶级的政策，削弱了其统治基础。11月，制宪议会制定

◎曾先后担任法兰西第二共和国总统和第二帝国皇帝的路易·波拿巴

共和国宪法，确立立法和行政分立原则。由750名议员组成立法议会；参政院由议会任命；总统掌管行政权，任免部长与颁布法律，但无权解散或延长议会。在12月10日的选举中，拿破仑一世的侄子路易·波拿巴当选为总统。路易·波拿巴上台后，组成了代表大资产阶级和地主利益的秩序党，逐步夺取了共和派手中的权力。

1851年底，波拿巴又调集军队，解散了议会，把已成为他复辟君主制障碍的秩序党也推出门外。至此，共和国实际上已经寿终正寝。

1852年12月2日，路易·波拿巴宣布法兰西为帝国，他自己登上皇位，被人们称为拿破仑三世，他的帝国被称为法兰西第二帝国。第二帝国代表金融资产阶级和大工业家的利益。拿破仑三世为了维护其反动统治，建立了庞大的军事警察官僚机构，对内实行军事独裁统治，对外推行侵略政策。第二帝国经历了一个由专制统治向自由主义、议会政治演变的过程，发展了资本主义工商业，完成了工业革命。为了争夺欧洲大陆优势和进行海外殖民侵略，帝国发动多次对外战争。1870年普法战争中，法军战败，拿破仑三世在色当投降。9月4日巴黎发生革命，第二帝国被推翻。

1848～1852年

世界大事记：
欧洲1848年革命发生，席卷法国、奥地利、普鲁士等国。

克里米亚战争

克里米亚战争是沙俄与英、法等列强在近东的一场争霸战争，是列强为夺取黑海海峡而使矛盾激化的结果。在1841年《伦敦海峡公约》签订后，沙俄一直想重新确立自己在巴尔干和黑海地区的霸主地位。1848年欧洲革命之后，沙皇尼古拉一世因充当了"欧洲宪兵"而身价倍增，于是自认为宰割土耳其、实现自己的扩张计划的机会已经来到。

◎尼古拉一世

1852年8月，以天主教为国教的法国迫使苏丹政府将管辖权交给天主教，引起以东正教为国教的俄国的不满，强烈要求恢复东正教的权利。在英法的支持下，苏丹拒绝了俄的要求。于是俄国出兵土耳其。

1853年7月，俄军渡过普鲁特河，迅速攻占了摩尔多瓦和瓦拉几亚等国。土耳其立即出兵应战。11月30日，双方为争夺黑海制海权，在汤诺普海展开激战，土耳其几乎全军覆没。12月，俄又先后攻占了阿哈尔齐赫和巴什卡德克拉尔两地区。

土耳其在战场上的节节失利，使英法联军坐立不安。1854年初，英法对俄宣战，6月，英法联军投入战争。

1854年9月14日，英法联军在拉格伦和圣阿尔诺的率领下，从克里米亚岛的叶夫帕托里亚登陆后，直逼重要港口塞瓦斯托波尔城。塞瓦斯托波尔位于半岛的险要位置，西北两边都是宽广的港湾，海岸都是悬崖峭壁。俄军在科尔尼洛夫中将的指挥下，充分利用地理优势，加强防御工事，增加防御火炮。

10月17日，联军迂回到防守较弱的南边，开始了对塞瓦斯托波尔的炮轰。俄军奋力还击，但旧式的火枪、火炮射程较近，很难击中对方。而英法经过工业革命，科学技术有了长足发展，火枪、火炮得到了较大的改进，射程和命中率大大提高，汽船的使用也增强了英法舰队的机动灵活性。俄军防御工事、炮台在震耳欲聋的联军炮火轰击下纷纷倒塌。但俄军凭借险峻的地势和顽强的抵抗，粉碎了英法联军速战速决的攻城计划，战争转入持久消耗战阶段。

为改变被动防守的局面，俄军于10月25日调集援军袭击联军的基地巴拉克拉瓦，但遭到失败。11月5日，俄军3万余人向1.4万联军发起进攻。

◎这幅用蒙太奇手法描绘的画面是克里米亚半岛的港口城市塞瓦斯托波尔保卫战的情景。

1851年

中国大事记:
洪秀全在广西桂平县金田村宣布起义,建号"太平天国"。同年秋,太平军攻占永安,建立了政权。

由于俄军内部协调不力,被联军痛击,损失1万余人。连连失利,使俄军陷入更为被动的境地。

冬天的严寒,给双方带来很大麻烦。联军只对俄军进行了几次炮轰。俄军于1855年2月对联军的进攻再次受挫。直到1855年8月16日,俄军为打破敌人的围攻,兵分两路,向法军阵地发动全面进攻。法军指挥官圣阿尔诺果断决策,以小股部队牵制住敌人的左路进攻,集中兵力形成局部优势迎击右路敌人。在法军猛烈的火力下,右路俄军很快被击溃。法军主力转而猛攻左路俄军,俄军伤亡极为惨重,损失8000余人,被迫撤到黑海对岸。8月17日,联军又开始了新一轮的重炮轰击。

塞瓦斯托波尔在联军一轮接一轮的猛烈炮火的轰击下,防御设施被摧毁,险峻的地势不再显示出它的威慑力。俄军被迫通过浮桥渡海撤退。9月8日,联军向几乎被炸成废墟的塞瓦斯托波尔发起强攻,很快拿下了制高点。俄军在349天的塞瓦斯托波尔战役中损失人员达12.8万人,英法联军也损失惨重。1856年3月30日,交战各方签订了《巴黎和约》,俄国除了被剥夺在黑海

· 欧洲宪兵 ·

1848年夏、秋,俄军打着"解放者"的旗号,先后开进摩尔多瓦和瓦拉几亚,镇压了两公国的革命运动。此后,它又把目标指向匈牙利。匈牙利革命具有全欧的性质,如果它的革命取得胜利,势必引起整个欧洲革命的进一步高涨,特别对沙俄在波兰和东南欧的利益造成严重威胁,沙皇心急如焚。恰在这时,奥地利政府向沙皇求援,早已按捺不住的尼古拉一世立即狂叫起来:"敌人出现在哪里,我们就打到哪里。"5月,15万俄军侵入匈牙利。匈牙利革命不久就被俄军血腥镇压。事实表明:沙皇俄国不但镇压国内人民革命,而且镇压欧洲其他国家的革命运动,成为欧洲反动势力的主要堡垒,起了一个宪兵的作用。因而,人们把沙皇俄国称为"欧洲宪兵"。

拥有舰队和海军基地的权利之外,还把一部分领土割让给土耳其。

◎英、法联军与俄军在克里米亚激战
这场战争中英法联军使用了线膛枪、蒸汽船,大大提高了陆海军作战效能。落后的农奴制俄国损失惨重,不仅失去了在黑海拥有舰队的权利,使得对黑海扩张的长期努力前功尽弃,而且引发了国内的革命斗争。

1856年

世界大事记：
克里米亚战争的参加国在巴黎缔结和约，俄国退出多瑙河口和比萨拉比亚部分领土。

美国南北战争爆发

19世纪四五十年代是美国资本主义经济迅猛发展的时期。北方的资本主义工业革命蓬勃发展，工业化进程也已经开始启动，西部资本主义农业随西进运动的进行而兴旺发达，南部的种植园经济由于植棉业的兴起而方兴未艾。在此背景下，美国掀起了大陆扩张的狂潮。1846年6月，美英签订了共同瓜分俄勒冈地区的条约，美国的版图正式达到太平洋沿岸。1848年，美国打败了墨西哥，夺取了原属墨西哥的得克萨斯、新墨西哥和加利福尼亚等地。从此，美国国力大增，成为在西半球能同欧洲抗衡的泱泱大国。

美国独立后，北方建立以雇佣劳动为基础的资本主义制度，而南方仍保留着以奴隶劳动为基础的种植园经济。在北方的资本主义工业迅速发展的同时，南方的种植园经济也因植棉业的繁荣而兴旺起来。到19世纪四五十年代，南北双方在土地问题上展开了尖锐的斗争。奴隶制度作为美国社会的一个"赘瘤"，严重地阻碍着美国资本主义在全国范围内的发展。

到了19世纪40年代末，南北双方在新侵占的墨西哥土地上建立何种制度的问题上看法不一致。1850年，双方妥协，规定加利福尼亚以自由州身份加入联邦，新墨西哥和犹他州的奴隶制存废问题由当地居民投票决定。由于

◎林肯

这两州白人奴隶主占多数，所以等于承认在两州建立蓄奴制。1854年，双方又达成新的妥协，规定新近申请加入联邦的堪萨斯和内布拉斯加两

◎两个出逃的、即将恢复奴隶身份的奴隶被戴上脚镣、手铐押解着穿过波士顿的街道，路边观看的有些废奴主义者忍不住潸然泪下。

1853年

中国大事记：
太平天国颁布《天朝田亩制度》。

◎ 约翰·布朗成为美国废除奴隶制度的一面旗帜。

地的奴隶制问题也交由当地居民投票决定。至此，打破了1820年达成的把奴隶制限制在北纬36°30′以南的《密苏里妥协案》的规定，把整个西部向奴隶制开放。1854～1856年，堪萨斯的居民在投票时发生了武装冲突，表明南北两种社会制度的矛盾已到了兵戎相见的程度。

奴隶主的倒行逆施，引起了美国人民的愤慨。美国自18世纪末就开始了废奴运动，参加者有工人、农民、黑人、白人、妇女和部分资产阶级知识分子。到19世纪30年代，废奴主义组织了全国性的秘密团体，出版刊物、宣传废奴。他们组织了秘密通讯联络点，称为"地下铁路"，帮助南方黑奴逃往北方或加拿大，并支持黑人奴隶的反抗斗争。19世纪50年代，美国各地爆发的反对奴隶制的起义时有发生，其中影响最大的是约翰·布朗领导的武装暴动。约翰·布朗是美国的一位杰出的废奴主义者，他把毕生的精力都投入到解放奴隶的事业中。在长期的反对奴隶制的斗争实践中，他认识到使用武力废除奴隶制的必要性。1859年10月16日，布朗率领22人的小分队在弗吉尼亚的哈泼斯渡口举行起义。布朗率领起义者英勇地同前来镇压的军队作战，最后因寡不敌众，起义失败，布朗本人受伤被俘。布朗在就义前发出如下誓言："我，约翰·布朗，现在坚信只有用鲜血才能洗清这个罪恶深重的国家的滔天罪行。"布朗起义是美国内战爆发的导火线。

1860年11月，反对奴隶制的共和党在大选中获胜，林肯当选为美国第16任总统，南部扩展奴隶制度的梦想结束。为维护自身利益，南部奴隶主发动叛乱。12月20日，南卡罗米纳州宣布独立，佐治亚、亚拉巴马、密西西比、佛罗里达、路易斯安那和得克萨斯等州也纷纷跟随。1861年1月，南部各州组织"南方同盟"，2月在蒙奇马利成立临时政府，戴维斯当选总统。4月12日，南方同盟炮击北军要塞萨姆特堡。4月15日，林肯宣布南方各州叛乱，号召人民为恢复联邦的统一而战斗，并下令征召志愿军7.5万人。人民纷纷响应，很快就有30万人应征，开赴前线。内战不可避免地爆发了。

· 黑人奴隶制种植园 ·

英国在北美的13个殖民地当中，南部殖民地土地肥沃，气候炎热，适宜稻米、烟草、蓝靛叶生长，种植园经济发达。种植园主大多数是欧洲的封建贵族，开始时，他们役使着大批契约奴隶（因贫困而卖身的欧洲劳动者或由欧洲流放到美洲的罪犯）。后采，由于种植园经济的发展，契约奴隶已不能满足需要，种植园主逐渐把奴役的主要对象转向非洲黑人。自16世纪初欧洲殖民者将第一批黑人掠到美洲卖为奴隶开始，到1775年独立战争爆发时，北美13个殖民地的黑人已占全部人口的20%。种植园主不给黑奴以任何权利，让其从事繁重的体力劳动，每日工作十五六个小时以上。由于繁重的劳动和恶劣的生活条件，大多数身体健康的奴隶，六七年间便被折磨死。黑人奴隶制种植园经济是适应欧洲市场对经济作物的需求而发展起来的，是世界资本主义经济的一个组成部分。

1861年

《解放黑人奴隶宣言》

　　美国内战之初，北方占据了人力、物力和政治方面的优势。但由于在解放奴隶的问题上态度不明确，对战争的艰巨性没作充分的估计，再加上军事指挥的失误，致使战争在开始阶段遭到重大挫折。林肯政府的保守政策和北军的屡次败北，引起了人民群众的不满。

　　总之，群众要求用革命的方法进行战争。到1862年夏秋之时，前线的失败和后方人民群众运动的高涨，迫使林肯政府改变了保守政策，采取了一系列革命措施。

◎《解放黑人奴隶宣言》发表后，华盛顿上下一片欢腾。

　　1862年2月18日，由众议院以107票赞成、16票反对而通过；5月6日，参议院以33票赞成、7票反对予以通过。5月20日，林肯总统予以签署。它规定：凡一家之长，或年龄已达21岁的合众国公民，或决定按照合众国入籍法的规定申请、愿意成为合众国公民，同时从未持械反对合众国政府或支持、帮助合众国政府的敌人的，从1863年1月1日起，只须交纳10美元手续费，就可以领得60英亩或160英亩以下尚未分配的国有土地；耕种5年后，便成为这块土地的所有者，发给证书或执照。还允许私人购买一定数量的公共土地。这一措施的出台，满足了广大农民长久以来的要求，它极大地鼓舞了农民参加反对奴隶制战争的斗志，同时也加快了开发西部的步伐，保证了北军的军粮供应。

　　1862年9月24日清晨，林肯发表了震惊世界的《解放黑人奴隶宣言》，宣布从1863年1月1日这天起，凡叛乱诸州的奴隶，永远获得自由；政府和军队将承认和保障他们的自由；获得自由

的人，除非必要，应避免使用任何暴力；合乎条件的人，可以参加联邦军队。对未参加过叛乱的蓄奴州，仍按1862年的国会决议，采取自愿的、逐步的、有赔偿的解放奴隶的措施；对逃跑的奴隶，则视其主人是否参加叛乱而定是否引渡。这一伟大举动是美国内战进入以革命方法进行战争的阶段的标志。从此，解放奴隶成为北方作战的重要目标。

　　不过，当时林肯的《解放黑人奴隶宣言》是作为战时措施颁布的，直到1865年1月，在广大群众的压力下，国会才通过了宪法修正案，禁止各州使用奴隶，正式在全国范围内废除奴隶制度。《解放黑人奴隶宣言》发布之后，林肯又推行了武装黑人的政策。这个政策使大批黑人报名参军，编成特别团队，开赴前线投入战斗，此举大大增强了北军的战斗力。同时，林肯又采取了严厉镇压反革命的措施，撤换了指挥不力的将领，调整了军事领导机构，任命有卓越军事才能的格兰特指挥军队，使前线的形势大为改观。

1856年

南北战争结束

《解放黑人奴隶宣言》的发布和军事上的调整，大大激发了美国人民的革命热情，北方工人、农民及黑人积极参军参战；而南方黑人奴隶为支援北军、解放自己，不断举行起义，有力地打击了南方奴隶主，牵制了南军的作战力量。由于广大人民群众的革命积极性被充分调动起来，北方对南方的战争变成了一场群众性的战争，从而使战场上的形势立即发生了根本性的变化，为北方取胜奠定了良好的基础。

北军采取主动进攻、全面摧毁南军的战斗意志和经济基础的战略决策。1863年5月，北方波托马克军团13万人向里士满进军。轻敌的南军多次被击败，北军扭转了战争的被动局面。与此同时，西线的格兰特军团采取切断南军水上运输，从水陆同时实施进攻，打通密西西比河，向

◎由白人领导的黑人军团猛攻瓦格纳堡垒

《解放黑人奴隶宣言》宣布南部各州的奴隶永远获得自由，并允许黑人参加北方军队。宣言沉重地打击了南部的农奴制度，奴隶们看到了曙光，纷纷起义，参加北方军队。黑人的参战加速了战争的进程，北方一步步走向胜利。

南军修筑在密西西比河上的重要堡垒维克斯堡发起总攻，把南军分割成东西两部分的策略。防御坚固的维克斯堡控制着整个河面。北军猛烈的炮轰持续了47天，几乎摧毁了要塞的所有防御工事。弹尽粮绝的守兵失去防御能力，于7月4日投降，2.9万俘虏创造了南北战争期间俘虏人数最多的纪录。7月8日攻占了哈得逊港，实现了分割南军的目标。9月9日，格兰特命坎伯兰军团向联邦政府的交通枢纽和工业中心查塔努加发起围攻，取得向南部进军的基地。

维克斯堡和查塔努加大捷，注定了南军败亡的最后命运。因为维克斯堡切断了东西方的联系，查塔努加是进入亚特兰大的道路，也是弗吉尼亚州李军团的后门。至此，南军的进攻力量被彻底摧毁，南军开始溃退。到1864年，南方已是财力空虚，兵源枯竭，陷入了山穷水尽的地步，而北方则是越战越勇。1864年春，北军最高统帅作了新的军事部署，决定在东、西两线同时展开强大的攻势。在东线，由格兰特将军亲自指挥部队向"南部各州同盟"首府里士满进攻；在西线，9月2日，谢尔曼将军率领6万大军从密苏里河攻入南部腹地，并把南方最大的军事工业城市亚特兰大拿了下来。

两个月后，开始了有名的"向海洋进军"，目标是萨凡纳。士兵们斗志高昂，于12月21日攻占了大西洋沿岸的重要港口萨凡纳。1865年2月1日，谢尔曼大军从萨凡纳出发北上，准备和格兰特将军所率军队会师。1865年4月3日，北军攻占了里士满。9日，南军总司令李将军见大势已去，率残军2.8万人在弗吉尼亚的阿城马托克斯城向北军投降。至此，历时4年的美国内战

1862年

世界大事记：
美国林肯政府颁布颁布《解放黑人奴隶宣言》，叛乱诸州的奴隶获得自由，增强了联邦军队。

·三K党·

三K党是美国迫害黑人的种族主义恐怖组织。三K是英文"KU KLUX KLAN"的缩写。美国内战结束，南部出现了许多迫害黑人的恐怖组织，以各种方式进行破坏，企图实行复辟。三K党便是其中最凶恶、最野蛮、规模最大的一个。它由南部奴隶主于1866年在田纳西州秘密成立，很快蔓延到南方的十几个州，成员主要是前南部联盟军官等种族主义分子。它把野蛮与近代的组织方式结合在一起，针对的对象主要是黑人，但北方白人和共和党人也经常受到迫害，杀人的手段和暴行惨不忍睹。三K党发展起来后，逐渐被南方民主党所控制，成为南方种植园主进行阶级报复的工具。1871年，联邦议会通过《取缔三K党法案》，并授权总统以武力实行镇压，致使其活动有所收敛。三K党在第一次世界大战后扩大到北方。

以北方的最后胜利告终。美国恢复了统一。

美国内战是美国历史上第二次资产阶级革命。它摧毁了南方的奴隶制度，捍卫了联邦的统一，为美国资本主义在全国范围内的迅速发展铺平了道路。虽然内战后黑人仍没有得到真正彻底的解放，黑人问题仍然是长期影响美国社会发展的严重问题，但这次内战从根本上废除了奴隶制，具有非常伟大的历史意义。

美国内战的意义远远超出了美国本国范围。这次战争是19世纪五六十年代世界性民族民主运动的一个组成部分，它同英国人民争取扩大民主权利的斗争、意大利统一运动、德意志统一运动、俄国农奴制改革、日本的明治维新等一起合成一股强大的历史洪流，彻底扫除了仍然残留在欧美的封建主义的最后一个"赘瘤"，在世界范围内实现了资本主义的统一。从此，美国以大国的身份加入世界资本主义体系。美国进一步介入世界事务，加快了向海外扩张的步伐，加入了瓜分世界的列强的行列，并提出"门户开放"的外交原则，把世界一体化进程推向新的历史时期。

◎南方联军总司令罗伯特·李将军(左)与格兰特(右)在投降仪式上签字

应李的要求，格兰特允许南方军官保留佩剑，投降仪式在"令人敬畏的平静"中进行，"就像在悼念死者"。在这场历时4年的战争中，北方最终取得了胜利，资本主义在美国得以全面迅速地发展。罗伯特·李是美国军事家，在美国南北战争中，他是美国南方邦联的总司令。1865年，他在邦联军弹尽粮绝的情况下向格兰特将军投降，从而结束了内战。战后，他担任大学校长，积极从事教育事业，1870年病逝。

<table>
<tr><td>1862年</td><td>世界大事记：
美国林肯政府颁布《宅地法》，有利于西部开发。</td></tr>
</table>

威廉一世统一德国

德意志在历史上曾经是一个长期分裂的国家，境内诸侯林立。1848～1849年革命失败后，德意志各邦都恢复了反动的封建统治。19世纪50～60年代，资本主义在德意志普遍发展起来。资本主义农业关系的进一步发展以及工业品市场的扩大，都给资本主义工业的发展创造了有利条件。资本主义经济愈加发展，国家统一的要求就愈加迫切。当时存在两条不同的统一道路：一条是由无产阶级领导，通过自下而上的革命，推翻各邦王朝，建立统一的德意志共和国。另一条是由容克阶级领导，通过王朝战争，自上而下地建立统一的君主国。可以说，德国的统一是历史发展的必然趋势。普鲁士最后完成了自上而下的统一。

1861年，威廉一世继承普鲁士王位，他打算通过军事改革实现德国统一。但是，他的改革计划在议会下院遭到资产阶级的强烈反对。为摆脱困境，威廉一世于1862年9月起用铁腕人物俾斯麦做普鲁士宰相。

俾斯麦（1815～1898年）出身于普鲁士勃兰登堡世家，早年是顽固的保守派，认为德国统一只是一种幻想。1851年，俾斯麦任普鲁士驻德意志邦联议会的全权代表后，他的政见发生了根本性的变化。他认识到德意志迟早会统一，顺应这一潮流的最好方式是由普鲁士掌握统一运动的领导权，从而能够保证普鲁士君主政体和容克的特殊地位。普鲁士要统一德国，舍武力外别无他途。

依照俾斯麦的最初设想，要排除那些妨碍实现统一的各种干扰，普鲁士首先必要与奥地利在战场上决战。但是，在发动对奥战争之前，德意志与丹麦之间却突然发生了领土纠纷。纠纷的起因是双方就施列斯维希、霍尔斯坦两个公国的归属问

◎ 1871年1月，威廉一世加冕为德意志帝国的皇帝，台阶下着白衣者为俾斯麦。

题发生了矛盾。这是两个以德语为主要语言的公爵领地，后者还是德意志邦联的成员，两个公国在名义上归丹麦国王所有。1863年，丹麦国王宣布将施列斯维希正式并入丹麦，此举马上引起德意志境内日耳曼人的反对，俾斯麦趁机挑起对丹麦的战争，并将奥地利作为"盟友"拉入战争。1864年2月，战争开始，丹麦很快战败。丹麦被迫签订和约，将两公国交与普奥共管。稍后，普鲁士占领了施列斯维希，奥地利占有了与自己的领土并不毗连的霍尔斯坦。

接着，俾斯麦开始精心准备对奥地利的战争。发动战争前，俾斯麦除得到俄、法中立的保证外，他还与刚建立的意大利王国的首相加富尔签订了同盟条约，使奥地利陷入外交上的孤立。在作了一系列外交安排后，俾斯麦借口奥地利对霍尔斯

1858年

中国大事记：
6月，俄、美、英、法逼迫清廷相继签订《天津条约》。

坦管理无方挑起两国的争执，并导致1866年6月普奥战争爆发。战争持续了7个星期。7月3日，普军在萨多瓦一场战役中大败奥军。8月23日，普、奥签订了《布拉格条约》，条约规定施列斯维希和霍尔斯坦归普鲁士所有，奥地利承认"没有奥地利帝国参加的新德意志组织"，并同意在莱茵河以北成立一个由普鲁士领导的德意志联邦。1867年，北德意志联邦宣告成立。德意志统一运动由此迈出了关键性的一步。

经过普奥战争，普鲁士统一了德国的整个北部和中部地区，只有德意志南部紧邻法国的4个小邦国仍旧保持着独立。俾斯麦想兼并这4个小国，但他知道，法国也有同样的想法，不打败强大的法国，德国的统一将不可能实现。所以，俾斯麦铁血政策的第三步，就是进行普法战争。另一方面，拿破仑三世曾经许诺在普奥战争期间保

○**色当会战**

此会战，法军共损失12.4万人，其中仅3000余人逃到比利时境内；普军损失近9000人。色当惨败加速了拿破仑三世帝国的崩溃。

持中立，他之所以许诺是因为他认为战争会持续很久，普、奥两国实力会因此互相削弱，这将有利于法国扩大对中欧局势的影响。然而，战争结果却出乎他的意料。

1870年7月，普法战争爆发。拿破仑三世亲临前线督战。但是法军并没有做好充分的战斗准备，后勤供应又跟不上，而它所面对的又是一支经过改造以及多次炮火洗礼的欧洲劲旅，战争一开始便注定了法国失败的命运。在色当决战中，法国军队一败涂地，拿破仑三世连同他的十多万士兵都成了普军的俘虏。

色当战役后，普军深入法国腹地，兵临巴黎城下。在此期间，南德诸邦与北德意志联邦已经合并，成立德意志帝国。1871年1月18日，威廉一世在巴黎凡尔赛宫举行加冕典礼，正式即位为德意志帝国的皇帝。至此，德国统一终于完成。

德国的统一是历史发展的必然趋势。它结束了长期的分裂状态，形成了统一的国内市场，为德国资本主义的迅速发展创造了有利的条件。统一后的德国成为欧洲和世界的强国，导致国际政治格局发生重大变化。

·铁血政策·

俾斯麦通过王朝战争实现德国统一的政策。1862年6月，俾斯麦出任普鲁士的宰相兼外交大臣。他代表容克地主和大资产阶级的利益，竭力主张由普鲁士以强权和武力统一德国，建立以普鲁士为中心的德意志帝国。同年9月，他在普鲁士议会的首次演说中宣称："德国所注意的不是普鲁士的自由主义，而是权力……普鲁士必须积聚自己的力量以待有利时机，这样的时机我们已经错过了好几次……当代的重大问题不是通过演说与多数人的决议所能解决的——这正是1848年和1849年的错误——而是要用铁和血。"他不顾议会的反对强行扩大军队，并发动了1864年对丹麦的战争、1866年对奥地利的普奥战争、1870年的普法战争。1871年1月18日，威廉一世在凡尔赛宫宣告了德国的统一，成立德意志帝国。俾斯麦推行的这种政策称为"铁血政策"，后来成为战争政策的代名词。

1871年

世界大事记：
普鲁士国王威廉一世即位为德意志帝国，即德意志第二帝国皇帝，标志着德国统一完成。

日本明治维新

19世纪后半期，继欧洲和美洲的资产阶级革命之后，亚洲的日本也出现了一次在政治、经济、思想文化等领域的全面革新运动。这场以推行资本主义新政为目的的资产阶级革新运动开始于明治年间，所以史称"明治维新"。

此前，日本是落后的封建国家。在1603年，德川家康消灭了各地的割据势力，在江户设置幕府，建立了德川家族的一统天下。名义上，首脑是天皇，但实权已落在德川家族的手中。德川幕府实际上对外代表国家，对内主持政府，根本不把天皇放在眼里。

德川幕府掠夺土地，并把土地分封给270家叫"大名"的封建领主。大名又把领地分割成更小的单位，分赐给自己的家臣——武士。武士一般是职业军人，是幕府将军统治人民的主要工具。"士、农、工、商"被划在武士之下，受到等级身份制度的严格限制。还有30多万被称作"非人"和"秽多"的贱民，被排斥在士、农、工、商之外，过着悲惨的生活。

幕府推行闭关自守政策，不同其他国家建立任何关系。德川幕府以为这样就可以长治久安了。18世纪后期，随着商品经济的发展，新兴的地主阶级和商业资本家为了争得政治上的地位，对幕府制度产生了强烈的不满，而广大的人民群众反抗的情绪也日趋高涨。接连爆发的农民起义和市民暴动，严重地动摇了幕府的统治。

正当此时，西方列强大举入侵日本。幕府屈服于列强的炮火，连续与列强签订了许多不平等条约和关税协定。大批农民和手工业者因为外来廉价商品的涌入而破产。民族矛盾和阶级矛盾迅速激化，在人民积极行动起来推翻幕府统治的

◎ **明治天皇**

生于1852年，是孝明天皇第二皇子，名睦仁。1866年12月继承皇位，第二年实行王政复古。1868年举行即位典礼，并改年号为明治。在他即位初期，日本发生维新运动，建立了天皇专制政权。在他的主持下，日本先后实行一系列资产阶级改革，推出版籍奉还、废藩置县、制定征兵令等改革措施，促进了日本资本主义的发展，摆脱了被殖民的危机。

形势下，以中下级武士、商人、资本家和新兴地主为主体的改革力量组成倒幕派，要求实行资产阶级性质的改革。倒幕派与幕府之间于1864年开始了武装冲突。

1866年6月，幕府发动讨伐长州的战争。7月，德川家茂突然死亡，德川庆喜继任将军，以举行家茂的葬礼为借口退兵。1867年10月，萨摩、长州、安艺三藩武士在京都召开秘密会议，决定

1859年

中国大事记：
洪仁玕来到天京，刊行《资政新篇》。

◎明治维新大搞"文明开化"，学习西方文化。图为东京音乐学院的学生穿戴上欧洲服饰在举行一场西洋音乐会。

组织联军正式讨伐幕府，并把讨幕计划秘密上奏天皇。10月14日，天皇给萨、长两藩颁发密诏，命令他们讨伐幕府。德川庆喜见势不妙，被迫提出了"奉还大政"的请求，表示要辞去将军职位，还政天皇。至此，统治日本260多年的德川幕府在名义上宣告结束。

1868年1月3日，明治天皇出面召开了有倒幕派皇族公卿、大名及下级武士参加的御前会议，颁布"王政复古"诏书，宣布废除幕府制，组织成立新的中央政府。德川庆喜不甘心失败，于1868年1月集合军队向京都进军，结果在京都附近的鸟羽、伏见被以萨、长两藩军队为主力的政府军击败。4月，德川庆喜走投无路，被迫投降，政府军进占江户，改名为东京，次年3月迁都东京。明治天皇宣布了新政府的施政纲领——《五条誓文》，纲领表达了地主资产阶级在政治、经济、文化、外交等方面进行改革的愿望和决心。接着，明治政府展开了全面的改革运动。

日本明治维新的主要内容是：第一，实行"富国强兵"政策，建立中央集权制的国家机构。第二，变革土地制度，进行地税改革。第三，贯彻"殖产兴业"，大力扶植资本主义。第四，大搞"文明开化"，实行教育改革。

明治维新是一次以农民为主力、以资产阶级同资产阶级化下级武士为联盟、以资产阶级化下级武士为领导的资产阶级革命，推翻了幕府的封建统治，建立了地主资产阶级联盟的中央集权国家，开拓了日本资本主义经济的发展道路，成为日本从封建社会进入资本主义社会的转折点。在人民群众的推动下，明治政府实行了一系列资产阶级性质的改革，加速了资本主义的发展，进而摆脱了沦为殖民地的危机。但是，由于资产阶级的软弱性和其尚未形成独立的政治力量，明治维新的领导权掌握在代表地主资产阶级利益的武士集团手中，因而使这次革命进行得很不彻底。

明治维新后，国家的政治、经济等方面仍然存在大量的封建因素。农民的土地问题没有得到彻底解决，地主阶级始终在政治中占主导地位。这使地主资产阶级专政从一开始就具有对内残酷镇压人民、对外大肆侵略扩张的性质，为后来日本走上军国主义的道路埋下了伏笔。

·安政条约·

安政条约是日本被迫先后同美、荷、俄、英、法五国签订的不平等的《友好通商条约》的总称，因签订于安政五年（1858年），故名。1858年7月29日，美国迫使日本签订了《日美友好通商条约》。主要内容为：日本开放箱馆、神奈川、长崎、新潟、兵库5个港口和江户、大阪为商埠；美国在江户驻外交代表，在各通商口岸派驻领事；美国可在江户、大阪两地及各通商口岸等设相当于租界的"居留地"；美国享有贸易自由和领事裁判权；美国的进出口货物实行协议关税。同年8～10月间，荷、俄、英、法相继迫使日本签订了内容类似的条约。这些条约进一步损害了日本的主权，彻底地打破了日本的锁国政策。从此日本陷入了沦为半殖民地的危机。条约由于未经天皇批准而签订，加剧了尊王攘夷的活动，导致了安政大狱，至1911年才完全恢复主权。

巴黎公社

马克思主义自19世纪40年代诞生后，在各国工人阶级中广泛传播，影响也越来越大，无产阶级的革命斗争也由自发的斗争发展为自觉的斗争。19世纪后半期，国际无产阶级革命运动日益走向成熟。国际团结得到加强，工人运动越来越具有国际性的特点，出现了国际无产阶级的群众性组织——第一国际和第二国际。

巴黎公社革命是19世纪以来国际工人运动的重大成就，是法兰西第二帝国后期阶级矛盾和民族矛盾爆发的结果。首先，巴黎公社革命是法国阶级矛盾和阶级斗争的必然结果。帝国末期，无产阶级的反抗斗争日益高涨，蒲鲁东的小资产阶级社会主义、布朗基的空想共产主义思想得到广泛传播，还有一些人受马克思主义影响，认识到夺取政权的重要性。广大农民、小资产阶级民主派和资产阶级共和派对帝国政府的不满情绪也日益增长。60年代后期的经济危机进一步激化了阶级矛盾。其次，巴黎公社革命是在法国面临严重的民族危机的情况下爆发的。拿破仑三世在1870年7月的普法战争中遭受惨败，法军主力连同拿破仑三世都做了俘虏，这就加速了帝国的崩溃。在这种情况下，9月4日法国人民举行革命，推翻了第二帝国，成立了"国防政府"。这时，普军继续向法国内地推进，法国成了防御侵略战争的一方。"国防政府"屈辱求和，普军得以长驱直入，包围了巴黎。10月31日，法军投降。巴黎人民极为愤慨，又爆发了旨在推翻叛国政府的第二次起义。起义虽然被镇压，但两次起义使无产阶级和人民群众受到了实战锻炼。爱国热情高涨的巴黎工人冲破政府限制，仅3个星期就组成了194个工人营队。1871年2月，巴黎无产阶级革命武装正式成立了国民自卫军中央委员会。

1871年1月28日，"国防政府"同普鲁士签订了割地赔款的停战和约。2月17日，梯也尔上台。由于消除了后顾之忧，法国资产阶级便集中全力对付国内特别是巴黎的工人武装。3月8日～17日，梯也尔政府向巴黎增调了2万名政府军，准备夺取国民自卫军的大炮，逮捕其中央委员会成员。18日凌晨，政府军占领了蒙马特尔停炮场，枪声惊醒了附近居民，大炮被抢的消息迅速传开。该区的国民自卫军战士立即集合起来，包括许多妇女、儿童和老人在内的人民群众也随

·《国际歌》·

1888年6月23日，《国际歌》首次与人民大众见面，在法国里尔，《国际歌》首唱取得成功。《国际歌》的词作者是欧仁·鲍狄埃。1871年3月18日，他参加巴黎公社的起义，担任公社委员。后来起义失败了，他满怀悲愤地写下这首歌词："起来，饥寒交迫的奴隶，起来，全世界受苦的人，满腔的热血已经沸腾，要为真理而斗争！"1888年6月，作曲家比尔·狄盖特受命为鲍狄埃的歌词谱曲。他在地窖里，用破旧的脚踏风琴为《国际歌》谱了曲。《国际歌》谱曲完成，是在6月16日。而后，在一次里尔卖报人的集会上，工人组织的合唱团第一次唱出真正属于无产阶级的革命战歌。这支雄伟壮烈、气吞山河的《国际歌》很快传遍了全世界。

1860年

中国大事记：
英法联军攻占北京，焚毁圆明园，第二次鸦片战争结束，中国半殖民地化的程度加深了。

❶ 1871 年 5 月 28 日，巴黎公社社员在拉雪兹公墓英勇就义。

同一起拥上蒙马特尔高地。偷袭的政府军很快就被赶到的国民自卫军击溃。

这时，巴黎的武装起义迅速展开。国民自卫军和人民群众自动拿起武器，建筑街垒，布置岗哨，派出巡逻队，集中分散的大炮。中央委员会领导武装起义，占领了部分地区。中午以后，国民自卫军开始向巴黎市中心挺进。22 时许，国民自卫军进入市政厅，升起红旗。至此，中央委员会控制了巴黎全城，推翻了梯也尔政权。3 月 28 日，巴黎公社进行了普选，一个崭新的无产阶级国家政权诞生了。

为了镇压革命力量，梯也尔一方面纠集反动军队的散兵游勇，另一方面请求俾斯麦释放战俘，重新拼凑和整顿了军队。此时，巴黎东面和北面普军 15 万大军压境，西面和南面凡尔赛军队伺机反扑，形势对公社极为不利。

公社方面却疏于防范。4 月 2 日清晨，凡尔赛军炮轰巴黎，向巴黎城西的纳伊桥发起进攻。炮声震醒了巴黎，公社执行委员会当即决定进攻凡尔赛。3 日清晨，公社匆忙调集 4 万人，分 3 路向凡尔赛进军。由于公社领导对军事形势盲目

乐观，对大规模军事行动缺乏准备，致使出击部队各行其道，导致战斗的失利。

4 月 6 日，凡尔赛军与东面和北面的普军对巴黎形成了包围。公社方面仅有 1.6 万人的作战部队和 4.5 万人的预备部队。但公社战士无所畏惧，与敌人浴血奋战。4 月 7 日，西线 5000 名装备很差的部队，同 9 倍于己的敌人激战。17 日，250 名公社战士在贝康城堡抗击 5000 名敌军进攻达 6 个小时。在南线，公社战士为守卫炮台顽强战斗。到 4 月底，公社守住了巴黎西线和南线，给凡尔赛军以大量消耗。5 月初，公社调整了巴黎防御部署。凡尔赛军发起全线总攻。公社虽在此时加强了军事指挥，但大局已难挽回。

5 月 21 日下午，凡尔赛军进入巴黎，一场震撼世界的巷战开始了。为保卫公社政权，公社战士奋起抗敌，他们在街道和广场筑起街垒，同敌人进行殊死的战斗。27 日，敌军开始围攻最后两个工人区。在拉雪兹神甫墓地，200 名公社战士与 5000 名凡尔赛士兵展开肉搏，战至傍晚，大部分公社战士壮烈牺牲，被俘战士全部被枪杀在墓地的一堵墙前。这堵墙后来被称为"公社社员墙"。28 日，公社战士坚守的最后一个街垒被攻克。巴黎人民的武装起义被凡尔赛军血腥镇压下去了。

巴黎公社虽然失败，但它的伟大历史功绩是不可磨灭的。巴黎公社是无产阶级民主的第一次尝试，是历史上第一个无产阶级的国家政权，为后来的无产阶级革命提供了极其宝贵的历史经验和教训。

1861年

三皇同盟

普法战争结束后，德国通过《法兰克福和约》对法国进行大肆掠夺，在经济和军事上削弱法国的势力，以阻止法国复兴；在外交上，俾斯麦积极拉拢英、俄、奥，孤立法国，确保德国在欧洲的地位。而法国虽然在战后大伤元气，但它并不甘心忍受割地赔款的耻辱。为了重振国力，恢复往日的霸主地位，法国政府也展开了积极的外交活动，寻找盟友，与德国抗衡。法国的活动令俾斯麦十分不安，他一方面积极准备对法国发动新的战争，另一方面加紧改善与俄、奥两国的关系。

◎ 奥地利皇族与外国显要们在 1873 年维也纳博览会上。

当时，俄国正同英国争夺在西亚和中亚地区的利益，感到有必要改善同德国的关系，以加强自己在英、俄对抗中的地位。奥匈帝国在巴尔干地区同俄国有着很深的矛盾，它惧怕德、俄联手会威胁到它在巴尔干的利益，因此，决定抢在俄国的前面与德国改善关系。1871 年 8 月至 9 月间，德、奥两国君主频频会晤，商谈结盟事宜。俄国不愿看到自己的西邻中出现一个反俄同盟，为了拆散德、奥结盟，它必须设法拉拢奥国，奥国也有意利用俄国来牵制德国。

在此情况下，俄皇决定去德国同正在德国访问的奥皇会面，而这一切正合德国的想法。于是，俾斯麦正式向俄皇发出邀请，谋划建立三国同盟，实现他孤立法国的外交战略。1872 年 9 月，三国皇帝在柏林会见，就三国间有关问题进行磋商和协调。第二年 10 月，三国皇帝在维也纳正式缔结协定，即所谓的"三皇同盟"。协定规定：当它们之间发生利益冲突时，要进行磋商，以便消除分歧；当缔约一方受到他国侵犯时，三国应互相协助，采取共同行动。"三皇同盟"虽然是君主之间达成的协定，具有旧时"神圣同盟"的色彩，但这个新神圣同盟更多的是利益上的相互利用；另外，它已不再体现欧洲大国的均势，而是完全以德国为核心。

"三皇同盟"的缔结开了欧洲政治集团的先河，是欧洲新格局的开端。

· 奥匈帝国 ·

1866 年，普奥战争爆发，奥地利战败，被迫退出德意志以外并同意解散德意志联邦。奥地利的势力受到严重削弱，国内民族矛盾剧烈激化。为维护帝国统治，奥地利被迫与匈牙利贵族地主妥协。

1867 年 5 月，帝国议会讨论《奥匈协定》具体条文。6 月，帝国议会与匈牙利议会达成协议，《奥匈协定》生效。

德奥同盟和三国同盟

进入19世纪后期，第二次工业革命开始兴起，科学技术突飞猛进，社会生产力得到了极大的提高，人类进入了电气时代。欧洲各国的工业和经济再次跨上了一个新台阶，逐渐形成了垄断资本主义，各国开始向帝国主义过渡。但它们之间的发展是不平衡的，英、法等老牌资本主义国家发展速度较慢，而新兴的美国、德国发展速度很快，成为世界排名第一、第二的资本主义工业大国。由于帝国主义国家之间的发展不平衡，它们之间的矛盾也在加剧。各国为了自己的利益，纷纷寻找对策。

普法战争后，为了防止法国东山再起，德国首相俾斯麦勒索了法国50亿法郎的巨额赔款，并且强行割走了矿藏丰富的阿尔萨斯和洛林地区，企图让法国"流尽血"。德国凭借着这些资源和资金，迅速跃升为世界第二工业大国。但出乎俾斯麦意料的是，法国人不仅没有一蹶不振，反而恢复了元气。法国人为了报仇雪耻，在不断扩充军备的同时，还四处寻找盟友，共同对付德国。

面对法国复仇计划，俾斯麦也开始四处拉拢盟友，对抗法国。

恰好这时，奥匈帝国和俄国在巴尔干问题上发生了争吵。原来两国都对巴尔干半岛上的波斯尼亚和黑塞哥维纳地区垂涎三尺，俄国凭借着强大的实力，四处宣扬"大斯拉夫主义"（波斯尼亚和黑塞哥维纳的居民和俄罗斯人同属斯拉夫人），企图把奥匈帝国的势力排挤出去，独占巴尔干半岛。德国不愿意看到俄国过于强大，害怕它威胁到德国，再加上德国和奥匈帝国同属日耳曼民族，所以德国在巴尔干问题上支持奥匈帝国。

● 结成同盟的三国君主画像

两国联手，开始排挤俄国的势力，使俄国吞并波斯尼亚和黑塞哥维纳的计划落空。

1879年8～10月，德国首相俾斯麦与奥匈帝国的外交大臣安德拉西在维也纳秘密会谈，缔结秘密军事反俄条约——《德奥同盟条约》。这个条约的主要内容是：如果德、奥两国中一国遭到俄国的进攻，那么另一国应以全部的军事力量进行帮助；如果其中一国遭到另一个国家（暗指法国）的进攻，那么另一缔约国应对其盟国采取中立；如果进攻的国家得到俄国的支持，那么两国应动用全部的军事力量联合作战；如果遭到法国和俄国的联合攻击，那么双方则要共同作战。由此，德国和奥匈帝国正式结盟。

和奥匈帝国结盟后，俾斯麦还不放心，他总觉得力量还有些单薄，于是又把目光投向了意大利。意大利自从1870年统一后，资本主义得到了迅速发展，国家的实力迅速增强。为了扩大自

1862年

中国大事记：
清政府决定向英、法两国"借师助剿"，太平天国进行天京保卫战。

己国家的产品销售市场，意大利急于开拓海外殖民地，首先看上了和自己一海之隔的北非明珠突尼斯。但法国人也想占领突尼斯，两国争执不下。俾斯麦看准了这一点，找上了意大利，表示在突尼斯问题上德国支持意大利。但紧接着他又找到法国，暗示德国不反对法国人占领突尼斯。法国于1881年出兵占领了突尼斯。当时在突尼斯有很多家意大利企业和两万意大利侨民，意大利政府早已经盯上突尼斯，不料却被法国人占领了。可是法国的实力比意大利强大，这时俾斯麦极力拉拢意大利。为了报复法国，丧失了地中海优势的意大利同德国的关系开始密切起来。

但意大利和奥匈帝国有领土争端，两国素来不和。在德国的调解下，两国终于坐到了一张谈

· 帝国主义的发展 ·

垄断资本主义的经济实质就是帝国主义。垄断的产生，标志着资本主义进入了新的阶段——帝国主义阶段同自由资本主义不同，垄断资本主义最重要的政治和经济特点，是要攫取最大限度的垄断利润。因此，垄断必将导致资本输出的扩大和对海外销售市场及原料产地的控制，并因此引发资本主义国家之间的矛盾斗争。19世纪末，掀起了主要资本主义国家之间瓜分殖民地的狂潮。

判桌前。1882年5月，德国、奥匈帝国和意大利三国在维也纳签订了同盟条约。条约规定，如果意大利遭到了法国的攻击，那么德国和奥匈帝国应以全部的军事力量援助；如果德国遭到了法国的进攻，那么意大利也应以全部的军事力量进行援助。如果缔约国中的一国或两国遭到了两个或两个以上的国家（暗指法国和俄国）的进攻，那么三国要动用全部的军事力量协同作战。但意大利还有一个附加条件：如果英国进攻德国或奥匈帝国，意大利则不予援助。就这样，三国同盟正式形成。

1890年，俾斯麦被迫辞职。德皇威廉二世和新任首相卡普里维抛弃俾斯麦的外交方针，全力支持奥匈帝国，对俄国采取较强硬的态度。德国与英国在东非问题上达成妥协，1890年7月，两国签订了《赫耳果兰条约》。德、英的接近，使德、俄更加疏远，加速了法国与俄国的结盟。

● 1884年柏林街头，电灯的使用使城市夜晚一片通亮。

1864年

三国协约的缔结

　　1890年3月，俾斯麦辞职后，德皇威廉二世放弃了俾斯麦的拉拢俄国以孤立法国的策略，结果把俄国推向了法国的怀抱。

　　法、俄两国在政治上有着共同的利益，他们都担心德国势力过于强大，法国希望在德法战争中能够得到俄国在东线的支援，而俄国也希望法国能策应它同奥国争夺巴尔干。两国在经济上往来也日益密切。自1888年以来，法国连续向俄国提供贷款，到1889年底，俄已欠法国贷款达26亿法郎，而此时德国却拒绝向俄提供任何贷款。这样，俄国在财政上对法国的依赖加深了。

　　1890年7月，德、英签订《赫尔果兰条约》，在东非问题上达成妥协。这个条约使法国感到孤立，于是加速了同俄结盟的步伐。1891年5月，德、奥、意第三次续订三国同盟。6月，意大利首相在宣布三国同盟续订的消息时，提到英、意、奥的《地中海协定》，法国因此怀疑英国也参加了三国同盟，于是决定采取外交行动。8月，法、俄以外交信函的形式，订立了《政治协定》，确定在有可能受到攻击的情况下，两国应就形势和所采取的措施"互致谅解"。第二年8月17日，法、俄又签订了秘密的《军事协定》。协定规定：如果奥国或意大利在德国支持下进攻法国，俄国应全力进攻德国；如果德国或奥国在德国支持下进攻俄国，法国应全力进攻德国；如果三国同盟国家动员其军队，法、俄两国无须协商便立即动员其全部军队开赴边境；法国用于对付德国的军队应为130万人，俄国用于对付德国的军队应为70～80万人；双方不得单独媾和，不得泄露协定秘密；协定的有效期与三国同盟条约的有效期相同。

　　与此同时，出于对德国势力日益膨胀的畏惧，英国感到自己的地位受到越来越大的威胁，它决定放弃传统的"光荣孤立"政策，开始向法俄靠拢。1904年4月，英国和法国签订了瓜分殖民地的协约。这个协约的主要内容是：法国不干涉英国在埃及的行动，英国承认法国在摩洛哥有维护安宁和

◎德皇威廉二世肖像，完成于1890年。就在这一年，他迫使俾斯麦辞职。

◎俄国沙皇尼古拉二世与他的儿子亚力克塞

1907年

世界大事记：
英、俄协定缔结，英、法、俄三国协约形成。

协助改革的权利；划定两国在暹罗（即今天的泰国）的势力范围：以湄公河为界，西半部是英国的势力范围，东半部是法国的势力范围；法国放弃在纽芬兰独占的捕鱼权，英国则让给法国西非一些殖民地。同时，秘密条款还规定，双方政府之一如为"情势所迫"，也可变更埃及或摩洛哥的现状。但是自由贸易、自由通行苏伊士运河、直布罗陀海峡南岸禁止设防等原则仍继续维持。通过协约，英法两国的矛盾解决，双方利益趋向一致。

此后，英俄为了对付共同的对手德国，也开始调整相互之间的关系，1907年8月，英国和俄国在彼得堡签订了分割殖民地的协定。这个协定的主要内容是：划定波斯（即今天的伊朗）东南部为英国的势力范围，北部为俄国的势力范围，两者之间是一个中立地带，对英俄两国平等开放；俄国承认阿富汗在自己势力范围之外，并承允英

·第一次摩洛哥危机·

1905年，德法两个帝国主义国家为争夺摩洛哥而发生了战争危机。1904年《英法协约》签订，英国和法国在有关埃及和摩洛哥问题上达成默契，法国对摩洛哥的支配权得到了英国的认可。1905年，德国政府宣布，不承认法国对摩洛哥的占领，要求召开国际会议，重新审议英法两国关于摩洛哥的协定。法国拒绝了德国的要求，并派军舰到丹吉尔港示威。国际形势顿时紧张，出现了第一次摩洛哥危机。1906年1月至4月，西方列强举行解决摩洛哥危机的国际会议。在出席会议的14个国家中，只有奥匈帝国支持德国，其余各国包括英、美、俄等国在内，都站在法国一边。德国在国际上陷于孤立境地。

❍ 19世纪末的法国经济持续发展，城市景象较为繁荣。

国代替阿富汗的外交。英国则声明不变更这个国家的政治地位。《英俄协约》虽然没有明确规定军事同盟义务，甚至还打着"维护和平"的幌子，但实际上也是为了加强掠夺殖民地和准备帝国主义战争而签订的。在《俄法协约》和《英法协约》的基础上，1907年《英俄协约》的签订，标志着和三国同盟对抗的另一个帝国主义军事集团——英、法、俄三国协约的最后形成。

"三国同盟"与"三国协约"形成之后，两大集团之间互相竞争，最终导致了第一次世界大战的爆发。

1864年

朝鲜甲午农民战争

19世纪70年代，日本将侵略的魔爪伸向了朝鲜。朝鲜政府在日本军国主义的武力威胁之下，被迫和日本签订了所谓《朝日友好条约》，即《江华条约》。《江华条约》严重地破坏了朝鲜主权，朝鲜开始沦为日本的半殖民地。

在日本资本主义与本国封建主义的双重残酷压榨下，朝鲜各地接连举行反对日本侵略者和封建统治者的起义，1882年8月下旬，在闵妃集团的请求下，清政府派遣军队镇压了起义，并拘捕了大院君，闵妃集团得以重新执政。

鸦片战争后，清朝政府在邻国的威信逐渐下降。《江华条约》订立后，朝鲜一部分贵族青年知识分子和官吏对欧洲和日本开始有所了解。他们觉察到清朝政府的腐败无能，对清军进驻朝鲜干涉内政深为不满。

◎ 19世纪初朝鲜的官员与侍者在一起。

·《江华条约》·

1875年9月，日舰"云扬号"驶入朝鲜的江华海峡，制造了所谓"云扬号"事件。次年2月，日军又侵入江华岛，强迫朝鲜签订"友好"条约。当时在位的闵氏集团被迫与日本侵略者签订了所谓的《日朝修好条规》，即《江华条约》，接着又签订了《朝日修好条规附录》《朝日贸易规则》等。按这些条约规定，除釜山外，朝鲜再向日本开放仁川、元山两港；朝日"自由"通商，日货免纳关税，日币在朝鲜各通商口岸可以自由流通，等等。《江华条约》是殖民主义者强加给朝鲜的第一个不平等条约。

壬午兵变后，开化派发起的改良运动得到蓬勃发展，开化派和闵妃集团守旧派的斗争日益尖锐。日本侵略者利用朝鲜的民族矛盾，企图在朝鲜建立亲日政权，而开化派也正寻求日本政府的帮助。1884年（甲申年）12月4日，开化派借庆祝邮政局落成的机会，与日本公使竹添进一郎共同策划政变。开化派依靠日本军队，杀死守旧派的主要官员。并于第二天挟持国王，组成新政府，宣布同清政府断绝外交关系。

6日晨，新政府发表政治纲领，提出废除门阀、革除冗官、惩处奸吏、四民平等、改革租税、整编军队、限制国王和宫廷权力等条款，但由于缺乏具体措施，没有得到人民群众的支持。下午，清军应闵妃集团的请求入宫，与日军展开激战。日本公使见形势不利，率军逃跑。洪英植等被清军杀死，金玉均等亡命日本。至此，开化派举行的甲申政变宣告失败。

1893年，朝鲜发生大灾荒，饥民遍野，百姓流离失所，而贪官污吏和土豪劣绅却趁机压榨人

1876年

民。全罗道古阜郡守赵秉甲漠视人民疾苦，非法征收水税和杂捐。赵秉甲的残暴行为激起农民极大的愤怒。

1894年1月15日，古阜、泰仁一带一千余农民在东学道首领全琫准领导下举行起义。起义者攻占古阜郡城，占领武器库，惩处贪官污吏，释放囚犯，开仓分粮，烧毁土地文契，附近的村民纷纷响应。3月，攻下要地长白山，整顿了队伍，共推全琫准为总大将，明确提出了"辅国安民""逐灭倭夷""尽灭权贵"的斗争纲领。4月，义军攻下南方重镇全州，锋芒直指汉城。朝鲜统治者向清政府求援，并被迫接受了起义军提出的12项要求。

1894年6月，清军在牙山登陆。日本以清军登陆为借口，立刻派军队于7月6日在仁川登陆。7月23日，日军占领汉城后，立刻发动宫廷政变，组成了以金弘集为首的亲日派政府。亲日政府同日本签订了《朝日暂定合作条款》和《朝日攻守同盟条约》，宣布驱逐清军，把清政府在朝鲜的一切权限"委托"给日本。7月25日，日本对中国不宣而战，中日甲午战争爆发。此后，起义军的斗争锋芒转向日本侵略者。9月末，在全罗道集结的起义军达十余万人，士气极为振奋。义军准备北进，直取汉城，驱逐日军，推翻傀儡政府。

然而，在这一关键的时刻，起义军领导集团却发生了分裂。10月间，起义军进入忠清道首府公州，先头部队接近汉城。经过6天激战，最后起义军失败。11月下旬，在论山战役中，起义军与敌人血战11天，因力量对比悬殊，又遭到了严重损失，被迫分散成小股部队转战于全罗道和忠清道。

全琫准率领一部分军队转战到全罗道淳昌一带，准备重新集结力量继续战斗，但由于叛徒告密而被俘。1895年3月11日，全琫准慷慨就义。威震全国的甲午农民战争在日本侵略者等的联合镇压下以失败告终。

◎表现日本军队侵略朝鲜的版画

1865年

越南抗法斗争

1802年，越南建立了阮氏王朝。阮氏王朝为了巩固封建统治，加强中央集权，把全国分为南、北、中三圻，定都顺化；任命武官为地方长官，对农民起义较多的地区和战略要地都驻兵镇守，并以严酷的刑律统治人民。由于阮氏王朝派往各地的官吏大肆欺压、掠夺人民，所以从阮氏王朝初建时起，人民起义就不断发生。到19世纪中叶，阮氏王朝的封建统治已面临严重的危机。

◎越南人民与清军一同抗击法国殖民者的图画

在这种背景下，法国殖民者加快了侵略越南的步伐。19世纪40年代，法国不断派炮舰侵犯南圻的土伦、西贡等地。1860年底，法国又一次派兵进攻南圻。1861年春，法国侵略军占领了定祥、嘉定、边和三省。尽管南圻人民奋起抗战，但阮氏王朝竟采取屈膝投降的政策，于1862年同法国签订了丧权辱国的第一次《西贡条约》。条约规定割让嘉定、边和、定祥和昆仑岛给法国；开放土伦、巴叻、广安三港为商埠；越南必须通过法国才能与其他国家办理交涉等。从此，法国开始控制越南的内政外交，《西贡条约》标志着越南开始沦为法国殖民地。

1874年，法国又以武力强迫越南签订第二次《西贡条约》。这次条约的签订是法国侵占整个越南的一个很重要的步骤。1883年8月，法国殖民者又迫使阮氏王朝签订《顺化条约》，确定法国对越南的保护权。1885年中法战争结束后，清政府在同法国签订的《天津条约》中，承认了法国对越南的统治。至此，越南完全沦为法国的殖民地。

为了巩固它在越南的殖民统治，法国采取"分而治之"的政策，在南、中、北圻分别建立了不同形式的殖民统治制度，南圻划为"直辖领地"，废除原有机构，由法国总督直接统治。

在加强政治统治的同时，法国殖民者在经济上也对越南人民加紧了残酷的掠夺与剥削，其主要方式是掠夺土地、征收重税，等等。处于水深火热中的越南人民接连掀起反法斗争。勤王运动和农民游击战争是这个时期抗法斗争的主要内容。

1885年7月，阮氏王朝大臣尊室说在顺化发动起义，袭击法国侵略军。咸宜帝号召"文绅"勤王，史称"勤王运动"。1885～1896年，各地爱国文绅和封建官吏纷纷响应，从北圻的兴安、清化到中圻的广治、平定，勤王起义持续不断，沉重地打击了法国侵略者，直到19世纪末，起义才被法国镇压下去。勤王运动虽然是封建士大夫阶层领导的民族运动，但它是20世纪初越南资产阶级民族民主运动的先声。

| 1862年 | 世界大事记：
法国强迫越南签署《西贡条约》。 |

美西战争

19世纪末，美国的工业产品的产量已大大超过国内需求，这就注定美国要去争夺世界领土。但是，当美国登上了争夺殖民地的舞台时，世界领土已基本上瓜分完毕。美国垄断资本家便决定首先夺取西班牙在拉丁美洲和亚洲最后两块较大的殖民地——古巴和菲律宾。

对美国来说，这两个地方不仅可作为市场和投资场所，还可以作为通往拉丁美洲、进一步侵略中国及远东的战略据点。当1895年古巴人民再次掀起独立战争、1896年菲律宾爆发革命时，美国趁机发动了对西班牙的战争。

1898年1月，美国借口"保护侨民"的安全，派战舰"缅因"号驶往哈瓦那。25日，该舰突然爆炸，美国以此事为借口，对西班牙宣战。美军的作战目标极为明确，依靠强大的海军力量，先突袭菲律宾的马尼拉海湾，再打击古巴西军，从而占领拉丁美洲及亚洲的西属殖民地。

◎ 1898年6月，美国军队在古巴登陆。

◎ 在美西战争中，美国以其强大的海军力量在马尼拉湾重创西班牙舰队，从而登上了争霸世界的舞台。

1898年5月1日凌晨，美海军上将乔治·杜威率领舰队，乘着黎明前黑暗的掩护，率领舰队突然驶进马尼拉湾。西班牙要塞哨兵发现后开炮轰击，但均未命中。美随即进行还击，停泊在港湾的西班牙舰队慌乱中组织反击，但有的舰船还未起锚就被击沉。要塞上的炮火虽然猛烈，但命中率却低得可怜。杜威命令美舰队火力集中向西班牙的旗舰猛攻，7时许，旗舰被击沉。失去指挥的西班牙舰队更是乱作

1866年

中国大事记：
发昌机器厂设于上海，为中国最早的私营机器制造厂。

一团。中午，西班牙舰队遭到全歼，马尼拉湾被美军封锁，西班牙在太平洋的制海权落入美军手中。马尼拉突袭成功，极大地鼓舞了美军。6月，美国打着"帮助古巴独立"的旗号，计划从圣地亚哥港登陆。此时的古巴，反西民族革命全面爆发，西班牙军队大多被古巴革命牵制。西军利用圣地亚哥港呈瓶状，出入狭窄，易守难攻的地形优势，用军舰和水雷在港口构筑了严密的防线，使美军无法前进一步，只好将出口紧紧围住。

为迫使西军接受海战，美军对周围地形作详细侦察后决定，海军陆战队从港口东面不远的关塔那摩湾强行登陆，从陆上对圣地亚哥港形成包围之势。6月10日，600名海军陆战队人员出发。虽然关塔那摩湾防守相对较

◎美军正在猛攻被困在孤岛上的西班牙军队
美西战争是世界进入帝国主义时代的标志，此后美国迅速上升为世界主要强国之一。

弱，但仍遭到西军的顽强阻击，美军伤亡重大。防线最终被突破，美军成功登陆。7月1日，美陆战队先后攻占了圣地亚哥港东北部和东部的据点埃尔卡纳和圣胡安，形成了对圣地亚哥港的包围之势。陆上的攻势给停泊在圣地亚哥港内的西班牙舰队造成严重威胁。7月3日，他们开始试图冒险冲破美军的封锁。上午9时许，3艘巡洋舰和2艘驱逐舰在玛丽亚·特雷莎号旗舰的率领下率先冲出，严密封锁港口的美军集中火力向港口发射，西舰船逐一被击沉。这次海战不到3小时就宣告结束。7月17日，圣地亚哥守兵投降。8月12日，美军趁势攻占了波多黎各岛。8月13日，在菲律宾人民起义军的配合下，美陆军攻占了马尼拉市，西班牙在殖民地的力量被美军彻底歼灭。12月，美、西在巴黎签订和约，和约规定：西班牙放弃古巴的主权，西班牙撤军后古巴由美军占领；菲律宾、波多黎各、关岛让给美国；美国付给西班牙2000万美元作为"补偿"。这个条约是一个重新分割世界的条约，是对菲律宾和古巴主权的粗暴践踏。美西战争是帝国主义重新瓜分殖民地的第一次战争。美国从此作为一个帝国主义大国，登上了争霸世界的舞台。

·美国的两党制·

民主党成立于1828年，代表北方工业资产阶级的利益；共和党成立于1854年，代表南方奴隶主的利益。内战以前，双方在奴隶制等问题上尖锐对立。内战后，共和党长期执政，变成大工业家和银行家的政党；民主党则变成资产阶级化了的南方大农场主、富农和南方资产阶级的政党。美国向帝国主义过渡的时期，两党差别逐渐消失，都代表垄断资产阶级的利益，对外进行扩张。在垄断资产阶级的支持下，美国形成两党制，共和党和民主党轮流执政、垄断政权，使其他政党没有上台的机会。两党制对协调美国社会矛盾与利益冲突，维系美国资产阶级民主政治的运作发挥了重大作用。当然，其实质仍是美国资产阶级专政的工具。

1886年

"门户开放"

19世纪末，尤其是在1895年中日甲午战争之后，远东的政治格局急剧变化，列强在中国的均势被打破，从而掀起了瓜分中国的狂潮。其中，俄国独占了中国东北；日本取得台湾和澎湖之后，又把福建置于它的势力范围之内；德国强占了胶州湾，把山东变为其势力范围；法国强行租借了广州湾，其势力范围遍及滇、粤、川等地；英国租借了九龙和威海卫，并宣布长江流域为它的势力范围。列强们瓜分中国的狂潮无法止步，中国面临亡国的危险，而列强之间的矛盾也愈演愈烈。

西方各国在各自的势力范围内大都实行排他性殖民政策，这严重损害了因忙于美、西战争而未能在中国占有一席之地的美国的商业利益。尤其是俄国封锁了中国东北市场，不准美国商品和资本进入，为此美国耿耿于怀。虽然当时美国的对中国贸易总额并不是很大，但垄断财团早就看中了中国市场的潜在价值，它们向政府施加了强大压力，要求政府采取行动。当时，英国出于自身利益，也向美国建议以"门户开放"原则来规范各国的对中国贸易，协调各国在中国的商业利益。在这种背景下，美国国务卿约翰·海于1899年9月6日向英、法、德、俄、日、意等国递交了一份照会，美国承认

◎执行"门户开放"政策的美国总统威廉·麦金莱，他于1901年被刺身亡。

各国在中国的"势力范围"和夺得的特权；同时要求在各国的租借地和势力范围内，美国享有均等的贸易机会；要求中国内地全部开放，使帝国主义国家都享有投资权力。美国提出该政策的目的是企图通过"机会均等、利益均沾"手段，缓和列强争夺中国的矛盾，防止列强瓜分中国，以使整个中国市场对美国商品自由开放，从而渗透其侵略势力。

第二年7月3日，美国又发出第二封照会，除重申"平等公平贸易"原则外，还提出要"保全"中国的领土和行政完整。两次照会组成了美国对外政策的"门户开放"原则，这个原则的内容与旧殖民主义的根本区别在于：①反对以武力征服的方式从空间上对殖民地实行独占，主张建立"无边界"的殖民体系；②反对对殖民地实行直接统治，而提倡保留殖民地原有的行政实体，实行间接统治；③反对垄断式的保护主义，主张"门户开放"，实行"公平"的自由贸易竞争。

这样，"门户开放"原则实质上全盘否定了旧殖民主义赖以存在的基础，构筑了新殖民主义的框架体系。英国首先支持美国该政策，其他国家也先后表示同意。第二次世界大战后，美国在中国的独占地位已经形成，才放弃此政策。

1894年

戊戌变法

西方资本主义的入侵，一方面破坏了中国的封建经济，使中国面临民族危机；另一方面也促进了中国商品经济的发展。资本主义就在这样的背景下，在中国古老的土地上畸形地成长起来。中国人也从此开始了探索现代化的道路。

19世纪60年代是洋务运动的第一阶段，重点是建立近代军事工业，目的是加强清政府的军事力量。当时兴办的重要企业有安庆军械所、江南制造总局、金陵制造局、天津机器局和福建船政局等。70～90年代为洋务运动的第二阶段，重点是筹建海军和围绕军事工业而建立民用企业，主要有轮船招商局、开平煤矿、唐胥铁路、汉阳铁厂、漠河金矿和湖北织布局等。洋务运动具有浓厚的封建色彩，目的是强化封建专制，但又带有资本主义性质。由于受到国内封建势力的束缚和外国资本的排挤，中国民族资本主义工业的发展举步维艰。

○康有为

19世纪末，中国面临被西方列强瓜分的危险，民族危机异常严重。1894年，日本发动了侵略中国的甲午战争，中日双方在黄海海面、辽东半岛和威海卫进行海陆战争，中国的北洋舰队在日本海军的进攻下遭到惨败。1895年，中日签订《马关条约》，中国被迫承认日本对朝鲜的控制，并割地赔款。日本的侵略引发了列强新一轮瓜分中国的高潮。中国就在这种背景下，又开始了新的现代化探索与尝试。

甲午战争后，中国的先进知识分子开始注意吸收西方先进的思想和文化，其中较为杰出的人物是严复。他于1898年翻译出版了赫胥黎的《天演论》，用进化论启发国人争取实现现代化发展的决心和热情。他把西方的天赋人权观和议会民主政治介绍到中国来，从而为维新变法运动作了舆论准备。

由康有为和梁启超等人领导的戊戌变法运动是一场资产阶级政治运动。维新派主张政治上实行君主立宪制，经济上实行有利于民族资本主义发展的政策。变法虽然失败了，但是它把中国的反封建斗争提高到变革体制的高度，为以后的资产阶级民主革命打下了良好的基础。

戊戌变法失败后，帝国主义列强又加快了瓜分中国的步伐。在民族危亡的关头，中国又爆发了反帝爱国的义和团运动，给了帝国主义以沉重的打击。为此，西方列强组成八国联军公然入侵中国，于1900年7月攻陷天津，8月又占领北京，义和团运动在中外反动势力的联合绞杀下失败了。1901年9月，列强迫使清政府签订了《辛丑条约》，中国到了亡国的边缘，中国人民又到了重新选择救亡图存的道路的关键时刻。在这种背景下，孙中山的民主革命思想应运而生，由他发动和领导的资产阶级民主革命拉开了中国革命新的一幕。

俄日美在远东的竞争

俄国早在17世纪就开始对中国进行侵略活动。到19世纪末已把原属中国的150多万平方千米的土地并入了自己的版图。

日本是新兴的帝国主义国家，19世纪70年代开始对外扩张，1872年侵占了琉球；1874年侵略中国的台湾，最终以失败告终；1875年又入侵朝鲜，取得开放港口和领事裁判等特权。1885年，日本迫使清政府订约，使日本在朝鲜取得了与中国同等的权利。当时英、美等国企图利用日本排挤俄国在中国和远东的势力，在英、美的支持下，日本于1894年7月25日发动了侵略中国和朝鲜的中日甲午战争。清政府战败后，于第二年被迫同日本签订了《马关条约》，根据《马关条约》的规定，中国割让辽东半岛、台湾、澎湖列岛给日本；赔款白银2亿两；长沙、重庆、苏州、杭州开放为商埠，允许日本资本家在通商口岸开设工厂；承认日本对于朝鲜的控制。此外，为了保证中国履行条款，日军暂时占领威海卫。

甲午战争彻底暴露了清帝国的虚弱本质，各国不再有任何顾忌，立即掀起了瓜分中国的狂潮。《马关条约》中辽东半岛割让给日本的条款极大地触怒了俄国，俄国联合德、法两国威逼日本放弃对于辽东半岛的占领。1896年，李鸿章在莫斯科与沙皇政府代表签订了《中俄密约》，这是一份以同盟面貌出现的条约，俄国以"还辽"

功臣自居，独霸了中国东北，而后取得了修筑东清铁路（后改称中东铁路）以及在铁路沿线的行政、驻兵、司法、采矿及贸易等权利。1897年11月，德国以武力占领胶州湾，次年3月强行"租借"胶州湾，租期为99年，进而把山东全境变成它的势力范围。俄国势力的加强使日本更加向英、美靠拢，因此，在远东已形成俄、法、德为一方和日、美、英为另一方的对立格局。

美国在亚洲、太平洋也有着重大利益，1895年以来，美国对中国贸易增长很快，对中国投资也已起步。但是，俄国对中国东北的控制使美国面临失去重要的中国市场的危险，美国国内许多垄断财团纷纷要求政府采取措施，以便打开中国市场。当时，美国主要是利用日本来同俄国对抗，然后从这种"均势"政策中获取自己的利益。远东的这种均势，一直维持到1905年的日、俄战争才被打破。

◎李鸿章与伊藤博文签订《马关条约》图
1895年4月，在日本马关（今下关）的春帆楼内，中日两国代表进行停战谈判，签订了《马关条约》。

| 1899年 | 中国大事记：
山东义和拳朱红灯等在平原一带起义，义和团运动兴起。 |

建立布尔什维克党

由于沙皇专制和封建残渣的存在，也由于垄断资本对国内外人民的剥削和侵略，沙俄帝国内不仅存在无产阶级同沙皇专制和垄断资本的矛盾、农民阶级同贵族地主和沙皇专制的矛盾、国内各少数民族同沙皇政府的矛盾，还存在俄国帝国主义同西方帝国主义、殖民地半殖民地人民的矛盾。

深受封建主义和资本主义双重压迫的俄国工人阶级，不断发起反抗斗争。但在俄国当时的历史背景下，俄国无产阶级革命的任务比任何国家无产阶级革命的任务更艰巨。俄国的无产阶级渴望有自己的革命政党和革命理论的指导，这是列宁主义产生的客观要求，也是俄国无产阶级革命斗争的需要。

1883年9月，普列汉诺夫在日内瓦创建了俄国第一个马克思主义团体——劳动解放社，为俄国传播马克思主义做了大量工作，并从思想上沉重地打击了民粹主义。但他们的理论学习和宣传活动还未与本国工人运动相结合，列宁出色地完成了这个任务。

列宁原名弗拉基米尔·伊里奇·乌里扬诺夫，参加革命后化名列宁。5岁时，他在母亲的教育下开始读书，9岁时上了中学。1887年，他随全家迁到喀山，同年进入喀山大学法律系学习。

列宁在喀山大学结识了一批有革命思想的同学。不久，他就因为参加学生运动而被捕、流放。1888年，列宁从流放地回到喀山，但当局不准他再回到大学。他潜心研读马克思主义，并参加了马克思主义小组。1889年，列宁随全家移居到萨马拉，他在那里埋头读了四年半的书，学了几门外语，并组织了当地第一个马克思主义小组。

1895年，列宁把圣彼得堡的20个马克思主义小组联合成工人阶级解放斗争协会，在俄国第一次实现了社会主义运动和工人运动的结合。当年12月，列宁被捕，并被流放到西伯利亚。

1900年，列宁从流放地到了国外，同年年底创办了《火星报》。通过报纸，促进了各地小组间的联系，并组织培养党的骨干，为建党做了组织上的准备。

为了建立真正的工人政党，列宁发表了大量

·《火星报》·

由列宁创办的第一份全俄马克思主义政治报纸。1900年12月在德国莱比锡创刊，先后在慕尼黑、伦敦、日内瓦出版。报头刊有"星火可以燎原"的口号。编辑部成员有列宁、普列汉诺夫、马尔托夫、阿克雪里得、波特列索夫和查苏利奇。列宁是该报的主编和领导者，他在该报发表了许多有关俄国社会民主工党的建设和无产阶级斗争的各种基本问题、反映并评述国内外的重大事件的文章。在列宁的倡议和参与下，编辑部制订了俄国社会民主工党党纲草案，并得到大多数地方的社会民主工党组织的拥护，筹备党的第二次代表大会的召开。这次大会宣布《火星报》为党的中央机关报，选出新的编辑部成员：列宁、普列汉诺夫和马尔托夫。为加强中央委员会的领导，列宁于1903年11月1日退出编委会。从第52期起，该报被孟什维克篡夺。1905年10月停刊，共出版112期。

1902年

世界大事记：
俄国革命领袖列宁的《怎么办？》一书出版，为无产阶级政党奠定思想理论基础。

◎表现列宁在演讲的绘画

列宁在 1920 年的演讲。虽然俄国的大部分地区都遭受到战争的蹂躏，但布尔什维克领袖的决心和力量极大地促进了革命的发展。

文章，把科学社会主义思想灌输到工人运动中，并宣传马克思主义，批判各种错误思潮。1894 年，他写了《什么是"人民之友"以及他们如何攻击社会主义民主主义者？》一书，以大量事实批判了民粹派否认俄国资本主义发展、否认无产阶级领导地位的错误观点。同时列宁写文章，对"合法马克思主义者"关于资本主义的自由本质的观点进行了揭露和批判。他又撰写了《怎么办？》一书，严厉批判了经济派只搞经济斗争、不要政治斗争的谬论，并指出经济派的基本错误是崇拜工人运动的自发性，而自发的工人运动是没有力量推翻资本主义制度的。因此，只有把科学社会主义灌输到工人运动中去，只有建立无产阶级政党，才能最终取得无产阶级革命的胜利。

列宁这些批判民粹派、"合法马克思主义者"及经济派的著述，为建立新型的工人阶级政党奠定了思想基础。1903 年 7 ~ 8 月，俄国社会民主工党第二次代表大会先在布鲁塞尔，后移至伦敦秘密举行。大会通过了列宁领导制定的党纲。这个党纲是当时世界上唯一把无产阶级专政作为斗争目标的工人阶级政党的纲领。在大会讨论党章时，会议代表产生了严重分歧。列宁主张建立一个集中统一、组织严密、有纪律的党，要求每个党员必须承认党纲，在物质上帮助党，并参加党的组织。马尔托夫反对把参加党的组织作为党员必备的条件，实质上是要建立一个没有纪律、组织涣散的团体。经过激烈争论，最后马尔托夫的主张得以通过。在选举党的中央机关时，拥护列宁的人占了多数，称为"布尔什维克"，反对派称为"孟什维克"。

布尔什维克党的诞生，意味着一个新型的、真正的马克思主义政党的出现，标志着列宁主义的诞生。列宁主义是马克思主义同俄国革命实践相结合的产物。它的诞生，不仅给俄国无产阶级以强大的组织力量和思想武器，也给全世界无产阶级和被压迫人民以强大的思想武器，它标志着一个亘古未有的世界无产阶级革命高潮即将到来。

世界大事记：
美国爱迪生发明有实用价值的碳丝白炽灯，开创人类电气照明时代。

1879年

英布战争

继美西战争之后，英、布殖民者为重新划分南部非洲而挑起争端。

19 世纪末，英国对非洲的侵略进入一个新的阶段。它企图把长期以来在非洲夺取的殖民地连成一片，实现《开普－开罗计划》。而这一计划的实现，还存在着障碍，那就是荷兰殖民者后裔——布尔人在非洲南部建立的德兰士瓦和奥兰治两个共和国。这两地是世界上最大的黄金和金刚石产地，英国为夺取这两块宝地，实现其侵略计划，准备与布尔人打一场战争。为此，英国人在军事上和外交上做好了准备，并寻找借口挑起事端。

1899 年，英国借口两个共和国对移民的选举权限制过严等，派大军到德兰士瓦边境驻扎，双方矛盾激化。英国拒绝了布尔人让英军撤离边境的要求，同年 10 月 11 日，布尔军向英军发起进攻，英布战争爆发。

1899 年 10 月，英军调集大批援军，企图从开普沿铁路线向奥兰治和德兰士瓦进军，一举占领其首都。布尔人却计划在英援军到达前占领纳塔尔，向英殖民地开普进攻。10 月 12 日，布尔总司令约伯特率领军队向纳塔尔发起攻势。约伯特采用散开队形，充分利用地形筑建野战工事，进行伪装前进，使英军分不清主力目标的准确位置，增加了英军的攻击点。英军采用密集队形，既不实施机动、也不进行伪装，战术呆板。布尔军队士气高昂，装备先进，使英军遭到重创，伤亡惨重。布尔人攻下纳塔尔后，又一举占领了埃兰兹纳各特，趁势将万余名英军包围在莱迪史密斯、马弗金、金伯利。接着，约伯特采用围城打援的策略，连续击退增援英军，英军损失近 3000 人。

1900 年 1 月，不甘失败的英军频频调兵，从印度、加拿大、新西兰和澳大利亚调集 25 万大军支援南非。英军调整军事将领，更换新式武器，在总司令罗伯茨的率领下，重新部署兵力，改变进攻策略。布尔军由于围攻的城市较多，牵

◎英布战争中指挥作战的英军军官

◎反映英布战争中英军战斗场面的版画

英军凭借人数优势，迂回包抄，使布尔人陷入被动，迫使布尔人转为运用游击战，以消耗英军。

1901年

制了众多兵力，进攻力量被大大削弱。罗伯茨于是将战略重心从纳塔尔转移到易于攻击的奥兰治河流域。

2月，英军在奥兰治河的北岸，分东北两路向奥兰治发起进攻，英军采用迂回战术，顺利从后面绕过防御坚固的克罗里埃，直扑金伯利。围城的布尔军仍以散形队形顽强抵抗。战斗极为激烈，英军伤亡较重，但终因人数优势击败布尔军，切断其后退之路。27日，布尔军被迫投降。东路英军于27日经4次激烈的进攻，冲破图盖拉防线，围困莱迪史密斯的布尔军面临腹背受敌的境地。28日，布尔军被迫撤围。几个城市的围困解除，英布战争转向有利于英军的方向发展。

3月，英军乘胜追击，依靠人数的绝对优势分进合击，两翼包抄，迫使布尔人退出坚固的防御阵地。英军顺势占领了奥兰治首都布隆方丹。5月31日，攻克约翰内斯堡。6月5日，德兰士瓦首都比勒陀利亚失陷。德兰士瓦、奥兰治被英国吞并。

1900年9月，处于绝对劣势的布尔军队退出城市，在博塔和德韦特的领导下，分成若干小

·南非重建·

为了恢复金矿生产，英国政府与清政府于1904年签订《保工章程》，招募6万多名华工到德兰士瓦。1905年，南非的黄金生产超过之前水平。在政治上，英国重提"联邦"方案。1908年召开了开普、纳塔尔、德兰士瓦和奥兰治4个地区代表的国民会议，就"联邦"问题达成了协议。会议决定，联邦议会设在开普敦，行政首都设在比勒陀利亚，司法首都设在布隆方丹。1909年，英国国会公布了南非法案。1910年5月31日，南非联邦正式宣告成立。

纵队，开始了旷日持久的游击战，对英军进行顽强的运动突袭。他们破坏交通线，抢截英军辎重，使英军不得安宁，遭受到更大的损失。为挫败布尔人的游击战，英军被迫将军队增至45万人，并对乡村实行"焦土"政策，大肆烧杀抢掠。同时采用集中营的办法，拘禁大批群众，企图断绝布尔军的供给。另外，还广泛建立碉堡，秘密监视布尔军动向。

1902年4月，双方均感觉消耗巨大，无力再战，决定和谈。5月31日，双方签订《费雷尼条约》。条约规定：德兰士瓦和奥兰治划归英国；英国付给布尔人300万英镑作为"补偿"。1910年，英国将德兰士瓦和奥兰治等合并，组成南非联邦，使其成为英国的一个自治领地。

英布战争是帝国主义形成初期的又一次帝国主义战争。英布战争使英国在外交上陷入困境，不得不做外交政策上的重大调整，向结盟的国家靠拢。

◎ **武装起来的布尔人**
在这次战争中，所有年满14岁的布尔人都要投入战斗。虽然他们没有受过专业训练，也没有精良的装备，但他们坚信自己所从事的事业是正义的。

1902年

日俄战争

英布战争结束后不久，1904 年又爆发了沙俄和日本争夺东亚霸权的战争。

明治维新后，日本对外扩张的主要对象是朝鲜和中国，以建立太平洋霸权。甲午战争是实现这一计划的第一步。这场战争不仅给中国带来了深重的民族灾难，而且也损害了俄、法、德在远东的利益。沙俄联合法、德迫使日本退还辽东半岛，致使日、俄矛盾加剧。此后，日本为同俄国一战，积极扩军备战。

俄国在迫使日本将辽东半岛归还中国后，其势力在中国东北迅速扩展。通过 1896 年《中俄密约》以及 1898 年强租旅顺、大连等，中国东北全境实际上已沦为俄国的势力范围。1900 年，八国联军镇压义和团运动后，俄国独吞东北的野心不仅激化了日俄矛盾，也触犯了其他列强在中国的利益。1902 年，英、日结成同盟，日本更敢于对俄国发动战争了。1903 年 8 月，日俄双方就重新瓜分中国东北和朝鲜进行谈判。已完成扩军备战的日本态度强硬，致使谈判破裂。1904 年 2 月 6 日，日本断绝与俄国的外交关系。8 月，日本不宣而战，海军舰队用鱼雷偷袭旅顺俄国舰队。几艘舰船被击沉后，俄舰队被迫退到港内，日军遂将旅顺港口封锁。

俄军面临着两个问题：一方面，陆上的支援和补给要经过西伯利亚铁路，从莫斯科到旅顺港约有 6000 英里，距离较远。并且贝加尔湖切断了西伯利亚铁路，所有运输物资在湖的一面必须卸下，运到对岸后再装列车，通常把一个营的兵力运到旅顺，需要一个多月的时间。另一方面，俄在东北有海参崴和旅顺两个港口，而冬季海参崴港口因封冻而不能使用，只有旅顺为不冻港，

◎ 日俄战争中的俄国海军军舰

可作为海军基地。基于此，俄陆军司令克鲁泡特金建议主力撤出辽东半岛，在哈尔滨集结，等候从莫斯科来的援兵，再进行反攻，击退日本军队，解救孤军死守的旅顺俄军。但由于俄军指挥层意见分歧，于是将主力军集结点改为辽阳，然后把兵力向旅顺推进。

此时，日本也在考虑作战计划，他们认清了作战的关键是海军，但如果陆上不给俄军以决定性的打击，是无法把俄势力赶出中国东北的；对于日本来说，朝鲜半岛是一条比较安全的补给线，是进退自如的便利基地；来自俄军的海上威胁就是驻旅顺港的俄舰队，他们足可以切断日本的海上交通，制海权对日本是极为重要的。针对这些情况，日本一面引诱俄舰队接受会战，否则就封锁旅顺港口。另一方面日陆军在舰队的保护下，

1903年

从仁川登陆，控制朝鲜半岛，建立稳固基地后，用3个军团的兵力从朝鲜湾的北岸登陆向中国东北的辽阳进军，以阻止俄军南下支援旅顺。第四军团则围攻旅顺港，攻克后北上与前3个军团会合，在俄陆军增援未到前击败俄军。

1904年5月初，日本在朝鲜站稳脚跟，便从朝鲜湾登陆中国东北。25日，日军攻入金州，次日，攻下南山高地，占领了大连。旅顺港完全处于日军的包围中。

旅顺港有三道防御工事，依托地势，人工构建了堡垒和碉堡，并用高压有刺铁丝网包围，防御强度极高。日本连续发动两次总攻，采用坑道战、地雷战、炮轰战等均被顽强的俄军抑制住，日军损失惨重，但也攻占了周边一些关键性的阵地。俄军全部防御体系的总枢纽203高地仍控制在俄军手中。11月26日，日军向203高地发起第3次总攻。火力轰炸连续数天，日军付出1.1万人的血本，终于在12月5日登上203高地，旅顺港内的船只从这里尽收眼底。7日，俄舰船被全部击毁。1905年1月4日，日军占领旅顺，俄军投降。日军按计划北上与元帅大山会合，投入对俄主力的进攻。2月23日，日军30万大军与俄31万大军在奉天展开最大规模的会

·《大日本帝国宪法》·

日本以天皇名义颁布的第一部宪法。1889年2月11日颁布，1947年颁布新宪法后被废除。它是在明治维新各项改革基本完成后，以德意志帝国宪法为蓝本制定的。由文告、发布宪法召敕以及文本三部分组成。宪法规定：天皇神圣不可侵犯，总揽任命内阁、立法、司法、行政、军事、财政、外交等权力；议会由贵族院和众议院组成，前者由皇族、华族及敕任议员组成，后者由公选议员组成，但有财产资格限制；设置枢密院，名为天皇咨询机构，实为凌驾于议会和内阁之上的最高决策机关。宪法还允许日本臣民在法律许可的范围内，享有言论、出版、集会和结社等自由，有服兵役和纳税的义务。帝国宪法的颁布和实施，确立了日本的君主立宪制，维护了地主、资产阶级联合专政的统治秩序，标志着以军部为核心的近代天皇制的形成。

战。双方正面都挖有堑壕、筑建有野战工事，交战极为激烈，直到3日10日，日军才攻克奉天，俄军向哈尔滨撤退。5月9日，俄军波罗的海舰队缓缓进入中国海域赶来支援。27日在对马海峡被日舰队全部歼灭。对马之战的失败，使俄国国内的人民忍无可忍，大多数城市爆发革命，沙皇专制制度接近崩溃边缘。9月5日，在美国的调停下，日、俄签订了《朴次茅斯和约》，规定俄国承认日本在朝鲜的独占利益，俄国将辽东半岛的租借权和库页岛南部及附近岛屿让予日本等。

日俄战争是日、俄为争夺远东霸权而发生的又一次帝国主义战争。俄国战败，加速了俄国革命的到来。日本取胜，使其跻身于世界强国之列，进一步增强了它称霸东亚的野心。

◎反映日俄海战的版画

日本舰队对旅顺港实施闭塞和严密封锁，给躲在旅顺港内的沙俄太平洋分舰队出海作战造成威胁，迫使俄军向海参崴突围。双方在黄海海面上展开了激战，俄军惨败。黄海海战后，日军取得了海上主动权。

巴尔干战争

　　欧洲两大军事集团形成以后，列强们在重新瓜分世界问题上展开了激烈的争斗，主要表现为两次摩洛哥危机的发生。随着矛盾的发展，巴尔干成了欧洲的火药桶。

　　巴尔干半岛位于欧、亚、非三洲会合处，是各种势力斗争的交合处。1912年3月，保加利亚和塞尔维亚签订了军事同盟条约；5月，保加利亚又和希腊签订了同盟条约；8月，门的内哥罗加入此同盟，从而形成巴尔干同盟。1911～1912年的意土战争削弱了土耳其的实力，巴尔干同盟各国趁机向土耳其宣战。1912年10月9日，门的内哥罗首先对土耳其宣战。接着，保加利亚、塞尔维亚和希腊相继对土耳其宣战，第一次巴尔干战争全面爆发。战争爆发后，土耳其军队连连失利，它在巴尔干的领土几乎丧失殆尽，后被迫求和，并请求列强调停。1913年5月，土耳其与巴尔干同盟签订和约，巴尔干同盟四国获得了大片领土，土耳其在欧洲的领土几乎丧失殆尽，仅保存了伊斯坦布尔及海峡以北的狭小地区。至此，第一次巴尔干战争使原来受土耳其奴役的国家的人民获得了解放。

　　巴尔干同盟虽然取得了对土耳其战争的胜利，但由于分赃不均，联盟内部产生了严重分歧。1913年6月1日，塞尔维亚和希腊结成反保同盟，罗马尼亚随后加入，并准备对保作战。在奥匈帝国的纵容下，保加利亚先发制人，于6月29日向塞尔维亚和希腊宣战，罗马尼亚、门的内哥罗和土耳其也向保加利亚发动进攻，第二次巴尔干战争爆发。一个月后，保加利亚战败求和，第二次巴尔干战争宣告结束。

　　经过两次巴尔干战争，这一地区的人民基本上摆脱了土耳其的民族压迫，同时也推动了奥匈帝国统治下的被压迫民族的解放战争。由于波斯尼亚和黑塞哥维那人民要求摆脱奥匈帝国统治，与塞尔维亚合并，建立一个大塞尔维亚国家，致使奥、塞之间矛盾加剧。奥匈不仅极力阻止塞尔维亚的扩张，而且企图消灭年轻的塞尔维亚国家；俄国为了对抗奥匈，竭力支持塞尔维亚；德国则支持奥匈帝国。这就进一步加剧了两大帝国主义集团对巴尔干的争夺，使其成为各种矛盾的焦点和第一次世界大战前最敏感的战争火药库。

◎ 奥斯曼土耳其的士兵在伊斯坦布尔待命出征。

第一次世界大战

奥匈帝国认为塞尔维亚是它向外扩张的障碍，因此，瓜分乃至全部吞并塞尔维亚、粉碎大塞尔维亚主义，是奥匈帝国的既定国策。1914年6月底，奥匈帝国在波斯尼亚举行以塞尔维亚为假想敌的军事演习，向塞尔维亚进行军事挑衅，激起了塞尔维亚民族主义者的极大愤慨。一个名为黑手党的塞尔维亚民族主义军人团体决定以刺杀皇储斐迪南的行动，来打击奥匈侵略者的气焰。

1914年6月28日上午10时，斐迪南夫妇在城郊检阅军事演习之后，乘敞篷汽车进入萨拉热窝市区巡视。埋伏在路旁人群中的黑手党成员查卜林诺维奇突然冲到车前，向斐迪南投掷了一枚炸弹。司机见此情景，加足马力，汽车冲向前方。炸弹落到随后的汽车上，炸死一名军官和几名群众。查卜林诺维奇当场被捕。斐迪南故作镇静，挥手示意"继续前进"。到市政厅出席了欢迎仪式，

●描绘斐迪南夫妇被刺场面的图画

稍作休息之后，他又乘车上街，招摇过市。当汽车途经一拐角处时，17岁的中学生加·普林西波冲上前去用枪打死了斐迪南夫妇。

德奥集团在暗杀事件发生后，欣喜若狂地叫嚣道："这是千载难逢的机会。"

奥匈帝国以萨拉热窝事件为借口，于7月28日悍然对塞尔维亚宣战。7月31日，德国政府向俄、法两国同时发出最后通牒，要求俄国停止军事动员，法国在未来冲突中保持中立，但遭到两国的拒绝。于是，德国分别于8月1日、3日先后对俄、法宣战。

8月1日，德军占领了卢森堡，2日下午，又向中立国比利时发出最后通牒，要求准许德军借道过境进攻法国。比利时拒绝了德军的无理要求，同时呼吁英、法、俄诸国保护它的中立地位。英国要求德国尊重比利时的态度，但遭到拒绝。8月4日，英国对德宣战。8月6日，奥匈帝国正式向俄国宣战。

欧洲大战爆发后，在极短的时间内便蔓延到远东和近东，日本为扩张在东亚的势力也趁火打劫。8月15日，日本向德国发出最后通牒，要求德国军队立即撤出中国和日本领海，在9月15日之前，把德国租借的胶州湾和青岛移交给日本。德国拒绝了最后通牒，日本便于8月23日对德宣战。

从1914年7月28日起，在3个月的时间内，奥匈帝国和塞尔维亚的冲突就演变成世界大战。到1918年，以德、奥、土为一方，俄、法、英、日、比、塞等国为另一方，共有31个国家参加了战争，从而出现了战火蔓延至亚洲、非洲和美洲的首次世界规模的战争。

1914年

· 凡尔登战役 ·

第一次世界大战期间德法在凡尔登地区进行的具有决战性质的大会战。德国认为凡尔登是巴黎和法军阵地的枢纽，是协约国西线的突出部分，对德军造成了威胁。1916年10月24日，转入反攻，并发动了两次进攻，收复了原防守阵地。12月28日，凡尔登战役结束。该战役是第一次世界大战中规模最大、时间最长的战役，法军伤亡40多万人，德军伤亡近35万人。此次战役是第一次世界大战的转折点，德军战略计划破产，标志着其军力的衰落。

欧洲大陆是第一次世界大战的主战场。在那里有4条战线：西线的对阵形势是英、法、比军队与德军对抗；东线的对阵形势是俄国军队与奥匈、德国军队作战；巴尔干战线的对阵形势是塞尔维亚、门的内哥罗以及罗马尼亚、希腊等国军队与奥匈、保加利亚的军队作战；意大利战线的对阵形势是意大利军队对抗奥匈军队。其中，西线和东线起决定性作用。

位于比利时、法国北部和德国边境的西线，从北海延伸到瑞士边境，长700千米。1914年8月初，德国按施里芬计划，首先在西线发起进攻。到12月，战争从运动战转为阵地战，形成双方相持局面。

在东线，俄军于8月中旬进攻东普鲁士。德军从西线抽调一部分军队去对付俄军。8月底～9月中旬，兴登堡指挥的德国军队在马祖尔湖地区歼灭了俄国第二集团军，继而攻下了俄国第一集团军司令部所在地斯特尔堡。俄军被迫退出东普鲁士。与此同时，俄军挫败奥匈军队。截至年底，东线交战双方军队在阵地里对峙，呈相持状态。

1916年是大战关键性的一年，交战双方最大限度地调动了本国的人力、物力投入战争。德国将重点放在西线，以法国凡尔登要塞为目标，发动了强大攻势。凡尔登位于法国的东北边境，是巴黎的前卫，也是法军战线的枢纽。1916年2月21日，德军集中近900门大炮，辅之以飞机，向凡尔登马斯河左岸的法军阵地发起猛攻。法军被迫退至马斯河右岸。自2月27日起，法国用3900辆汽车运送援兵和武器，组织了有效的防御。双方不断增加兵力，反复冲杀，形成拉锯战。德军仅推进7千米。6月初，德军20个师第二次大举进攻，但始终未能突破。8月，法军发起反突击。到9月，德军攻势停了下来。

为了减轻凡尔登的压力，牵制德军对凡尔登的进攻，英、法军队按照预定计划，于7月1日发起了索姆河战役。战役从9月持续到11月中旬。索姆河战役和凡尔登战役一样，都是消耗战。几

◎ 作为德国停战代表团成员，埃尔茨贝格尔只能屈服于协约国的要求，这样可以把他的部队从被歼灭的危险中拯救出来。

◎ 战争让城市变成一片狼藉，图为德国的囚犯在修复被炸毁的道路。

1908年

个月中，双方伤亡惨重，各损失约60万人。英、法军队虽未达到预定的夺回失地的目标，但牵制了德军，使战局朝着有利于协约国的方向转化。两次战役以后，协约国集团人力物力资源的优越性开始体现出来，它的军事装备已赶上同盟国，而军力则继续领先。在1916年的几次重大战役中，同盟国各国都遭到严重挫败，形势越来越不利。而协约国虽然未能击溃同盟国，但军事力量却在日益增长，并逐渐掌握了战略主动权。

1917年11月7日，俄国爆发了十月社会主义革命，以列宁为首的苏维埃政府宣布退出帝国主义大战，德国又鼓起了战争勇气，可以集中兵力对西线作战。德军统帅部把英军作为攻击的首要目标，企图击败英军后占领法国海岸，而后围歼法军。1918年3月，德军集结190多个师连续发动四次战役，在英法联军的抵抗下，损失70

○ 法军在战争后期逐渐掌握了主动权，图为法国空军在对撤退中的德军阵地进行轰炸。

· 战斗机的出现 ·

世界上公认的第一架战斗机是法国的莫拉纳·索尔尼埃公司制造的H型飞机。它长6.28米，高2.3米，翼展9.12米，最大飞行速度135千米，能在天空停留3小时，并配有机枪。第一次世界大战开始后，莫拉纳·索尔尼埃公司又制造了H型战斗机的改进型——L型和N型。L型战斗机装备了偏转片系统，解决了飞机机载机枪射击时被螺旋桨干扰的难题，使飞行员不需要另外配备机枪手就可以在驾驶飞机时攻击敌机。1915年4月1日，法国飞行员罗兰·加洛斯驾驶莫拉纳·索尔尼埃L型飞机击落了一架德国双座侦察机，取得了战斗机第一次空战胜利。随后，德国的"福克E3"式战斗机装备了性能更好的"机枪同步射击"装置，成为第一次世界大战中性能最好、击落飞机数量最多的战斗机，被协约国方称为"福克式的灾难"。战斗机的出现，使战争规模从地面、海洋扩展到了天空。

多万人。7月中旬，德军的进攻力量枯竭。

美国军队陆续赶到，增强了英法打败德军的决心。7月24日，协约国制订反攻计划：先打通被德军在马恩河、亚眠、圣米耶尔切断的铁路交通，然后实施全面反击，彻底打败德军。

7月18日，大规模反攻开始，经过埃纳—马恩河战役、亚眠战役和圣米耶尔三场战役，德军节节败退。9月26日，联军总攻开始，28日，德军登堡防线全面崩溃。29日，同盟国保加利亚投降。接着土耳其、奥地利相继签订停战协议。《康边停战协定》签订，第一次世界大战以同盟国的失败而告终。

第一次世界大战的性质是一场帝国主义争霸战争，前后持续了51个月，有15亿人口被卷入战争，世界各国损失惨重。第一次世界大战使德、奥、俄、土这4个帝国覆灭，英、法被削弱，美、日兴起，俄国建立了社会主义政权，对此后的世界格局影响很大。

世界现代史

世界现代史以1917年十月社会主义革命为开端，至1945年第二次世界大战结束。在这一时期内，欧亚地区的人民革命运动蓬勃发展，世界无产阶级的力量得到团结和加强，开创了无产阶级革命的新时代；资本主义受其内在矛盾的驱使，由自由竞争向垄断资本过渡，建立起欧洲在全球起支配地位的资本主义世界体系。

中国大事记：
10月10日，武昌起义即辛亥革命爆发，成立了湖北军政府，黎元洪任都督。

十月革命

第一次世界大战进行到1917年时，饱受压迫奴役之苦的俄国人民不堪战争的重负，为了获得土地、和平和面包，他们再次掀起革命斗争的高潮。

1917年3月15日（俄历2月27日），工人和革命士兵在彼得格勒发动武装起义，推翻了沙皇政府，统治俄国300多年的罗曼诺夫王朝垮台了。这次革命史称"二月革命"。

二月革命以后，俄国出现了两个政权并存的局面，一个是资产阶级临时政府，它掌握着各级权力机构；另一个是工人士兵代表苏维埃，它得到工农的支持，拥有实权，但它只是辅助性政权。两个政权并存的局面不可能长久维持下去，随着形势的发展，其中一个必然要化为乌有。

在这种复杂的形势下，1917年4月，长期流亡国外的列宁回到了彼得格勒。他在党的会议上作了被称为《四月提纲》的报告。列宁指出，俄国革命必须从资产阶级民主革命向无产阶级社会主义革命过渡；无产阶级和贫苦农民必须夺取政权，建立苏维埃共和国。列宁还号召布尔什维克党积极准备新的革命。《四月提纲》指明了俄国革命的方向。

1917年7月，俄军在前线的进攻遭到惨败。消息传到彼得格勒以后，工人和士兵满腔怒火。他们走上街头，举行示威，要求全部权力归苏维埃，游行遭到临时政府派的血腥镇压，史称"七月革命"。两个政权并存的局面不复存在，临时政府掌握了全部权力，开始大肆逮捕布尔什维克和革命群众。布尔什维克党的活动转入地下。

8月，布尔什维克党召开代表大会，确定了武装起义的方针。9月，俄军最高总司令科尔尼洛夫下令向彼得格勒推进，企图武力镇压革命力量，建立军事独裁政权。在布尔什维克党的领导下，科尔尼洛夫的叛乱被粉碎。国内阶级的力量对比发生巨大变化。临时政府的支柱——军队瓦解。布尔什维克党的威信空前提高，革命形势日趋成熟。

1917年俄历10月7日，列宁秘密回到彼得格勒，筹备武装起义。10月10日，党中央开会讨论武装起义问题。会上讨论了列宁的报告，最

·《四月提纲》·

1917年4月17日（俄历4月4日）列宁在布尔什维克代表会议上所作的《论无产阶级在这次革命中的任务》的报告。因发表在四月，故称《四月提纲》。提纲指出：当前俄国的特点是从革命的第一阶段过渡到第二阶段，即从资产阶级民主革命过渡到无产阶级社会主义革命；政权应该转到无产阶级和贫苦农民手中；不要议会制共和国；资产阶级临时政府所继续的战争仍是帝国主义性质的战争，要摆脱这场战争，就必须进行社会主义革命，推翻资产阶级的统治。还提出了"不给临时政府以任何支持"和"全部政权归苏维埃"的口号。并在经济上提出，没收地主土地，实行土地、银行国有化，由工兵代表苏维埃对社会生产和分配实行监督。《四月提纲》为布尔什维克党明确规定了从资产阶级民主革命过渡到社会主义革命的路线，指明了革命发展的前途。

1917年

世界大事记：
俄国爆发二月革命和十月革命，退出战争。

后，列宁的主张以 10 票对 2 票获得通过。会议宣布："武装起义是不可避免的，并且业已完全成熟。"尽管季诺维也夫、加米涅夫在会上投了反对票，但会议仍然同意他们参加由列宁、托洛斯基、斯大林等组成的七人政治局负责武装起义的政治领导工作。

1917 年俄历 10 月 18 日，孟什维克左翼的《新生活报》刊登了季诺维也夫和加米涅夫关于反对发动武装起义的文章，从而泄露了武装起义的机密。列宁称之为"叛变活动"，随即加紧了起义的具体准备工作。

布尔什维克党面对急剧变化的革命形势，决定提前起义。俄历 10 月 24 日上午，军事革命委员会向刚刚组建的卫戍部队发出战斗命令。当晚又下令波罗的海舰队的水兵开赴首都参加战斗，赤卫队受命守卫工厂和设备以及斯莫尔尼宫。起义的发动工作进行得十分顺利，起义者在 24 日上午就按计划占领了事先规定的地点。当晚，列宁来到斯莫尔尼宫，亲自指挥起义。从 24 日晚到 25 日晨，卫戍部队、赤卫队和水兵采取联合行动，夺取了主要桥梁、火车站、邮政总局、政府机关、中央发电厂等战略据点，只剩下临时政府所在地冬宫、军区司令部大楼和预备国会所在地玛丽娅宫尚未被攻克，彼得格勒武装起义取得了初步胜利。

俄历 10 月 25 日上午 10 日，彼得格勒苏维埃军事革命委员会发布了列宁起草的《告俄国公民书》，下午 6 时，约 2 万名起义者包围了冬宫。龟缩在冬宫的临时政府妄图负隅顽抗，拒绝接受战地指挥部发出的令其 20 分钟内投降的最后通牒。晚 9 时 40 分，彼得保罗要塞的大炮开始向冬宫轰

击，停泊在涅瓦河畔的"阿芙乐尔"号巡洋舰也响起了炮声。接着，起义者向冬宫发起进攻，并很快就突破了冬宫的外围防线。俄历 10 月 26 日凌晨 2 时 10 分，攻下了冬宫。2 时 35 分，彼得格勒苏维埃在斯莫尔尼宫召开紧急会议，列宁在会上郑重宣布：权力归军事革命委员会为代表的苏维埃。至此，彼得格勒武装起义取得了决定性的胜利，社会主义的曙光在彼得格勒的上空闪耀。彼得格勒胜利是通过暴力革命取得的胜利，也是十月社会主义革命进程中最为重要的一笔。

1917 年俄历 10 月 25 日晚 10 点 40 分，第一届中央执行委员会代理主席、孟什维克党人唐恩宣布大会开幕。当 10 月 26 日凌晨，起义队伍攻下冬宫和逮捕临时政府成员的消息传到会场时，全场顿时沸腾起来。接着，卢那察尔斯基宣读了列宁起草的《告俄国工人、士兵和农民书》，选出了由 101 人组成的全俄中央执行委员会。至此，世界上第一个无产阶级专政国家诞生了。

◎冬宫前的广场及凯旋门
十月革命前，俄国临时政府的驻地即在冬宫。

1912年

德国革命爆发

19世纪中后期，普鲁士经过3次王朝战争，统一了德国，并确立了容克资产阶级在德国的统治，使德国走上了发展资本主义的道路。德国资本主义保留了浓厚的封建残余：政治上，保留了半专制主义的君主制度，容克地主在政治生活中占据很高的地位，人民很少有自由民主权利；经济上，封建容克土地所有制占优势，容克地主与垄断资本紧密勾结，对广大人民实行残酷的剥削。第一次世界大战爆发后，德国经济濒临崩溃，劳动人民陷入困境，国内阶级矛盾进一步加剧。

1918年初，德国各地爆发了工人罢工运动，并在罢工过程中建立了工人代表苏维埃。1918年秋，德军在前线接连不断地失利，败局已定，士兵的厌战情绪日益高涨，革命形势日益成熟。11月3日，基尔的水兵、士兵和工人举行起义，到5日时，苏维埃掌握了基尔的全部政权。基尔起义吹响了德国十一月革命的号角，革命迅速向全国蔓延。11月9日，柏林数十万工人和士兵举行了总罢工和武装起义，推翻了霍亨索伦统治的王朝。同一天，德国社会民主党领导人谢德曼和斯巴达克派领导人李卜克内西分别宣布德国为"德意志共和国"和"自由社会主义共和国"。

1918年11月10日，德国社会民主党和独立社会民主党联合组成了以艾伯特为首的资产阶级性质的临时政府——人民委员会。临时政府成立后，人民委员会实行了一些资产阶级民主性质的改革，但保留了原有的国家机器，解散了工人武装，实行敌视苏俄的外交政策，反对革命继续发展。德国革命有停留在资产阶级民主革命阶段的危险。

○ 罗莎·卢森堡

·斯巴达克团·

　　德国社会民主党左派成立的革命组织。第一次世界大战前，德国社会民主党即已分成左、中、右三派。大战爆发后，以卡尔·李卜克内西、罗莎·卢森堡等人为首的左派坚持马克思主义，反对帝国主义战争，主张重建工人阶级的国际组织。1916年1月在柏林召开的全国代表会议通过了《国际社会党人的任务提纲》，坚持阶级斗争和无产阶级的国际团结，主张反帝反战，清除资产阶级民族主义对无产阶级的影响，决定出版刊物《政治书信》，后改为《斯巴达克书信》，左派即称"斯巴达克团"，一月会议为其成立标志。斯巴达克团广泛开展革命宣传活动，组织领导工人斗争和反战运动，领导和推动德国十一月革命，提出建立苏维埃政权，实现社会主义革命的目标。1918年11月改组为斯巴达克同盟，12月全国代表会议决定成立独立的德国共产党。

1918年

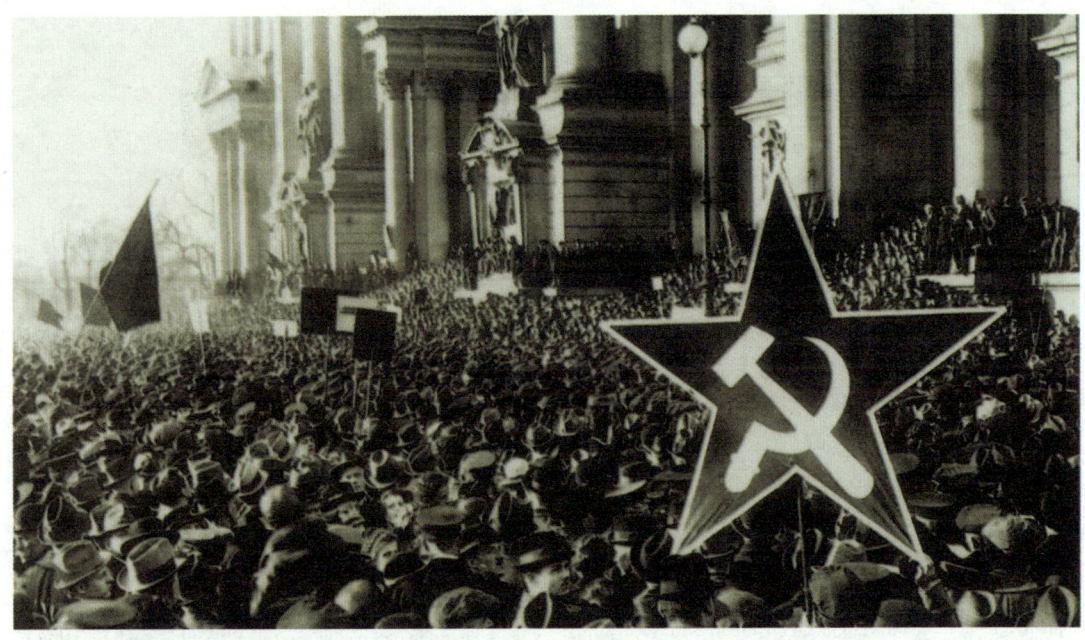

◎ 德国工人阶级组织起来举行游行示威，直接促成了德国共产党的成立。

　　为了推动革命继续前进，斯巴达克派积极进行活动。1918年11月11日，斯巴达克派进行了改组，更名为"斯巴达克同盟"。12月29日，斯巴达克同盟举行了全国代表大会，决定与独立社会民主党彻底决裂，成立德国共产党。12月30日，德国共产党宣告诞生。

　　为防止德共领导革命向前发展，艾伯特政府寻机对德共进行镇压。1919年1月4日，艾伯特政府宣布解除独立社会民主党人埃希霍恩的柏林警察总监职务，这一决定激起了柏林工人的极大愤怒。1月5日，柏林15万工人举行了声势浩大的示威游行，结果遭到了艾伯特政府的血腥镇压，德国工人阶级的杰出领袖卡尔·李卜克内西和罗莎·卢森堡被杀害。在镇压柏林一月起义的恐怖气氛中，德国国民议会于1919年2月在魏玛召开，制定了资产阶级民主性质的《魏玛宪法》，这部宪法宣布德国是共和国，同时宣布私有财产不可侵犯，并规定了资产阶级的民主自由权利。根据三权分立的原则，宪法规定在德国实行议会民主制，并给予总统以广泛的权力。宪法中也包括一些有利于劳动者的内容，如规定国家为了公共福利可以实行社会化政策；职工在名义上可以和雇主在工资、劳动条件等方面有"共同决定权"；成立工人委员会，保护工人和雇员的社会经济利益。这样，《魏玛宪法》在维护资产阶级和容克地主利益的基础上，也确认了人民经过革命争得的一部分民主权利。宪法全文共181条，是德意志共和国的基本组织法。《魏玛宪法》实施后，德国进入魏玛共和国时期。

　　魏玛共和国在政治上加强垄断资本的政治统治，削弱工人民主权利；在经济上大力扶植垄断资本，借助外国资本的流入发展经济，使德国工业生产1929年跃居资本主义世界第二位。1925年加入国际联盟并任常任理事国，重新取得欧洲大国的地位。1929年，受到世界经济危机严重打击，国内矛盾激化，革命形势高涨，政局动荡。垄断资本遂支持希特勒于1933年上台，建立法西斯政权，魏玛共和国宣告解体。

| 1919年 | 世界大事记：
第三国际（即共产国际）在莫斯科成立。 |

印度民族解放运动

在第一次世界大战期间，英国不断加重对印度的剥削，使印度人民与英国殖民者之间的民族矛盾日益尖锐。与此同时，英国由于忙于战争而放松了对印度的控制，客观上刺激和促进了印度民族资本的发展。

受到第一次世界大战教育和锻炼的印度人民，民族意识普遍觉醒，反对英国殖民统治的斗争深入开展，罢工浪潮席卷各个工业中心。孟买、马德拉斯等城市的工人在罢工斗争中建立了工会组织。另外，在旁遮普等地则爆发了农民运动。这一切都预示着民族解放运动高潮即将来临，而十月社会主义革命则促进了印度民族解放运动的发展。

面对印度民族解放斗争日益高涨的形势，

英国殖民者采取了怀柔与镇压并举的政策，以稳定自己的统治。1918年7月，英国公布由印度事务大臣孟太古和驻印总督蔡姆斯福特联合签署的《孟太古－蔡姆斯福特方案》，允诺在印度"逐渐发展自治体制"。但事实上，这个方案仅仅照顾到上层人士的利益，意在拉拢他们，并没有给广大的印度人民带来真正的自治权利。因此，该方案一公布，便遭到印度社会各阶层的强烈反对。

英国殖民当局鉴于怀柔政策没有奏效，便采用了高压手段。1919年，英国颁布《罗拉特法案》。

1919年3月初，旁遮普邦阿姆利则市人民开展反英斗争，抗议《罗拉特法案》。4月10日，英殖民当局在阿姆利则城逮捕两位著名民族运动活动家。当日，该市群众举行游行示威，与军警发生冲突。愤怒的群众捣毁英国银行，占领火车站、电报局、电话局，切断了该城与外地的联系。英殖民当局派军队开进阿姆利则，实行戒严，禁止一切集会。13日，大批锡克教徒在贾连瓦拉·巴格广场举行集会活动。英国殖民当局军队包围广场，封锁出口，向群众开枪扫射，当场打死370余人，打伤1200余人。阿姆利则惨案激起印度各地更大规模的反英浪潮。

· 罗拉特法案 ·

1919年3月18日英国殖民当局为镇压印度民族运动所制定的法令，由英国高等法院法官罗拉特为首的委员会制定，故名。第一次世界大战结束后，印度的民族解放运动高涨起来，英国政府采用高压手段代替怀柔政策，1919年公布此法案。法案规定：战争年代制定的《国防条例》继续有效，殖民当局可以随时宣布戒严令，禁止集会和游行示威，禁止任何团体活动；建立无辩护律师和无陪审人员的法庭，殖民当局对任何有反政府嫌疑的人不经审讯就可以逮捕和监禁，不用陪审即可判案。该法案颁布后，激起印度人民的极大愤怒，从而掀起了反英斗争的新高潮。

| 1913年 | 中国大事记：
袁世凯制造"宋教仁案"，孙中山、黄兴号召反
袁，掀起了"二次革命"。 |

巴黎和会与凡尔赛体系

巴黎和会于 1919 年 1 月 18 日～6 月 28 日在巴黎近郊的凡尔赛宫召开。参加巴黎和会的共有 27 个国家，1000 多名代表。按照享有权利的不同，与会国被分成 4 类：第一类是享有整体利益的国家，即英、法、美、日、意五强国，它们可以参加任何会议；第二类是享有局部利益的国家，它们是第一次世界大战中对同盟国作战的国家，它们只能出席有关问题的会议；第三类是第一次世界大战中与德、奥断绝外交关系的国家，它们只有在讨论涉及本国问题时才能出席会议；第四类是中立国和即将成立的国家，它们只有在五强国邀请下，才能出席有关问题的会议。

巴黎和会主要对以下几个议题进行了讨论：

第一，建立国际联盟问题。会议刚开始，威尔逊便提出讨论建立国际联盟的问题，但英、法更关心殖民地和领土问题，反对首先讨论国联问题。经过争论，最后决定将国联问题交给威尔逊主持的专门委员会讨论。经过讨价还价，最后通过了一个在英美方案折中基础上的《国际联盟盟约》。

第二，德国的边界问题。这是对德和约的主要问题，也是会议争论的热点问题之一。法国要求德国不仅要归还阿尔萨斯和洛林，而且要求以莱茵河为德、法之间的边界，并主张分割德国的其他领土。英、美不愿德国过分被削弱，极力反对法国的要求。经过激烈的争论，3 国最终以英国提出的《枫丹白露文件》为基础达成了协议。

◎ 各国代表在和约上签字

第三，关于德国的赔款问题。在这个问题上，英、法、美 3 国同样进行了激烈的争吵，无论是在赔款数目上还是在赔款的分配办法上，3 国都存在许多分歧。

第四，中国山东问题。中国作为战胜国，在会上提出了收回德国在山东的一切非法权益的要求，而日本则以中、日之间签订的协议为由，要求将德国在山东的一切权益全部转让给日本。美国主张将德国在山东的权益先由国际共管，等山东完全开放后再交还中国。英、法、意则始终支持日本的无理要求。最后，美国也向日本让步，致使日本的要求得到了满足。

第五，俄罗斯问题。对于俄国建立的苏维埃政权，帝国主义各国都耿耿于怀。在和会上，英、法、美 3 国都主张对苏俄进行干涉，但通过什么方式却意见不同。法国极力主张武装干涉，但英、美则倾向于通过外交途径解决。最终通过了对苏俄进行经济封锁的计划，以遏止革命的发展。

巴黎和会是帝国主义的分赃会议。帝国主义

1919年

世界大事记：
巴黎和会召开，签订《凡尔赛和约》。

战胜国都力图借此机会掠夺战败国，抢占弱小国家的丰富资源，以扩大自己的势力范围。最终，与会各帝国主义国家根据自己的实力对欧洲进行了重新划分。巴黎和会在经过几个月的激烈争吵之后，列强终于完成了对德国的分赃，于1919年6月28日在凡尔赛宫签订了《协约国和参战各国对德和约》，即《凡尔赛和约》。和约是在战胜国列强宰割战败国和牺牲弱小民族的基础上订立的，它为第二次世界大战的爆发埋下了祸根。

和约在德国领土的问题上规定：德国西部边界恢复到1870～1871年的状况，阿尔萨斯和洛林重归法国；萨尔区的行政权由国联代管，15年后进行公民投票决定其归属，萨尔煤矿由法国开采；莱茵河右岸作为非军事区，不得设防，左岸分成三个占领区，分别由协约国占领5年、10年、15年；在东部，德国承认波兰独立，并将一部分领土划归波兰；在南部，德国承认奥地利独立，德、奥永远不合并；在北部，将德国与丹麦之间的部分领土划归比利时和丹麦。

关于德国的殖民地，由战胜国以委任统治的形式加以分割。

和约在德国军备的问题上规定：德国废除普遍义务兵役制，解散总参谋部；陆军人数不得超过10万，海军不得拥有主力舰和潜水艇，不得拥有空军。德国必须拆除西部边境线上的防御工事，但仍可保留沿海和东线的军事工程。

关于德国赔款问题，和约规定：由协约国专门委员会加以确定。在此之前，德国应于1921年5月1日前支付200亿金马克的现金和各种实物，德国负担占领军的全部费用。

德国和约签订后，战胜国立即与德国的战时盟国签订了一系列条约。1919年9月10日，协约国与奥地利签订了《圣日耳曼条约》。条约确认了匈牙利、捷克斯洛伐克、塞尔维亚—克罗地亚—斯洛文尼亚王国的独立及其疆界；规定奥地利废除征兵制，陆军不得超过3万人；赔款数额必须在30年内付清。协约国又同保加利亚在巴黎近郊的纳依签订《纳依条约》，规定：西色雷斯交给战胜国代管；保加利亚必须废除义务兵役制，陆军不得超过2万人；偿付4.45亿美元的战争赔款。而后，战胜国在凡尔赛的特里亚农宫与匈牙利签订了《特里亚农条约》。根据条约，匈牙利只剩下了原来国土的28.6%，陆军限额为3.5万人，赔款22亿金法郎。1920年8月10日，在巴黎近郊的色佛尔，战胜国与土耳其苏丹政府签订了《色佛尔条约》，这一条约使土耳其失去了4/5的领土，财政经济由战胜国监督。

以上这些条约同《凡尔赛和约》《国际联盟盟约》一起形成了一个互为联系的条约体系，建立了帝国主义在欧洲、西亚和非洲的国际新秩序，使这些地区的政治、经济、军事活动又重新纳入了列强所控制的轨道，这一体系被称为"凡尔赛体系"。

·国际联盟·

第一次世界大战后建立的国际组织，简称国联。1920年1月成立，总部设在日内瓦。成立时会员国有44个，后增到60多个。美国本是其主要倡议者，但因争夺领导权失败而未参加。设有会员国全体代表大会、行政院、秘书处，附设国际法庭、国际劳工局等常设机构。行政院由英、法、意、日4个常任理事国和经大会选出的4个非常任理事国的代表组成。大会和行政院的决议，除程序问题和盟约另有规定者外，须经全体一致通过。由于战后人民反战情绪高涨，国联盟约规定要裁减军备、制裁侵略，但这些规定根本不能实现。国联盟约还规定了"委任统治"制度，把战败国的殖民地和领地以"委任统治"的形式由战胜国瓜分。国联自成立之日起即为英、法所操纵，实质是帝国主义国家推行侵略政策、重新瓜分殖民地的工具。1946年4月宣告解散。

1915～1916年

中国大事记：
袁世凯复辟帝制，受全国唾骂，不得不撤销帝制。

土耳其凯末尔革命

第一次世界大战后，土耳其作为战败国，被迫与协约国签订了《摩得洛斯协定》，协约国军队据此占领了土耳其海峡地区。1920年8月，协约国又强迫土耳其接受了《色佛尔条约》，瓜分了其本土五分之四的领土。悲惨的生活激起了土耳其人民对帝国主义和卖国的苏丹政府的强烈愤慨。在俄国十月革命胜利的鼓舞下，土耳其人民掀起了一场轰轰烈烈的争取民族独立和主权的斗争，并最终发展成为民族独立战争。

早在1919年5月，凯末尔受苏丹派遣到安纳托利亚维持地方秩序，他在那里参加了当地的反帝斗争，并很快赢得了当地群众的信任和拥护。9月，全国各地"护权协会"在锡瓦斯召开了代表大会，成立了全国统一的资产阶级革命组织"护权协会"，通过了反帝民族纲领，并确立了以凯末尔为首的代表委员会作为统一的领导核心。

在代表委员会的坚决要求下，苏丹政府被迫于1920年1月召开了帝国议会，议会通过了凯末尔起草的《国民公约》。《国民公约》要求土耳其享有完全的独立和自由，反对帝国主义强加给土耳其的各种不平等条约以及对土耳其的各种限制，被誉为土耳其的独立宣言。

《国民公约》引起了帝国主义及苏丹傀偏政权的恐慌。1920年3月16日，协约国以武力占领了伊斯坦布尔，并迫使苏丹政府解散议会，逮捕凯末尔派议员。在这种形势下，凯末尔派于4月23日在安卡拉召开了大国民议会，成立了以凯末尔为总统兼国民军总司令的国民政府。

安卡拉革命政府充分依靠广大人民群众进行反帝斗争。9月18日，将希腊侵略军全部逐出安纳托利亚，英军被迫同土耳其讲和。10月，凯末尔政府同协约国签订了停战协定。11月1日，安卡拉大国民议会通过了废除苏丹制度的法案，结束了长达600多年的奥斯曼帝国的君主统治。

1923年10月29日，土耳其共和国宣布成立，凯末尔当选为第一任总统。凯末尔革命是第一次世界大战后殖民地半殖民地国家由民族资产阶级领导的一次取得胜利的民族民主革命。共和国成立后，土耳其开始进行全国性的建国复兴运动。

◎ 1922年10月，土耳其人在麦士拿城外围着一面巨幅国旗庆祝胜利。

1923年

世界大事记：
土耳其共和国成立，凯末尔当选为总统。

苏联建立

苏维埃社会主义共和国联盟，简称苏联。它是在俄国十月革命胜利的基础上建立起来的。

十月革命胜利以后，俄国各地区的被压迫民族纷纷建立起自己的民族国家和民族政权组织。从1917年底至1921年，乌克兰、白俄罗斯、立陶宛、拉脱维亚、爱沙尼亚、阿塞拜疆、亚美尼亚、格鲁吉亚等宣布成立独立的民族国家，建立了苏维埃政权。在外国帝国主义武装干涉和国内反革命武装叛乱的严峻形势下，它们建立了密切的军事、经济和外交方面的联系，签订了相互合作条约。为了打破帝国主义的包围和封锁，尽快恢复被战争破坏的国民经济，进一步巩固和壮大无产阶级政权，联合各民族人民共同走上社会主义道路，各苏维埃共和国需要建立更加紧密的合作关系。

1922年8月，俄共（布）中央政治局成立专门委员会，由斯大林主持工作。负责讨论各苏维埃共和国联合的问题，9月，委员会通过了斯大林提出的《关于俄罗斯苏维埃联邦共和国同各独立苏维埃共和国的相互关系的决议草案》。这个"自治化"方案严重削弱了各苏维埃共和国的独

◎手握镰刀斧头的苏联男女雕像，标志着苏联是一个工农社会主义国家。

立自主权。各苏维埃共和国在讨论这个决议草案时产生了严重分歧，少数赞成，多数反对。

列宁严厉批评了斯大林的"自治化"方案。他认为各苏维埃共和国必须保持平等的地位，联合成为新的民主联盟国家，建立平等的、民主的苏维埃社会主义共和国联盟国家。他坚持俄罗斯联邦、乌克兰、白俄罗斯、南高加索联邦（包括阿塞拜疆、亚美尼亚、格鲁吉亚3个苏维埃共和

◎托洛茨基（第二排左四）视察莫斯科苏联军事研究院时与研究员们合影留念。

1920年

国）必须按照自愿和平等的原则加入新的联邦制国家，建立新的全联盟中央机构。根据列宁的建议，委员会重新制定了联合决议草案，确认乌克兰、白俄罗斯、南高加索联邦共和国同俄罗斯联邦共和国必须缔结关于组成新的联邦制国家的条约，选举新的全联盟中央执行委员会，作为统一联邦制国家的最高权力机关。

1922年12月30日，苏联第一次苏维埃代表大会在莫斯科举行。大会批准了《苏维埃社会主义共和国联盟成立宣言》和《苏维埃社会主义共和国联盟成立条约》，宣告苏维埃社会主义共和国联盟正式成立。1924年1月，苏联通过了第一部宪法，把苏维埃共和国联盟的形式固定下来。

苏联成立宣言和苏联成立条约、1924年苏联宪法及其他立法对联邦制国家的运行作出了一些原则规定：苏联是由各个平等的苏维埃共和国自愿联合组成的社会主义联邦制国家；各加盟共和国享有主权国家地位，在苏联宪法规定的分权范围内独立行使自己的国家权力；各加盟共和国享有自由退出联盟的权利。联盟国家最高权力机关为联盟苏维埃代表大会，苏维埃代表大会闭会期间联盟中央执行委员会为最高权力机关。

1922年12月成立时，苏联由俄罗斯联邦、

·战时共产主义政策·

1918年夏~1921年春，苏维埃俄国针对战时物资极度匮乏的情况采取的一种临时经济政策，亦称军事共产主义政策。主要包括如下几个方面：实行余粮征集制，国家组织工人征粮队，征收农民的全部余粮，甚至部分口粮；工业企业实行普遍国有化；禁止私人贸易，实行贸易垄断制；规定居民的生活必需品全部由国家和合作社经销；实行口粮和生活必需品的配给制以及实物工资；实行高度集中的总管理局体制；实行"不劳动者不得食"的普及一切阶级的劳动义务制。战时共产主义政策使苏维埃俄国能够集中全国的财力、物力用于前线，为国内战争的胜利起到了重要的作用。但由于其实施超过了一定的限度，对经济的发展造成了一定的消极影响，在后期引起农民的不满。内战结束，进入恢复国民经济时期后，它被新经济政策所代替。

南高加索联邦、乌克兰、白俄罗斯4个苏维埃共和国组成。此后，1924~1936年，中亚地区先后成立了乌兹别克、塔吉克、土库曼、哈萨克、吉尔吉斯5个苏维埃共和国，它们作为主权共和国加入了苏联。1936年12月初，将南高加索联邦划分成阿塞拜疆、亚美尼亚、格鲁吉亚3个主权苏维埃共和国并加入了苏联。1940年6月，苏联政府派兵进驻波罗的海地区的立陶宛、拉脱维亚、爱沙尼亚3国。8月，苏联以武力强行改组3国政府，将3国变为苏维埃共和国并入苏联。到1940年，先后有15个加盟共和国加入苏联。苏联成为一个统一的、多民族的社会主义联邦制国家。

◎《伟大的无产阶级领袖们》(宣传画)

1922年

美国爆发经济危机

　　资本主义从1924年起，进入了相对稳定时期。经过几年的恢复和发展，资本主义世界出现了繁荣景象，各主要资本主义国家的工业生产总值均大大超过战前的水平。经济的短暂繁荣，使资产阶级忘乎所以，声称资本主义已消灭了贫困，进入了"永久繁荣"阶段。然而，正当资产阶级扬扬得意之时，一场空前的大危机突然降临。

　　1929年10月，以纽约股票市场的崩溃为标志，美国爆发了一场资本主义生产过剩危机。它很快由美国向欧洲、加拿大、日本等主要资本主义国家蔓延，并波及许多殖民地、半殖民地国家和地区，席卷了整个资本主义世界。这次危机前后持续了4年，使整个资本主义世界经济损失2500亿美元，比第一次世界大战的物质损耗还多800亿。它是资本主义世界较为严重的一次经济危机。

◎ 正当资本主义世界陶醉于数年来的繁荣之时，"黑色星期五"悄然降临。危机来临，许多美国人只能靠领救济金为生。

　　20世纪20年代中期，对西方资本主义国家来说，是经济繁荣的大好时光。股票投机成风，人们似乎从不怀疑这个市场有朝一日会突然崩溃。1929年10月24日，这一天突然乌云密布，股市暴跌，被西方世界称作"黑色星期五"。纽约股票市场开盘后一个小时内就抛出了1300万股，超出正常标准的100万股以上。虽然花旗银行、大通银行和其他两个大银行的总裁们在摩根公司大厦策划买进2.4亿美元进行干预，仍然无济于事。10月29日这一天更糟，总共抛出股票1650万股。到12月底，纽约市场股票价值总共下跌了450亿美元左右。1929～1932年间，由于跌价而造成的证券贬值，美国为840亿美元。股市风波迅速席卷金融、工业、农业等各个领域，一场空前的世界经济大危机开始了。

　　在整个大危机期间，金融货币、信用和财政陷入全面危机。股票价格指数下降的幅度，美国为51%，德国为32%，日本为45%。1931年5月11日，奥地利最大的信用银行倒闭，各国随即引起向银行挤兑存款风潮，国际货币体系和传统金本位制面临严峻挑战。1931年7月13日，德国达姆塔特国民银行宣告破产。1931年9月21日，英国宣布放弃金本位，禁止黄金出口，英镑贬值近1/3。随后，日本等56个国家纷纷宣布放弃金本位，货币贬值。此后，资本主义世界货币体系四分五裂，分裂成若干个区域性的货币体系。它造成了国际支付体系的普遍受阻、资本输出几乎停止和对外贸易的大萧条。1929~1933年，美国破产的银行共10500家，占银行总数的49%。美国的进出口在1930年为10.1亿美元，

1929～1933年

世界大事记：
资本主义世界发生严重的经济危机。

而1933年只有10万美元。英、法、德、日的进出口总额都减少了61％以上。

大危机使工业生产大幅度下降，大量企业倒闭，无数工人失业。1932年的工业生产总值与1929年相比，美国下降了46.2％，德国下降了40.2％，日本下降了37.4％，意大利下降了33.2％，法国下降了31.9％，英国下降了20％。危机使资本主义世界的工业大约倒退了20年。重工业损失尤为严重。美国的机床制造业下降了80％，生铁下降了79.4％，钢铁下降了75.8％（倒退了28年），汽车下降了74.6％，采煤下降了40.9％。大危机使失业人数达到有史以来的最高纪录。美国的失业率高达24.9％，德国为26.3％，英国为21.3％。

大危机的蔓延造成了世界农业危机，涉及粮食种植业、畜牧业、林业等技术作业部门，造成生产的大破坏，农民收入大幅度减少，大量农民破产。在大危机的打击下，资本主义各国的国民收入大幅度下降，人民生活严重恶化。

伴随着资本世界的经济大危机，整个西方世界出现了社会大动荡，法西斯主义思潮泛滥，社会主义运动兴起，大规模的反饥饿运动和工人罢工运动高涨，各国面临严重的政治危机。

这次大危机的明显特点是持续时间长、危害程度深、渗透各个领域、涉及全世界，影响深远。在大危机的谷底过后并未出现繁荣，而是持续

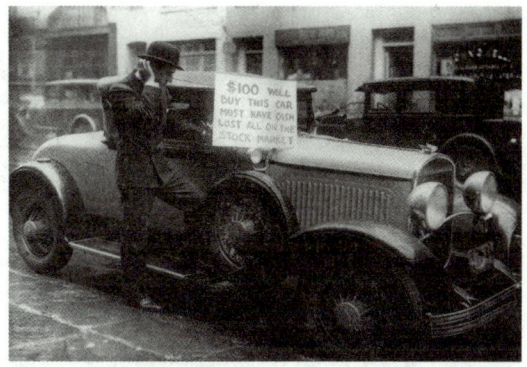

◎一位"黑色星期五"的受害者以100美元的价格出售他的汽车，以尽快得到现金。

萧条，到1937年又发生了短暂的经济危机。由于第二次世界大战的爆发，各国的经济才逐渐好转。

这次大危机是资本主义社会的周期性生产过剩危机。在某种意义上，这次大危机是第一次世界大战前后，资本主义世界潜在的经济问题和自由放任政策恶性发展相结合的产物。

20世纪30年代经济大危机使得传统的自由放任的庸俗经济学发生危机，也使人们对现代资本主义发生信任危机。资产阶级为了摆脱危机，维护本国的统治，分别走上了不同的道路。美国实行罗斯福新政，在资本主义民主的范围内，强化国家对资本的干预；德、意、日则疯狂对外侵略扩张，最终导致了第二次世界大战的爆发。

·柯立芝繁荣·

20世纪20年代美国经济的迅速发展和高涨，因其主要发生在柯立芝总统任内，故名。英、法、德经历第一次世界大战后，经济处于停滞或恢复状态，便于美国经济势力向外扩张。美国国内通过技术革新、固定资本更新和企业生产及管理的合理化，生产和资本的集中过程空前加速，经济发展迅速。国民生产总值和工业生产总值均创新纪录，汽车制造、电机电器制造和住宅建筑业发展尤其显著。到1929年，美国在资本主义世界工业生产的比重已达48.5％，超过了当时英、法、德3国所占比重总和。但这种繁荣主要集中在部分工业部门和城市中，其他一些工业部门和农业的不景气，使美国经济发展很不平衡。并且由于股票投机成风，使繁荣本身带有一定的虚假性。生产和资本的进一步集中则加深了资本主义社会的固有矛盾，孕育着新的危机。

1925年

中国大事记:
日、英等帝国主义在上海制造了五卅惨案,中国掀起了一个以工人阶级为主力的反帝爱国运动高潮。

罗斯福新政

1932 年 11 月,美国举行了总统选举。民主党人富兰克林·罗斯福利用人们对胡佛自由放任政策的不满,提出了"新政"的竞选口号,并以绝对优势击败了在危机中威信扫地的胡佛,当选为美国第 32 任总统。

罗斯福出身于富豪家庭,小时候经常随父母游历欧洲,从小就积累了不少的生活阅历。他 14 岁进入马萨诸塞州的格罗顿预备学校,18 岁考入哈佛大学攻读政治、历史和新闻,1904 年从哈佛大学毕业后,又进入哥伦比亚大学法学院学习法

◎ 罗斯福

罗斯福是美国历史上一位伟大的总统,也是美国历史上唯一一位坐在轮椅上的、唯一一位连任四届的总统。他推行新政,帮助国家克服了经济大萧条;他领导美国参加反法西斯的战争,并为第二次世界大战的胜利作出了巨大的贡献。

·罗斯福·

美国第32任总统,民主党人。1882年生于一个显贵的家庭里。他早年曾从事律师工作,1910年后转向政界发展。1921年,他患上了脊髓灰质炎症,但依靠自己的坚忍、乐观、智慧和才干,当选为总统。1932年就任总统后,面对经济危机,他告诉人们:我们唯一害怕的就是害怕本身。他在被称为"百日新政"的短时间内,推行改革,使美国的经济逐渐恢复。1941年12月日本偷袭珍珠港后,他领导美国正式加入反法西斯战争,为反法西斯战争的胜利作出了巨大的贡献。他对世界的影响是巨大的,在《大西洋宪章》《联合国宣言》《雅尔塔协定》等影响世界的重大决定里,都可以发现他所起到的重要作用。1944年,他第四次当选为美国总统,在任内的第二年病逝。罗斯福是美国历史上唯一任职四届的总统,也是美国历史上杰出的总统之一。

律。1905 年,他与埃莉诺·罗斯福结婚,妻子成为他以后从政的得力助手。1907 年,罗斯福从哥伦比亚大学法学院毕业,取得了律师资格,被一家律师事务所聘为律师。1910 年,他以民主党候选人的身份当选为纽约州参议员,开始涉足政界。

1912 年,罗斯福帮助威尔逊赢得了竞选的成功,他本人也因为出色的政治手段和组织才干在民主党中初露头角,并在次年被威尔逊总统任命为海军部助理部长,任职 7 年。1920 年,他被民主党提名为副总统候选人,竞选失败后,他担任了一家保险公司的副经理。1921 年夏天,他因为在很凉的水中游泳,染上了当时流行的脊髓灰质炎(小儿麻痹症),但他以坚强的毅力战胜了病魔。1928 年,罗斯福成功竞选成为纽约州州长,第二

1933年

世界大事记：
美国罗斯福总统开始实行罗斯福新政，促进了美国经济的发展和生产力的恢复。

年，美国爆发了严重的经济危机（大萧条）。罗斯福在纽约州采取了多种措施来救济失业工人、稳定社会秩序，在民主党人中的威信大增。罗斯福上任后，立即大刀阔斧地推行了一系列反危机措施，实行"新政"。在实施"新政"过程中，采纳了当时流行的"芝加哥学派"的部分思想。该学派主张危机时期实行国家调节，扩大政府开支，实行赤字财政，举办公共工程，以消灭失业。

罗斯福分两个阶段实施"新政"：1933年3月9日至6月16日是第一阶段，罗斯福政府通过国会制定了70多个法案，加强国家对经济的干预和调节，克服大危机带来的紊乱状态，这一阶段史称"百日新政"；从1935年4月起，罗斯福政府又督促国会通过了700多个法案，掀起了"新政"的第二次高潮，这时的"新政"内容多侧重于社会改革，是"新政"的第二阶段。

"新政"的主要内容包括如下几个方面：

一是财政金融的整顿和改革。国会通过了《格拉斯－斯蒂高尔法》，将商业银行与投资银行分开，以避免使用用户存款进行投机。罗斯福在财政金融方面采取的措施，起到了疏通国民经济生活血液循环系统的作用，为经济的恢复创造了良好的条件。

二是调整工业生产。通过了《全国产业复兴法》，将全国工业划分为17个部门，分别成立协商委员会，制定了《公平竞争法规》，确定各企业的生产规模、价格水平、市场分配、工资水平等，以避免盲目竞争而导致生产过剩。

三是保证农业生产。1933年5月，罗斯福公布了"新政"中的又一重要法令——《农业调整法》。根据该法，政府设立了农业经济调整署，有计划地缩减农业生产，销毁"过剩"的农产品，以提高农产品价格，克服农业生产相对过剩的危机。

四是以工代赈，建立社会保障制度。国会通过了《联邦紧急救济法》，成立了联邦紧急救济署，直接救济失业者和贫困者。又通过了《社会保障法》，开始了"福利国家"的实验。

罗斯福采取的一系列"新政"措施，对于美国和世界都产生了深刻的影响。首先，"新政"缓解了经济大危机对美国经济造成的严重破坏，促进了美国社会生产力的恢复。其次，"新政"在维护资产阶级利益的同时，也注意改善工人、农民和小资产阶级的经济和社会地位，缓和了社会阶级矛盾。"新政"通过对资本主义生产关系的局部调整，挽救了资本主义制度，从实践上和理论上为资本主义世界提供了由私人垄断资本主义向国家垄断资本主义过渡的重要经验，开创了福利国家的道路。

◎反映罗斯福就任美国总统的漫画
1944年10月，罗斯福打破了美国建国近200年来的传统，第四次连任美国总统。但此时，他的健康每况愈下，心脏病、高血压经常发作。1945年4月12日，他在佐治亚温泉的小白宫画像时突发脑溢血与世长辞，享年63岁。

1926年

法西斯主义思潮泛滥

在世界经济大危机期间,富有资产阶级民主传统的美、英、法等国家法西斯主义思潮开始泛滥。

美国在20世纪30年代初出现了众多的法西斯团体,如黑衣社、白衣社、民兵团、美国民族主义党、美国自由同盟、三K党等法西斯组织和右翼团体。1934年11月,在"美国军团"和部分华尔街大资本家的策划下,由巴特勒将军率领50万退伍军人向华盛顿进军,企图发动法西斯政变,但最终未能得逞。福特汽车公司同法西斯组织联系密切,亨利·福特在20世纪20年代就开始资助希特勒的纳粹活动,他是被德国政府授予日耳曼大十字勋章的第一个美国人。1936年出现的"德美联盟"是受戈培尔控制和纳粹指挥的法西斯团体,它指挥着在美国的160万德籍居民中的法西斯分子,并在各大城市设有分会。资产阶级的一些上层人物也公开叫嚷要建立独裁统治。堪萨斯州的州长艾尔弗雷德·兰登声称,宁可实行独裁统治,也不可让国家瘫痪。

美国面临着法西斯主义的现实威胁,有人甚至提出美国需要一个墨索里尼,实行法西斯统治,但是法西斯势力始终未能掌握政权。原因是美国自建国以来就具有较深厚的民主自由传统,资产阶级民主制度在民众中有广泛的影响;另外,资产阶级两党都不愿法西斯上台,他们宁愿寻求资产阶级民主制度的新模式,也不愿接受法西斯独裁。在经济上,美国垄断资本乐于通过经济扩张争夺世界霸权,并不像德、意、日垄断资产阶级那样急于通过发动战争来重新瓜分世界。此外,美国垄断资产阶级不像德国垄断资产阶级那样面临着无产阶级的危机;美国中产阶级与农场主也不像德国的中产阶级和地主那样倾向于垄断资产阶级右翼。

在危机年代,英国的一部分垄断资本家也开始向法西斯主义靠拢。1932年9月,原工党执委会委员、工党政府大臣莫斯里,在工业巨头的资助下组织了"英国法西斯联盟"。该组织反对民主制度和犹太人,主张建立英国在世界范围的霸权。但是,由于英国在危机前的20世纪20年代,没有出现经济繁荣的局面,危机对英国的影响也便没有美、德等国那样大,大起大落的现象并没有出现。另外,英国的民主传统,工人阶级和民

◎ 1933年11月,德国纳粹党徒招摇过市,拉拢选票,法西斯势力山雨欲来。

20世纪30年代

世界大事记：
美、英、法等国家法西斯主义思潮开始泛滥。

主派别的坚决抵制，使英国的法西斯运动没有形成气候。

法国卷入经济危机的时间比较晚，但摆脱危机也最晚，直到1936年才有所好转。在危机时期，法国国内阶级矛盾加剧了。1930年2月～1934年1月，法国政府更迭达12次。由于政局混乱，财政政策摇摆不定，人民群众的不满情绪普遍高涨。在这种情况下，各种法西斯主义组织滋生起来，如"火十字团""法兰西行动""束棒""法兰西团结"等，它们在垄断组织扶植下公开活动，非常猖獗。最有影响的法西斯组织是"火十字团"，由德拉罗克上校领导，因最初参加的人是获得战争十字勋章的复员军人而得名。该组织从1934年的20万人发展到1935年底的70多万人，成员遍及各界，其骨干是退伍军人，他们头戴钢盔，身着军装，胸前佩带各种勋章，对群众产生了一定吸引力。"火十字团"不仅拥有大量武装，甚至还拥有150架飞机，它公开主张改组议会，建立法西斯主义专制政府。

·法西斯主义·

第一次世界大战后出现的鼓吹种族主义、专制独裁和侵略扩张的政治理论、运动和政权形式。"法西斯"一词源于拉丁文，象征强权和暴力。法西斯主义否定资产阶级自由平等民主思想，鼓吹对领袖的绝对服从和国家主义，宣称"高贵"民族有统治"劣等"民族乃至全世界的权利，既反对资产阶级民主也反对共产主义，主张建立少数独裁者的恐怖统治，镇压劳动人民和进步势力，实行扩张政策和战争政策，是资本主义政治经济社会及意识形态全面危机的产物。墨索里尼和希特勒先后于1922年、1933年在意大利和德国建立了法西斯专政。日本亦于20世纪30年代法西斯化。西班牙、匈牙利、保加利亚、阿根廷等国也推行过法西斯主义。法西斯主义给世界人民带来痛苦和灾难，导致第二次世界大战的爆发，最终被世界人民彻底摧毁。

◎ 第二次世界大战前，美国少数人为希特勒的疯狂魔力所惑，效仿纳粹军礼。

1927年

日本的法西斯体制

在日本法西斯专政的建立过程中，军部的法西斯势力起着主导作用。由于历史的原因，日本军部在日本军事官僚机构中地位特殊，权力很大，直属天皇统领，不受政府管束，而且军部还可以通过陆海军大臣干涉政府事务。由于日本军部拥有这种特殊的地位，它成为法西斯势力崛起的温床和支柱。

1930年11月，在军部法西斯势力的支持下，法西斯组织"爱国社"成员暗杀了滨口首相，从此法西斯势力和军部少壮派势力日益嚣张，企图靠对外扩张、对内搞政变来夺取政权，建立法西斯独裁统治。

1931年9月18日，日本关东军在沈阳北郊柳条湖附近炸毁了一段南满铁路铁轨，却诬称中国军队搞破坏，并以此为借口，向沈阳及东北全境发动进攻，并在3个月内占领了整个东北三省。"九一八"事变标志着第二次世界大战亚洲战争策源地的形成。

这次事件过后，军内法西斯势力开始分化，围绕着如何建立军事法西斯统治的问题，出现了对立的两派：以荒木贞夫和真崎甚三郎为首的皇道派，在新财阀的支持下，积极鼓吹"发扬皇道""尊崇天皇"，主张使用暴力手段，推翻政党内阁，建立以天皇为中心的军部法西斯独裁政权。因皇道派以中下级军官为骨干，又称为"少壮派"。以永田铁山和东条英机为首，军部上层为核心的统制派，认为军部势力已经壮大，没有必要用暴力手段改变现状，主张在军部中央机关将校军官的统治下，用自上而下的合法手段控制政权，实现全国法西斯化。

1932年5月15日，在"血盟团"的领导下，几个海军少壮派军官率领陆军士官学校学生，袭击首相官邸、警视厅、内大臣官邸、政友会本部、日本银行等，首相犬养毅被枪杀。同日夜，橘孝三郎率领的"爱乡塾"成员企图袭击东京周围变电站，在混乱中颁布戒严令，建立军事独裁政权，但均未达到目的。政变参加者纷纷自首。事件后，军部借口"时局非常"，拒绝由政党继续组阁，政党内阁宣告结束。5月26日，由海军大将斋藤实组织了包括军部、官僚和政党在内的所谓"举国一致内阁"，日本从此步入了向军事独裁政权过渡的阶段。

在扩军备战过程中，皇道派与统制派的矛盾日益尖锐。1936年1月，皇道派

◎ 日军发动"九一八"事变，进攻中国沈阳。

1932年

成员对第一师团调往中国东北的消息极端不满，决定提前发动武装政变，遂于2月26日清晨，在东京进行叛乱。

1936年2月26日凌晨，日本东京一片沸腾，一队士兵组成的队伍浩浩荡荡地向日本政府首脑的官邸行进。这些士兵一边走，一边挥动着手里的大字标语，高喊口号。这就是历史上的"二·二六"兵变。

这次兵变约有1400名士兵参加，由皇道派军官安藤辉三、村中孝次和栗原安秀等率领。在皇道派军官的鼓动下，士兵们冲入政府首脑官邸，杀死内阁大臣斋藤实、大藏大臣高桥是清和教育总监渡边锭太郎，占领陆军省、参谋本部、国会和总

◎"五一五"事件后，斋藤实内阁成立。

理大臣官邸、警视厅及附近地区，要求任命荒木贞夫为关东军司令官，并罢免统制派军官。

为了平息皇道派军官的叛乱，日本陆军当局颁布《戒严令》。2月29日，日本陆军部下达镇压命令，大部分叛军头目被逮捕，参加叛乱的士兵被迫回到各自的营房。

"二·二六"兵变虽然因为军阀集团的内讧而未能得逞，却使得原内阁辞职，使老牌法西斯分子广田弘毅上台组阁。广田弘毅上台后，首先恢复了军部大臣的现役武官制，规定内阁中陆、海军大臣必须由现役中将级以上的军人担任，以加强军部左右日本政局的能力。广田弘毅还以镇压叛乱、稳定时局为名，对内禁止工人罢工，限制人民的各种自由，并加紧对舆论及宣传机关的控制和收集情报的活动。此外，广田弘毅还制定了《基本国策纲要》，公开表明，不仅要继续扩大侵略中国的战争，而且还要对亚洲、太平洋地区其他国家进行侵略扩张。与这一国策相适应，日本加紧了扩军备战，陆军提出了6年内增建41个师团、142个航空中队的计划，海军提出了5年内增建各种军舰66艘的计划。

这样，以广田弘毅上台组阁为标志，以天皇和军部为核心的法西斯专政在日本建立起来了，世界大战的亚洲策源地就此形成。

·军 部·

日本掌握军事的部门并起独特政治势力作用的军人上层集团。主要指参谋本部和军令部。此外，陆军省、海军省、侍从武官长、元帅府等军事首脑机关也属于军部势力。1872年，日本成立陆军省和海军省，天皇作为大元帅统率陆海军。这种统率大权即军令权的行使则由参谋总长和军令部长辅佐，元帅府和军事参议院是其顾问机关。作为军政机关的陆军省和海军省的首脑陆海军大臣为内阁成员，拥有不经内阁直接向天皇上奏的权力。陆海军大臣只由现役大将或中将担任。大本营的幕僚全由陆海军将校组成。国务大臣不得参与大本营一切作战计划和作战领导事宜，法律上确定了军部上层在战时的独裁权力。进入20世纪30年代以后，军部是日本对外进行侵略战争和法西斯化的核心力量，确立了军部控制下的法西斯体制。1945年日本投降后，军部被废除。

1931年

苏联确立社会主义制度

经过社会主义工业化和农业集体化的改造，20世纪30年代中期的苏联社会已经发生了翻天覆地的变化。从经济结构上来说，社会主义经济成分超过了资本主义成分，社会主义公有制在国民经济中占据了主导地位。从阶级构成上说，资产阶级和富农作为一个剥削阶级已经消失了。这表明社会主义制度已经在苏联确立起来。为了全面反映苏联政治、经济生活的变化，从法律上巩固社会主义改造和社会主义建设的胜利成果，制定新的宪法已提上议事日程。

1935年2月，全苏苏维埃第七次代表大会决定修改1924年宪法，并成立以斯大林为首的宪法委员会负责草拟宪法。经过一年多的研讨，宪法委员会拟出新宪法草案并于1936年6月交全民讨论。1936年11月26日，全苏苏维埃第八次代表大会在莫斯科举行。斯大林在会上作了《关于苏联宪法草案》的报告，他在报告中分析了苏联社会发生的深刻变化，概括了新宪法的基本特点等。大会一致通过了新宪法，这部宪法被称为《1936年宪法》。

《1936年宪法》规定：苏联是工农社会主义国家，全部政权属于城乡劳动者，由苏维埃实现之；经济基础是社会主义所有制——全民所有制和集体所有制，实行"各尽所能，按劳分配"的原则；国家最高权力机关是苏联最高苏维埃，它行使立法权，选举最高苏维埃主席团和人民委员会；实行普遍、直接、平等、无记名投票和等额选举制；公民一律平等，均享有劳动权、休息权、受教育权，有言论、出版、集会、结社等自由，人身不受侵犯；公民必须遵守公共生活准则，爱护公共财物，保卫社会主义祖国。

《1936年宪法》从法律上巩固了社会主义改造和社会主义建设的胜利成果，推动了苏联社会主义改造和法制建设。1936年宪法的制定，标志着苏联基本上实现了社会主义，建立了社会主义制度。但是，由于苏联的生产力发展水平较低，还没有达到马克思、恩格斯所设想的发达社会主义的程度，所以社会主义制度的确立并不等于社会主义社会的完全建成。

·苏联农业全盘集体化运动·

1929年9月～1932年，在苏联开展的对农业进行社会主义改造的运动。1927年底，联共（布）"十五大"提出了农业集体化的任务。1929年9月18日，在批判了所谓"右倾反对派"之后，在全国范围内掀起了农业全盘集体化运动。11月3日，联共（布）中央领导人要求农民整村、整乡、整区地加入农庄。1930年1月5日，联共（布）通过了《关于集体化速度和国家帮助集体农庄建设的办法》的决议，规定对富农采取消灭政策，提出要在五年计划期间完成绝大多数农户集体化的任务。在农业全盘集体化运动期间，加入集体农庄的农户从1928年占农户总数的1.7%上升到1932年的61.5%，至1937年上升到93%。苏联农业集体化把个体小农经济改造成了社会主义的公有经济，消灭了富农，但也一度造成农业生产的下降和苏维埃政权同农民关系的紧张。

1936年

法西斯独裁统治

1929～1933年的经济危机沉重打击了本已外债累累、民生凋敝的战败国德国。面对空前严重的危机，软弱无力的魏玛共和国政府回天乏术。1928～1933年先后更换4届政府，各届政府都无法克服财政困难和各统治集团之间的矛盾，社会动荡不安。在危机深重的非常时刻，在德国这个民主传统较为薄弱的国家，脆弱的民主体制失去了自我调节的弹性和能力。议会民主的政治体制在危机的冲击下，摇摇欲坠。

正是在这种特殊的社会历史环境下，德国法西斯势力兴起。德国的法西斯政党全称是德意志民族社会主义工人党，简称纳粹党，其首领希特勒利用德国人民对凡尔赛—华盛顿体系对德国制裁的不满情绪以及这场空前的经济危机给德国造成的更为困难的处境，四处鼓吹"生存空间论"、种族优劣论，提倡"领袖原则"的独裁统治，肆意攻击社会主义，大力宣扬重塑德国的昔日辉煌，不但蒙蔽了多数德国人民，并且逐渐取得了德国垄断资产阶级的支持。

纳粹党不断发展壮大，在1930年9月的选举中成为国内第二大政党。1932年，纳粹党认为夺取政权的时机已经成熟，便出动参加竞选。一些处于绝望中的小资产阶级、公务员、大学生，以及一部分农民和失业工人被他蛊惑。在1932年7月的国会选举中，纳粹党竟获得了130个席位，成为国会中的第一大党。同年11月，纳粹党最终在垄断资产阶级的鼎力帮助下获得权力。1933年1月，德国法西斯政党——纳粹党的党魁希特勒被任命为总理，开始在德国建立法西斯独裁专制统治。

希特勒出任总理后，很快组建了内阁，即所谓的民族团结政府，纳粹党在其中仅占有几个职位。希特勒并没有满足于登上总理的宝座，他的目标是将其他政党排挤出政府，建立独裁统治。

1933年2月，兴登堡宣布解散国会，并决

◉ 登上权力之巅

兴登堡死后，希特勒将各种权力集于一身，自称元首。图为希特勒在军队的支持下登上纳粹德国的最高统治宝座。

1931年

中国大事记：
陈梦家编《新月诗选》由新月书店出版，收入新月派徐志摩、闻一多、卞之琳等18位诗人作品80首。

定于3月5日进行新一轮国会选举。为了使纳粹党在选举中获胜，希特勒开始利用职权打击其他政党，并首先把矛头指向了在群众中影响日益扩大的德国共产党。2月27日，纳粹党制造了"国会纵火案"，借此掀起了反共风潮。大批德共党员被逮捕，德共报纸被查封，德共被迫转入地下。次日，政府颁布了《保护人民和国家法》，取消了公民自由的基本权利。国会大选在法西斯的白色恐怖之下如期举行，但纳粹党只获得了选票的43.9%，并没有取得绝大多数。

为了取得修改宪法需要的2/3以上的席位，希特勒于3月14日宣布取缔德国共产党，得到了德共的81个席位。随后，希特勒又软硬兼施，争得了天主教中央党等资产阶级政党的支持。3月23日，在纳粹党的胁迫下，国会以2/3的多数票通过了《消除人民和国家痛苦法》，即《授权法》。希特勒据此获得了在4年任期内的立法权，有权不经国会同意制定法律、与外国签订条约。至此，国会名存实亡，立法权和行政权都控制在希特勒一人手中，资产阶级议会民主制被取消。

为了实行纳粹党一党独裁，希特勒解散了除纳粹党之外的所有政党，国会成为由纳粹党员组成的清一色国会。1933年12月，希特勒颁布了《保证党和国家统一法》，将纳粹主义确立为德国国家思想的支柱，宣布党和国家统一。这样，希特勒就在德国建立了纳粹党的一党专政。

1934年8月，兴登堡总统去世。内阁立即宣布一项法律，规定总统职务与总理职务合二为一，取消总统职务。自此，希特勒攫取了总理兼国家元首的桂冠，并掌握了国防军的最高统帅权，成为不受任何法律约束的独裁者，法西斯独裁政治体制在德国正式确立起来。

为了制止侵略、维护本国安全，苏联开始争取与法国等国缔结双边互助条约。1935年5月2日，《苏法互助条约》在巴黎签字，两国相约定在遭受欧洲国家侵略时相互援助。作为欧洲大陆上的两个大国，苏、法两国的合作原本可以阻止德国的侵略，但是法国只想把条约作为与德国打交道的筹码，根本无意履行，而且拒绝为条约加入军事内容。结果，条约成为一种形式，没能发挥应有的作用。

尽管苏联为建立欧洲集体安全体系做了一系列的努力，但是，由于英、法两国的妥协政策，这些努力都遭受了挫折，欧洲集体安全体系最终没能建立起来。

20世纪30年代末，苏联在战争一触即发的情况下，为了本国的利益，放弃了安全不可分的原则，改变了原来致力于欧洲集体安全体系的做法，于1939年8月与德国签订了《苏德互不侵犯条约》，为德国发动世界大战提供了便利条件。

·纳粹党·

德国法西斯政党，全称为德意志民族社会主义工人党。其前身为慕尼黑一小政治团体"德意志工人党"，1919年，希特勒加入后，逐渐控制该党。1920年2月，希特勒发表党纲《二十五点纲领》，鼓吹种族主义、对外扩张和民族复仇主义，4月更名为纳粹党，制定"卐"字党徽和红底白圆心黑"卐"字的党旗，以《人民观察家报》为党报。1921年确定"领袖原则"，希特勒在党内取得绝对领导权。1923年被勒令解散，1924年希特勒不断扩充力量，企图通过"合法"途径取得政权。1929年经济危机爆发后，纳粹党取得军队的支持，1932年成为国会中第一大党。1933年1月，希特勒被任命为总理，夺取了政权。该党对内实行一党独裁的法西斯专制统治；对外积极扩军备战，组织轴心国集团，挑起第二次世界大战。1945年德国投降后，被盟国管制委员会宣布为非法组织。

1933年	世界大事记： 希特勒出任德国总理，标志着法西斯专政的建立。

西班牙反法西斯战争

20 世纪 30 年代初，西班牙在经济危机的打击下，国内矛盾加剧。1931 年 4 月，资产阶级共和派在选举中获胜，建立了资产阶级共和国。共和国的建立，遭到了西班牙各种反动势力的仇视。1933 年，反动势力成立了"西班牙自治权利联盟"，简称"塞达党"。一些法西斯分子也蠢蠢欲动，于 1933 年 10 月建立了法西斯组织"长枪党"。这些反动势力疯狂地反对民主改革，并积极展开活动。1933 年 11 月，塞达党在选举中获胜，建立了亲法西斯的勒鲁斯政府。勒鲁斯政府取消了各项民主改革，在内阁里安插了不少法西斯分子，开始了西班牙历史上"黑暗的两年"。

勒鲁斯政府的倒行逆施激起了西班牙人民的强烈反对，各地都开始举行罢工斗争，一些城市还发动了武装起义。在反法西斯的斗争过程中，左翼政党逐渐联合起来。1936 年 1 月，人民阵线在国会选举中取得胜利，成立了联合政府。人民阵线政府解散了法西斯组织，并采取了一系列的改革措施。

人民阵线政府的建立，给反动势力以沉重打击。反动势力决定铤而走险，用武力推翻共和政府。他们在法西斯将领圣胡尔霍、佛朗哥、莫拉的带领下，策动军事叛乱。1936 年 7 月 18 日，圣胡尔霍等在西属摩洛哥发动了武装

◎ 在国内形势最严峻的时刻，马德里的街头到处张贴着号召妇女起来战斗的宣传画。

·西班牙人民阵线·

西班牙人民反法西斯统一战线组织。1931年西班牙成立共和国后，法西斯右翼势力活动猖獗，1933年，亲法西斯的勒鲁斯政府上台。1936年1月，共产党、共和党、社会党、左翼共和联盟、工团主义党等左派政党组织签订了人民阵线公约，结成反法西斯统一战线，提出人民阵线纲领。2月在国会选举中获胜，组成新政府。人民阵线政府推进资产阶级民主改革，实施人民阵线纲领，释放政治犯，实行军队和国家机关的民主化，恢复民主自由，宣布各民族拥有自治权利；进行局部土地改革，实施劳动和社会立法，降低捐税和租金，提高工资。7月反动势力发动叛乱，德意法西斯全面武装干涉西班牙。共和国政府在人民阵线支持下坚决镇压叛乱，领导了反法西斯的民族革命战争，进一步推行社会改革政策。然而终因力量悬殊，1939年，共和国被扼杀，革命失败。

1934年

叛乱。7月19日，叛乱蔓延到西班牙本土。西班牙内战爆发了。

叛乱爆发后，西班牙政府军在人民的支持下，很快打退了叛军的进攻，控制了局势。在西班牙政府军即将取得完全胜利的情况下，德、意法西斯开始进行武装干涉。德、意的武装干涉主要有两个意图，一是企图占领西班牙这一战略要地，在未来与英法的争夺中占据优势；二是打击西班牙的反法西斯势力，防止国际反法西斯势力的扩大。德、意的武装干涉，使西班牙内战转变为一场具有国际意义的反法西斯民族革命战争。

面对德、意的插手叛乱，西班牙各派民主力量联合起来，领导各阶层人民奋起保卫共和国。西班牙的反法西斯战争，得到了世界反法西斯力量的有力支持。在共产国际的号召下，54个国家的近4万名反法西斯人士来到西班牙，组成了"国际纵队"，与西班牙人民并肩作战。1936年10月～1937年3月，共和国军队在"国际纵队"的帮助下，先后进行了3次马德里保卫战。1936年10月，在德意法西斯的大力支持下，佛朗哥叛军从南北两面向首都马德里进攻，逼近郊区。叛军的进攻受到共和国军民的英勇反击。马德里地区96%以上的共产党员走上前线

叛军控制的西班牙
- 1936 年 7 月
- 1937 年 10 月
- 1938 年 7 月
- 1939 年 3 月

◎ 1939 年佛朗哥指挥民族主义叛乱分子从北非的加纳利岛出发进入西班牙，向马德里挺进。

参加战斗，共产党建立的第五团同国际纵队守卫在最险要的地段，他们和共和国军并肩浴血奋战，击溃了叛军的精锐部队。第一次进攻被击退。1937年1月，叛军发动的第二次反扑也被击退。3月8日，意大利干涉军从东北方实施突击，企图配合叛军夺取马德里。共和军调整部署、顽强防御，至22日终于粉碎意军进攻。同年6月起，叛军的进攻重点从中部战线转向北部战线，马德里周围地区的态势趋于稳定。但是，由于英法等国奉行"不干涉"政策，对德、意的武装干涉坐视不管，共和国的形势越来越严峻。在严峻的形势面前，人民阵线内部的右翼势力叛变投敌。在内外交困的形势下，共和国于1939年3月28日被颠覆。4月1日，叛军将领佛朗哥宣布战争结束，西班牙建立起法西斯政权。

◎1936 年，佛朗哥宣誓成为西班牙国家最高元首。

1936年

世界大事记：
西班牙共和政府组织人民阵线，佛朗哥等法西斯军官发动叛乱，德意法西斯进行武装干涉。

绥靖政策

　　绥靖政策也称姑息政策，是一种对侵略不加抵制、姑息纵容、退让屈服，以牺牲别国为代价，同侵略者勾结和妥协的政策。第一次世界大战后，各国人民革命的兴起和社会主义苏联的出现，引起了西方帝国主义国家的恐惧和仇视。他们在争夺世界霸权的斗争中，既想削弱和击败竞争对手，又想联合起来反对社会主义、镇压人民革命，这一矛盾心理处处都能得到体现。

　　1929～1933年的世界经济大危机使各帝国主义实力此消彼长，英、法雄霸欧洲的局面一去不复返。随着德国法西斯的崛起，英、法两国已经丧失了协调欧洲格局的外交主动权。1934年10月，法国强硬外交的代表人物——法国外交部长巴尔都在马赛遇刺身亡，标志着法国绥靖政策的开始。而在英国，张伯伦则是这一政策的代表人物。

　　尼维尔·张伯伦，二战初期的英国首相，1869年出生于贵族之家。1937年出任英国首相，积极奉行对德国的"绥靖政策"，主张对德妥协、退让、姑息，希望以此换取英国的安全。为推行绥靖政策，他一方面打击以丘吉尔为代表的强硬派，另一方面同希特勒秘密会晤，并最终签订《慕尼黑协定》，企图以牺牲捷克、波兰等小国的利益来换取英国的安全。但德国军队的步步紧逼促使张伯伦在1939年被迫对德宣战。由于绥靖政策所造成的恶果，张伯伦在1940年被迫辞职，后抑郁而终。张伯伦的绥靖政策，不仅使英国丧失了第二次世界大战初期的战争主动权，助长了法西斯的嚣张气焰，遭到了欧洲许多国家的反对，而且最终还使英国卷入了战争的深渊。

　　20世纪30年代以前，英、法、美的绥靖政策主要表现为扶植战败的德国并支持日本充当防范苏联的屏障和镇压人民革命的打手。从凡尔赛－华盛顿体系和道威斯计划、杨格计划、《洛迦诺公约》中都能找到绥靖政策的影子。1937年的经济危机再一次给英国造成了经济困境和社会动荡，与此同时，苏联正逐渐强大起来，时刻威胁着英、法等大国的利益。英、法一直希望能找到一种遏制苏联的势力。

　　面对德国希特勒的强硬，张伯伦企图以退让来稳定形势，以便重整军备来确保英国在欧洲乃至整个世界的霸权地位。以丘吉尔为代表的少数人反对张伯伦这种一面寻求妥协，一面重整军备的双重政策，但遭到了张伯伦的排斥。

　　在张伯伦的积极"努力"下，英国制定了"欧洲总解决的绥靖政策总计划"，并派大臣哈利法克斯伯爵于1937年11月17日访德，向希特勒详细介绍了英国的政策，以使希特勒进攻苏联有恃无恐，妄图早日把祸水引向苏联，坐收渔翁之

◉ 1938年9月，英、法、德、意在慕尼黑举行会议，签订阴谋瓜分捷克斯洛伐克的《慕尼黑协定》，图为希特勒（左二）与张伯伦（左一）在一起。

1935年

·美国中立法·

美国在第二次世界大战前及初期通过的几个避免卷入国际冲突和战争的法案。20世纪30年代的经济大危机使美国主要关注国内经济问题，在法西斯侵略者面前主张退守美洲以自保。1935年8月31日，美国国会通过第一个中立法，禁止向一切交战国输出武器。该法适用于意大利侵略埃塞俄比亚的战争，但美国仍向意大利输出了原料和战略物资。1936年2月，国会对该法进行了修改，增加禁止贷款给交战国和武器禁运不适用于拉丁美洲等内容。1937年4月，国会通过第三个中立法，使武器禁运适用于发生内战的国家。这三个中立法实际上纵容了法西斯的侵略扩张。第二次世界大战爆发后，国会通过了新中立法，取消武器禁运条款，改为"现款自运"。它的通过表明美国外交政策的调整，即在不直接参战的前提下尽可能援助反法西斯国家。1941年，中立法被租借法案彻底取代。

利。张伯伦政府还承认了意大利对埃塞俄比亚的侵占，并与法、美一起对西班牙内战实行"不干涉政策"。1937年，英、法、美对日本发动全面侵略中国战争视而不见，在此后的太平洋国际会议上，更是同日本妥协。

1938年3月，德军开进奥地利，张伯伦政府给予了默许。当希特勒挑起捷克境内的苏台德危机时，英国虽象征性地对德施加了压力，但依然没有放弃既定的绥靖政策。而慕尼黑会议和《慕尼黑协定》则是绥靖政策最典型的体现。1938年9月29日，英、法、德、意四国首脑在慕尼黑举行会议，四国正式签订了《关于捷克斯洛伐克割让苏台德领土给德国的协定》，即《慕尼黑协定》。会上，英、德还签订了《英德互不侵犯宣言》。捷克政府在德国的军事威胁和英、法、意的压力下，被迫接受了这个协定。英、法及幕后支持的

美国，妄图以牺牲捷克斯洛伐克为代价来求得"一代人的和平"，并将"祸水东引"。但事与愿违，绥靖政策不但没有给欧洲带来张伯伦所谓的"和平新时代"，反而加速了战争的到来。当希特勒以"闪电战"占领捷克斯洛伐克时，张伯伦开始有些坐不住了，他一边威胁德国，一边与德国进行秘密谈判，毫无意义的谈判更加坚定了希特勒发动战争的决心。

第二次世界大战爆发后，西线出现了"奇怪战争"，英、法的"不战不和"战略使希特勒在侵略欧洲小国时忘乎所以，野心越来越大，以至于最后直取法国，进逼英国。

历史证明，绥靖政策不但无法满足法西斯国家的侵略野心，反而加速了第二次世界大战的爆发。

◎ 1938年，希特勒没动用闪电战即吞并了奥地利，维也纳被笼罩在纳粹旗下。

1937年

世界大事记：
英、法对德国法西斯的扩张达成了"保持对东欧争端的不干涉政策"。

德国横扫西欧

1939 年 8 月 31 日，希特勒命令早已集结的 150 万军队、2000 余架飞机和 2800 辆坦克向波兰发起进攻。9 月 1 日，德军采取闪电战术，首先以大批飞机密集轰炸战略要地，继而以坦克和摩托化部队为先导分 3 路突进。波军第一线对德作战部队因准备不足，装备落后，军事思想保守，未能挡住德军的攻势，边境防线迅即被突破，部队被分割包围。英、法两国随即向德国发出了警告：如果不在两天内撤出波兰，英、法将出兵保证盟国波兰的安全。在警告无效的情况下，英、法两国于 9 月 3 日向德国宣战。

英、法对德宣战时，在西线拥有近 110 个师的兵力，而德国在那里只有 23 个师。如果英、法在西线向德国发动进攻，德军将陷入两线作战的不利局面，这将从根本上扭转战局。然而，英、法政府对德国却是宣而不战。宣战后 8 个月的时间里，英、法除在大西洋上击毁过德国的军舰和商船外，在陆地上按兵不动。英、法军队躲在坚

◎1940 年 6 月 14 日，巴黎失陷，德国纳粹几乎没有发过一枪一弹。图为德军在击鼓声中列队走过凯旋门。

◎1939 年 10 月，德军攻陷波兰，图为希特勒正在检阅通过华沙街道的军队。

固的钢筋水泥的工事内，眼看自己的盟国被德国消灭。这种战争现象被称为"奇怪的战争"。其实，"奇怪的战争"并不奇怪，它实际上是英、法战前推行的绥靖政策的延续。英、法虽然对德宣战，却不想与德国正面冲突，只是企图封锁德国西进的路线，迫使其在灭亡波兰后向苏联进攻。

德国灭亡波兰后，并没有像英、法希望的那样进攻苏联，而是按原定计划加紧向西线进攻。为了保证进攻英、法时侧翼的安全，德国决定首先控制北欧。

1940 年 4 月 9 日，德国分别向丹麦和挪威发动进攻。丹麦在无力抵抗的情况下不战而降，德

1935年

● 通过入侵低地国家和法国北部，德军绕过了法国"不可逾越的"马其诺防线，并将盟军挤入敦刻尔克一隅。

军在4个小时内就占领了丹麦。挪威也于6月10日陷落。

在挪威战事尚未结束之时，德国就同时向荷兰、比利时、卢森堡3国发动了进攻。卢森堡当天就不战而降；荷兰在抵抗5天后正式投降；随后，比利时也宣布无条件投降。

在进攻荷兰、比利时的同时，德军主力选择了英、法军队防守薄弱的法比边境的阿登山区，作为向法国进攻的据点，并以迅雷不及掩耳之势向西挺进，直扑英吉利海峡。英、法联军因军事战略保守，指挥不当，作战失利，遭到分割，近40万军队溃退至法国西海岸的敦刻尔克地区，面临全军覆没的危险。德军先头坦克部队受命暂缓前进，使英、法联军得以巩固防御工事，掩护实施从海上撤退至英国的"发动机计划"。5月26日~6月4日，英国动用各种类型船只，冒着德机的轰作，将20万英军和13万法、比军队由英吉利海峡撤至英国。到6月4日德军攻克敦刻尔克时，只有4万多名法国官兵未能及时撤离而被俘。这就是著名的"敦刻尔克大撤退"。这次撤退保存了反法西斯的有生力量。

6月5日，德军直扑法军仓促构筑的"魏刚防线"，3天后就突破了防线，直逼巴黎城下。6月10日，意大利向法国宣战，使得法国的处境更加艰难。6月13日，法国向德国提出停战请求，德军14日进入巴黎，并向法国视为牢不可破的马其诺防线发起进攻。17日，德军在德、法边境的莱茵河畔，歼灭了近50万法军。

6月16日，法国总理雷诺辞职，法军元帅、投降派贝当就任新总理。贝当上任的第二天就要求全国停止抵抗，并向德国正式提出停战请求。

6月22日，法国代表在贡比涅同德国签订了停战协定。24日，法国又与意大利签订了停战协定。根据停战协定条款，法军解除全部武装并交出武器，占法国国土面积3/5的北部工业区由德国占领，剩余领土由设在维希的贝当傀儡政府管辖，史称"维希政府"。至此，法兰西第三共和国宣告终结。

· 马其诺防线 ·

　　1929~1936年，法国为防备德国进攻在其东部与德国、比利时、卢森堡和瑞士的边境上构筑的防御阵地体系。因由陆军部长安德烈·马其诺提议并主持构筑，故名。防线北起隆维，南至贝尔福以南，全长约400千米，共有5600个永久性工事，22个大型工事群由地下坑道连接，设有暗堡、宿舍和容纳3个月粮食与弹药储备的仓库、独立电站等。工事混凝土顶盖厚达3米。共耗费2000亿法郎，是法国军事当局保守主义的消极防御理论的产物。第二次世界大战爆发后，有50个师驻守。1940年德国向西欧发动进攻时，以少量兵力牵制防线守军，主力绕过防线，从北面法比边境阿登山区攻入法国，使其丧失了防御的作用。

1939年

《苏德互不侵犯条约》

1939年3月10日，斯大林在联共（布）第十八次代表大会的总结报告中，认真分析了国际形势。斯大林对英、法的绥靖政策进行了无情的抨击，而对法西斯国家的批评却很少，并表示苏联将把"保持谨慎态度，不让那些善于从中渔利的战争挑拨者把我国卷入冲突中去"作为今后主要的对外政策之一。这表明苏联已开始把谋求自保作为外交的重点。

1939年初，苏联开始与德国进行接触，这种接触在1939年4月～8月的英、法、苏三国谈判期间也没有停止。三国谈判前期，由于英、法对德国采取绥靖政策，因而在谈判中采取了消极应付的做法，并拒绝了苏联提出的制止战争所必需的一些条件，这使苏联失去了对三国谈判的信心。到1939年8月，尽管英、法在战争日益逼近的形势下开始尽量满足苏联的要求，但苏、德的接触这时已有了很大进展。德国为了摆脱两线作战的处境，几乎对苏联提出的一切要求都予以满足。德国不仅答应让苏联置身于未来的战争之外，而且同意了苏联划分东欧势力范围的要求，并许诺发挥自己的影响来改善苏联与日本的关系。在这种情况下，苏联抛弃了安全不可分的原则，把苏、德之间的谅解放在其外交决策的首位。8月21日，斯大林同意了希特勒提出的

德国外长访苏的要求，并于8月23日在莫斯科签署了《苏德互不侵犯条约》。正文主要有以下几点：双方保证彼此间不进行任何武力行动、任何侵略行为或任何攻击；通过和平方法解决两国间的纠纷；如果缔约一方成为第三国敌对行为的对象时，缔约另一方将不给予第三国任何支持；缔约任何一方将不加入直接或间接旨在反对另一方的任何国家集团；条约有效期为10年。第二次世界大战后，双方又公布了该条约附加秘密协定书，主要内容为划分两国在东欧的势力范围。

《苏德互不侵犯条约》签订后，英、法、苏三国谈判宣告破裂，而德国则得以摆脱两线作战的困境，敢于放手发动第二次世界大战。《苏德

◎ 1939年8月，苏、德在莫斯科签订《互不侵犯条约》，图为斯大林（右二）与德国外长冯·里宾特洛甫（右三）在条约签订仪式上。

1935年

中国大事记：
7月，日本制造华北事变。

·俄罗斯伏龙芝军事学院·

俄罗斯伏龙芝军事学院是苏联培养各兵种协成军队团以上军官的高等军事学校，也是协同战术和集团军战役问题的理论研究中心。学院创办于1918年，刚开始称工农红军总参学院，位于莫斯科。1924年，伏龙芝元帅任院长，后以伏龙芝的名字命名。1992年苏联解体后，学院改名为俄罗斯伏龙芝军事学院。它的入学条件极为苛刻，学员必须毕业于诸兵种合成军队高级指挥学校，担任过2年以上营级指挥官职务，具有分队指挥的实践经验，年龄在38岁以下，军衔为大尉或少校。招生办法是先由部队领导推荐，然后逐个审查，最后择优录取。考试科目有俄语、数学、物理、文学、战术、技术装备等。学员毕业后均实行统一分配，一般晋衔一级，晋职1~2级。该院在苏联甚至在世界享有盛誉，为苏联军队培养了大批军事人才，如苏联元帅崔可夫、格列奇科、朱可夫、沃罗诺夫、比留佐夫等。

月，苏联不顾中国政府的强烈反对，根据日本的意见，把中东铁路低价卖给了日本的傀儡政权伪"满洲国"。苏联的这些做法，纵容了日本法西斯对中国的侵略行径，助长了日本的侵略气焰。

从1935年5月开始，日本在中蒙边境不断向苏联进行大规模的军事挑衅。苏联为了自保，加强了对华援助。但是，为避免与日本的正面冲突，这种援助都是在秘密状态下和日本势力所不能及的地方进行的。1941年4月13日，苏联为了避免把自己推到与日本法西斯斗争的第一线，在与日本进行了9个月的讨价还价之后，签订了《苏日中立条约》。这样，苏联就在法律上正式承认了日本在中国东北建立的傀儡政权。苏联又一次拿别国的领土和主权作交易，换取了自己的和平。《苏日中立条约》把苏联的对日绥靖推到顶峰，使日本敢于放手发动对东南亚的进攻。

互不侵犯条约》签订后的第九天，德国就发动了入侵波兰的战争，欧洲的全面战争爆发。

苏联不仅在欧洲对德外交中采取了绥靖政策，而且在亚洲对日外交中也奉行绥靖政策。《苏德互不侵犯条约》的签订，为苏联赢得一个短暂和平时期进行反侵略战争准备，然而它使德国避免两线作战的危险，为发动世界大战创造了有利条件，同时条约也暴露了苏联大国主义的倾向。

1931年"九一八"事变后，苏联宣布对中日冲突奉行严格的不干涉政策。1932年初，苏联答应了日本关东军使用中东铁路的要求，而且只收一半的运费。当国际联盟邀请苏联协助"李顿调查团"解决东北事变时，苏联不仅不主持正义，还拒绝调查团取道苏联直达中国东北。1935年3

◎1941年，苏联与日本在莫斯科签订《苏日中立条约》。

1941年

伦敦空战

1940年6月法国败降后，7月16日希特勒就发布入侵英国的"海狮计划"。但要实施"海狮计划"把庞大的的登陆部队运过英吉利海峡，首先得取得空中的绝对优势。为此，希特勒决定先用空军对英作"闪电战"式打击，然后再进行"海狮计划"。德国空军在数量上占有绝对优势。在空战前夕，德国已拥有1500多架轰炸机和1300多架战斗机。然而英国的空防力量也有它的优势：第一，它在沿岸建立了一系列雷达系统，对德军了如指掌；第二，英国的空军已采用无线电通讯技术；第三，战争在英国领空进行，就作战领域来说英国占有优势。

7月10日～8月7日，德国空军集中轰炸英国的机场、雷达站和海军基地。7月10日，德国对英国的空中打击正式开始。那天轰炸机群在接到撤销进攻的命令之前已经出发，而护航机群因为这道命令而没有起飞，因而前去袭击英国的轰炸机群失去了支援，德国损失了45架轰炸机。8月15日，德国出动了1790架次的飞机，其中轰炸机520架次，战斗机1270架次。德国空军倾巢而出，是想吸引英国空军全部出动以便在空战中一举歼灭。而英国采取机动灵活的战略战术，结果，德国损失了75架飞机，而英国仅损失34架。

9月14日，希特勒和他的部下在柏林举行会议，会议再次决定，为了实施"海狮计划"，德国空军将在9月15日对英国空军进行一次摧毁性打击。

由于德军总参谋部的密码被英国情报局破译，丘吉尔在得到戈林将大规模空袭英国的情报后，便于9月15日一早亲临伦敦郊区空军指挥部指挥这场战斗。戈林计划用1000架次轰炸机和700架次战斗机袭击伦敦，但第一批德国飞机刚飞临伦敦上空就遭到皇家空军的迎头痛击。空战一直持续到下午5时，德国空军被英军击退。由于消灭皇家空军计划无法如期实现，希特勒决定对伦敦等地进行恐怖空袭。这些空袭虽然使英国遭受很大损失，但希特勒的"海狮计划"终成泡影，英国赢得了最终战胜法西斯的时间。从1940年7月10日到10月底，德国共损失飞机1773架，而英国仅损失915架。

英国军民经过英勇战斗，终于粉碎了希特勒妄图一举歼灭英国的"海狮计划"，保卫了英国的独立和生存。

◎烧焦的哥特式塔尖耸立在考文垂

1936年

中国大事记：
12月，张学良、杨虎城发动了西安事变，西安事变的和平解决标志着抗日民族统一战线初步建立。

第二次世界大战中的欧洲战场

　　1940年6月灭亡法国后，希特勒便着手制定攻打英国的"海狮作战计划"。希特勒决定首先对英国实施空中袭击，掌握制空权。1940年8月10日～1941年5月11日，德国空军每天都出动飞机数百甚至数千架次，对英国的军事基地、主要的工业城市进行狂轰滥炸。英国在德国的空袭下，遭受了重大损失，这增强了英国人民抵抗侵略的决心。英国军民以顽强的意志顶住了德国的空袭，使希特勒的"海狮"计划迟迟不能实施。

　　1941年6月22日，德国向苏联发动了全线进攻。意大利、西班牙、匈牙利、罗马尼亚、斯洛伐克、芬兰等国随即向苏联宣战。6月22日～7月9日，德军在各个进攻方向上都急速向苏联境内推进，苏联遭受了巨大创伤。但是，在苏联军民的顽强抵抗下，他们渐渐遏制了德军的攻势，粉碎了希特勒迅速灭亡苏联的梦想，迫使德军于1941年9月将全线进攻改为重点进攻。9月30日，德军开始向莫斯科发动进攻，在10月攻势中，德军进行了3次大包围，莫斯科军民在斯大林的指挥下采取攻势防御，浴血奋战，10月底，

德军攻势减弱。11月15日，德军发起第二次大规模进攻，一度占领距莫斯科24千米的伊斯特腊，但因苏军的顽强阻击，德军的企图未能实现。12月6日起，苏军解除了对莫斯科的包围。1942年1月8日～4月20日，苏军在莫斯科方面全线反攻。苏军在敌强我弱的形势下保卫了首都，收复部分失地。此役是德国法西斯在第二次世界大战中所遭到的第一次军事大失败，标志着德国"闪

· 敦刻尔克大撤退 ·

　　1940年5月20日，德军进抵英吉利海峡，切断法国北部和比利时境内的英、法、比、荷盟军与索姆河以南法军主力的联系。英、法军虽实施多次反突击，但因兵力不足和行动时间先后不一等原因，未能奏效。大约40万英、法联军陆续退却到敦刻尔克地区。24日，希特勒突然命令先头部队停止追击，使联军得到一个喘息机会。26日晚，英国政府下令执行代号为"发电机"的撤退计划。英、法、比、荷4国共派出各种舰船861艘，其中包括渔船、客轮、游艇和救生艇等小型船只。撤退开始后，德军加强了进攻，在对敦刻尔克和英吉利海峡进行轰炸的同时，还派出潜艇和鱼雷艇攻击英、法联军的运输船队。英、法联军顽强抗击，在英空军掩护下，经9昼夜奋战，将33.8万人(其中法军12.3万人)撤至英国本土。6月4日，德军占领敦刻尔克，4万余名法军被俘。这次撤退虽然丢掉了几乎全部的武器装备，但是成功地保存了英、法军的实力，为日后对德军进行反攻创造了条件。

◎"斯大林－3"重型坦克。专为对付德国"虎王"而研制，被西方称为"拥有战列舰级装甲的坦克"。

1940～1941年

世界大事记：
德国对英国实施大规模空袭，但未能使英国屈服。

击战"和德军不可战胜神话的破产，极大地鼓舞了全世界人民，增强了他们反法西斯的信心。

进攻莫斯科失败后，德军又于1942年7月17日向斯大林格勒发动了重点进攻。经过近两个月的激战，德军突破苏军的外围和近郊防御，于9月13日攻入市区，苏军与德军开展了激烈的市区争夺战。11月19～20日，苏联调集110万兵力和大批飞机、坦克、大炮，从南北两翼发动反攻，迅即突破敌军防御，将30万德军包围并挫败敌军解围计划。1943年1月10日，苏军开始总攻，至2月2日，被围德军全部被歼。此役历时200天，双方投入大量兵力，是第二次世界大战中规模最大的战役之一。德军力量受到严重削弱，损失150万人，被迫转入战略防御。此役是苏德战场和第二次世界大战的转折点。

斯大林格勒战役后，德军为夺回战争主动权，于1943年7月5日向库尔斯克发起进攻。经过一个多月的战斗，苏军于8月23日取得了胜利。库尔斯克战役的胜利，使德军重新夺回战争主动权的企图破灭。此后，苏军展开了大规模的战略反攻。

1944年，苏军实施了战略反攻计划，接连向德军发动进攻，解放了除拉脱维亚一小块土地之外的所有国土，而且进入芬兰、波兰、罗马尼亚、南斯拉夫、保加利亚、匈牙利等国境内作战，迫使德国的东欧盟国退出了战争。

美、英遂决定1944年5月实施从法国打进欧洲大陆的"霸王"作战计划，

开辟长期拖延未开辟的欧洲第二战场。由艾森豪威尔担任盟军最高统帅，计划由英国本土出发，横渡英吉利海峡，主攻方向为法国西北部诺曼底。为此，盟军集结了86个师288万人，6000余艘各类舰艇，1.37万架飞机，并制造在加来登陆的假象。德军防守力量不足，判断失误，把防御重点放在加来附近。盟军3个空降师在登陆地域着陆，大批飞机和军舰轰击德军海岸防御工事，随后进攻部队登陆，突破希特勒吹嘘的"大西洋壁垒"。至7月24日，盟军阵地已扩展到正面宽100千米、纵深30～50千米的范围，登陆部队超过100万人，歼灭德军10万多人，胜利完成登陆任务。从此，盟军对德军形成两面夹击之势。到1945年2月，苏军和英美联军从东西两面进入了德国境内，向柏林逼近。4月25日，苏军开始了对柏林的攻坚战。29日，苏军攻到柏林市中心，希特勒在第二天绝望自杀。5月2日，德军停止抵抗，柏林战役结束。5月8日，德国在柏林签署了无条件投降书，欧洲战场的战争至此结束。

◎规模宏大的盟军诺曼底登陆场面

1937年

第二次世界大战中的太平洋战场

　　法国战败投降后,日本决定趁机向东南亚扩张。1940年8月,日本出台了"大东亚共荣圈"侵略计划。9月,日军进占印度支那北部,开始向东南亚扩张。

　　日本的侵略行径,加剧了它与英、美之间的矛盾。英、美两国对日本采取了冻结财产和贸易禁运等措施,这更促使日本决心用武力夺取东南亚。珍珠港是美国在太平洋上最大和最重要的海军基地,太平洋舰队停泊于此。1940年,美日矛盾加剧,日本一面与美国进行谈判,一面准备对美战争,制订了偷袭珍珠港的作战计划,企图一举歼灭美国太平洋舰队,解除南进的海空威胁。1941年12月当地时间7日晨,南云忠一中将率领日本特遣舰队秘密开抵珍珠港以北约370千米处,于7时55分发动突袭。第一批183架飞机攻击历时30分钟,随后第二批171架飞机扩大战果,攻击共约50分钟。美国被击毁击沉大型舰只19艘,飞机300架左右,死伤3600余人,太平洋舰队几乎全军覆没。

　　日本偷袭后的第二天,美、英分别向日本宣战,随后又有20多个国家也相继对德、意宣战。至此,第二次世界大战真正成为全球性的战争。

　　日本偷袭珍珠港成功后,暂时掌握了太平洋上的制海权和制空权。到1942年5月,日本相继占领了东南亚和西太平洋上的许多国家和战略要地,英、荷、法、美等国在这一地区的岛屿和殖民地几乎全部落入日本手中。

　　中途岛位于珍珠港西北约1852千米处,为珍珠港的重要屏障和前哨。1942年5月,日本决定占领该岛作为前进基地。为此,日军调集200余艘舰只,700架舰载飞机,由山本亲自指挥作战。然而,处于劣势的美国太平洋舰队破译了日本的无线电密码,对敌行动了如指掌。6月4日凌晨,日本主力舰队飞机向中途岛发起攻击,因美军早有准备,未取得预期效果,又发现美国舰队,陷入了既需再次轰炸中途岛又要攻击美舰的处境,仓促为飞机改装鱼雷,将大批炸弹

◎珍珠港的偷袭成功,使日本在此后的半年里将整个太平洋抓在手里。

1942年

世界大事记：
中、美、英、苏等26国代表在华盛顿共同签署了《联合国家宣言》，世界反法西斯同盟形成。

◎中途岛海战的失利使日本将战争的主动权拱手相让

堆放在甲板上。10时左右，美舰载飞机100余架，分批连续攻击日舰，日军3艘航空母舰中弹，引爆甲板上的炸弹，当即相继沉没。傍晚又一艘航空母舰被击沉。中途岛海战是太平洋战争的转折点，日军从此丧失了太平洋上的制空权和战争主动权，由战略进攻转为战略防御。

中途岛海战后，美军乘胜出击，于1942年8月7日向瓜达尔卡纳尔岛的日本舰队发动进攻。经过半年的激烈争夺，美军于1943年2月7日占领了瓜岛。此次战役使日军损失惨重，完全丧失了战争的主动权。此后，美军在太平洋战场上展开了全面进攻，与日军进行了激烈的逐岛争夺战，一步步向日本国土逼近。

1944年，美军凭借空中优势，从"逐岛争夺"转为"越岛进攻"，直插日军重防区域。1944年上半年，美军先后攻占了马绍尔群岛、加罗林群岛和马利亚纳群岛。马利亚纳群岛被日本视为本土的屏障，"必须确保"的地区。美军冲破这道屏障后，日本本土便落入美军的轰炸范围。1944年9月和10月上旬，美军对日军在各地的机场接连实施轰炸。

1945年春，美军攻占了硫磺岛和冲绳岛，并不断轰炸日本本土，沉重打击了日本军民的士气。8月6日和9日，美国分别向日本广岛、长崎两地投放了原子弹，给这两地以毁灭性打击。8月8日，苏联对日宣战，并于第二天出兵中国东北，日本70万关东军遭受重创。与此同时，中国和亚洲其他各国人民纷纷发起大反攻。日本法西斯四面楚歌，彻底绝望了。8月15日，日本天皇宣布无条件投降。9月2日，日本在盟国代表面前正式签署了投降书。至此，第二次世界大战以法西斯国家的失败而告终。

·中途岛海战·

太平洋战争期间，美、日海军在中途岛附近海域进行的海战。1942年，日本企图夺取中途岛，美军"无畏"式俯冲轰炸机准备攻击日舰，日海军航空母舰则全力躲避美机轰炸以作为前进基地，将海上防线推进到中太平洋，迫使美军退守夏威夷及美国西海岸。6月4日，日军出动200余艘舰艇向中途岛发起进攻。由于美国破译了日本海军的无线电报密码，事先令航空母舰编队群进至中途岛东北海域展开隐蔽待机，从而掌握了主动权。当日凌晨4时30分，日军的第一波飞机108架从航空母舰起飞，攻击中途岛。此时，美航空母舰编队群立即向日军航空母舰编队群接近。美舰队在距日舰队150海里处，于7时02分开始接连派出第一、第二波飞机200多架，乘日军第一波攻击中途岛飞机返舰、第二波飞机卸下炸弹改挂鱼雷的混乱时机，对日航空母舰实施连续攻击。日军虽有部分战斗机临空迎战，但为时已晚。

中途岛海战改变了太平洋地区日、美航空母舰的实力对比。日军损失大量飞行员，仅剩重型航空母舰1艘和轻型航空母舰4艘，从此在太平洋战场丧失战略主动权。

1937年

雅尔塔体系

1943年9月，意大利法西斯投降后，盟国开始就如何处置战败国和安排战后世界的问题进行了具体的讨论。1943年10月，苏、英、美三国外长在莫斯科举行会议。会议期间，三国代表就如何处置德国和意大利的问题展开讨论，一致同意废除德国对奥地利的占领，重建奥地利为自由、独立的国家；并决定成立欧洲咨询委员会和意大利问题委员会，分别对这些问题进行研究。会后，苏、美、英、中四国还根据会议精神发表了关于普遍安全的宣言，重申罗斯福在1943年1月提出的"无条件投降"原则，决定建立一个维护战后和平的国际组织，用和平方式解决国际争端。

1943年11月28日～12月1日，苏、美、英三国首脑在德黑兰举行会晤，商讨加速战争进程和战后世界的安排问题。会议主要包括以下内容：决定于1944年5月在法国南部开辟第二战场；就成立一个战后维护世界和平与安全的国际组织问题交换了意见；初步讨论了战后如何处置德国的问题；就波兰问题达成初步一致；苏联对日作战问题。会议签署了《苏、美、英三国德黑兰协定》和《苏、美、英三国德黑兰宣言》。该会议是反法西斯三大盟国首脑在第二次世界大战中的首次直接会晤，对加强盟国间的团结与合作，协调军事战略行动，加速反法西斯战争的胜利进程起了重大作用。但这次会议也反映出了大国强权政治的倾向，预示着几个大国对战后国际事务的主宰。

1944年8～10月，美、英、苏三国和美、英、中三国先后在美国敦巴顿橡树园举行会议，就建立战后国际组织的问题专门进行讨论，最后通过了"关于建立普遍性的国际组织的建议案"。该案把未来的国际组织定名为"联合国"，并规定了联合国的宗旨、原则、会员国的资格、联合国主要机构的组成和职权等问题。敦巴顿橡树园会议形成了联合国宪章的雏形，在雅尔塔体系的形成过程中起了不可忽视的作用。

1945年2月4日～11日，在法西斯灭亡的前夕，苏、美、英三国首脑在雅尔塔举行了首脑会议。这次会议在安排战后世界的问题上达成了许多协议。在处置德国的问题上，三国一致同意对德国实行分区占领。关于波兰问题，三国进行了激烈争论，最后决定在广泛的基础上对苏联支持的波兰临时政府进行改组，波兰的东部边界以寇松线为界，扩增其西部和北部的领土。会上，苏联许诺在欧战结束后2～9个月参加对日作战。

◎雅尔塔会议上的丘吉尔(右一)和斯大林(中)

1942年

◎ 战后主宰世界格局的三巨头：（左起）丘吉尔、罗斯福、斯大林，在雅尔塔会议上留下了这张难得的照片。

关于联合国问题，三国就橡树园会议上存有分歧的问题继续讨论，最后达成了妥协：大国在非程序问题上拥有否决权，吸收苏联的两个加盟共和国为创始会员国。同时，三国决定于1945年4月25日在旧金山举行联合国制宪会议。雅尔塔会议对苏、英、美三大国此前商谈过的问题作了调整与总结，为战后世界格局确定了基本框架以及赖以建立的精神原则。因此，人们把战后的国际秩序以"雅尔塔"来命名。

根据雅尔塔会议的决定，1945年4月25日，48个国家的代表在旧金山召开了联合国制宪会议。6月25日，与会代表通过了《联合国宪章》。《联合国宪章》确定了联合国这一国际组织的宗旨和原则，这些宗旨和原则成为维护战后世界和平的最高纲领。同时，《联合国宪章》也成为雅尔塔体系的支柱。

1945年7月17日～8月2日，苏、英、美三国首脑在波茨坦举行了最后一次会议，就安排战后世界的问题进行讨论。关于德国问题，三国确认了雅尔塔达成的协议；承认波兰临时统一政府，初步确定波兰西部边界为奥得－尼斯河，但泽和东普鲁士南部划归波兰；东普鲁士北部和哥尼斯堡划入苏联；苏联重申对日作战的承诺。通过了《苏、美、英三国柏林会议议定书》和《柏林会议公报》。会议还就成立外长会议，准备对意、匈、保、罗、芬的和约达成一致协议。此次会议解决了欧洲战争结束后的一系列迫切问题，巩固了欧洲反法西斯战争的胜利成果，加速了对日战争的结束，奠定了战后世界新秩序。

◎ 纽约的时代广场上，一个刚从战场归来的海军士兵在亲吻一个护士，以此庆祝第二次世界大战胜利结束。

·同盟国·

第二次世界大战中结成国际反法西斯统一战线共同对轴心国作战的国家。20世纪30年代，中国、埃塞俄比亚等国人民奋起开展反法西斯斗争，但英、法等国却推行绥靖政策。德国进攻西欧后，英、美受到严重威胁，英国与欧洲沦陷国家及英、美之间遂建立起同盟合作关系，反法西斯统一战线初步形成。苏、德战争爆发后，英、美宣布支持苏联。1941年8月，英、美发表《大西洋宪章》，苏联和其他十余个国家表示支持。太平洋战争爆发后，美国等国正式参战，反法西斯阵营进一步扩大。1942年1月1日，美、苏、英、中、加等26个反法西斯国家在华盛顿签署了《联合国家宣言》，国际反法西斯联盟正式形成。此后，一些国家陆续加入，其总数达47个。同盟国在反法西斯战争中互相配合与支援，最终打败轴心国，为联合国的建立奠定了基础。

| 1943年 | 中国大事记：
11月，中、美、英三国签署了《开罗宣言》。 |

纽伦堡审判和东京审判

德、意、日法西斯把战争强加给许多国家，同时还犯下了骇人听闻的罪行。他们灭绝人性，烧杀抢掠，无恶不作。

在中国，日本侵略者推行"三光"政策，屠杀大批无辜居民。仅南京一地，就有30多万无辜居民惨死在日寇的屠刀之下。

在欧洲，德国法西斯实行种族灭绝政策，570多万犹太人遭到杀害；此外还杀害了数以百万计的受侵略国家的人民。

德国法西斯还建立了许多集中营，用以关押和集中屠杀反法西斯战士、战俘和犹太人。有些集中营里还设有释放毒气的"浴室"，囚犯们被脱光衣服推进"浴室"，喷头里喷出的不是水而是毒气，"沐浴者"立刻被毒死。"浴室"旁边就是大型的焚尸炉。1940年建立在波兰的奥斯威辛集中营里，德国法西斯在此杀害了三四百万人，每天都有大约1万人在"浴室"中被害。而死于此集中营的人数至少占犹太人死亡总数的2/3左右。

第二次世界大战后，如何处理战败的德国和日本的问题，成为国际关系中一个重要的问题。为了彻底肃清法西斯势力，实现民主化和非军国主义化，防止军国主义和法西斯主义死灰复燃，维护世界和平，盟国对德、日法西斯战犯进行了审判，这就是纽伦堡审判和东京审判。1943年10月，苏、美、英三国莫斯科宣言规定，战争结束后，将对战争罪犯进行审判。1945年8月，上述三国和法国在伦敦签订协定，拟定欧洲国际军事法庭宪章，规定由4国指派检察官组成委员会进行起诉，由4国指派的法官组成国际军事法庭进行审判。

1945年10月18日，国际军事法庭第一次审判在柏林举行。从11月20日开始，审判移至德国南部城市纽伦堡举行，至1946年10月1日结束，历时近一年。包括纳粹第二、三号人物戈林、赫斯和外长里宾特洛甫在内的20多名战犯被

◎赫尔曼·戈林

提起公诉。法庭进行了403次公审，以大量确凿的证据揭露了德国法西斯的种种滔天罪行。法庭根据四条罪行对战犯进行起诉和定罪：策划、准备、发动、进行战争罪；参与实施战争的共同计划罪；战争罪（指违反战争法规或战争惯例）；违反人道罪（指对平民的屠杀、灭绝和奴役等）。前两条合起来称为破坏和平罪。1946年10月1日，法庭作出了最后判决，判处戈林等12人绞刑，3人无期徒刑，4人有期徒刑。

死刑判决于1946年10月16日执行，戈林在处决前一天服毒自杀。与此同时，法庭还宣布了4个犯罪组织，它们是纳粹党领导机构、秘密警察（盖世太保）、保安处和党卫队。对这几个犯罪组织的成员，各国可以判以参与犯罪组织罪，直到判处死刑。此后，在美、英、法、苏各个占领区以及后来的联邦德国和民主德国各法庭，又对众多的战争期间的犯罪分子进行了后续审判，他们大多是法西斯医生、法官、工业家、外交人员、国防军最高司令部人员、军事骨干以及党卫军高级干部等。

1945年

○战后的纽伦堡审判

纽伦堡审判基本上是一次公正的审判，是人类有史以来对侵略战争发动者的第一次法律制裁，有利于防止历史悲剧的重演。它为以后对破坏和平罪的审判奠定了基础，标志着国际法的重大发展。

在第二次世界大战进行之时，盟国就认为，日本战犯也应受到与德国战犯同样的处理。1945年12月16日至26日，苏、美、英外长决定实施《波茨坦公告》中的日本投降条文，包括惩办日本战犯。根据《波茨坦公告》、日本投降书、盟国的《特别通告》以及《远东国际军事法庭宪章》，盟国决定在东京设立法庭审判日本战犯。

根据宪章规定，法庭将审判及惩罚被控以个人身份或团体成员身份犯有以下3种罪行的战犯：破坏和平罪，战争罪，违反人道罪。盟军最高统帅麦克阿瑟于1946年2月18日任命澳大利亚的韦伯为首席法官，中国、苏联、美国、英国、法国、荷兰、菲律宾、加拿大、新西兰和印度10国各派一名代表为法官，美国的约瑟夫·B.凯南为首席检察官。

1946年4月29日，东条英机等28名战犯正式被起诉。1946年5月3日，远东国际军事法庭正式开庭。首席检察官历数了28名战犯在战争中的罪行，列举了55项罪状，指控他们犯有破坏和平罪、战争罪、违反人道罪。1948年11月4日，法庭宣读判决书，对25名出庭战犯判决如下：判处东条英机等7人绞刑；16人被判处无期徒刑；其余判处有期徒刑。1948年11月12日，远东国际军事法庭闭庭。1948年12月23日，东条英机等7名战犯在东京巢鸭监狱被绞死，尸体被火化。其余战犯入狱服刑。

对日本战犯作出的严正判决，受到了世界舆论的欢迎。这次审判，使全世界人民进一步了解了日本帝国主义从"九一八"事变到太平洋战争期间的侵略真相和罪恶的事实，是对日本法西斯分子的一次全面清算和重大打击。但是，一些应该受到审判的战犯并未成为被告，一些罪大恶极的战犯并未受到严惩，给深受其害的各国人民留下了不良的印象。

· 血胆老将巴顿 ·

小乔治·史密斯·巴顿（1885～1945年），美国陆军四星上将。1904年进入西点军校。1917年随美国远征军赴法参战，11月组建美军第一个装甲旅。1942年任第一装甲军军长，11月作为北非远征军西部特遣部队司令，率部参加北非登陆战役，占领法属摩洛哥。后负责组建美国第7集团军，于1943年指挥美第7集团军参加西西里岛登陆战役。1944年1月在英国就任美国第3集团军司令，7月赴法国诺曼底，突入布列塔尼半岛和法国中部。尔后协同盟军其他部队在法莱斯战役中重创德军，并追击洛林方向逃敌。阿登战役中，奉命率部驰援被围困在巴斯托涅的美军，击退德军进攻。1945年率军突破齐格菲防线，强渡莱茵河，突入德国腹地，占领捷克斯洛伐克西部，进抵捷奥边境。巴顿作战勇猛顽强，指挥果断，富于进攻精神，善于发挥装甲兵优势，实施快速机动和远距离奔袭，有"热血铁胆""血胆老将"之称。

1945年

联合国建立

1945年4月25日，美国旧金山市中心的大歌剧院里一片沸腾，来自世界各国的人们兴奋地谈论着即将开幕的大会。是什么重要的大会让世界各国的人们聚集到了一起呢？原来，今天在这里举行的大会将要讨论联合国的成立，并制定《联合国宪章》。

下午4时左右，美、中、英、苏4个发起国和其他国家的代表先后走入歌剧院。紧接着，1800多名各国记者也进入会场，他们将成为这一历史性时刻的见证人。

联合国是在第二次世界大战期间开始筹备创立的，它是世界人民渴望和平的产物。第二次世界大战的战火燃烧到世界60多个国家和地区，有近20亿人被卷入战争，其中有5000万人死亡，全部交战国直接战费总额计11540亿美元。蒙受战争苦难的世界各国人民渴望实现持久的和平。早在1941年英美两国发表的《大西洋宪章》里，两国首脑就提出了要在战争结束后建立一个"广泛而永久的普遍安全制度"，道出了饱受战争之苦的人们的心声。

1943年10月，中、美、英、苏代表在莫斯科举行会议，并签订了《四国关于普遍安全的宣言》，这是呼吁建立国际安全机构的开端。1943年11月的开罗会议中，中、美、英三国代表商讨了战胜日本及战后的共同策略。不久，美、英、苏又在德黑兰举行会议，在这次会议期间，罗斯福与斯大林提出了战后成立联合国的建议。1944年8月～10月，苏、美、英三国代表和中、美、英三国代表分别举行会议，讨论并拟定了《关于建立普遍性国际组织建议》，在这个建议中，规定了联合国的宗旨、原则和各机构的组成。

尽管世界各国在维护世界和平方面的宗旨一致，但却也存在很大的分歧，尤其是美国和苏联。作为两种社会制度的代表，美国和苏联永远都是针锋相对。美国的目标是想建立一个战后世界各国的协调机构，而苏联却以防止德、日法西斯侵略力量的再起为目标。此外，苏联代表提出的苏、美、中、英、法五大国享有否决权的问题也遭到了美、英的反对。

在1945年2月召开的雅尔塔会议上，罗斯福和丘吉尔终于与斯大林达成了协议，接受了苏联关于联合国的组织方案，同意五大国拥有否决权，并把乌克兰和白俄罗斯列为联合国会员国。于是，几个大国才在举行制定联合国宪章的会议问题上取得了一致意见，并决定"制宪会议"在旧金山召开。

大会的开幕式上，美国代表发表了简短的讲话，接着是新继任的美国总统杜鲁门的讲话，杜鲁门在讲话中强调了联合国对世界和平与人类发展的意义，并一再强调"和平"与"合作"是此次大会的两大主题。开幕式洋溢在一种和谐友好的气氛中。

"制宪会议"持续了整整两个月，这时的会员国已增至到51个。各国代表都先后在大会上发了言，研讨了会议的组织工作，并确定了英、俄、法、汉和西班牙语为大会正式工作语言。6月26日，大会一致通过了《联合国宪章》，51个国家的代表在《宪章》上签了字。

1945年10月24日，联合国正式宣布成立，并把总部设在美国东海岸纽约市的曼哈顿区。

世界当代史

世界当代史是指从1945年第二次世界大战结束以来的世界历史，分为三个阶段：第一阶段从第二次世界大战结束到20世纪50年代中期，美苏冷战进入对峙阶段；第二阶段从20世纪50年代中期到80年代末，美苏由冷战对峙走向对话、世界走向多极化；第三阶段从20世纪80年代末90年代初开始，世界新格局逐渐形成，世界和平与经济发展成为时代的主流。

1945年

杜鲁门主义

1947年3月12日，美国总统杜鲁门在致国会的关于援助希腊和土耳其的咨文中，提出了以"遏制共产主义"为核心的对外政策的指导思想，这一咨文被称为"杜鲁门主义"。

第二次世界大战后，德、意、日3个国家遭到重创，英、法的力量也严重削弱，美国却依仗在战争中发展起来的雄厚的经济、军事实力，在资本主义世界取得了统治地位。1947年2月21日，英国照会美国国务院，声称由于国内经济困难，无法再给希腊和土耳其以经济和军事的援助，希望美国继续给予援助。

希腊和土耳其扼东地中海，地处国际交通要道的汇合点，具有重要的战略地位，尤其黑海海峡，是黑海通往地中海、大西洋的门户，历来为大国必争之地。第二次世界大战前，希腊和土耳其一直是英国的势力范围。战后，由于英国实力的全面衰退，美苏在这一地区的争夺异常激烈。1945年6月，苏联向土耳其提出缔结新条约的要求，包括把1921年割让给土耳其的土卡尔斯和阿尔汉达两地归还苏联，苏联在达达尼尔海峡建立陆海空军基地等。

土耳其拒绝了苏联的要求，两国关系顿时紧张起来。美国乘机向土耳其提出开放和联合管制达达尼尔海峡的要求，并提供贷款，全面支持土耳其，美国在海峡地区的影响不断扩大。战后，希腊的人民武装力量蓬勃发展。1946年秋，希腊共产党领导人民掀起了武装斗争，不断取得胜利，希腊政府处于风雨飘摇之中。在这种情况下，希腊向英国提出加紧援助的要求。但英国已经难以收拾希腊的局面。1947年2月21日，英国照会美国，表示"由于军事和战略上的原因，不应该

允许希腊和土耳其落入苏联控制之下"，要求美国挑起全面援助希、土的担子。"希土危机"不仅为美国提供了取代英国、夺取东地中海控制权的可能，而且为美国提出全球性扩张的纲领、抛出冷战政策提供了契机。

在咨文中，杜鲁门指出希腊遭到由共产党人领导的"恐怖主义活动的威胁"，一旦它作为独

◎杜鲁门
杜鲁门主义是美国旨在遏制共产主义在欧洲发展的重要政策之一，是冷战的宣言书，是美国全球扩张的标志。

1947年

世界大事记：
美国提出"杜鲁门主义"，"冷战"开始。

立国家"陷落"，不但将危及土耳其和整个中东地区，而且将给欧洲一些"力争维持其自由和独立地位"的国家带来"灾难性"的影响。

他把"希土危机"比喻为希特勒和第二次世界大战的再现，宣称世界已分为两个敌对营垒，一边是"自由制度"，一边是"极权政体"，每个国家都面临着两种不同生活方式的抉择，美国负有领导"自由世界"的使命，以抗拒共产主义。声称美国的政策必须是支持各国"自由人民"抵抗少数武装分子或外来压力所施行的征服活动；必须帮助各国人民以他们自己的方式去解决有关他们各自命运的问题。他要求"立即采取果断的行动……在1948年6月30日截止的期间向希腊和土耳其提供4亿美元的援助"，并要求选派文职和军事人员前往增援。杜鲁门在解释这篇咨文时说："这就是美国对共产主义暴君扩张浪潮的回答"，是"向全世界说明，美国在这个新的极权主义的挑战面前所持的立场"；"我相信，这是美国外交政策的转折点，它现在宣布，不论什么地方，不论直接或间接侵略威胁了和平，都与美国的安全有关"。由此可见，杜鲁门主义远不止是援助希、土，而是美国在全世界范围内扩张的

◉ 1946年3月，丘吉尔在杜鲁门陪同下，在富尔敦的威斯敏斯特学院发表了著名的"铁幕"演说。

宣言，是对苏联发动全面"冷战"的宣战书。它是美国对外政策转变的完成，标志着美国对外政策已彻底摆脱了孤立主义的影响，开始由局部扩张转变为全球扩张。1947年5月22日，杜鲁门正式签署《援助希、土法案》。1947～1950年，美国援助希、土两国6.59亿美元。1949年，希腊革命被扑灭。

杜鲁门主义是美国对外政策的重大转折点。它与马歇尔计划共同构成美国对外政策的基础，标志着美苏两国由战时的盟国变为战后的敌国，美苏之间的"冷战"正式开始。

·冷 战·

冷战是指第二次世界大战后，以美、苏为首的帝国主义国家与社会主义国家之间除武力外的各方面的敌对活动和实力对峙局面。1947年3月杜鲁门主义的出笼为冷战开始的标志，20世纪50年代中期以前为冷战高潮阶段。美国为了遏制苏联，抛出马歇尔计划，组织北约集团。对此，苏联成立欧洲共产党九国情报局、经互会和华约集团与之对抗。除在欧洲形成美、苏为首的两大军事集团对峙外，冷战亦在亚洲、非洲、拉丁美洲展开。美国利用冷战，加强对广大中间地带的控制。20世纪50年代中期至60年代是由全面冷战走向部分缓和的阶段。1959年9月，美、苏举行戴维营会谈，1961年6月又举行维也纳会议，全面对峙逐步转向对话，但冷战仍然存在。20世纪70年代以来进入全面缓和时期。冷战形成了第二次世界大战后初期两极对峙的世界格局。

1947年

北约成立

1948年3月17日，英、法、荷、比、卢等西欧五国签订《布鲁塞尔条约》，组建了欧洲第一个集体防卫体系。随后，又于3月22日～4月1日，在华盛顿举行了由美、英、加三国参加的会议，通过了《五角大楼文件》，提出扩大布鲁塞尔条约组织；另外缔结了北大西洋区域集体防务协定。1948年6月11日，美国参议院以绝对优势通过了范登堡提出的议案，为美国建立北大西洋公约组织铺平了道路。议案允许美国政府在和平时期同美洲以外的国家缔结军事同盟条约。7月6日，美国与加拿大、布鲁塞尔条约国举行会谈。于9月9日，通过《华盛顿文件》，对即将建立的北约组织的性质、范围、缔约国承担的义务及与欧洲其他组织的关系都作了具体规定。1949年1月14日，美国国务院发表了题为《我

们建设和平：北大西洋区域的集体安全》的声明。3月18日，正式公布北大西洋公约组织的条文。4月4日，美、加、英、法、比、荷、卢、丹、挪、冰、葡、意12国外长云集华盛顿举行北约签字仪式。公约规定：缔约国任何一方遭到武装攻击时，应视为对全体缔约国的攻击；其他缔约国应立即协商，以便行使单独或集体自卫的权利。1949年8月24日，公约正式生效，北大西洋公约组织（简称"北约"）宣告成立。

北约先后建立了名目繁多的组织机构，其中，最高权力机构是由各成员国的外交、国防、财政部长组成的北约理事会。常设的行政机构是国际秘书处。北约最重要的军事指挥机构是欧洲盟军最高司令部，建立于1951年4月，负责欧洲防务。北约的军事战略经历了3个发展时期，初期是地区性遏制战略，1954年采纳大规模报复战略，1967年转而奉行灵活反应战略，其战略的变化完全跟随美国战略而变。

20世纪90年代，随着华沙条约组织的解散和苏联的解体，欧洲的政治与安全形势发生了巨大变化，北约开始向政治军事组织转变。

1990年7月，北约宣布冷战结束。为适应新形势的需要，北约开始全面调整战略。1997年7月，北约东扩计划正式启动。1999年3月，波兰、捷克和匈牙利正式成为北约新成员。这是实现北约东扩计划的实质性一步。

◎ 1954年10月，西方大国签订《巴黎协定》，允许联邦德国加入北约，图为法、德、英、美（从左至右）四国首脑举行联合记者招待会。

| 1948年 | 世界大事记：
3月，英、法、荷、比、卢等西欧五国签署《布鲁塞尔条约》，组建集体防卫体系。 |

德国分裂

1945 年 6 月 5 日，盟国签署了《关于德国占领区的声明》等文件，四国分区占领制度正式开始。德国被分为四个区：东区、西区、西北区和西南区，分别由苏、法、英、美占领，位于东区内的柏林由四国共同占领。这种分区占领制度原本是制裁德国的一种手段，但四国政府在各自占领区内推行对自己有利的政策，从而引发了柏林危机，导致德国分裂。1947 年 1 月 1 日，英、美合并两国占领区，成立"双占区"，这是分裂德国的开端。1948 年 2～6 月，美、英、法、比、荷、卢六国召开伦敦会议。6 月 7 日，提出"伦敦建议"，要求合并西方三占区，召开西占区"制宪会议"，成立西德临时政府，在西占区实行货币改革。对此，苏联进行了反击，于 1948 年 3 月 20 日宣布退出盟国对德管制委员会；3 月 30 日通知美方：从 4 月 1 日起，苏方对柏林与西方占领区之间的交通进行为期 10 天的管制，届时将检查所有通过苏占区的美国人的证件及货运和私人行李以外的一切物品。

同年 6 月 21 日，美、英、法在西占区实行货币改革；23 日又下令在柏林西占区实施同样改革，由此而引发了"柏林危机"。6 月 22 日，苏联决定在苏占区和整个大柏林发行新币。6 月 24 日起，苏联全面切断西方占领区和柏林之间的水陆交通，停止向西柏林供电、供煤。而美、英、法实行反封锁，中断了东西占领区之间的贸易和交通，同时对西柏林实施空运。危机期间，双方损失惨重。美、英、法、苏几经周折，于 1949 年 5 月 4 日达成协议，决定于 5 月 12 日取消一切交通封锁。危机期间，美、苏剑拔弩张，美国把 60 架载有原子弹的 B-29 型轰炸机调到英国，在英国建立战略空军基地，但双方并没有发生武装冲突。

危机虽然平息，但德国分裂已成定局。1949 年 9 月 20 日，在西方占领区建立了德意志联邦共和国。10 月 7 日，在苏占区内，德意志民主共和国正式成立。两个德国最终形成。

赫鲁晓夫上台后，苏联利用柏林问题一再向西方施压。1958 年 11 月，苏联要求西方从西柏林撤军，使西柏林非军事化。这个要求被西方三国断然拒绝，柏林危机再起。

1959 年，苏、美举行戴维营会谈，使危机暂时缓和。1960 年，发生了 U-2 飞机事件，美苏关系恶化，关于柏林问题的商谈中止。1961 年 6 月，苏、美首脑在戴维营会谈，但不欢而散。此后，双方争相威胁对方，使柏林危机达到了高潮。8 月，苏联和东德为了制止人流逃往西柏林，开始沿着东、西柏林的分界线修筑了"柏林墙"。

◎德国分裂，柏林被一分为二，驻守在柏林墙两侧的士兵只能隔墙相对。

《华沙条约》

　　北约组织使苏联感到自身面临着严重的威胁。苏联外交部针对美国国务院的声明进行严厉谴责，把北约称作"美国和英国统治集团推行侵略政策的主要工具"。此后，苏联在各种场合都猛烈地抨击北约组织，并向联合国大会上诉。1954年10月23日，西方国家签订了《巴黎协定》，允许联邦德国建立正规军，并加入北大西洋公约组织，公开重新武装德国。11月13日，苏联政府立即向以美国为首的西方国家发布照会，要求他们不要批准《巴黎协定》，但遭到西方国家拒绝。11月29日～12月2日，苏联召集阿尔巴尼亚、保加利亚、匈牙利、波兰、民主德国、捷克斯洛伐克和罗马尼亚等东欧七国政府代表在莫斯科汇聚，警告西方国家，一旦《巴黎协定》被批准，苏联与东欧国家将采取共同措施，组建联合武装。但西方国家对苏联的警告置若罔闻。1955年5月5日，《巴黎协定》正式生效。5月14日，苏联与东欧七国在波兰华沙签订了友好互助合作条约，称为《华沙条约》，简称"华约"。

　　华沙条约组织具有军事同盟的性质。条约规定：当缔约国之一遇到武装威胁时，其他缔约国应采取一切必要的方式给予援助；设立统一的武装部队司令部和政治协商委员会；缔约国不参加与华约相反的任何联盟或同盟，不缔结与华约相反的任何协定。华约还欢迎一切赞同该条约的国家参加。华约组织的主要机构有政治协商委员会和联合武装部队司令部。前者由缔约国各派一名政府成员或一名特派代表参加，负责审议一切重要的政治、军事问题。从1960年以后，政治协商委员会一般由各缔约国执政党的第一书记或总书记以及政府首脑、外交部长、国防部长和华约联合武装部队总司令参加。联合武装部队司令部负责统率根据缔约国各方协议拨归其指挥的各国武装部队。上述两机构总部均设在莫斯科。

　　华约的建立，使东、西方最终形成了两个对立的军事集团，使两大阵营带有强烈的军事对抗色彩，从而使冷战的气氛更加凝重。

　　1991年4月1日，华约组织宣布解散其军事机构。7月1日，华约6个成员国领导人在布拉格签署议定书，宣布华约结束。至此，华沙条约组织正式解散，两大阵营的对峙宣告结束。

· 经济互助委员会 ·

　　简称经互会，是1949年苏、罗、捷、保、匈、波六国在莫斯科成立的国际经济组织。此后，阿尔巴尼亚、民主德国、蒙古、古巴、越南陆续加入。经互会基本任务是：促成会员国之间经济合作；交流经济经验；相互给予技术援助；在原料、粮食、机器装备等方面相互协助。经互会的成立标志着欧洲经济上的分裂。其经济合作经历了进行商品交换和科技资料交换、推行生产的"国际分工"、实行"经济一体化"三个发展阶段。经互会对打破西方经济封锁、促进各成员国经济发展起到一定的积极作用，但受到苏联的控制，苏联与其他成员国之间关系不够平等。1991年，经互会正式解散。

20世纪五十年代初

世界大事记：
以苏联为首的社会主义阵营形成。

朝鲜战争

第二次世界大战后，美国对朝鲜问题的一意孤行，导致朝鲜半岛一分为二。在美国支持下，南部朝鲜于1948年8月15日成立了"大韩民国政府"，北部朝鲜在苏联支持下于同年9月9日建立了朝鲜民主主义人民共和国。1949年1月～9月，南北部之间不断产生摩擦。1950年6月25日拂晓，朝鲜战争爆发。朝鲜人民军越过"三八线"，很快便击溃了李承晚的军队，于6月28日攻克汉城，李承晚军队被赶到釜山一隅。为挽救南部朝鲜的败局和遏制苏联，美国于战争爆发当天，即操纵联合国安理会（苏联缺席），通过了谴责朝鲜的决议。6月27日，杜鲁门命令美国海、空军进入朝鲜作战，并派第七舰队进入台湾海峡。6月30日，下令地面部队开赴朝鲜前线。7月7日，美国操纵联合国安理会授权其组建"联合国军"

◎1950年9月15日，"联合国军"在朝鲜西海岸仁川登陆。

援助韩国。次日，麦克阿瑟被任命为"联合国军"总司令。由美、英、法、澳、加等16国组成的"联合国军"大举入侵朝鲜。至此，朝鲜战争由内战而演变为国际战争。

1950年9月，麦克阿瑟指挥"联合国军"在其舰队重炮和飞机的轰炸掩护下，实施大规模进攻。一方面组织釜山残军进行反攻，另一

◎中国人民志愿军雄赳赳，气昂昂，跨过鸭绿江。

1953年

中国大事记：
中国进行第一次全国人口调查登记。

方面率其主力从仁川登陆发起总攻，企图切断人民军的退路。补给困难、连续作战而疲惫的人民军防线不断被突破，人民军于10月1日被迫退回三八线以北。"联合国军"趁势从东、南向平壤实施钳形进攻，在空降兵的配合下，19日攻占平壤。"联合国军"继续把战火向中朝边境鸭绿江畔扩大，并轰炸了中国村庄，中国安全受到严重威胁。

美国政府无视中国政府发出的警告。在朝鲜的请求下，10月初，中国人民志愿军跨过鸭绿江，投入抗美援朝、保家卫国的战争。

25日，志愿军利用"联合国军"尚未发现其入朝，正分兵冒进的有利时机，采用运动歼敌策略，给敌人以突然性打击，一举将其驱逐到清川江以南。接着，志愿军采取积极防御，诱敌深入，创造有利条件，以运动战为主，并与部分阵地战、游击战相结合的方针，因势利导，避强击弱。在敌人机群狂轰滥炸中，志愿军克服交通线被毁、供应不足、气候寒冷等困难，英勇与"联合国军"周旋，连续四场战役告捷，围歼重创大批敌人，迫使"联合国军"从总攻击变成总退却。1951年6月10日止，共歼敌23万人，其中美军11万余人，扭转了战局，双方战线稳定在三八线附近。

杜鲁门解除了麦克阿瑟的职务，并被迫同中朝方面进行停战谈判。1951年7月10日，谈判在开城举行（10月8日起移至板门店）。美国为使朝中在谈判中屈服，策划了夏季和秋季攻势。"联合国军"利用海、空优势实施以轰炸封锁交通运输线，切断中朝联军供给为目的的绞杀战和旨在制造疫区、企图削弱其战斗力的细菌战。中朝军队采取持久作战、积极防御的战略，由运动战为主转为阵地战为主。利用不同地形构筑坑道、修建野战工事，阵地防御和运动反击相结合，消耗、疲惫"联合国军"。在打小歼灭战的思想指导下，积少成多，大量消灭敌人的有生力量。中国志愿军与后备军轮番入朝作战，空军得到苏联的支持。两年内歼敌72万人，其中美军近30万。

1953年7月27日，美国被迫签订停战协议。当时，任美军司令的克拉克哀叹："我是第一个在没有获胜的停战书上签字的美国司令官。"

朝鲜战争是第二次世界大战后最大的一次局部战争，维护了远东地区的安全。

◎ 1953年7月27日，朝鲜战争停战协定在板门店正式签字。

·朝鲜的分裂·

第二次世界大战日本投降后，美、苏两国分别占领朝鲜南北部。1945年12月，美、英、苏三国外长会议达成协议，决定创造条件重新使朝鲜统一。但美国1946年2月却在南部成立"民主议院"。1947年冷战爆发后，美国加快分裂朝鲜的步伐。1948年5月10日，在美国的操纵下，南部朝鲜举行非法的"国民议会"选举，7月12日公布《大韩民国宪法》，8月15日成立"大韩民国政府"。为了回击美帝国主义等的阴谋，在以金日成为首的朝鲜劳动党的领导下，于1948年8月25日举行选举，9月8日公布宪法，组成以金日成为首的政府。9月9日，朝鲜民主主义人民共和国成立。1948年底，苏军全部撤离朝鲜。美国军队仍然驻扎在南部朝鲜。

1957年

第三次科技革命

第三次科技革命，又称新科技革命，兴起于20世纪四五十年代。它以原子能技术、航天技术和电子计算机的应用为代表，另外还包括人工合成材料、生物技术和遗传工程等高新技术。它极大地推动了人类社会的发展，这一浪潮至今方兴未艾。

19世纪末20世纪初，科学理论的重大突破成为新科技革命的理论基础。爱因斯坦相对论的提出和量子力学的诞生，在物质观、时空观、运动观和方法论方面，将人类对自然界的认识从宏观世界引向微观世界。原子物理学揭开了核裂变的奥秘，使人工利用原子能成为可能。在第二次世界大战中，由于战争的需要，各国都集中物力、财力和人力，研究威力巨大的新式武器。战后，苏、美、英等国为了增强在国际市场上的竞争能力，加大科研方面的投入，大力开发新产品，促使科研水平不断提高。而战后初期形成的控制论、信息论和系统论成为第三次科技革命的理论依据。

第三次科技革命具有不同于先前科技革命的明显特征。首先，科学技术在推动生产力的发展方面起着越来越重要的作用，科学技术直接转化为生产力的速度加快。其次，科学和技术密切结合，相互促进，具有科学、技术、生产一体化的趋势。最后，科学技术各个领域之间相互渗透和分化，在高度分化的基础上又高度综合。现代科技发展出现了两种趋势：一方面，学科越来越多，分工越来越细，研究越来越深入；另一方面，学科之间的联系越来越紧密，科学研究朝着综合的方向发展。

无论在广度上还是在深度上，第三次科技革命对世界产生了极其深刻的影响。

◎首次进入太空
苏联宇宙飞船"东方1号"升空，标志着一个旅行的新纪元从此开始。苏联宇航员加加林是世界上第一个乘坐宇宙飞船进入太空的人，加加林在宇宙舱里绕地球飞行了108分钟，然后在7000米的高空从宇宙飞船上弹出降落。

第一，它极大地推动了生产力的发展，促进了劳动生产率的提高和国民财富的增长。据统计，从18世纪以来，世界工业的年增长以1951年到1976年间的速度为最快。如果以1950年各国农业生产指数为100计算，那么到1977年各主要西方国家的农业生产指数分别是：法国187，英国171，联邦德国181，意大利170，美国181，日本248。可以说，当代资本主义经济所取得的成就及其优势地位，主要是通过科学技术的进步和知识创新实现的。在新科技革命下，提高劳动生产率，主要通过生产技术的进步、劳动者素质和技能的不断提高实现的。而电子计算机控制的自动化技术，使人的劳动从直接参加生产转变为对生产过程的控制，这就要求劳动者必须具备相应的文化水平和科技水平，否则无法同现代化的

1956年

指令舱进入地球上空120千米处的大气层。

靠近地球时，指令舱与服务舱分离。

指令舱、服务舱和登月舱继续飞往月球时，火箭的其余部分脱落。

登月舱降落在月球表面。

从卡纳维拉尔角发射。

宇宙飞船曳降落坠入大海。

"土星"5号的引擎点燃，准备将"阿波罗"宇宙飞船送往月球。

宇航员对接进入太空舱，登月舱被丢弃。

指令舱和服务舱围绕月球作轨道运行，等待登月舱的返回。

◎ 登月示意图

这是"阿波罗"宇宙飞船登月到返回的全过程示意图。科学家在20世纪50年代就掌握了这个理论，但把它变为现实则是1969年7月的事。

生产资料相结合。新科技革命由于采用现代管理与决策理念，使劳动组织的管理日益科学化，对企业管理的"民主参与"也就应运而生。

第二，它促进了社会经济结构和社会生活结构的变化。在发达资本主义国家，国民经济中的第三产业的比重上升，超过了第一、第二产业；产业结构中的技术密集型企业发展速度大大超过传统的劳动密集型企业，信息产业逐渐兴起。

人们的日常生活也发生变革。它所创造的大量新产品改变着人类的生活，甚至影响着人类的思想道德观念。现代化通信手段的出现，改变了人们交流信息的传统方式，也改变了传统的人际交流方式。国际互联网使人们观察、认识外部世界的方式和方法也发生变化。

第三，它推动了国际经济格局的调整，拉大了发达国家和发展中国家的差距。科技在国际经济竞争中的地位越来越重要。新科技革命加速了生产和资本的国际化、一体化和集团化。随着各国经济的相互依存、相互渗透，经济区域化趋势加强，如以欧共体为中心的欧洲，以美国为中心的北美经济一体化，以日本为中心的亚太经济圈。这对发展中国家的地位越来越不利。西方七国1987年的经济实力占世界的60%，而人口只占12%。1950年，发达国家与发展中国家的国民生产总值相差23倍，1985年扩大为44倍，1990年更扩大为56倍，并且有进一步扩大的趋势。

随着第三次科技革命的发展，知识经济已经初露端倪。为了提高自己的地位，科技立国、科技兴国、科技强国日益成为许多国家的国策。

·转基因技术·

转基因技术又称为重组DNA技术，即将不同种生物携带的遗传物质进行重新组合，进而培育出新的生物种类。目前，人们已经能够用微生物将固氮基因转移到谷物等非豆科植物中去，以期产生更为优良的作物品种。这尚且还可以理解。但有人妄图通过转基因技术打破人和动物之间的界限，制造出生理上的"狼人"等，就显得离经叛道。另外，科学家在实验室中把高等生物的遗传物质同细菌的遗传物质结合，造出自然界原本不存在的"杂种生物"，是否会具有某种致病性也值得考虑。21世纪，生物科技有着更为广阔的发展空间，但任何人都不应只凭个人兴趣或猎奇心理来进行科学探索，而要以全人类的幸福与进步为底线。

1958年

古巴革命

古巴是加勒比海区域的一个岛国，它原为西班牙的殖民地，美国通过 1898 年对西班牙的战争占领了古巴。古巴人民强烈要求美国军队撤出古巴，实现古巴独立。拉美国家和人民也强烈反对美国对古巴的非法占领，美国被迫承认古巴独立。1902 年 5 月 20 日，古巴共和国宣布成立。次年 2 月，美、古签订《互惠协定》，美国强行租借两处古巴军事基地。1906 年，古巴人民举行大规模反美起义，美国派兵镇压，并派总督统治古巴直到 1909 年。此后美国大力扶植古巴的亲美势力，建立独裁政权，对古巴进行间接统治。美国资本控制了古巴的经济命脉。民族矛盾与阶级矛盾的日益激化，最终导致了古巴的革命。

◎卡斯特罗

古巴革命的主要领导人菲德尔·卡斯特罗出身于甘蔗园主家庭，毕业于哈瓦那大学法律系，当过律师，大学读书时参加过学生运动和小资产阶级的人民党，反对美国的侵略，憎恨独裁统治，是资产阶级民主派的激进人物。1953 年 7 月 26 日，卡斯特罗和他的弟弟劳尔组织一批青年攻打蒙卡达兵营，失败被捕。他在圣地亚哥受审时，发表著名的《历史将宣判我无罪》的演说。他提出的"七二六"革命纲领是"争取公众的自由和民主"，并要求解决土地问题、工业问题、失业问题、教育问题、住房问题、人民的健康问题以及国有化问题。1954 年，古巴举行总统选举，巴蒂斯塔政权为了笼络人心，释放政治犯，卡斯特罗因而获释。他出狱后便着手发动"七二六"运动，准备举行新的起义。

1955 年 11 月，古巴国内反政府的群众示威运动掀起高潮，卡斯特罗在墨西哥筹组远征军。1956 年 11 月 25 日清晨，古巴 82 名远征军挤在一艘只能容纳 12 人的"格拉玛"游艇上，经过七天七夜后，终于在古巴奥连特省登陆。登陆后便遭到巴蒂斯塔军队的前后堵击和飞机轰炸。经

◎1959 年 1 月，卡斯特罗进入哈瓦那，古巴革命取得胜利。

1959年

世界大事记：
古巴游击队领导人卡斯特罗率军进入哈瓦那，古巴革命取得胜利。

◎ 1961 年 4 月，美国雇佣军偷袭古巴。古巴军队和民兵在卡斯特罗的领导下，高呼"誓死保卫祖国"的口号，与入侵的美国雇佣军展开了殊死搏斗。19 日，古巴军民经过 72 小时的战斗，全歼了被包围在吉隆滩的美国雇佣军。

◎ 卡斯特罗的军队成功击败了美国雇佣军的入侵。

过 3 天激战，远征军仅有 15 人幸存下来，其中包括阿根廷的革命者埃内斯托·格瓦拉。卡斯特罗率领仅存的十几名游击队员迅速进入马埃斯特腊山区开展游击活动。1957 年 5 月，起义军在乌贝罗战役中取胜并不断壮大。不久，格瓦拉率领起义军在拉斯维里亚建立根据地，并在战斗中取得决定性胜利，打开了通往哈瓦那的道路。

1957 年 3 月 13 日，以安东尼奥·埃切维里为首的一批青年攻打总统府，建立了"3 月 13 日革命指导委员会"。1958 年 2 月，福雷·乔蒙领导和组织的远征军从努埃维达斯登陆，在埃斯坎布拉依山区开辟新战线。在反独裁武装斗争节节胜利的形势下，巴蒂斯塔被迫逃亡国外。

1959 年 1 月 1 日，起义军进入哈瓦那。1 月 2 日，建立革命政府，古巴革命取得胜利。古巴革命胜利后，改组了旧制度下的国家机器和军事机器，采取了一系列的措施建立社会秩序，进行土地改革和国有化运动，废除大庄园制度，把所有外资企业、国内私人企业和银行全部收归国有。

1961 年 4 月 17 日，一支由 1200 多人组成的美国雇佣军突袭古巴，他们在美国飞机和军舰的直接掩护下在古巴中部拉斯维利亚斯省南部登陆，占领了长滩和吉隆滩，并继续向北推进。古巴军队和民兵与入侵的美国雇佣军展开了殊死搏斗，当年只有 34 岁的卡斯特罗在吉隆滩附近一座制糖厂临时改成的指挥部坐镇指挥。古巴军民经过 72 小时的战斗，全歼了被包围在吉隆滩的美国雇佣军，共有 114 名雇佣军被古巴军队击毙，其余 1113 人被俘获，给美国侵略者以沉重的打击。

· 普拉特修正案 ·

1901 年，古巴召开了制宪会议，制定宪法。但在宪法中没有提到将来古巴与美国的关系，于是美国国会于同年 3 月 2 日通过参议院古巴关系委员会主席普拉特提出的修正案，并于 6 月 12 日强迫古巴制宪会议作为附录载入古巴宪法。其主要内容是：美国有权在古巴修建军港，租借加煤站和海军基地；未经美国政府同意，古巴不得与外国签订条约，不得割让领土和举借外债；允许美国"保持古巴独立"而"有权对古巴内政进行干涉"；古巴承认美国在军事占领期间所获得的一切特权。在古巴人民的强烈反对下，该修正案被迫于 1934 年废除。

1959年

中国大事记:
发现大庆油田,打破了地质学界长期存在的"中国贫油论"。

古巴导弹危机

冷战前期,美、苏均以核武器向对方进行威慑。20世纪50年代,美国部署在欧洲的中程导弹及战略轰炸机,直接对苏联本土构成威胁。1959年1月,古巴人民在卡斯特罗的领导下推翻了亲美政权,动摇了美国在西半球的霸主地位。1961年4月,美国入侵古巴失败。卡斯特罗为抗击美国,迅速向苏联靠拢。苏联乘机向古巴扩展势力,并试图在古巴部署核武器以直接威胁美国本土。1962年7月,苏联开始向古巴偷运中程导弹。8月29日,美国U-2型飞机发现苏联在古巴建造萨姆导弹发射场。9月4日,肯尼迪在声明中指责苏联。赫鲁晓夫一面矢口否认,一面加速向古巴运送萨姆导弹和伊尔-28型轰炸机。10月22日,肯尼迪向美国和全世界发表广播讲话,通告苏联在古巴部署核导弹的事实,认为美国必须立即对古巴实行"隔离",以阻止进攻性武器运入古巴。讲话还包括以下内容:增强对古巴一切行动的监视;从古巴发射的任何导弹都被认为是苏联对美国的攻击,必须对苏联做出充分的报

○ 1962年10月22日,肯尼迪宣布实行海上封锁,并且要求苏联立即撤出核导弹。

复性反应;加强美国在古巴境内关塔纳摩海军基地的力量,命令其他部队随时做好准备;要求美洲国家组织和联合国开会讨论苏联对西半球安全的威胁并采取必要的行动;要求赫鲁晓夫从古巴撤走所有导弹。23日,肯尼迪签署公告,从24日起对古巴实施海上"隔离",拦截检查一切前往古巴的船只;在实施"隔离"期间,美国在加勒比海海域部署了舰只,在佛罗里达集结重兵,数百架战略轰炸机携带核弹升空待命;海外的军事基地也进入戒备状态,并通过卫星密切监视古巴的一切军事活动。

危机之初,苏联做出了强硬的反应。赫鲁晓夫宣称,对于美国"史无前例的侵

○ 部署在古巴的苏联导弹

1962年

世界大事记：
古巴导弹危机，成为美苏冷战关系缓和的转折点。

·导 弹·

导弹是依靠自身动力装置推进、依靠制导系统控制其飞行轨迹的火箭或无人驾驶飞机式的武器，它的炸药弹头或核弹头可以摧毁目标。导弹是第二次世界大战时期由纳粹德国发明的。1944年2月15日，德国V-1导弹进行第一次发射试验。V-1导弹外表与普通飞机相似，弹长7.9米，重2180千克，最大射程可达到280千米。1944年，德国军队向英国发射了数千枚V-1导弹，给英国带来了巨大的损失。不久，在V-1的基础上，德国又研制出了更先进的V-2导弹。V-2导弹长14米，能把1吨重的弹头运送到260千米以外。它同样也给英国带来了巨大损失。同时，德国还研制出了地空导弹、反坦克导弹、反舰导弹等。

现在，导弹已成为具有战略地位的主要兵器。

略"和走向"发动世界热核战争"的行为，苏联将进行最强烈的回击，苏联船只不会听从美国海军的封锁，不会停航和接受检查。苏联还要求美国从世界各地拆除其军事基地，要求安理会讨论制止美国破坏和平的问题。同时，苏联和华沙条约组织的武装力量，进入戒备状态。一时之间，世界濒临核大战的边缘。

但是，美苏并不愿意真的触发双方之间甚至世界范围的核大战。美国留有余地，苏联更是色厉内荏。1962年10月24日，苏联驶往古巴的船只开始返航。26日，赫鲁晓夫提出，愿意在联合国监督下从古巴撤出进攻性武器，并表示不再向古巴运送这种武器，交换条件是美国撤销对古巴的封锁，并

保证不再入侵古巴。27日，肯尼迪发表声明，要求苏联在联合国监督下从古巴撤出导弹，美国保证不入侵古巴。28日，赫鲁晓夫表示同意撤除在古巴的核武器，让联合国代表到古巴核实。11月1日，卡斯特罗宣布，拒绝联合国视察，并提出维护古巴主权和领土完整等要求。11月8日～11日，苏联从古巴运走了42枚导弹，并在公海上接受美国"船靠船的观察"。20日，肯尼迪宣布赫鲁晓夫答应将在30天内撤走古巴的全部"伊尔－28型"轰炸机，并宣布取消对古巴的海上封锁。双方的武装力量先后解除戒备状态，危机终于结束。

古巴导弹危机是美苏用包括核武器在内的军事力量进行的一次空前的对抗。危机的解决虽然避免了核大战，但其影响却是深远的。它暴露出核时代超级大国对抗的风险和核讹诈政策的局限。结果，这场危机加上此前发生的柏林危机，戏剧性地成了美苏冷战以至整个国际关系缓和中的一个转折点。在以后的斗争中，两国都较为谨慎地避免直接对抗，特别是避免核武器对抗，并谋求妥协与合作以维持核垄断，约束无核国家。

◎载有进攻性导弹的苏联舰艇从古巴返航。

1960年

中国大事记：
中国第一台大型通用电子计算机——107型通用电子数字计算机研制成功。

匈牙利的"新经济体制"

1953年3月，斯大林去世后，匈牙利的局势发生了变化。拉科西被迫辞去总理职务，由纳吉主持政府工作。纳吉上任后，提出了"新阶段的新政策"，着重强调"不断提高人民生活水平是新经济政策的主要原则"。

"新经济政策"的主要内容有：第一，允许农民退出农庄，宣布农庄经大多数庄员同意可以解散。使小私有企业合法化，答应帮助个体农民。第二，调整农、轻、重比例，放缓重工业发展速度，加快发展轻工业和农业。第三，实行对外开放。但纳吉的经济政策遭到了拉科西等人的反对。1955年春，苏共领导将纳吉召到莫斯科，指责他发展轻工业的方针是错误的。拉科西乘机召开匈共中央全会，批判纳吉的右倾路线，解除他的党内外职务。这样，纳吉的改革探索夭折了。

1956年爆发的由人民群众要求进行政治经济改革的运动，最终演变成为全国性的十月事件，匈牙利国内存在的政治经济危机充分暴露出来。因此，十月事件后上台的卡达尔，在其执政初期，在改善党的领导、革新干部制度的同时，在经济方面采取了循序发展、小步前进的稳妥方针。在农业方面，依照自愿互利和示范教育的原则，重新开展农业合作化运动。在工业方面，主要以调整工业结构为主，并强调优先发展适合本国国情的化工、机械

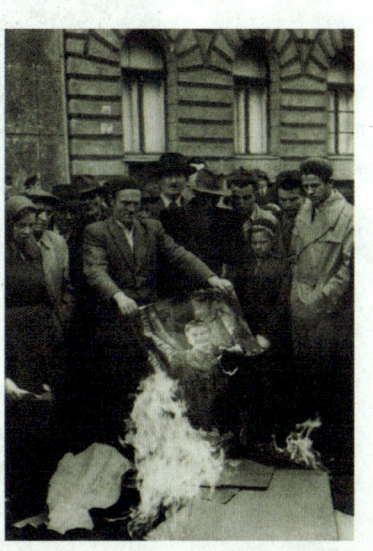

◎ 1956年12月，匈牙利人在街头焚烧斯大林画像。

等产品。通过实施这些政治经济措施，匈牙利政局逐渐平稳安定下来，生产得到了恢复和发展，这就为后来的大规模改革奠定了基础。

1968年，匈牙利开始在全国实行"新经济体制"。其主要内容有：第一，在计划体制方面，取消了国家直接向企业下达指令性计划的做法，实行指导性计划体制。国民经济计划由上下结合共同制定。企业根据国家计划和市场情况等因素，制订企业计划。国家运用各种经济手段使企业计划和国家计划吻合，以确保整个国民经济平衡发展。第二，在价格体制方面，实行多元的价格机制。价格调节形式由单一化转化为固定官价、受官价限制的浮动价格、自由价格三种形式。第三，在收入调节制度方面，企业全部利润上交国家改为只交部分税收和企业可以留成。把工人的平均工资制改为基本工资加浮动工资制度。第四，在组织制度方面，精简组织机构，减少中间环节，使中央政府能保持对国民经济的宏观控制。第五，在所有制方面，实行两权分离，即把国营企业的所有权和经营权分开，国家作为所有者，对企业的生产资料拥有所有权，企业作为生产者拥有较大的自主经营权。

匈牙利通过经济体制改革，劳动生产率得到明显提高，经济生活日益民主化。

1968年

世界大事记：
匈牙利开始实行"新经济体制"。

"布拉格之春"

20世纪50年代初期，捷克斯洛伐克实行高度集中的中央计划管理体制。1958年2月，捷共中央全会通过了《关于实行管理计划与财政新体制》和《提高国民经济管理体制的经济改革效率的原则》，开始进行改革探索。从20世纪60年代初开始，捷国经济严重衰退，生产停滞，政府财政赤字高达50亿克郎，人民不满情绪日益增长，捷国内改革呼声越来越高。

1963年，捷克斯洛伐克成立了由经济学家和管理干部组成的全国性的改革委员会。1964年1月，报刊发表了改革委员会制订的改革方案。经

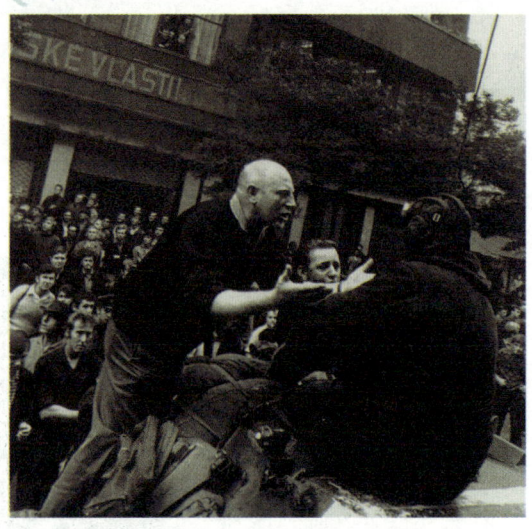

◎一位布拉格市民爬上坦克抗议苏联军队的入侵。

·苏南冲突·

苏联与南斯拉夫之间发生的导致关系破裂的争执与冲突。苏、南两国共产党在第二次世界大战期间已存在分歧。战后，苏共以领导党自居，干涉南斯拉夫内政，要求南斯拉夫照搬苏联模式，两国经济关系也不平等，南共对此加以抵制。1948年3月中旬，苏联突然撤走在南斯拉夫的全部军事顾问和文职专家，两国关系急剧恶化。3~5月，两党交换信件，互相批驳。经苏联提议，6月20~28日，欧洲共产党和工人党情报局于布加勒斯特举行会议，严厉抨击南斯拉夫内外政策，宣布将其开除出情报局。1949年，苏联联合东欧国家断绝与南斯拉夫的贸易关系，对南斯拉夫施加政治、经济和军事压力。至1955年，苏、南签署《贝尔格莱德宣言》，两国关系才实现正常化。苏联的大党主义和大国主义是造成苏南冲突的根本原因。

过广泛讨论，1965年，捷共中央通过了《关于改进国民经济计划管理工作的主要指示》。1966年又颁布了《关于加速实施新管理体制的原则》。这次改革虽然比50年代的改革前进了一步，但在这次改革过程中，党政领导机构和经济理论界都出现了严重的意见分歧，致使改革未能取得实质性进展。

经济停滞促使社会矛盾和政治斗争日益激化。1968年1月，捷共中央全会决定，将共和国总统和捷共中央第一书记的职务分开，解除诺沃提尼中央第一书记的职务，选举改革派代表人物杜布切克接任。3月，诺沃提尼又被迫辞去所兼总统一职，由斯沃博达接任。1968年4月，捷共中央召开全会，通过了《行动纲领》，宣布"将进行试验"，"创立一个新的、适合捷克斯洛伐克情况的、富有人情味的社会主义模式"。在政治

1963年

方面，主张党政分开，不能用党的机构代替国家机构、经济领导机构和社会组织；坚持和发扬社会主义民主，保证集会、结社、迁徙、言论和新闻自由；主张以民族阵线为基础，实行社会主义的多元化政治体制。在民族问题上，主张建立捷克和斯洛伐克两个民族的联邦制国家。在经济方面，纲领提出实行有计划的市场经济。其主要内容是：第一，改革计划体制。主张国家主要职能应是制定长远发展战略，确定重大比例关系，并对特别重要的部门规定指令性指标。此外，一切经济活动都应利用税收、价格、利润等经济手段，通过市场机制进行调节。第二，规定工商企业和农业合作社都有独立自主权，包括自聘自选领导人、自主经营、自由竞争、自愿联合等。第三，成立工厂委员会，该委员会有权决定厂长的任免、利润的分配和职工的福利待遇等。第四，取消外

◎ 1968年春天，温和派领导人杜布切克（左一）推行一系列改革措施，受到人民的欢迎。这一改革运动曾被西方报刊称为"布拉格之春"。

◎ 一位苏联士兵试图向布拉格的市民解释他们的入侵举动。

·苏联侵捷事件·

1968年苏联武装入侵捷克斯洛伐克的事件。1968年1月，捷共中央全会后，以杜布切克为代表的改革派取得了党政大权，决定进行政治、经济体制方面的改革，与发达资本主义国家保持友好关系等。1968年8月20日深夜，苏军出兵占领布拉格机场和主要据点，绑架了杜布切克等人。同时，苏、波、匈、保和民主德国的50余万军队越过捷克斯洛伐克边境，控制各战略要地。捷共宣布不进行抵抗。8月26日，捷克斯洛伐克领导人被迫在莫斯科签署两国会谈公报，称五国出兵是为镇压帝国主义策划的反社会主义阴谋而提供的国际主义援助。10月16日，苏联又迫使捷克斯洛伐克政府签订关于苏军留驻捷克的协定，使苏军占领合法化。捷克人民多次举行集会示威，采取各种方式抗议苏军入侵。苏联出兵捷克斯洛伐克是苏联强权政治和霸权主义的典型表现。

贸垄断，企业有权独立进行外贸活动，国家只根据市场情况采取相应的调节措施。第五，改革价格政策，缩小固定价格范围，逐步向自由价格过渡。在对外政策方面，主张在进一步发展同苏联的"联盟和合作"的同时，加强同一切国家的互利关系。

《行动纲领》把经济和政治体制改革结合起来，受到了广大人民的欢迎。各界群众举行各种集会讨论国家生活中的各方面问题，出现了"布拉格之春"的民主、开放局面。但不久，捷克斯洛伐克的政治经济改革，由于苏军侵占而未能全面付诸实施，便夭折了。

1968年

越南战争

越南原为法国殖民地，第二次世界大战期间被日军占领。日本投降后，胡志明在河内建立了越南民主共和国。法国为恢复其殖民统治，发动了侵越战争。越南人民打败了法国侵略军。

1954年日内瓦会议后，越南北方获得解放。而在越南南方，美国扶植建立了吴庭艳傀儡政权，并于1955年成立"越南共和国"，吴庭艳任总统兼总理。吴庭艳上台后，5年内残害革命者8万余人。在越共的领导组织下，1960年12月20日，以越共为核心的人民解放武装力量组建起来。

1961年5月，开始了越南人打越南人的"特种战争"。1962年2月，美国在西贡设立军事司令部，由保罗·哈金斯将军指挥。

1963年1月，美获省丐礼县北村击伤、击落美直升机15架，到年底，共打死打伤美军2000余人，南方大部分地区获得解放。

1963年11月，美国策划政变，杀死吴庭艳。1964年初，"特种战争"宣告结束。

❍ 越战期间，美国向越南投下了800万吨炸药，远超过第二次世界大战各战场投弹量的总和，这场战争造成越南160多万人死亡和整个中印半岛1000多万难民流离失所，家破人亡、妻离子散的场景随处可见。

1964年8月5日，美国借口其驱逐舰"马多克斯号"在越南领海被北越鱼雷袭击，制造了"北部湾事件"。美军开始对北越义安、清化、鸿基等地进行连续空中轰炸，企图以"逐步升级"的局部战争取代原来的"特种战争"，以挽回败局。接着，美军实行焦土政策，对北方进行大规模的轰炸，对南方不断增兵。

越南群众极其愤怒，他们采用奇袭战、游击运动战、伏击战，围点打援，给美军及伪军沉重打击，歼灭美军6000余人。

1968年1月30日，越南南方人民武装开始对大中城镇进行攻击，对西贡、岘港、顺化等64个城市展开全面的"新春攻势"。经过45昼夜的激战，赢得了新春大捷。美军虽然拥有各种兵种54.5万人，但在战场上完全陷入被动防御。

1968年3月11日，美国被迫提出和谈。企图一面和谈，一面继续增兵，搞战争升级。越南军民的顽强反击，使计划屡遭失败。美国总统尼克松上台后，迫于国内及国际压力，不得不调整侵越政策。

1973年1月27日，美国被迫签订《关于在越南结束战争、恢复和平的协定》，宣告结束其在越南的军事行动。主要内容：美国和其他国家尊重越南的独立、主权、统一和领土完整；在协定签字后60天内从越南南方撤出全部美国及其同盟者的军队和军事人员，不干涉越南南方的内政等。

1973年1月，《巴黎协定》签订，美军被迫撤出越南南方。1975年春，越南军民对西贡政权发动总攻，于4月30日解放西贡，5月1日解放整个南方。

1965年	中国大事记： 中国人工合成结晶牛胰岛素，是世界上首次人工合成蛋白质。

尼克松主义

1970 年与 1948 年相比，美国在资本主义世界工业总产值中的比重下降了 16.8%，在世界出口贸易中的比重下降了 14.8%。1970 年的黄金和外汇储备比 1950 年下降了 34.1%。另外，西欧的独立自主倾向不断加强，日、美经济摩擦不断加重，帝国主义阵营趋于瓦解。最后，苏、美军事力量对比，苏方明显占有优势。20 世纪 60 年代初，美国在战略核武器和常规军备方面均占绝对优势。但到了 1969 年，苏联先于美国部署了反弹道导弹系统。苏联还发展了远洋海军。

随着美、苏实力的变化，两者都在调整战略。美国推出了"尼克松主义"。1969 年 7 月 25 日，尼克松总统在关岛就美国和亚洲关系发表讲话。他说："现在是着重强调下列两点的时候了。"他所说的两点，一是指美国恪守条约义务；二是在军事防卫问题上应逐渐由亚洲国家自身来处理、负责。这一政策，被称为"关岛主义"或"尼克松主义"。11 月 3 日，尼克松更明确地表述了美国对亚洲政策纲领的三个原则：①美国将恪守所有条约义务；②如果某个核大国威胁某个盟国的自由，或威胁某个其生存关系到美国安全的国家的自由，美国将提供保护；③在涉及其他形式的侵略的场合，美国将根据条约义务，在被要求时提供军事和经济援助。1970 年 2 月，尼克松把亚洲的"三原则"推广为美国的全球政策，提出"伙伴关系、实力和谈判"的"新的和平战略"。次年 7 月，他又提出世界上存在美国、苏联、西欧、日本和中国五大权力中心，承认美国的霸权地位已丧失，美、苏存在"全球战略竞争"。

"尼克松主义"是美国战后全球战略的一次重大调整，对世界格局的变化产生了重大影响。

◎尼克松竞选海报

针对"尼克松主义"，苏联推出"缓和"政策相呼应。1969 年 3 月，勃列日涅夫在华沙条约组织布达佩斯会议上，第一次提出实现"欧洲缓和"的整套主张，建议建立包括华约组织和北约组织在内的"欧洲集体安全体系"。后来，勃列日涅夫又提出"缓和物质化"，即以"军事缓和"与经济合作来补充"政治缓和"。实际上，苏联缓和战略与"尼克松主义"相似，它在"和平""缓和"的口号掩盖下，大力发展军事力量，扩展势力范围，尽量在各方面都取得优势，是苏联与美国争霸的另一种体现，它同样也把战略重点放在欧洲。两者的区别是，美国收缩战线，苏联四面出击。

赫尔辛基宣言

在美、苏的"缓和"过程中，美国略显主动些。它调整了亚洲政策，结束了越南战争，改善了中美关系。关于印度支那问题，尼克松政府于1969年作出"体面结束战争"的决定。一方面通过谈判，促使北越与美国共同从越南南方撤兵；另一方面加紧武装撤离南越，以实现越南战争"越南化"。经过反复谈判，1973年1月，美与越共同签署协定，美国得以从越南抽身。1978年12月中美建交公报的签署，标志着中美实现了关系正常化。

西欧和日本是美国的战略伙伴。尼克松上台后两次访问欧洲，对美国过去对于盟国"命令多于商量"表示歉意，提出与西欧建立"平等的伙伴关系"的建议，重新调整了伙伴关系。1973年2月，尼克松宣布当年将是"欧洲年"，表示美国要在这一年集中处理同西欧盟国的关系。同年4月，基辛格提出同西欧各国制定《新大西洋宪章》的建议。其基本思路是，把大西洋联盟从军事联盟扩大为包括政治、经济、军事各领域的全面"共同体"，并以一定形式吸收日本参加，确定对苏联和第三世界的共同战略。

西欧各国为应付苏联，同意协调同美国的关系，但要求美国承认欧洲共同体在世界上的地位，建立平等的伙伴关系。

1974年6月，北约政府首脑会议签署了《大西洋宣言》，强调北约成员国"有共同的命运"，"它们的共同防务是不可分割的"，美国军队"继续留驻欧洲，对保卫北美和欧洲起着无法代替的作用"，盟国为实现共同目标，需要保持密切的磋商、合作和信任。宣言的签署，表明美国与西欧关系得以改善。在对日本方面，美国适度地放松对其控制，让其在亚洲承担更多的义务，与美国共同完成"防御任务"，以"发挥独特的重要作用"。1971年6月，日、美签订《归还冲绳协定》。次年1月，美国决定在1972年将冲绳的"行政权"归还日本，以缓和日本人民的反美运动。同时与日本进行贸易谈判，以缓解美日经济冲突。

尼克松在就职演说中谈到美苏关系时说："经过一个时期的对抗之后，我们正在进入谈判

·核威慑·

核威慑指的是以核力量为基础，以使用核武器相威胁，使敌人害怕遭到核报复，从而不敢发动核战争或常规战争，以此保障国家安全的方略。核威慑实质上是一种"攻心术"和心理战，它能给敌人造成巨大的心理压力，以达到"不战则屈人之兵"的目的。冷战时期，西方最具有代表性的军事战略思想是"核威慑"战略理论。核武器诞生后，显示了巨大的破坏力，核武器成为国家防务的重要支柱。此后各国竞相发展核武器和核威慑战略理论。冷战期间，美国的核战略（或北约的核战略）经历了5个阶段，即"遏制"战略、"大规模报复"战略、"灵活反应"战略、"现实威慑"战略和"新灵活反应"战略。西方国家通过实施核威慑战略，与苏联进行了长期的核军备竞赛。核威慑虽然不能保证永远不发生核战争，但它却是遏制核战争的最好方法。在今天"相互确保摧毁"的核均势下，核威慑战略还是非常有效的。

1965年

中国大事记：
中国第一台百万次集成电路计算机 "DJS-II" 型操作系统编制完成。

◎ 1972 年 5 月尼克松访苏并与苏联签订《苏美联合公报》。

欧安会是冷战时期东西方为建立对话渠道而召开的。美苏经过长期的协商，于 1972 年 5 月就召开欧安会达成协议。1975 年 7 月 30 日～8 月 1 日，欧安会首届首脑会议在芬兰首都赫尔辛基举行，与会国家有 33 个欧洲国家及美国和加拿大。当时阿尔巴尼亚宣布不参加会议（1991 年 6 月 19 日，阿尔巴尼亚被接纳为第 35 个成员国）。会议签署的《最后文件》（又称《赫尔辛基宣言》）共分四个部分：欧洲安全问题；经济、科学、技术、和环境方面的合作；人员、思想和文化交流；续会问题。根据文件规定，与会国家的代表应定期举行续会检查各国执行会议规定的情况，并就 "增进欧洲安全与合作" 的问题交换意见。《最后文件》还包括《指导与会国之间关系的原则宣言》《经济、科学技术和环境方面的合作》《地中海的安全与合作》以及《人道主义和其他方面的合作》。

随着 20 世纪 90 年代初该组织秘书处和其他机构的设立以及成员国代表处的建立，欧洲安全与合作会议的工作不断增多和加强。1994 年 12 月，欧安会在匈牙利首都布达佩斯举行的欧安会首脑会议上，认为欧洲安全合作会议的工作已经远远超过 "一个会议"，决定从 1995 年 1 月 1 日起，将该组织更名为 "欧洲安全与合作组织"。

欧安组织到 2003 年 11 日为止，有成员国 55 个，总部设在奥地利的维也纳，每两年举行一次首脑会议，每年举行一次外长会议。

时代。"1972 年 5 月，尼克松访苏期间，双方签署了《苏美联合公报》等 9 个文件，双方保证要尽力避免发生军事冲突，防止核战争，用和平方式解决争端。从此，苏美关系进入 "缓和时期"。在尼克松任内，美、苏双方进行了 3 次最高首脑会晤，并签订了 22 个条约或协定。就欧洲安全、裁军、限制发展战略核武器、美苏经济和技术合作等问题达成某种程度的共识。而《赫尔辛基宣言》的签署标志着美苏关系的缓和达到顶峰。

1972 年 11 月～1973 年 6 月，美国、加拿大及苏联等 33 个欧洲国家在芬兰的赫尔辛基召开了 "欧洲安全与合作会议" 筹备会，确定了会议讨论的范围、议事日程与会议组织等问题。欧洲安全与合作组织简称 "欧安组织"，其前身是 1975 年成立的欧洲安全与合作会议（欧安会），它包括所有欧洲国家和美国、加拿大，是唯一一个包括所有欧洲国家在内并将它们与北美洲联系到一起的安全机构，主要使命是为成员国就欧洲事务、特别是安全事务提供一个论坛。欧安组织只有在所有成员国达成一致的情况下才能起作用，其决定对成员国也只具有政治效力而没有法律效力。

1971年

中东战争

　　自公元前 12 世纪犹太人的祖先希伯来人来到巴勒斯坦建立希伯来王国时起，巴勒斯坦一直处在周围大国的侵占与争夺之中，它先后被波斯、希腊、罗马和土耳其等外族占领。在此期间，绝大部分犹太人被驱逐出巴勒斯坦。因此，犹太人流散到世界各地，1917 年，英国占领了巴勒斯坦。当时犹太资产阶级鼓吹的犹太复国主义已经兴起，他们谋求在巴勒斯坦建立犹太民族的国家，欧洲各地犹太人也在巴勒斯坦移民置产。巴勒

◎在 1973 年对埃、叙的军事突袭中，以色列士兵将国旗竖起在叙利亚国土上。

斯坦的犹太人，从 1880 年的不足 2 万人增加到 1917 年的 5.6 万人。英国为了便于统治，采取了"分而治之"的政策。1917 年 11 月，英国外交大臣贝尔福发表宣言，赞成巴勒斯坦建立一个犹太人之家。1920 年，巴勒斯坦正式变成英国的委任统治地。在英国统治期间，巴勒斯坦的犹太移民急剧增加。

　　第二次世界大战后，美国取代了英国在中东的地位，犹太复国主义得到了美国的支持。1947 年 11 月，联合国通过巴勒斯坦"分治"、建立一个犹太国和一个阿拉伯国的决议。根据决议，占人口总数 2/3 强的巴勒斯坦人只占面积不到 43% 的丘陵和贫瘠地区，而占人口总数不到 1/3 的犹太人却占面积 57% 的肥沃土地。对此，阿拉伯人表示强烈反对。1948 年 5 月 14 日，犹太人单方面宣布成立以色列国。以色列建国的第二天，埃及、约旦、伊拉克、叙利亚和黎巴嫩 5 国分东、北、南 3 路攻入巴勒斯坦，第一次中东战争爆发，刚刚建国的以色列伤亡惨重。在美、苏、英等国的活动下，双方同意停火 4 周。这给了以色列喘息之机，以趁机迅速扩充军队，从法、英、捷等国购进大批武器装备，迅速组建了陆海空三军，调整作战部署。经过充分准备，以军于 7 月 9 日向阿军队发起"十天进攻"行动。阿军虽然局部击退了以军进攻，但以色列夺取了阿拉伯约 1000 平方千米的土地，这使阿内部矛盾进一步激化。10 月 15 日，以乘势向加利利地区和内格夫发起攻击，进展顺利。1949 年 1 月 7 日，双方停战，参战国签订停战协议。战争激化了参战国之间的矛盾，中东局势混乱不堪。

　　1956 年 7 月 26 日，埃及宣布将苏伊士运河

1966年

中国大事记：
中国第一批"红旗"高级轿车出厂。

总公司收归国有。10月29日深夜，以色列10万大军突然侵入埃及西奈半岛，第二次中东战争爆发。为配合以军的进攻，英法两国出动飞机轰炸埃及军事基地，吸引埃军主力。接着，以色列军队大举进攻，英法军队也从塞得港登陆，向运河区进攻，切断埃军退路，围歼埃军。埃及总统纳塞尔识破英法企图，命东部军区切断以军空降兵退路，利用地形优势将以军围困于米特拉山口。为实现"中间突破"，以军迂回攻击埃军防守薄弱的达卡山口，威胁西奈北部埃及主力。10月31日，以军攻占阿布奥格拉。11月6日，英法炮轰塞得港，企图利用陆战队一举占领运河区，但遭到埃及军民的奋勇反击。英、法、以的武装入侵激起全世界人民的愤怒，英法军队被迫撤出埃及，以色列军队撤出西奈，第二次中东战争以侵略者的失败而宣告结束。

1967年6月5日，以色列再次向埃及、叙利亚和约旦发动进攻，挑起第三次中东战争。在美国的支持下，以色列在6天内侵占了约旦河西岸加沙地带、西奈半岛、戈兰高地，共6.5万平方千米。

1973年10月6日，埃及、叙利亚军队和巴勒斯坦游击队发动第四次中东战争。战争进行了18天，双方出动军队达110万人。战争发生后，埃及军队越过苏伊士运河，摧毁以色列的"巴列夫防线"，夺回西奈半岛8000平方千米的地带，

◎ 1978年，以色列总理贝京（左）与埃及总统萨达特（右）握手，美国总统卡特站在中间，三方达成和平协议。

叙利亚军队一度攻占了戈兰高地的一些据点。但是，10月15日，以色列军队偷渡运河成功，战争的形势发生逆转，以军取得了战争的主动权，渡过运河在东岸作战的埃及第三军有被包围歼灭的危险。面对这种形势，联合国安理会通过"338号决议"，要求立即停止战斗。在联合国的干预下，以色列被迫同意停火。1978年9月，在美国倡议下，美、埃、以3国举行关于中东问题最高会议，签署《关于实现中东和平的纲要》，1979年3月，签订《埃以和平条约》，从而结束了两国间历时30年之久的战争状态。

·石油危机·

第二次世界大战后，石油在世界能源消费结构中的地位日趋重要，西方工业国对亚非拉石油的依赖日益严重。为了满足迅速增长的市场需求，国际石油卡特尔加紧控制和掠夺亚非拉的石油资源，引起了亚非拉产油国的强烈不满和反抗。

20世纪50年代初期，沙特阿拉伯、科威特、伊拉克等国为实现利润对半分成的税收法与石油公司展开斗争，并获得胜利。伊朗由于提出实现利润对半分成的要求遭到英国石油公司的拒绝，便效法墨西哥，开展了石油国有化运动。亚非拉产油国通过与石油垄断资本的长期较量，逐步认识到要摆脱国际石油公司的控制，必须摆脱自发的、分散的、孤军作战的不利状况，只有组织起来进行联合，才能保障产油国的利益。

1948～1973年

动荡的阿富汗

19世纪70年代，阿富汗沦为英国的半殖民地。1919年8月，阿富汗人民在苏俄的支持下，打败英国侵略军，宣布独立。第二次世界大战后，阿富汗实行和平、中立的外交政策，参加了万隆会议，成为不结盟运动的发起国之一。万隆会议后，苏联加强了对阿富汗的援助，试图把它置于自己的势力范围之内。在阿富汗接受的外援和对外贸易中，苏联均占第一位。苏联从经济上控制阿富汗后，积极扶植亲苏势力，策划政变，谋求把阿变为自己的附庸国。

1973年7月，阿首相达乌德发动政变，成立阿富汗共和国，但其内外政策并无重大变化，苏联对此大为不满。1978年4月，亲苏的人民民主党总书记塔拉基发动政变，成立革命委员会，改国名为阿富汗民主共和国。此后，苏联顾问、专家和军事人员大批涌入阿富汗，控制了塔拉基政府和军队。塔拉基依靠苏联的势力，无视人民权利，大肆镇压前政府高级官员和王室家族，取缔在野的一切政党。在塔拉基统治一年多的时间内，有40万人遭屠杀，50万难民流入巴基斯坦和伊朗，还有众多的政治犯被关押、处决。

塔拉基的高压政策激起各阶层人民的强烈不满，各种反政府武装力量纷纷组织起来，开展游击战争。1979年9月，哈菲佐拉·阿明发动政变，杀死塔拉基，自任人民民主党总书记。

阿明上台后，国内形势异常紧张，反政府武装力量日益发展壮大。苏联提出兵，被阿明拒绝。1979年12月27日，当西方世界的人们欢度圣诞节的时候，在空降兵的配合下，苏联军队以10多万人的兵力，兵分两路对阿富汗进行武装入侵，从而开始了对阿富汗长达9年之久的军事占领。

阿富汗位于亚洲中南部，是苏联"南方战区"的一部分，具有非常重要的战略地位。苏联对阿富汗已有一定程度的影响和控制。但是，阿富汗逐渐加剧的动荡局势和领导人违背苏联意志的行为，使苏联领导人勃列日涅夫认为只有诉诸武力才能加强对阿富汗的全面控制。

入侵之前，苏联通过经济援助和军事援助，在阿富汗进行了大量的战场建设。而在阿富汗的几千名军事顾问和技术专家，早已控制着阿军一些要害部门和部队，对阿军情况比较熟悉。入侵阿富汗的最后决心和入侵方案，在1979年11月26日正式确定。

1979年12月上旬，1500名配备有坦克、火炮的苏军人员被空运进阿，驻扎在萨兰山口，一些工兵部队也进入阿境，同时以"军援"为名通过公路向阿运进大批武器装备。圣诞节前夕，苏军先期占领、控制了一些要害地区。

·勃列日涅夫·

苏联共产党总书记（1966～1982年），苏联最高苏维埃主席团主席（1960～1964年，1977～1982年）。1931年参加联共（布）。卫国战争期间曾任乌克兰第四方面军政治部主任。1947年任第聂伯罗彼得罗夫斯克州委第一书记。1950年任摩尔达维亚党中央第一书记。1952年起三次任苏共中央书记。1960年起任苏联最高苏维埃主席团主席。1964年起任苏共第一书记。1966年起任苏共总书记。1976年获苏联元帅衔。1977年起兼任苏联最高苏维埃主席团主席。

1970年

中国大事记：
中国成功地发射了第一颗人造地球卫星。

在阿富汗，苏联顾问以冬季装备更换和检查维修为名，集中和拆卸了阿军的主要武器装备，而且限制作战飞机飞行，使阿军实际上被解除武装，处于无法作战的状态。阿总统阿明被诱骗离开总统府，转移到郊区行宫，失去了与各战斗部队的联系。

苏联还对西方发动了外交和宣传攻势，大肆宣扬苏联从东德部分撤军，抨击北约在西欧部署中程导弹，在伊朗扣留美国人质事件上推波助澜，以此转移西方对其侵阿行动的注意力。

12月27日晚7时半，先期在喀布尔机场空降的苏军空降师经过集结整顿，在克格勃的配合下，迅速占领阿富汗首都各要害部门。苏军与总统卫队在阿首都与驻军激战4个小时，击毙总统阿明，逮捕了政府重要官员，解除了政府军抵抗部队的武装。此后不久，边境的苏军部队陆续大举越境，并快速开进。苏军只遇到轻微的抵抗。1980年1月2日，进行地面主要突击任务的东路集群第306摩步师一个团和担任辅助突击的西路集群第357摩步师主力在坎大哈会师。1月3日，苏军封锁了霍贾克山口。一周之内，苏军控制了阿富汗全国主要城市和交通干线。至此，苏军基本实现了对阿富汗的占领。

苏军占领阿富汗，遭到了阿富汗各族各阶层人民的反抗。游击组织多达几十个，游击活动遍及全国各地区。苏军为了巩固自己的战绩，积极镇压阿富汗各族人民的抗苏运动。从此，阿富汗开始了一场持久的抗苏游击战和苏军反游击战的较量。

面对游击抵抗运动的日益加强，苏军采取以军事手段为主，结合政治、经济和外交的措施，从根本上打击各种抵抗力量。苏军占领阿富汗后，建立了反游击战体制，并不断增强反游击战力量，除直接增加驻阿苏军人员外，还大力扩充阿政府军。

尽管苏军采取了种种办法，但都未能达到预期目的。苏军已陷入反游击战争的泥潭之中。随着苏军伤亡的逐渐增加，苏联国内人民的不满情绪也不断增大。旷日持久的战争给其国民经济背上了沉重包袱。面对国内严峻的经济形势和社会危机的不断加重，苏联总统戈尔巴乔夫决心尽快结束这场战争。

苏联入侵阿富汗同时引起全世界的公愤，许多重要国际会议也接连要求苏联撤军。

经过6年谈判，1988年4月14日，巴基斯坦、喀布尔政权和美、苏外长于日内瓦签订了《政治解决阿富汗问题协议》。规定苏军1988年5月15日起撤出阿富汗，9个月内全部完成，巴阿互不干涉，美苏提供国际保证，联合国实行监督。1989年2月，苏军全部撤出阿富汗。

◎ 1989年2月，最后一批苏联军队撤离阿富汗。

1979年

非洲民族解放运动

第二次世界大战后，非洲的黄金海岸、几内亚、塞内加尔、肯尼亚和坦噶尼喀等国家都先后兴起了民族运动。在20世纪40年代末，肯尼亚一些爱国的吉库尤族青年开始组织秘密队伍，称为"茅茅"。其反对英国殖民主义，主张把欧洲人驱逐出肯尼亚，把白人抢去的土地夺回来，废除种族歧视，争取民族独立，得到各族人民的支持。从1952年起，"茅茅"领导农民展开了大规模的武装斗争，以森林地带为基地，开展游击战，袭击殖民军的兵营和警察所，捣毁种植园，破坏铁路，大力打击英国殖民者，并在丛林中建立军事和行政组织，成立政府和议会等。1952年10月，英国宣布肯尼亚进入紧急状态，调动军队对"茅茅"战士进行围剿和镇压，"茅茅"大批战士牺牲和被捕，剩余力量退入山林继续斗争。茅茅

运动虽然失败了，但它给英国殖民者以沉重打击，推动整个东非的民族解放运动。肯尼亚终于在1963年12月获得独立。

"茅茅运动"在坦噶尼喀、乌干达、尼亚萨兰和罗得西亚也得到热烈的响应。1957年3月5日，战后非洲第一个黑人独立国家——加纳诞生了。1958年9月，几内亚共和国成立。

1954年11月1日，阿尔及利亚爱国者在民族解放阵线领导下，在奥雷斯山区首先发动起义，建立民族解放军，开始了抗法民族解放战争。起义很快发展到全国各地，形成了全民解放运动。1956年，民族解放阵线在苏马姆举行代表大会，通过政治纲领，宣布革命目标是废除殖民制度，建立共和国。1958年，阿尔及利亚共和国临时政府成立。1959年1月，民族解放阵线由战略防御转入战略进攻。法国调动各种武装100万人进行"围剿"，但阿尔及利亚革命组织发动人民群众进行反抗，越战越强，解放了大片地区。法国殖民者陷入战争的泥沼，处于完全被动地位。1962年3月，法国承认阿尔及利亚人民行使自决权。阿尔及利亚人民经过7年多的民族解放战争终于赢得胜利。

1955年在摩洛哥，人民展开了反法武装斗

◎ 1963年12月12日，肯尼亚独立之梦终于实现，图为英国菲利普亲王向乔莫·肯雅塔祝贺国家独立。

1971年

中国大事记：
中国通过邀请美国乒乓球队来华访问，打开中美关系的大门。

◎1957年加纳人民庆祝国家独立的情景

争。法国出动飞机、坦克，但压不垮摩洛哥人民独立的意志。11月，法国被迫释放被流放的苏丹。次年3月，摩洛哥终于获得独立。

1956年2月，突尼斯向法国提出独立的要求。经谈判达成协议，法国承认突尼斯独立。次年7月，突尼斯共和国成立。

早在1910年5月，英国将开普敦、纳塔尔、德兰士瓦、奥兰治四个自治州合并成"南非联邦"，成为英国的自治领地。南非白人资产阶级掌握了统一后的南非政权，当权者对黑人和有色人种推行种族歧视和种族隔离政策。1955年6月，非洲

人国民大会等组织召开南非人民代表大会，提出一切民族有平等权利。1959年，从非洲人国民大会中分离出来的一部分成员，组成泛非主义者大会。1960年3月，南非黑人在德兰士瓦省举行大规模示威，反对"通行证法"。南非当局派出大批军警进行血腥镇压，造成震惊世界的惨案。随后，非洲人国民大会和泛非主义者大会被取缔，近2万人被捕。这次惨案激起黑人的强烈抗暴运动。随着反种族主义斗争的发展，南非统治集团内部也滋生了矛盾，执政的国民党分成"开明派"与"保守派"。后来，"开明派"基本占了上风，他们运用政府权力，在社会生活方面，取消了一些歧视黑人的规定，但是并没有改变种族歧视和种族隔离的基本政策。到20世纪80年代末，在国内黑人解放运动和国际社会的压力下，白人统治阶级不得不作出让步，对国内种族关系进行调整。

◎1990年，纳尔逊·曼德拉与妻子温妮庆贺他被释放出狱，在此之前，他被种族隔离政权监禁了27年之久。曼德拉后来通过协商结束了占人口少数的白人在南非的统治，1994年，他成为南非首位黑人总统。

·非洲统一组织·

非洲独立国家组成的区域性组织。1963年5月22日～26日，31个非洲独立国家元首、政府首脑或他们的代表在埃塞俄比亚首都亚的斯亚贝巴举行会议，25日通过了《非洲统一组织宪章》，决定成立非洲统一组织，总部设在亚的斯亚贝巴。会议还决定将每年的5月25日定为"非洲解放日"。非洲统一组织的宗旨是：促进非洲国家的统一与团结；协调和加强非洲国家在各个方面的合作；努力改善非洲各国人民的生活；保卫和巩固非洲各国的独立及主权、领土完整；从非洲根除一切形式的殖民主义；促进国际合作。国家和政府首脑会议是该组织的最高权力机构，每年举行一次。此外有部长理事会和秘书处等。2001年3月2日在利比亚举行的第五届非洲统一组织特别首脑会议闭幕式上，宣布成立非洲联盟。

戈尔巴乔夫的"新思维"

戈尔巴乔夫上台执政的时候，苏联已经处于内外交困的境地。在国内，国民经济的发展已陷入停顿状态，社会矛盾日益严重。在外部，苏联自20世纪70年代末期以来所奉行的全球进攻战略，开始遭到西方集团的全面反击。美国总统里根于1983年提出关于建立反弹道导弹防御系统的战略防御倡议。1983年3月23日，美国总统里根宣布，为了确保美国及其盟国在可能发生的美、苏核大战中立于不败之地，美国已制定了《总统战略防御倡议》，其主要内容是建立以定向能（激光、粒子束、微波等）武器为主，包括攻击卫星、反弹道导弹的多层综合防御系统，用以在可能发生的核大战中拦截并击毁对方发射过来的弹道导弹，保护美国及其盟国的生命和财产的安全。因此项计划扩展到宇宙空间并涉及太空武器，故称"星球大战"计划。美国政府于1985年1月4日正式公布。1993年5月，美国政府宣布结束"星球大战计划"，并将发展文基反导弹防御系统转

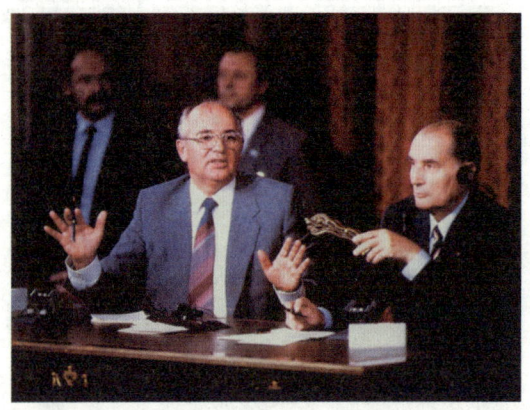

◎ 1985年，戈尔巴乔夫一上台即着手缓和与西方国家的关系，图为他访问巴黎期间与法国总统密特朗举行会谈。

·核竞赛·

核竞赛指的是有核国家竞相发展核武器以扩充核武库，尤其特指冷战时期的美国和苏联。第二次世界大战时期，美国研制出了原子弹，轰炸了日本的长崎、广岛，显示了惊人的威力。第二次世界大战后，世界各大国开始竞相研制核武器。1949年，苏联研制成功了原子弹，打破了美国的核垄断。1952年和1953年，美苏相继试爆了氢弹。为争夺核优势，美苏核试验次数不断增加，核武器的数量不断增多，核军备竞赛如火如荼。1962年，"古巴导弹危机"后，苏联认识到与美国的差距，加快了核武器的研制，核竞赛进入白热化。到了20世纪70年代末，美苏都拥有了超过实际需要、足以毁灭对方数次甚至毁灭人类数次的核武器。由于美苏两国认识到即使用核武器对对付核袭击成功，自己也无法承受对方的核报复，核战争没有胜利者，因此在1972年5月，美苏签订《美苏关于限制进攻性战略武器的某些措施的临时协定》（后来又签订多项条约），以缓解核竞赛。1991年，苏联解体，核竞赛结束。

为发展陆基反导弹防御系统，改战略防御计划局为弹道导弹防御局。"星球大战"计划的出笼，是美、苏核军备竞赛加剧的结果。美国提出的"星球大战计划"使苏联面临着在新一轮军备竞赛中被拖垮的危险，对阿富汗的长期作战也使苏联付出了惨重的代价。可以说，在戈尔巴乔夫上台执政之时，苏联原有的内外政策已无法施行。为

1975年

了配合国内的改革，戈尔巴乔夫对苏联的外交政策实施了大幅度的调整，提出了外交"新思维"。

戈尔巴乔夫的外交"新思维"是一个内容庞杂的思想理论体系，其核心思想是"全人类的价值高于一切"。所谓"全人类的价值"，主要指的是超阶级的"人性""道德伦理""人道主义"等价值观念。

戈尔巴乔夫反复宣称，应把"全人类的道德伦理准则作为国际政治的基础"，使国际关系"人性化""人道主义化"和"民主化"。他还提出了"新思维"的一系列原则：世界是一个相互依赖的整体，因此要排除两大社会体系之间的对抗；核战争会毁灭全人类，因而就不再是实现政治、经济、意识形态和其他目的的手段，所以要建立一个没有战争、没有军备竞赛的世界；和平共处不再是阶级斗争的特殊形式，国家关系要实现非意识形态化，要把对话和相互谅解作为目标。此外，"新思维"还包含关于苏联应采取的外交方针和策略的内容，比如加强改善苏美关系，追求苏美合作，承认世界的多极化和各国的独立自主，要放弃从前的

◎ 裁军，特别是削减战略核导弹是戈尔巴乔夫上台后着力解决的问题。

霸权主义政策，等等。

戈尔巴乔夫外交"新思维"的基本目标是：第一，为国内的改革创造良好的外部环境，缓和国际紧张局势；第二，保持超级大国的地位，发挥对世界的主导性影响。在实施政策的具体方式上，戈尔巴乔夫主要采取了以对话代替对抗、以收缩代替扩张、以退让代替争夺的方式。在他执政的末期，苏联走上了对西方迁就、顺从乃至屈服的道路。

为了实现外交政策的基本目标，戈尔巴乔夫在涉及对外关系的诸领域中，以"新思维"为指导，进行了诸多方面的活动：以大规模的撤军、裁军作为改善对外关系、改善国际形象、缓和国际局势的基础；将放弃苏美对抗、谋求苏美合作为外交工作的重心。他上台后，在政治、军事、经济等方面主动采取了一系列改善苏美关系的行动，甚至不惜作出重大的让步；在"欧洲大厦"的口号下，谋求同西欧的合作，谋求西方国家的经济援助；在苏联与东欧各国的关系方面，对东欧的剧变给予积极的评价；主动改善同亚洲地区各国的关系，提出一系列减少亚太地区军备竞赛、军事对抗、建立安全机制的建议和主张。

◎红场上的苏联士兵

1983年

德国统一

战后，东西方特别是美苏之间长期而全面的对抗，致使德国统一的问题迟迟得不到解决。1949年，联邦德国和民主德国先后建国，1955年两德分别加入北约和华约，1973年又同时加入联合国，1975年一起参加"欧安会"首脑会议最后文件的签字，民主德国与联邦德国并存进一步得到确认。直到1989年秋东欧形势出现急剧变化之前，两德和美、苏、英、法四大国都没有认真考虑过德国统一的现实性和可能性。

民主德国的经济是东欧国家中最好的，但它的人均国民产值仅及联邦德国的一半。民主德国百姓被联邦德国的高生活水平所吸引，不少人逃往联邦德国。民主德国政府筑柏林墙阻止居民外流，但收效不大。1989年10月7日，民主德国庆祝建国40周年。柏林、莱比锡等城市爆发示威游行，要求扩大民主，实行改革，放宽出国旅行。警察用高压水龙冲散游行队伍，拘捕数百人。全国形势动荡不安。执政18年之久的昂纳克被迫于10月18日辞职，各级党政领导也大量易人。12月8～9日和16～17日，统一社会党举行非

· 戴维营会谈 ·

1959年9月25～27日，美苏两国首脑艾森豪威尔与赫鲁晓夫在美国总统别墅戴维营举行的会谈。50年代中期，东西方的10年冷战开始出现缓和。1959年9月，赫鲁晓夫应艾森豪威尔邀请访问美国。25～27日在戴维营举行会谈，双方就德国的统一、柏林的地位、裁军、禁止核武器、美苏关系等问题交换了意见。会谈中，赫鲁晓夫作出让步，最后双方发表了联合公报。苏联同意取消1958年提出的关于在一定期限内解决柏林问题并与民主德国签订和约的最后通牒；美国同意就柏林地位和德国统一问题召开四大国最高级会议；苏联还正式邀请美国总统于1960年春访苏。这是二战后美、苏首脑的第一次会晤，没有取得实质性成果，但使紧张的柏林局势得以缓和，美、苏关系有所改善。会后，赫鲁晓夫大肆宣扬美、苏合作主宰世界的"戴维营精神"。

常代表大会，决定将党的名称改为"德国统一社会党—民主社会主义党"，宣称民主德国应建立一个实现民主、建立法制、社会平等的民主社会主义社会。

1989年11月9日，民主德国开放柏林墙，允许居民自由过境。两天中，有75万民主德国人涌进联邦德国。这股洪流把象征分裂的柏林墙"推倒"，使统一问题成为全德人民共同关心的焦点。联邦德国总理科尔抓住时机，于11月28日提出德国统一的十点计划。民主德国政府反对科尔的计划，但是不久，就改变了态度，

❍ 柏林墙的拆除开创了德国统一的新时代

1977年

中国大事记：
中国全国高校招生工作会议决定，采取统一考试、择优录取的办法招生，恢复高考。

于1990年2月1日建议两德通过缔结睦邻条约、建立邦联、主权移交邦联、民主选举等四个阶段实现统一。

在迅猛的统一浪潮推动下，美、苏、英、法四大国不断调整对德政策。1990年2月13日，两德同四大国在渥太华共同制定了先由两德解决与统一有关的"内部"问题，再由两德同四大国一起解决与统一有关的"外部"问题，即所谓"2+4"方案。

1990年3月18日，民主德国举行人民议院选举，结果基督教民主联盟、德国社会联盟和民主觉醒三党组成的德国联盟选胜。4月12日，新政府组成，有24名成员，民主社会主义党被排除在外。5月18日，两德财政部长签署了关于建立货币、经济和社会联盟的国家条约。7月12日起，东西柏林的边界卡全部撤销，柏林墙被拆除。

两德于7月6日开始关于政治统一问题的谈判。1990年8月31日，两德签署了实现政治统一的第二个国家条约，规定东西柏林合并，民主德国加入联邦德国。

德国统一涉及欧洲各国的利益和安全，而德国作为第二次世界大战中的战败国，一直受美、苏、英、法四大战胜国的某种监控。因此，科尔政府利用"2＋4"外长会议，积极开展外交活动。科尔政府"保证忠于北约和欧共体"，明确表示承认波兰西部边界，并在第三次"2＋4"巴黎外长会议上就德波边界问题达成全面协议。苏联坚决反对统一后的德国归属北约。科尔为争取苏联交出德国统一的"最后一把钥匙"，决

心从德苏之间的双边交易突破。7月15日，他表示永远承认战后边界；答应把德国统一后的武装力量裁减到37万；允诺向苏联提供120亿马克的无偿援助和近100亿马克的低息贷款等，从而换取了戈尔巴乔夫的点头。1990年9月12日，在莫斯科举行了第四次"2＋4"会议，各国外长签署了《最后解决德国问题的条约》。

莫斯科条约照顾到各方的利益。它宣布，统一的德国对内对外拥有完全的主权并可自由结盟。条约确定德国现有领土和边界的最终性，规定苏军在1994年底前撤离原民主德国的地区。德国声明奉行和平政策，放弃制造、拥有和控制核武器、生物武器以及化学武器，并保证在四年内裁军45%。10月1日，四大国外长在纽约发表联合宣言，宣布从10月3日起中止四大国对德国和柏林的权利和责任。至此，德国统一的一切问题都已圆满解决。

1990年10月3日，民主德国正式并入联邦德国。柏林国会大厦升起了联邦德国国旗。分裂了40多年的德国重新实现了统一。

◎统一之夜
柏林议会大厦前悬挂的是联邦德国的国旗。

1980年

东欧剧变

自 20 世纪 80 年代年起，东欧局势发生剧烈的动荡，各国的共产党和工人党在短短的时间内纷纷丧失政权，社会制度随之发生了根本性变化。

东欧各国的剧变大体经历了三个阶段：一是执政的共产党和工人党由于内部和外部的原因，在经济上和政治上面临着严重的困难，党内出现了反对派。二是执政党在国内外的压力下，不断对反对派妥协退让，放弃社会主义原则，实行政治多元化、多党制，反对派势力扩大。三是反对派通过不断制造动乱，施加压力，使执政党陷入困境，然后取得政权。个别国家甚至通过武装冲突，实现政权更迭。

1989 年 1 月，波兰统一工人党提出实行政治多元化。1989 年 2 月 6 日～4 月 5 日，包括团结工会在内的第一次圆桌会议在华沙举行。政府当局和团结工会达成了政治、经济改革方案，并且修改宪法，实行总统制。4 月 17 日，华沙法院宣布团结工会为合法组织。在 6 月 4 日的大选中，团结工会获胜，统一工人党惨败。12 月 29 日，波兰议会通过宪法修正案，取消了关于波兰统一工人党在国家中起领导作用和实行社会主义制度的条款，改波兰人民共和国为波兰共和国。

1990 年 1 月，波兰统一工人党通过《关于波兰统一工人党停止活动的决议》，决定结束党的存在。1990 年 5 月，国会通过了政党法，禁止各党派在工厂、军队和国家机关中从事党派活动。12 月 9 日，瓦文萨当选总统。由此，波兰进入了不稳定的多党角逐时期。

1988 年 5 月，匈牙利社会主义工人党提出实行社会主义多元化，加速改革。1989 年 2 月，社会主义工人党重新评价了 1956 年的匈牙利事件，认为这是一次"真正的起义——人民起义"，并通过了实行多党制的决议，认为政治体制多元化可以在多党制范围内实现。1989 年 10 月，社会主义工人党将党的名称改为社会党，并把党的奋斗目标定为民主社会主义。原党中央总书记格罗斯不同意这一决定，改组社会主义工人党。社会主义工人党宣称长远目标是建设社会主义社会，当前目标是阻止资本主义复辟。1990 年 10 月 18 日，国会通过了宪法修正案，改匈牙利人民共和国为匈牙利共和国。

1986 年，保加利亚共产党提出了对社会主义的经济、政治、文化和生活方式等一切领域进行根本性的变革。1989 年 5 月 29 日，保加利亚开放边界，引起 31 万保加利亚人大出逃，造成国民经济的停顿。1989 年 11 月 10 日，姆拉德诺夫任保共中央总书记，他极力倡导政治多元化。12 月，党的领导机构大改组，30 多名中央委员被开除或解职。

1990 年 1 月 30 日～2 月 2 日，保共中央召开第 14 次特别代表大会，通过了《保加利亚民主社会主义宣言》和新的党章，正式放弃原来的奋斗目标，政治上主张建设民主与人道的社会主义社会，实行多党制、三权分立；经济上实行所有制多元化和市场经济。4 月 3 日，保共改称保加利亚社会党。1990 年 4 月，国民议会通过宪法修改法、政党法和选举法，姆拉德诺夫当选为总统。1990 年 6 月 10 日，保加利亚举行政治多元化后的首次选举，社会党获得多数席位，成为执政党，组成新政府。此后，各派政治力

1991年

量之间的斗争仍然非常激烈，社会仍处于动荡不安之中。

1968年布拉格之春事件后，捷克斯洛伐克一直陷入僵化和停滞状态之中。1989年春，捷克斯洛伐克围绕如何评价布拉格之春事件，爆发了一场政治风暴。各地发生大规模游行。11月19日，以哈维尔为首的公民论坛成立。11月29日，捷议会批准宪法修正案，取消了捷共的领导地位。11月30日，捷共中央主席团举行会议，宣布苏联1968年出兵捷克是错误的。12月20～21日，在捷共非常代表大会上通过了《在捷克斯洛伐克实现民主社会主义》的行动纲领。12月28日，联邦议会选举刚被恢复名誉的杜布切克为捷共主席；29日，选举哈维尔为总统。至此，捷克斯洛伐克的国家领导职务已不在捷共手中，捷共成为在野党，失去了执政党的地位。

1991年4月，捷克斯洛伐克国名改为捷克和

· 罗马尼亚政变 ·

罗马尼亚总统齐奥塞斯库生活堕落腐化，加上罗马尼亚经济一直衰退，社会危机一触即发。1989年12月，匈牙利族神甫特凯什·拉斯特因为持不同政见而被当局逮捕，引发了大规模抗议活动，并很快发展为暴动。12月16日晚上，齐奥塞斯库命令国防部长将装甲部队开进城里镇压示威者，第二天，军队和警察对群众展开了血腥镇压，很快就平息了暴动。齐奥塞斯库得意忘形，在12月21日时安排了一次群众集会，以粉饰太平。但是在他演讲的时候，事先经过精心挑选的群众却发出了反对的声音，又一次暴动开始了。22日中午，军方表示不愿意对群众开枪，并成立了救国阵线委员会，接管了全部权力，将齐奥塞斯库夫妇逮捕。12月25日，齐奥塞斯库夫妇经特别法庭审判后被执行枪决，罗马尼亚建立了资产阶级政权。

斯洛伐克联邦共和国。1992年6月5～6日，在新的议会选举中，捷克主张维持联邦制，斯洛伐克主张独立，双方意见相左。1993年1月1日，捷克和斯洛伐克联邦共和国分裂为捷克共和国和斯洛伐克共和国两个独立的主权国家。

1989年12月，罗马尼亚西部城市蒂米什瓦拉，因抗议解除一名持不同政见的神甫职务举行的群众示威，演变成骚乱。不久，布加勒斯特也开始了骚乱，军队倒戈。党和国家领导人齐奥塞斯库被捕，并被秘密处决。12月27日，罗马尼亚社会主义共和国改名为罗马尼亚。1990年5月20日，罗马尼亚举行全国大选，伊埃利斯库当选总统，救国阵线获得议会多数席位，组成新政府。

铁托逝世后，南斯拉夫民族矛盾加剧。1990年5月26日，南共联盟宣布解散，各共和国的共盟分别改称社会党、社会民主党或民主改革党。

1990年4～5月，各共和国先后进行了选举，克罗地亚和斯洛文尼亚的原共盟失去了执政党的地位。1991年6月25日，克罗地亚共和国和斯洛文尼亚共和国分别宣布独立。南人民军进行干预，发生了流血冲突，国际社会介入调解。1991年10月8日，克罗地亚和斯洛文尼亚正式脱离南斯拉夫独立，并得到国际社会的承认。1992年3月，波斯尼亚－黑塞哥维那宣布独立，但境内塞族反对，自行成立塞尔维亚波黑共和国。1992年4月，发生了迄今欧洲规模最大、时间最长的波黑战争。由于欧共体、美国、俄罗斯的介入，波黑战争不仅旷日持久，而且越来越复杂。1992年4月27日，成立了由塞尔维亚共和国和黑山共和国联合组成的新南斯拉夫联盟共和国。1945年以来成立的南斯拉夫联邦共和国不复存在。

东欧发生的这场剧变，其性质绝非是社会主义完善自身的改革，而是社会主义向资本主义的演变。

1982年

中国大事记：
邓小平提出可以用"一个国家，两种制度"的方案解决香港问题，第一次使用"一国两制"的说法。

苏联解体

1991年，随着华约的解散，世界上又发生了一件重大的事件：由列宁开创的具有70年历史的苏联迅速走向解体，存在了半个世纪之久的美、苏对峙的两极格局彻底瓦解。

1985年3月，戈尔巴乔夫执政于苏联与发达国家差距拉大的停滞时期，面对处于危机边缘的国内形势，他上台后便在苏共召开的全会上提出了经济改革的任务，并在干部问题上作了一系列调整，以期从组织上保证改革的顺利进行。由于改革顺应了民意，因而在改革之初，苏联的社会生活一扫以往的沉闷气氛。然而，戈尔巴乔夫急于求成，在没有明晰的改革蓝图的情况下，就轰轰烈烈地展开改革，从而把改革引入歧途。

苏联在经济体制改革过程中首先出了问题。1989年，苏联提出"关于经济健康化的七年计划"，要用2~3年的时间实现向市场经济的过渡，但由于在如何过渡到市场经济的问题上缺乏共识，经济体制改革的方案一变再变，不仅未能克服经济发展的停滞状态，反而使经济形势更加恶化。面对这种情况，戈尔巴乔夫错误地认为，经济改革之所以出师不利，就是因为旧的政治体制在起阻碍作用，因此必须进行政治体制改革。由于改革重点的匆忙转移以及政治体制改革措施和路线的错误，结果导致了苏联政局的动荡。经济改革方案的争论转化为政治斗争，权力之争取代了经济合理性的考虑，经济改革变成了政治和权力斗争的附属品和牺牲品，以至于经济改革和建设难以维系。当各族人民的现实经济利益在改革中得不到满足之时，他们的怨恨和不满便会通过民族主义的形式表现出来，从而使民族矛盾空前激化，

◎ 1991年的戈尔巴乔夫与叶利钦已是水火难容。

并与政治、经济、社会等一系列问题混在一起，最终导致联盟国家的解体。

1986年12月，"阿拉木图事件"敲响了地方民族主义的警钟，暴露出相当多的加盟共和国与联盟中央之间的紧张关系。1988年2月，阿塞拜疆和亚美尼亚之间的纳卡冲突又打破了各民族和加盟共和国之间的和谐。随后，波罗的海3国的独立运动又揭开了民族分离主义对苏联发起挑战的序幕……各种民族主义在各非俄罗斯民族中的急剧膨胀，反过来又刺激了一向具有历史优越感和现实至上感的大俄罗斯民族，俄罗斯的"民主派"喊出了"救救俄罗斯""全面振兴俄罗斯"等口号，并坚决主张组成联盟的各加盟共和国与苏联彻底分离，然后再在完全平等的基础上结成新的联盟。

面对日益严峻的民族分离主义运动，戈尔巴乔夫于1990年6月提出建立"主权的社会主义国家联盟"的构想。1991年3月17日，苏联就是否保留联盟进行了全民投票，76.4%的人投了赞成票，但中央与共和国之间对此存在尖锐的分歧。5月，戈尔巴乔夫和15个加盟共和国领袖达

1990年

世界大事记：
经济互助委员会解散，华沙条约组织解体。

成协议，同意组成"新苏联"。8月14日，苏联公布了新联盟条约文本。条约规定，结成联盟的各共和国保留独立决定涉及本国发展的一切问题的权利；在国际关系中苏联为一个主权国家，但结成联盟的各共和国有权同外国建立直接的外交、领事和贸易关系。

苏联时间1991年8月19日，苏联副总统亚纳耶夫突然发布命令宣布，鉴于总统戈尔巴乔夫健康状况已不能履行总统职务，他本人即日起履行总统职务。亚纳耶夫同时宣布，成立苏联"国家紧急状态委员会"，在苏联部分地区实施为期6个月的紧急状态。在此期间，国家全部权力移交给苏联国家紧急状态委员会行使。

苏联国家紧急状态委员会发表《告苏联人民书》说，戈尔巴乔夫倡导的改革政策已"走入死胡同"，"苏联国家和人民的命运处在极其危险的严重时刻"。该委员会同日发布了"第一号命令"：各级政权机关和管理机关必须无条件实施紧急状态；立即改组不按苏联宪法和苏联法律行事的政权机关；停止阻碍局势正常化的政党、社会团体的活动；等等。此时正在黑海海滨克里米亚半岛休养的戈尔巴乔夫被软禁在别墅里，他同莫斯科的联系完全中断。

"八一九"事件发生后，代理总统亚纳耶夫发布了在莫斯科市实施紧急状态的命令，坦克和军队出现在莫斯科街头。时任俄罗斯联邦总统的叶利钦没有听命于紧急委员会的命令，他跳到议会大厦前的坦克上发表演讲，指责国家紧急状态委员会要恢复苏联的政治铁幕统治，并号召群众进行总罢工。国家紧急状态委员会未能果断肃清议会大厦的反对派。在叶利钦的鼓动下，情况发生逆转。20日晚，议会大厦前已聚集了数万示威群众。有些人构筑了堡垒，要誓死保卫议会。21日下午，苏联国防部命令军队撤回驻地，国家紧急状态委员会领导人放弃了行动。

21日晚8时，戈尔巴乔夫发表声明，强调他已完全控制了局势。22日凌晨，他乘飞机返回莫斯科。22日上午，俄罗斯联邦总统叶利钦宣布，苏联前副总统亚纳耶夫等已于22日凌晨被拘留。

以维护苏联原有的联盟体制为目标的"八一九"事件失败后，苏联解体的形势已无法逆转。24日，叶利钦宣布俄罗斯联邦承认爱沙尼亚和拉脱维亚独立。同一天，《真理报》"暂停"出版。12月1日，第二大加盟共和国乌克兰宣布独立。

12月8日，俄罗斯、白俄罗斯、乌克兰宣布成立独立国家联合体。同时宣称，苏维埃社会主义共和国联盟"已不存在"。1991年12月21日，俄罗斯等11个独立国家领导人在哈萨克首都阿拉木图举行首脑会议，通过了《阿拉木图宣言》等文件，正式宣告建立独立国家联合体，1922年成立的苏维埃社会主义共和国联盟不复存在。

25日19时25分，戈尔巴乔夫在电视讲话中宣布辞职。19时32分，克里姆林宫屋顶旗杆上，那面为几代苏联人熟睹的镰刀锤子旗开始徐徐落下。19时45分，一面三色的俄罗斯联邦国旗升上了克里姆林宫上空。此时此刻，广场上的人们意识到，克里姆林宫已成为俄罗斯的总统府，一个昔日的超级大国——苏联已经成为历史。

◎叶利钦在1991年"八一九"事件期间向市民发表演说。

1984年

中国大事记：
中英正式签署关于香港问题的联合声明，中国政府将在1997年7月1日对香港恢复行使主权。

海湾战争

1990年8月2日，伊拉克军队占领了科威特，宣布科威特为伊拉克的第19个省，伊拉克的侵略行径导致了海湾战争。

伊拉克吞并科威特的主要目的是想在经济上勾销它欠科威特的债务，攫取科威特在国外超过1000亿美元的资产，并占领科威特约占世界10%的石油资源；在政治上，想用吞并科威特的胜利

· 两伊战争 ·

两伊战争是指1980～1988年伊拉克和伊朗之间的战争。伊拉克和伊朗长期以来一直存在民族、宗教、领土争端。1980年9月22日，伊拉克军队向伊朗发起了进攻，伊朗军队仓促迎战，纷纷败退，伊拉克军队占领了伊朗2万平方千米的土地。1981年9月，经过调整部署的伊朗军队发起反攻，重创伊拉克军队，收复了全部领土。为了扭转败局，伊拉克单方面宣布停火，并撤出伊朗。但伊朗拒绝了伊拉克的停火建议，于1982年7月13日攻入伊拉克，企图夺取伊拉克第二大城市巴士拉，但遭到了伊拉克军队的围歼。从此战争陷入僵局。随后几年，双方又进行了"袭船战""袭城战"，但始终无法打破战争僵局。1988年，伊拉克和伊朗达成停火协议，两伊战争正式结束。战争开始时，伊拉克采取突然袭击的方式，取得了重大战果，但伊朗军队随即调整部署，集中兵力，最终扭转了战局。两国虽然都拥有坦克等先进武器，但都采用一线平推的战术，无法达到速战速决的目的。

来掩盖和弥补发动两伊战争的被动局面，同时加强它在海湾的地位。

伊拉克公然吞并一个独立国的举动引起了国际社会的谴责。其中以美国的反应最为强烈，因为中东的石油是美国和西方国家的经济命脉。为了确保海湾的石油通道，也为了确保美国在中东地区的战略地位，1990年8月2～3日，美国总统布什主持召开国家安全委员会全体会议，研究对策。会议最终决定，采取大规模军事部署行动，迫使伊拉克撤军，并为必要时采取军事打击行动做好准备。根据这一精神，美军中央总部拟订了"沙漠盾牌"行动计划。8月7日，布什总统正式批准了该计划。

"沙漠盾牌"行动计划确定后，美军制订了具体部署方案，其他国家也展开了各自的部署出兵行动。经过紧张行动，美军分别于11月8日和11月底完成了两个阶段的部署。是时，美军在海湾地区的总兵力达到43万人；主要武器装备有：坦克1200辆，装甲车2000辆，作战飞机1300架，直升机1500架，军舰100余艘。其他国家出动的总兵力达50万人。部分未出兵国家提供了武器装备、舰船、飞机和医疗队。

面对美国和其他国家的出兵行动以及国际社会的经济制裁，伊拉克做出了一系列应对措施同时，伊拉克在经济上采取了内部紧缩，对外寻求突破口的政策；在军事上则加紧了扩军备战，恢复和新建24个师，使军队总兵力达到77个师，120万人。伊拉克在科战区的兵力部署也得到了加强，三道防线共部署43个师，约54万人，坦克4280辆，火炮2800门，装甲输送车2800辆。

美军在开始执行"沙漠盾牌"计划时，即已

1991年

世界大事记：
苏联解体，成立独立国家联合体。

估计到伊拉克拒不撤军的情况，于是拟订了代号为"沙漠风暴"的军事打击行动计划。1990年11月29日，联合国安理会通过第678号决议，规定1991年1月15日为伊拉克撤军的最后期限。1991年1月9日，美国国务卿贝克和伊拉克外长阿齐兹在日内瓦举行战争爆发前的最后一次会晤。但是，会谈没有取得结果。1月16日，布什总统签署了国家安全指令文件，命令美军向伊拉克开战。

1月17日凌晨，美军的空袭行动开始。整个空袭包括"沙漠风暴"计划在内的四个作战阶段的前三个。按计划，三个阶段同时开始，齐头推进，逐一达到既定目标。美军飞机日出动量达2000～3000架次。据美军统计，到地面进攻开始时，科威特战区伊军部队54万人中伤亡达25%以上，重装备损失达30%～45%。为了实施地面进攻作战，美国中央总部陆军也制订了具体战役计划，这就是"沙漠军刀"计划。该计划实际上是"沙漠风暴"计划的组成部分。计划制订以后，从1月17日空袭开始到2月24日，多国部队进行了大规模的部署调整。1991年2月24日，当地时间凌晨4时整，多国部队向伊军发起了大规模诸军兵种联合进攻，将海湾战争推向了最后阶段。伊军在多国部队进攻面前进行了顽强抵抗，后逐渐向北和西方向撤退，并点燃了科威特境内的大量油井。28日晨，科威特城已全部被阿伯部队控制，多国部队也大多完成了各自任务。在这种情况下，布什总统下达了当日当地时间8时暂时停火的命令。整个地面进攻历时100小时。

暂时停火以后，伊拉克表示接受美国提出的停火条件，愿意履行联合国安理会历次通过的有关决议。4月3日，联合国安理会通过了海湾正式停火决议，海湾战争宣告结束。

海湾战争是世界进入后冷战时期后发生的第一次"带有全局性的地区性冲突"，它打破了中东和海湾地区原有的格局和力量组合，影响了世界的局势。更为严重的是，海湾战争的结束并未从根本上解决海湾危机，围绕着核查与反核查、制裁与反制裁的问题，伊拉克与联合国尤其是与以美国为首的西方国家发生了无数次争吵和冲突。为此，伊拉克多次招致美国的军事威胁和空中打击。1998年12月17～20日，美、英对伊拉克发动了代号为"沙漠之狐"的军事行动，这次空中打击共向伊拉克发射了数百枚巡航导弹。面对从天而降的远程精确制导武器，伊拉克毫无还手之力。然而，当"沙漠之狐"行动停止后，人们却惊奇地发现，海湾地区的国际战略格局正在发生一场巨大的变化。美、英的这次军事行动不仅无助于伊拉克问题的解决，反而为联合国在伊拉克开展武器核查设置了更大的障碍。海湾战争和海湾危机是冷战结束后众多地区冲突的一个缩影，表明了世界两极体制正在走向崩溃。

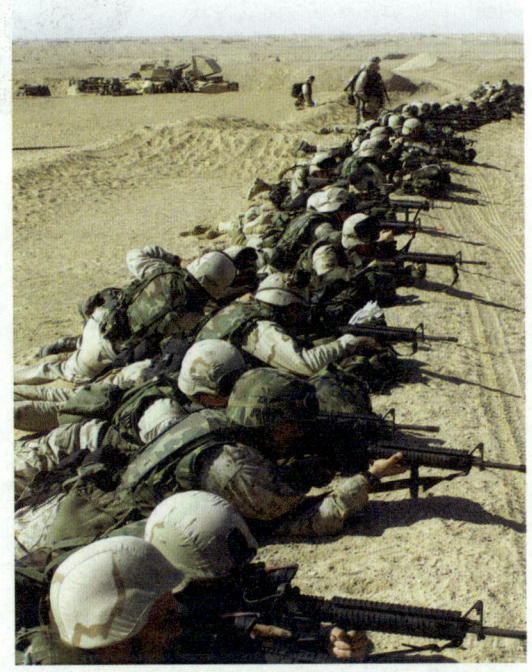

◎海湾战争期间美军士兵在伊拉克境内进行的模拟攻击训练。

1985年

科索沃危机

科索沃危机的发生，有着复杂的历史渊源。塞尔维亚人称对该地区拥有"历史权利"，认为科索沃是中世纪塞尔维亚的摇篮和发祥地，是塞尔维亚领土不可分割的一部分。而阿尔巴尼亚人则称对科索沃拥有"种族权利"，因为他们的人数在该地区占有绝对优势。

1945年7月，根据科索沃地区居民的意愿，科索沃成为塞尔维亚共和国范围内的一个自治区。当年南斯拉夫联邦人民共和国成立后，塞尔维亚成为其6个共和国之一。

20世纪90年代初，随着东欧政治巨变，科索沃危机进一步加剧。面对阿族的分离行动，以米洛舍维奇为首的强硬派掌权后，于1990年7月通过法令解除了科索沃自治省的地位，并派

◎米洛舍维奇

出大批塞族官员和军警到科索沃各地强行接管政权，致使民族矛盾更加尖锐，冲突时有发生。

1992年，南联邦解体，塞尔维亚与黑山两个共和国联合成立了"南斯拉夫联盟共和国"，阿族人在联盟中的地位大不如从前。于是，阿族人于1992年5月4日在科索沃举行了"全民公决"，正式产生议会政府，选出了"科索沃共和国"的总统鲁瓦戈。塞尔维亚共和国随即宣布科索沃阿族人的一切选举结果无效，所有有组织的行动均为非法。科索沃阿族政党和极端民族主义组织呼吁北约派军队进驻科索沃，希望欧盟和联合国出面干预，使科索沃问题扩大化、复杂化、国际化。

1999年初，以美国为首的北约认为干涉南联盟内政的时机已到，于2月6日和2月15日先后两次导演了朗布利埃和平谈判。谈判协议规定：科索沃将在联盟疆界内实行"高度自治"，三年后再根据科索沃"人民的意愿"决定其是否独立。协议还要求北约向科索沃派遣士兵，负责实施这项过渡协议。显然，协议已经涉及南联盟的主权与领土完整，南联盟无法接受上述条件，谈判最终破裂。于是，以美国为首的北约于3月24日夜借维护"和平"与"人权"的名义，对南联盟这个主权国家发起疯狂的空中袭击。

24日19时，以美国为首，拥有19个成员国的北约盟军，在其最高司令兼美军驻欧洲部队总司令韦斯利·克拉克上将的指挥下，一批接一批的北约战斗机、轰炸机和导弹向南联盟军营、

·铁托·

原名约瑟普·布罗兹，南斯拉夫总统（1953～1980年）。铁托于1892年出生于一个贫农家庭，1910年加入社会民主党。1920年加入共产党，1934年化名铁托，并当选政治局委员。1937～1952年任南共总书记。1941年德、意入侵后，领导游击队抗击法西斯。1943年被授予南斯拉夫元帅称号。在铁托的参与和发起下，第一次不结盟国家首脑会议于1961年胜利召开，从而为世界和平与进步作出了重要贡献。

1991年

世界大事记：
海湾战争爆发，伊拉克战败，但未从根本上解决海湾危机。

◎北约依靠其强大的空中军事力量，对南联盟境内的军用、民用目标进行了野蛮轰炸。

炸。轰炸开始变得惨无人道，民用设施的桥梁、铁路、公路、工厂、电视台、通信系统、电力系统、供水系统、医院、商店，甚至居民楼都遭到狂轰滥炸。灭绝人性的空中绞杀，使南联盟1800多名平民丧生，6000多人受伤，近百万人沦为难民；20多家医院被毁，300多所学校遭到破坏，交通干线、民用机场、广播电视基本瘫痪。

防空设施、电厂、通讯设施实施猛烈轰炸，科索沃战争由此开始。

27日前，北约空军先后进行4轮空袭，旨在摧毁南联盟的防空体系、指挥和控制中心、军工厂和在科索沃的塞族部队。但南联盟军民并没有屈服，纷纷拿起武器，对北约的入侵进行顽强的抵抗。美国最先进的、拥有不可战胜神话的F-117隐形飞机在贝尔格莱德以西60千米的上空被击中，坠落在布贾诺夫齐村附近。在海湾战争中显赫一时的"战斧"巡航导弹命中率仅为20%，多次被南军防空武器截击。

3月28日，美军对南联盟开始了新一阶段的空袭。对南部的南联盟地面军队和军用物资进行疯狂轰炸，试图摧毁南军的军事装备，迫使南联盟屈服。南联盟军队充分利用山多、地形复杂的有利条件和当时多雨多雾的有利天气，分散队形，隐藏弹药等军需物品，不失时机创造局部优势，采用藏、打、运动、迂回相结合的战术，不断使北约的飞机、导弹部队受到突袭。

南联盟军民的反抗给北约军造成严重损失。4月13日，美总统克林顿宣布对南联盟扩大空袭范围、增加空袭强度，实施24小时不间断轰

北约的野蛮行径遭到国际社会的强烈反对，引起世界人民的极大愤怒，北约在国际社会中越来越孤立。

6月5日，在中、俄及联合国秘书长安南的周旋下，北约和南联盟在马其顿举行谈判。9日，双方签署了南军撤退协议书，北约结束了对南联盟的轰炸。

◎北约对科索沃的空袭，使无数的塞族人逃往马其顿。

1987年

中国大事记：
中葡签署关于澳门问题的联合声明，中国政府将在1999年12月20日对澳门恢复行使主权。

"9·11"事件

美国"9·11"事件，不仅是美国人民的悲剧，也是全人类的悲剧。

2001年9月11日是美国政府及人民心中永远的痛。

就在这一天，美国遭遇了迄今人类历史上最为严重的恐怖袭击事件。从早晨8时51分起，纽约、华盛顿等地先后发生连环恐怖袭击的灾难

· TMD和NMD ·

"TMD"和"NMD"是战区导弹防御系统(Theater Missile Defence)和国家导弹防御系统(National Missile Defence)的缩写。随着冷战的结束和苏联的解体，1993年美国总统克林顿宣布终止"星球大战计划"，取而代之的是"TMD"和"NMD"。TMD保护的是美国在全球的军事基地和设施（包括海军舰队）以及美国盟友的安全，所以在全球部署。TMD包括三大部分：一是保护小区域的"低层点防御系统"；二是"高层面防御系统"；三是"助推／上升段拦截系统"。目前美国只在远东战区部署TMD。NMD保护的是美国本土的军事设施和民用设施，所以在美国本土部署（大部分在阿拉斯加）。NMD包含六大部分：地基拦截导弹、地基雷达、天基传感器、改进型早期预警雷达，以及作战管理、指挥、控制系统和通信系统。从实质上说，TMD和NMD是"星球大战"计划的缩小版。美国发展TMD和MMD将打破全球战略平衡，阻碍核裁军的进程，引发新一轮的军备竞赛，所以遭到了世界上大多数国家的反对。

事件。纽约世界贸易中心、美国国防部所在地——五角大楼先后遭到恐怖主义分子劫持的波音757、767飞机猛烈撞击。世贸双塔轰然倒塌，3000多人死亡和失踪。"9·11"事件被美国政府称为美国历史上的第二次"珍珠港事件"。

首当其冲的是纽约的标志性建筑——世界贸易中心的两座110层的大厦。当地时间早上8时51分，一架飞机撞向世界贸易中心的其中一座大楼。大楼随即发生爆炸，滚滚浓烟从上部冒出。18分钟后，在当地电视台进行现场直播时，一架小型飞机从相反的方向高速而精确地撞向世界贸易中心的另一座大楼。大楼随即也发生巨大爆炸。世界贸易中心的两座"双子星"大楼上端各出现了一个硕大的黑洞。

世贸中心被撞击后不久，美国国防部五角大楼也遭到了袭击。一架飞机在早上9时47分撞向美国国防部所在地五角大楼，并造成大火。与此同时，美国国务院门外也发生一起汽车炸弹爆炸事件。

由于美国世贸中心和五角大楼遭到恐怖分子袭击，美国纽约证券交易所、那斯达克市场、芝加哥期货交易所和芝加哥商品交易所等各大证券交易所均停止交易。在东部时间上午9时32分，美国股市宣布停市，外汇市场也出现了大幅的震荡。受它的影响，欧洲股市遭到重挫；不久，拉美股市也全部停盘。

一连串事件发生后，美国进入戒备状态，政府下令所有机场暂时关闭，飞机停飞，华尔街股市停市，白宫和国防部均紧急疏散。美国总统布什发表声明，称这是一起明显的针对美国的恐怖袭击事件。布什发誓要追查到底，严惩元凶，

1992年

世界大事记：
南斯拉夫联邦国家彻底解体，科索沃危机扩大化、国际化。

◎恐怖分子劫持的飞机撞向世贸大楼的全过程

要开展一场打击恐怖主义的全球战争。世界各国领导人也很快发表讲话，严厉谴责这一恐怖袭击事件，并对美国人民表示同情。美国认定流亡的沙特大亨本·拉登及其领导的"基地组织"策

◎为"9·11"事件中的死难者作祷告

划并组织了"9·11"事件，并要求庇护他的阿富汗塔利班政权立刻将其交出，但遭到拒绝。于是，美国在10月7日发动了对阿富汗的战争。

"9·11"事件以后，反恐怖斗争逐渐呈现出白热化和僵持不下的局面。一方面，美国组织起国际反恐统一战线，取得了对阿富汗战争的胜利。阿富汗塔利班军事组织遭受重创，本·拉登基地组织的老巢被端；另一方面，国际恐怖势力更加肆虐。美国发动对伊拉克的战争后，国际恐怖势力相继在俄罗斯、沙特阿拉伯、摩洛哥、巴基斯坦、印度和伊拉克等地掀起新一波报复性恐怖袭击浪潮。

"9·11"事件后，主要大国不同程度地调整了安全战略，导致国际反恐合作与传统军事竞争同步发展，国际安全形势中的不确定性因素明显增大。外交上，反恐成为现阶段国际关系特别是大国关系的重要粘合剂。

中国大事记：
七届人大一次会议决定设立海南省，建立海南经济
特区。

北约东扩

苏联解体后，西方国家看到扩大北约有利可图，同时，为迎合中东欧国家"回归欧洲"的愿望，开始制订和实施北约东扩的计划。北约东扩的进程大致经历了3个阶段。

第一阶段，建立北大西洋合作委员会。1991年11月苏联解体前夕，北约在罗马召开首脑会议，决定组建有北约和前华约成员国参加的北大西洋合作委员会，共有北约成员国、苏联和中东欧国家等25个国家参加。

第二阶段，推行北约和平伙伴计划。1993年上半年，美国和北约公开表示，应尽快吸收中东欧国家加入北约。但是，考虑到这些国家问题众

多、情况复杂，立即接纳会给北约自身带来许多麻烦，同时也会遭到俄罗斯的反对，便想出了一个过渡的办法：先吸收中东欧和原苏联各加盟共和国加入和平伙伴计划，作为它们加入北约之前的热身，待条件成熟后再吸收它们加入北约。

第三阶段，北约稳步向东扩展。"和平伙伴计划"提出后，中东欧国家的踊跃加入大大刺激了西方扩大北约的欲望。同时，俄罗斯民族主义和左翼力量的增强，更促使西方产生了防范、遏制念头。于是，西方决定加快北约东扩的步伐。1995年9月，北约常设理事会批准了《关于北约东扩的研究报告》。报告就北约东扩的方式、申请加入国的条件、东扩后北约组织的地位以及与俄罗斯之间的关系等问题进行了阐述。

1997年7月8日，北约东扩的第三阶段达到高潮，波、匈、捷三国被正式确定为北约东扩的第一批国家。1999年3月12日，波、匈、捷三国正式加入北约。

北约东扩已经迈出了实质性的一步，从世界范围来看，它已经加速了大国战略关系的调整步伐，大国之间相互制衡、互联互动的关系格局更加明显。从欧洲范围看，北约的东扩侵犯了俄罗斯在欧洲的利益，严重威胁了俄罗斯的政治、军事和经济安全。因此，俄加快独联体一体化特别是军事一体化的进程。北约一定要东扩，俄罗斯一定会抵制，这两种趋势在一定时期内都难以避免，它们之间的这种较量将影响欧洲新均势的形成，也会给世界格局的变化带来许多不确定的因素。

从北约东扩的进程来看，美国在其中起了决定性的推动作用。实质上，美国想通过北约东扩扩大其在西欧的影响，继续在欧洲发挥领导作用。

◎北约之船驶向东欧

2001年

欧洲联盟

第二次世界大战严重削弱了西欧主要资本主义国家，它们丧失了在国际事务中的主导地位。虽然在20世纪50年代初，西欧各国经济已经逐渐恢复和发展，但已无法恢复昔日的地位。西欧各国要重新在战后的国际事务中发挥有力的影响，进一步发展，就必须联合起来，实现欧洲的统一。而法德的和解是欧洲联合的关键。法国担心西德经济和军事实力的恢复会对其他欧洲国家安全构成威胁。为此，法国首先考虑的是建立一个国际机构，将西德和法国及其他一些欧洲国家的重工业统一管理起来，以便从物质基础上防止德国再次成为军事强国。

1951年4月18日，根据法国外长舒曼的建议（即舒曼计划），法国、联邦德国、意大利、荷兰、比利时和卢森堡在巴黎签订《欧洲煤钢联营条约》，把各自的煤钢工业联合起来，建立煤钢联营，共同管理6国煤钢的生产、投资、价格和原料分配等。条约把西德重整军备的关键工业部门置于共同管理和监督之下，可以保证这些资源不再被用于军国主义目的，从而为欧洲统一铺平了政治道路。随着经济实力的增强，西欧6国决定进一步加强联合。1957年3月25日，6国在罗马签订《罗马条约》，决定建立欧洲经济共同体，即共同市场和欧洲原子能共同体。1967年，法国、联邦德国、意大利、荷兰、卢森堡、比利时将1952年成立的欧洲煤钢联营和1957年成立的欧洲原子能与欧洲经济共同体合并组成欧洲共同体。1969年12月，共同体国家首脑会议正式提出把建立经济和货币联盟作为一项重要目标。

欧洲共同体成立以来，其组织规模不断扩大。1973年，英国、爱尔兰和丹麦加入后，共同体成

·欧元在欧元区12国正式流通·

欧元在1999年1月1日已经问世，但是在到2002年1月1日以前的过渡期内，欧元仅是金融和外汇市场上的账面货币，是一种史无前例的看不见的"无形货币"。在现金流通方面，欧元区国家在此3年中仍然在使用各自的货币。

2002年1月1日，欧元现金开始正式流通，从这天(欧洲人称作"E-day"，即欧元日)起，3亿多的欧洲公民开始使用同一种货币——欧元(英文是EURO)。经过两个月的欧元与原成员国货币的双币流通期后，从3月1日起，欧元纸币和硬币已经成为欧盟15个成员国中12国的法定货币，这12个国家是比利时、德国、希腊、西班牙、法国、爱尔兰、意大利、卢森堡、荷兰、奥地利、葡萄牙、芬兰，即欧元区国家；另外3个欧盟成员国(丹麦、英国、瑞典)出于本国各自不同的情况而暂不采用欧元。从此，12国的货币(比利时法郎、德国马克、西班牙比塞塔、法国法郎、爱尔兰镑、意大利里拉、卢森堡法郎、荷兰盾、奥地利先令、葡萄牙埃斯库多、芬兰马克、希腊德拉克马)全部结束其历史使命，彻底退出流通，欧元终于"一统天下"。

欧元的启动对发展中国家有利有弊，它的建立可以减少国际贸易中数以百亿计的外汇交易费用。

1990年

员国增加到9国。20世纪80年代初，随着希腊、西班牙和葡萄牙的先后加入，成员国发展到12国。自1990年底欧共体开始在政府间会议范围内讨论建立政治联盟和经济货币联盟以来，经过一年的时间，建立两个联盟的条约（统称《欧洲联盟条约》），于1991年底在荷兰的马斯特里赫特举行的欧共体首脑会议上获得通过。《马斯特里赫特条约》在得到其成员国的批准后于1993年11月1日正式生效。欧洲联盟的诞生，标志着欧洲朝国家联邦的方向迈出了历史性的一步。1995年初，欧洲联盟又接纳了瑞典、芬兰和奥地利，使其成员国达到15个，欧洲联盟又进一步扩大。

欧洲经济一体化的水平提高得也很快。在其超国家的管理机构及其财政体系逐步完善的基础上，成员间的经济一体化也不断向深度和广度发展。最初的一体化目标是建立初级形式的关税同盟，实现成员国间的商品、资金和劳动力的自由流动。而后又向着建立经济联盟的目标迈进，不断加强对成员国的货币、财政等经济政策的协调，乃至建立了欧洲货币体系。20世纪80年代以后，科技的飞跃发展所导致的激烈竞争，进一步推动欧共体加快其经济一体化的步伐。

1986年，欧共体签署了《欧洲一体化文件》，提出了建成欧洲统一大市场的目标，并采取了各种相应的行动。

1991年12月10日，在荷兰通过的《马斯特里赫特条约》，决定将欧共体改称为欧洲联盟。1993年，欧洲统一大市场诞生，从此，欧盟成员国之间正式实施商品、资本、人员、劳务四大生产要素的自由流通，欧盟成了一个统一的经济实体。

1995年，奥地利、瑞典、芬兰又加入欧盟。目前，欧盟拥有15个成员国和3.8亿人口，是世界上第二大经济实体，其1999年的国内生产总值达到7.809万亿欧元，仅次于美国（8.729万亿欧元）。

欧盟的主要机构有：①理事会：决策机构，分为欧洲理事会和欧盟理事会。前者负责确定大政方针，每半年举行一次例会，必要时召开特别首脑会议；后者负责日常决策，拥有欧盟立法权。理事会实行主席国轮值制，任期半年，对外实行"三驾马车"代表制。②欧盟委员会：常设执行机构，负责实施欧共体条约和理事会做出的决定；向理事会和欧洲议会提出报告和立法动议；处理欧盟日常事务；代表欧盟对外联系及负责经贸方面的谈判。③欧洲议会：监督、咨询机构，拥有部分立法权。此外，欧盟还设有欧洲法院、欧洲审计院和经社委员会等机构。

欧共体经济一体化的加强，又对政治上的联合提出了要求。从20世纪70年代开始，欧共体与各国政治体制相适应，建立了三权分立的机构，由部长理事会行使立法权，执委会行使行政权，欧洲法院行使司法权。1979年，欧洲议会实行直接选举，从而使它的政治地位得到了加强。

1994年6月，12个成员国选举产生了新一届欧洲议会。根据《马斯特里赫特条约》的规定，议会扩大了权限，在欧委会成员的任命及欧盟内政、外交等重大事务上拥有"一半的立法权"，从而进一步加快了欧洲联盟的政治一体化进程。

◎ 1991年12月11日，欧共体马斯特里赫特首脑会议通过了《欧洲联盟条约》。

| 1995年 | 世界大事记：
北约常设理事会通过了《关于北约东扩的研究报告》。 |

阿富汗战争

阿富汗地处中亚和南亚间的枢纽地带，战略地位重要。长期以来，阿富汗一直是苏联和其继承国俄罗斯的势力范围。

塔利班最初只有 800 多人。由于塔利班高举铲除军阀、重建家园的旗帜，提出了反对腐败、恢复商业的主张，因此深得阿富汗平民的支持和拥戴，很快发展到了近 3 万人。1995 年，塔利班控制了阿富汗政权。

◎ 配备先进科技的隐形飞机

"9·11"事件后，美国使用外交手段孤立塔利班政权。9 月 18 日，在美国的鼓动下，联合国安理会呼吁塔利班立即无条件交出本·拉登。随后，一些国家断绝了与阿富汗塔利班政权的关系，并从阿富汗撤出了外交人员。此外，美国还向中东、非洲、亚洲、欧洲等一些国家进行游说，使这些国家为其提供领空或是飞机降落的机场。

紧接着，美国开始了军事进攻阿富汗的步伐。美军大量地向印度洋地区结集，特种兵还提前进入阿富汗，在山区搜捕本·拉登。到战争开始之前，大约有 1 万名美军在乌兹别克斯坦和阿富汗边境地区结集完毕。

10 月 7 日，在浓浓夜色的掩护下，美英联军对阿富汗塔利班多处目标发动了首轮空袭，拉开了"持久自由行动"的序幕，打响了美国全球反恐战争的第一枪。联军空袭的主要目标是阿富汗境内的机场、空防设施以及恐怖分子的基地。

从 10 日起，美军对阿富汗全境进行空袭。14 日，美军除用飞机轰炸喀布尔外，还用导弹袭击了阿北部重镇马扎里沙里夫、东部城市贾拉拉巴德等。15 日，美军共出动了 50 多架舰载攻击机、10 架 B-1 和 B-52 轰炸机，对阿富汗境内的 13 个目标进行了空袭。与此同时，美军还加强了与阿富汗北方联盟的合作和协调行动。

在美军的协助下，阿富汗北方联盟不断扩大控制地区的范围，使塔利班控制的范围越缩越小。26 日，北方联盟军队进入昆都士，至此，塔利班在阿富汗北部的所有据点都已失守，但塔利班残余势力仍在负隅顽抗。12 月 7 日，曾为塔利班总部的坎大哈塔利班守军投降，塔利班最高领导人奥马尔不知去向。22 日，阿富汗临时政府成立。

塔利班政权垮台后，美军开始在阿富汗境内展开对塔利班和基地组织残余力量的清剿工作。

· 制空权理论 ·

制空权指的是交战一方在一定时间内对一定空间的控制权。在战争中，如果掌握了制空权，就可以限制敌人空军的战斗活动，保障己方空军的行动自由，进而使陆、海军的作战行动得到有效的空中掩护，最终取得战争的胜利。随着飞艇、飞机的出现和用于战争，制空权的理论也随之产生。在现代战争中，制空权显得尤其重要。

<table>
<tr><td>1990年</td><td>中国大事记：
上海证券交易所正式成立。</td></tr>
</table>

伊拉克战争

伊拉克战争是以美国为首的美英联军对伊拉克发动的战争。战争在2003年3月20日爆发；5月2日，美国总统布什正式宣布战争结束，整个战争持续了44天。实际上，在4月14日美军攻占伊拉克总统萨达姆的家乡提克里特之后，美军大规模的军事行动已经基本结束。这是继1991年海湾战争之后，美国对伊拉克进行的第二次战争。

美国发动伊拉克战争的主要借口有两个：一是伊拉克有大规模杀伤性武器，二是伊拉克是许多国际恐怖组织的后台老板。在美国看来，这不仅严重威胁着美国的安全，也威胁着整个世界的安全。因此，美国希望通过战争，推翻萨达姆政府，消除美国的安全隐患，进而控制伊拉克石油，推行其改造中东的新战略。

在持续44天的伊拉克战争中，美英联军的空中力量进行了4次大的作战行动。

"斩首"作战行动。战争一开始，美英联军没有进行夺取制空权的大规模轰炸。在3月20日的首轮空袭中，美军使用"电子炸弹"攻击伊拉克，这种新式武器产生的高能电磁波使伊军及萨达姆卫队拥有的各类电话、无线电通信和电子计算机等电子设备立刻失灵。同时，美军用精确的制导导弹准确地打击伊指挥和控制中心。

为避开美英联军的优势空军和导弹袭击，萨达姆分散兵力，将实力最强的9万共和国卫队、4个特别旅、2个特种部队部署在巴格达周围。并在巴格达周围筑建野战工事，开挖战壕、沟堑，在飞机跑道上放置水泥等障碍物，阻击美英空降部队着陆。

美英联军对伊拉克首都巴格达和其高层领导

人的住所等要害部门进行连续3轮的狂轰滥炸。晚21时05分，美英地面部队在战斗机、直升机的掩护下，凭借配备尖端的夜视作战设备，兵分几路对巴格达进行合围，欲以迅雷不及掩耳之势深入巴格达，俘虏或击毙萨达姆。伊军凭借坚固的防御工事，给美英造成了一定的损失，虽然发射的导弹部分被美国的"爱国者"导弹截击，仍有效地阻滞了美英部队的攻势。

"震慑"作战行动。3月22日，美英突然开始对伊拉克实施猛烈空袭。轰炸的主要地区是巴格达。美军对萨达姆的官邸、指挥中心、政府主要部门等目标进行了"饱和轰炸"。美军希望通过突然的大规模轰炸，对整个伊拉克造成立即失去抵抗能力的震慑效果，并以此瓦解伊拉克军民

◎伊拉克战争初期形势示意图

1993年

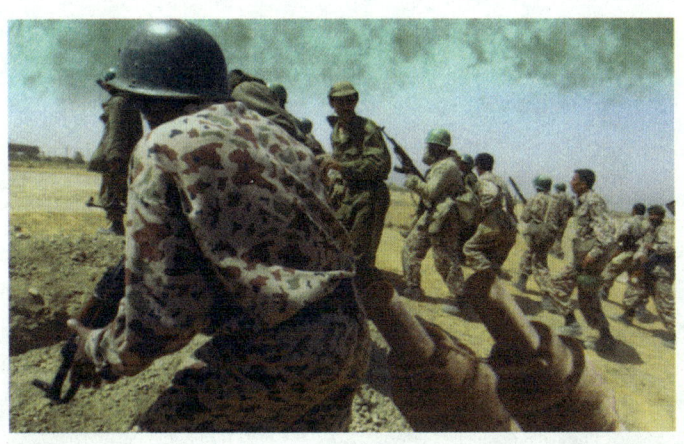

○伊拉克军队

美国总统布什于美国东部时间3月19日晚10点15分在白宫椭圆形办公室发表电视讲话，正式对伊拉克宣战。在美国发动旨在推翻萨达姆的战争3小时后，萨达姆身穿军装，头戴黑色贝雷帽发表电视讲话，宣称他的士兵"将战胜敌人"。

的抵抗意志，从而达到在战争初期就实现速战速决的目的。

"切断蛇头"作战行动。这主要是通过精确轰炸，摧毁伊拉克的通信指挥系统，彻底切断萨达姆与军队的联系。3月28日，美军向伊拉克国家通讯中心大楼投放了被称为"掩体粉碎机"的钻地炸弹。3月30日，巴格达邮电通讯大楼和一个通讯中心被摧毁。3月30日，美军飞机轰炸了阿拉伯复兴社会党总部。美国还把伊拉克电视台的发射器作为打击目标。3月26日，美军向巴格达电视台发射了电磁脉冲炸弹，致使电视台信号中断。

支援地面作战行动。在开战第二天，美英联军就开始了地面作战。因此，美英空中力量将支援地面作战作为重要的任务。正是在空中力量的掩护、支援下，美地面部队才得以快速向巴格达推进。3月22日，也就是开战之后的第3天，美军就推进到巴格达以南的纳杰夫、纳西里耶一线。此后，美军在卡尔巴拉、纳杰夫、纳西里耶等地与伊军形成了对峙局面。在这种情况下，美空中力量迅速调整了战略，从3月25日开始，空中打击的重点转向伊军地面部队，特别是伊拉克共和国卫队，同时

对美英地面部队的作战行动提供近距空中支援。在空中力量的支援下，美地面部队直取巴格达国际机场，挺进到巴格达市中心广场。

伊拉克战争是美国在新世纪推行所谓"先发制人"国家安全新战略的第一场局部战争，也是美国谋求建立单极世界策略的重要组成部分。美国发动伊拉克战争，忽视了联合国安理会，改变了中东地区的大国政治的传统形态，削弱了大国在中东的地位。可以说，以美国为首的世界单边主义将会在今后相当长的时间内左右世界政治格局。伊拉克战争也暴露出两极格局终结10余年来，国际形势中新的不确定因素在增多，世界并不太平，维护世界和平、促进共同发展的历史任务依然艰巨。但总的来看，这毕竟是一场局部战争，不可能改变国际格局的基本趋势和发展方向。国际关系体系尽管受到伊拉克战争的极大冲击，但和平与发展仍是当今时代的主题，世界多极化的总趋势仍在曲折中发展。

这场战争给世界政治带来的伤害没有停息。对伊拉克人民来说，战争的伤痛似乎才刚刚开始。

·隐形飞机·

隐形飞机是通过运用多种隐形技术降低飞机的信号特征，使敌方雷达难以发现、识别、跟踪和攻击，以实现反雷达、反红外线、反电子、反声波探测目的，从而达到隐身效果的作战飞机。隐形飞机之所以能够隐形，主要是综合采用了隐身外形技术、隐身材料技术等。隐形飞机属于高科技武器，研制周期长，生产工艺复杂，造价极其昂贵。F－117A造价4500万美元，B－2隐形战略轰炸机造价达70多亿美元。